쉽고 정확하게 이해되는
저자 직강 무료 강의!

공인회계사의 전문성과
섬세한 설명이 낳은
탁월한 강의!

합격의 그날을 위한
신용분석사
PERFECT 문제풀이!

CERTIFIED CREDIT ANALYST

2025 시대에듀 신용분석사 1부
한권으로 끝내기 + 무료동영상

Always **with you**

사람의 인연은 길에서 우연하게 만나거나 함께 살아가는 것만을 의미하지는 않습니다.
책을 펴내는 출판사와 그 책을 읽는 독자의 만남도 소중한 인연입니다.
시대에듀는 항상 독자의 마음을 헤아리기 위해 노력하고 있습니다. 늘 독자와 함께하겠습니다.

머리말

PREFACE

대학을 마치고 장래에 대한 별 고민도 없이 보수와 근무여건만 보고 입사한 곳이 종합금융회사였다. 입사 후 단자와 기획업무를 거쳐 맡게 된 업무는 여신심사업무였다. 매주 영문심사보고서를 작성해야 하는 상황이 된 필자는 대학시절 전공인 경제학 공부는 물론 경영학 공부에도 등한시했던 것을 후회했다. 회계에 대한 전문지식과 영어실력 부족이라는 이중고에 시달리게 되자 교육담당 부서에 수차례 한국금융연수원 신용분석사 7주 교육과정에 보내달라고 요청했지만 소수 인원으로 운영되는 회사의 특성상 그 정도 기간의 연수는 사실상 허락받기 어려운 상황이었다. 결국 독학으로 부족한 전문지식을 채울 수밖에 없었다.

실무를 하면서 공부하는 것이 힘들기는 해도 학창시절에는 몰랐던 공부하는 재미를 느끼기 시작했다. 그러던 중 신용분석사가 자격시험으로 전환되던 2002년 첫 번째 시험에 응시하여 운 좋게 수석 합격하는 영광도 누리게 되었다. 그 자신감을 바탕으로 12년간 근무하던 회사를 떠난 후 공인회계사 시험에도 합격할 수 있었다.

공인회계사 시험을 응시한 직후에는 합격발표를 기다리면서 신용회복위원회에서 근무할 기회를 갖게 되면서 어려운 분들을 많이 만났고, 사십을 바라보던 나이에 안진회계법인에서 수습을 하게 되는 기회를 가질 수 있었다. 지금 근무하는 회계법인으로 옮긴 이후 각종 특강과 학교강의에서 많은 학생들을 가르치면서 비록 외부강사이기는 하지만 어릴 적 꿈인 대학교수의 꿈을 이루었다. 이 모든 것들이 다 필자의 능력에 비해 과분한 행운이라 생각한다.
본서의 집필을 의뢰받고 내 이름으로 책을 만든다는 것에 대한 부담도 많이 가졌지만 그동안 강의해오던 것을 총정리하고 금융기관에서 근무하는 분들의 학습에 미력하나마 도움이 될 수 있다는 생각에 작업을 시작하게 되었다. 이 책이 나오기까지 도움을 준 출판사 관계자분들과 항상 고향에서 불효자식을 걱정해주시는 부모님과 동생들, 언제나 옆에서 응원해주는 가족과 친구들, 전 직장과 현재 직장 사우들, 그리고 고교, 대학의 은사님과 선배님, 동료, 후배들에게도 진심으로 감사드린다. 아무쪼록 독자 여러분들이 이 도서를 통해 신용분석사 시험 합격의 영광을 누리기 바란다.

대치동 사무실에서

회계사 **장홍석**

신용분석사 자격시험 안내

◤ 자격소개

금융기관의 여신관련 부서에서 기업에 대한 회계 및 비회계자료 분석을 통하여 종합적인 신용상황을 판단하고 신용등급을 결정하는 등 기업신용 평가업무를 담당하는 금융전문가로, 이러한 직무를 수행하기 위해서 기본적인 회계지식은 물론 재무분석, 현금흐름분석 등 신용분석에 필요한 지식과 종합적인 신용평가를 할 수 있는 실무처리 능력이 요구됨

◤ 시험과목

구 분	시험과목	세부내용(개별 배점)	배 점	시험시간	시험방법
1부	회계학 Ⅰ	기업회계기준(100)	100점	1교시 : 120분(09:00 ~ 11:00)	필기시험 (객관식 5지 선다형)
	회계학 Ⅱ	기업결합회계(50)	100점		
		특수회계(50)			
	소 계		200점	120분	
2부	신용분석	재무분석(70)	200점	2교시 : 90분(11:20 ~ 12:50)	
		현금흐름분석(80)			
		시장환경분석(50)			
	종합신용평가	신용평가 종합사례(100)	100점	3교시 : 90분(14:00 ~ 15:30)	
	소 계		300점	180분	
합 계			500점	300분	

◤ 2025 시험일정

회 차	원서접수	시험일	합격자 발표
61회	01.14 ~ 01.21	02.22(토)	03.07(금)
62회	05.13 ~ 05.20	06.21(토)	07.04(금)
63회	09.16 ~ 09.23	10.25(토)	11.07(금)

※ 시험장소 : 서울, 대전, 대구, 광주, 부산, 제주
※ 구체적인 시험장소 및 일정은 변경될 수 있으므로 한국금융연수원 홈페이지(www.kbi.or.kr)에서 확인하시기 바랍니다.

◤ 유의사항

시험 당일 지참물	신분증 및 수험표, 검정색 필기구, 손목시계, 일반계산기를 반드시 지참
시험장 입실 시간	시험 시작 20분 전까지 입실하여야 하며, 시험 시작 후 고사장 입실은 불가

※ 사용불가 품목 : 휴대폰, 스마트워치, 공학용·재무용 계산기 및 기간만료 여권 등

◤ 검정시험의 일부 면제

❶ 2002년 2월 8일 이전에 우리원 신용분석 집합연수과정을 수료한 자는 1부 시험 면제

❷ 공인회계사(CPA) 자격을 가진 자는 1부 시험 면제

❸ 검정시험 결과 1부 시험 또는 2부 시험만을 합격한 자는 부분 합격일로부터 바로 다음에 연속되어 실시하는 3회
(년수 제한 2년)의 검정시험에 한하여 1부 시험 합격자는 1부 시험을, 2부 시험 합격자는 2부 시험을 면제

※ 2부 시험만 합격한 자가 합격 이후 ❷의 사유 발생 시 1부 시험 면제를 인정하지 않음

◤ 합격자 결정

다음 두 가지 요건을 모두 충족한 경우

시험과목별 40점(100점 만점 기준) 미만이 없는 경우	+	1부·2부 평균이 각각 60점(100점 만점 기준) 이상인 경우

※ 평균은 총 득점을 총 배점으로 나눈 백분율이며, 1부 또는 2부 시험만 합격요건을 갖춘 경우 부분 합격자로 인정

◤ 학습전략

❶ 회계학은 다른 분야와는 달리 본문을 정독하고 문제를 풀기보다는 문제를 먼저 다루고 본문을 이해하는 편이
더 낫습니다.

❷ 신용분석사는 회계에 대한 기초 없이 도전하기는 어려운 시험입니다. 먼저 기초지식을 쌓는 것이 필요합니다.
'회계원리' 교재는 시중에 다양하게 출간되어 있으나, 동일 저자의 「회계기초 탈출기」를 우선 추천해드립니다.

❸ 합병, 연결회계는 대단히 생소하게 느껴질 수 있는 부분이지만, 본서의 기본형 문제를 먼저 풀이하고 다양한
변형 사례들을 공부하면 시험에 충분히 합격할 수 있습니다.

❹ 이연법인세회계는 법인세법에 대한 기초지식이 없더라도 본서에서 제시하고 있는 설명으로 충분히 이해할 수
있을 것입니다.

이 책의 구성과 특징

제1편 기업회계기준

제 14 장 자 본

기업회계기준
50%

학습전략

제목이 친숙한 것에 비하면 의외로 숙지해야 할 내용이 많은 부분이다. 주식발행, 자기주식의 취득 및 처분, 이익잉여금의 처분이 주요내용이다.

최신출제경향을 반영하여 복원한 기출동형문제 수록

01 자본증감 유형별 회계처리

핵심개념문제

다음의 분개를 보고 어떤 성격의 거래인지 답하시오.

최신출제유형

① 유상증자	② 무상증자	③ 주식배당
④ 유상감자	⑤ 무상감자	⑥ 임의적립금의 적립
⑦ 임의적립금의 이입	⑧ 현금배당	

(1)	(차)	주식발행초과금	xxx	(대)	자본금	xxx
(2)	(차)	이익준비금	xxx	(대)	자본금	xxx
(3)	(차)	미처분이익잉여금	xxx	(대)	미교부주식배당금	xxx
(4)	(차)	임의적립금	xxx	(대)	미처분이익잉여금	xxx
(5)	(차)	자본금	xxx	(대)	감자차익	xxx
(6)	(차)	미처분이익잉여금	xxx	(대)	미지급배당금	xxx
(7)	(차)	현 금	xxx	(대)	자본금	xxx

정답 (1) ② (2) ② (3) ③ (4) ⑦ (5) ⑤ (6) ⑧ (7) ①

▶ 더 알아보기

자본증감유형

- **유상증자** : 현금 또는 현물을 출자받고 주식을 교부하는 경우
- **무상증자** : 자본잉여금 또는 이익잉여금 중 법정적립금의 자본전입
- **주식배당** : 이익잉여금 중 미처분이익잉여금으로 주식을 교부
- **무상감자** : 주식수 또는 액면가액을 감소시켜 자본금을 감소시키는 경우(현금이 지급되는 경우는 유상감자에 해당)
- **임의적립금의 적립** : 미처분이익잉여금을 처분할 수 없는 상태로 전환
- **임의적립금의 이입** : 미처분이익잉여금을 처분가능한 상태로 전환
- **현금배당** : 미처분이익잉여금을 감소시키고 미지급배당금을 계상

해당 문제의 핵심이론을 정리한 더 알아보기 수록

제1편 | 기업회계기준
출제예상문제

과목별 출제예상문제 총 308문제 수록

제 01 장 | 재무회계와 회계기준

01 다음 중 재무회계의 주된 목적으로 가장 옳은 것은?

① 수탁책임의 이행 여부 평가
② 경영방침 수립 및 계획
③ 내부정보이용자의 경제적 의사결정에 유용한 정보제공
④ 외부정보이용자의 경제적 의사결정에 유용한 정보제공
⑤ 기업의 재무상태와 경영성과 파악

해설 재무회계의 주된 목적은 외부정보이용자의 경제적 의사결정에 유용한 정보를 제공하는 것이다.

신용분석사 1부
최종모의고사

실제 시험 난이도의 최종모의고사 수록

기업회계기준

01 우리나라의 회계기준에 대한 설명이다. 올바른 것은?

① 현재 우리나라에서 통용되는 회계기준은 한국채택국제회계기준, 일반기업회계기준 두 가지이다.
② 비상장회사로서 외부감사대상인 경우에는 중소기업회계기준을 적용할 수 있다.
③ 비상장회사로서 외부감사대상인 경우에는 한국채택국제회계기준을 적용할 수 없다.
④ 한국채택국제회계기준을 적용하는 회사에도 중소기업회계처리 특례를 적용할 수 있다.
⑤ 비상장기업이 상장기업의 연결자회사인 경우 반드시 한국채택국제회계기준에 의해 재무제표를 작성하여야 한다.

PART1 기업회계기준

핵심개념문제

출제예상문제

행운이란 100%의 노력 뒤에 남는 것이다.

– 랭스턴 콜먼 –

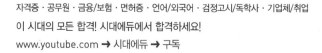

제 01 장 재무회계와 회계기준

기업회계기준 50%

학습전략

이 장은 계산문제 출제될 가능성은 낮고 이론형 문제로 출제될 확률이 높다.
암기한 것을 시험 직전에 반드시 정리하는 시간을 갖도록 한다.

---

01 재무회계의 목적

핵심개념문제

다음 중 기업의 외부정보이용자에게 의사결정에 도움을 주는 유용한 정보를 제공하기 위한 회계는?

① 원가회계
② 관리회계
③ 세무회계
④ 비영리회계
⑤ 재무회계

해설 외부정보이용자에게 유용한 정보를 제공하기 위한 회계는 재무회계이다.

정답 ⑤

더 알아보기

회계의 분류

구 분	재무회계	관리회계
목 적	외부정보이용자의 경제적 의사결정에 유용한 정보 제공	내부정보이용자의 경제적 의사결정에 유용한 정보 제공
보고대상	외부정보이용자(주주, 채권자, 거래처, 종업원 및 일반대중, 재무분석가, 정부 및 감독기관)	내부정보이용자(경영자)
준거기준	일반적으로 인정된 회계원칙(GAAP)	일반적인 기준이 없음
보고수단	재무제표	일정한 형식이 없음

회계의 기능과 재무정보의 공급에 대한 설명이다. 옳지 않은 것은?

① 회계는 자본주의 경제체제 내의 희소한 자원을 효율적으로 이용하는 경제실체를 파악하는 데 중요한 역할을 한다.

② 회계는 경영자의 투자자에 대한 수탁책임에 관한 보고기능을 한다.

③ 재무정보의 공급에 대해서 회사는 자발적인 정보의 공급 유인이 없으므로 우리나라는 외감법 등 각종 법률에 의거하여 재무정보의 공시를 요구하고 있다.

④ 재무정보는 공공재의 성격이 있어서 사회적으로 필요한 수준까지 생산되지 않는다는 문제점이 있다.

⑤ 회계는 기업의 다양한 이해관계자들의 형평문제를 결정하는 데 도움을 준다.

해설　재무정보의 공시를 강제하지 않더라도 자발적인 공시를 통하여 회사의 명성과 신뢰성을 제고시킬 수 있다는 유인이 있다.

　　　　　　　　　　　　　　　　　　　　　　　　　　　　　　　　　　　　　　정답 ③

더 알아보기

재무정보의 제공이라는 관점에서 기업은 (1) 별도의 규제가 없어도 자발적으로 재무보고를 할 것이라는 주장과 (2) 강제적인 규제가 있어야 한다는 주장이 대립한다.

(1) 자발적 재무보고의 주장의 근거 : 대리인 이론, 효율적 자본시장
　① 대리인 이론 : 주주와 경영자가 대리인 문제를 해결하기 위해 자발적으로 회계감사를 받는다.
　② 효율적 자본시장 : 자발적으로 재무정보를 공시하는 기업이 시장에서 더 높은 평판을 받는다.
(2) 강제적인 규제가 있어야 한다는 주장의 근거 : 외부효과, 사회적 목표의 달성
　① 외부효과 : 재무정보는 공공재의 성격을 갖는다. 재무정보의 제공자는 비용이 발생하지만 대부분의 정보이용자가 무료로 정보를 이용할 수 있다. 따라서 필요한 것보다 적은 정보가 공시되는 결과를 초래한다. 즉, 더 많은 정보를 제공하면 비난만 받을 것이니 법에서 정한 최소한만 공시한다는 주장이다.
　② 사회적 목표 : 사회가 가지고 있는 희소한 자원을 효율적으로 배분하기 위한 사회적 목표를 달성하기 위해서 모든 잠재적 투자자들이 동일한 정보에 대하여 평등하게 접근이 가능해야 자본시장이 공정해진다는 주장이다.

비상장법인으로 외부감사 대상인 회사에 적용가능한 회계기준은 다음 중 몇 개인가?

> (a) 일반기업회계기준
> (b) 한국채택국제회계기준
> (c) 미국회계기준
> (d) 중소기업회계기준

① 1개   ② 2개

③ 3개   ④ 4개

⑤ 0개

해설 비상장법인의 경우 일반기업회계기준을 적용하거나 한국채택국제회계기준을 선택할 수 있다. 중소기업회계기준은 외부
감사 대상 회사에는 적용되지 않는다.

정답 ②

기업회계기준

더 알아보기

2011년부터 우리나라가 국제회계기준을 전면 도입하고, 2013년에는 중소기업회계기준이 제정됨에 따라 회계기준
이 3원화되었다. 하나는 상장기업이 강제적으로 적용하여야 하는 '한국채택국제회계기준(K-IFRS)'이며, 다른 각
각은 비상장 외부감사 대상 기업이 적용할 수 있는 '일반기업회계기준'과 외부감사 대상이 아닌 비상장 중소기업이
적용할 수 있는 '중소기업회계기준'이다.
일반기업회계기준은 한국채택국제회계기준의 적용에 따른 회계처리의 부담을 줄여주기 위하여 한국채택국제회
계기준의 적용의무가 없는 비상장 외부감사 대상 기업을 위해 2009년 12월 말 제정되었다. 그러나 비상장기업도
원하는 경우 한국채택국제회계기준을 선택할 수 있으며 비상장기업이 상장기업의 연결자회사인 경우 반드시 한국
채택국제회계기준에 의해 재무제표를 작성하여야 한다.

회계원칙은 누구에 의하여 제정되는가에 따라 자유시장접근법(Free-market Approach)과 규제접근법(Regulatory Approach)으로 나뉜다. 자유시장접근법에 해당하는 지문은?

① 재무정보에 대해서 특별한 규제가 필요하지 않다.

② 재무정보는 대가를 지불하지 않고 혜택을 보는 무임승차자 현상이 존재하는 공공재(Public Goods)에 해당한다.

③ 재무정보를 시장에 맡겨두면 제공된 재무정보의 양이나 질이 사회적 최적의 상태에 이르지 못하여 시장실패를 초래한다.

④ 회계원칙을 규제기관에서 제정해야 한다.

⑤ 회계원칙을 제정하는 방법 중 더 지지를 받고 있는 접근법이다.

> **해설** 자유시장접근법에 따르면 재무정보는 다른 일반 재화와 같은 하나의 경제재(Economic Goods)로 간주될 수 있다. 투자자와 채권자들은 재무정보에 대한 수요가 있고 그 수요에 따라 회사는 재무제표 등의 재무정보를 공급한다. 이 때 수요과 공급의 균형에 의하여 제공되는 재무정보가 결정되며, 그러한 재무정보를 산출하기 위한 회계원칙이 제정되어야 한다는 견해이다.
>
>   **정답** ①

더 알아보기

공공재와 외부성(Externality)

외부성이란 어떤 경제주체의 생산 혹은 소비활동이 다른 경제주체에게 의도하지 않은 혜택이나 손해를 미치면서도 이에 대한 보상이 이루어지지 않는 것을 말한다. 예를 들어, 과수원 옆으로 양봉업자가 이사해옴에 따라 과일생산량이 증가하는 경우를 '외부경제'라 하고 비흡연자가 흡연자의 흡연에 따라 불쾌감을 느끼게 되는 경우를 '외부불경제'라고 한다. '외부경제'가 있는 경우 시장기구에 의한 생산량이 사회적 최적수준에 미달하게 된다.

제02장 재무회계 개념체계

학습전략

이 장은 계산문제로 출제될 가능성은 낮고 이론형 문제로 출제될 확률이 높다.
암기한 것을 시험 직전에 반드시 정리하는 시간을 갖도록 한다.

---

01 **재무정보** `핵심개념문제`

재무정보에 대한 설명이다. 옳지 않은 것은?

① 재무보고의 목적과 재무제표의 작성방법은 경제, 사회, 제도적 환경에 의해 영향을 받으며, 또한 중대한 환경의 변화가 있을 경우 이를 적절히 반영하여야 한다. 따라서 현재 작성·공시되고 있는 재무제표라 하더라도 추후 환경적 요인의 변화에 따라 작성이 필요하지 않게 되거나 다른 종류의 재무제표로 대체될 수 있다.

② 재무보고에 의해 제공되는 정보는 기업실체의 경제적 활동에 대해 어느 정도의 지식을 갖고 있는 투자자와 채권자라면 이해할 수 있는 정보여야 한다. 그러므로 투자자 및 채권자가 이해하기에 지나치게 어려운 정보는 생략할 수 있다.

③ 기업실체의 미래 현금흐름을 예측하기 위해서는 기업실체의 경제적 자원과 그에 대한 청구권, 그리고 경영성과 측정치를 포함한 청구권의 변동에 관한 정보가 제공되어야 한다.

④ 재무보고는 기업실체에 대한 현재 및 잠재의 투자자와 채권자가 합리적인 투자의사결정과 신용의사결정을 하는 데 유용한 정보를 제공하여야 한다. 투자자와 채권자에게 유용한 정보는 사회 전체적인 자원배분의 효율성을 높이는 데 기여한다.

⑤ 현재 및 잠재의 주식투자자는 기업가치를 평가하고 이 기업가치 중 주주가치에 해당하는 부분과 현재의 주식가격을 비교하여 주식의 매각 또는 매입 여부의 의사결정을 한다. 기업가치의 평가는 미래의 기대배당과 투자위험 등에 근거하며, 재무보고는 이러한 평가에 유용한 정보를 제공하여야 한다.

`해설` 재무보고에 의해 제공되는 정보는 기업실체의 경제적 활동에 대해 어느 정도의 지식을 갖고 있는 투자자와 채권자라면 이해할 수 있는 정보여야 한다. 그러나 일부 투자자 및 채권자가 이해하기 어렵다거나 이용하지 않는다는 이유로 의사결정에 적합한 정보가 누락되어서는 아니 된다.

`정답` ②

다음은 재무보고에 대한 설명이다. 가장 옳은 것은?

① 재무보고는 기업실체의 회계시스템에 근거한 재무제표에 의해서만 가능하다.

② 재무제표는 가장 핵심적인 재무보고 수단으로서 기업실체의 경제적 자원과 의무, 그리고 자본과 이들의 변동에 관한 정보를 제공하며 주석은 제외된다.

③ 주석에는 법률적 요구에 의해 작성하는 이익잉여금처분계산서 등이 포함될 수 있다. 재무제표의 명칭은 전달하고자 하는 정보의 성격을 충실히 나타내야 하며 관련 법규와의 상충이 없는 경우에는 재무상태보고서, 경영성과보고서, 자본변동보고서(또는 소유주지분변동보고서), 현금흐름보고서 등 대체적인 명칭을 사용할 수 있다.

④ 재무보고의 기타 수단으로 제공되는 재무정보가 재무제표에 보고되기에 적절하지 않다면 재무정보이용자의 의사결정에 적합하더라도 해당 정보는 제외된다.

⑤ 감사보고서는 재무제표와 더불어 기업실체의 재무정보를 제공하는 재무보고 수단의 예이며 일반적으로 비재무정보를 포함한다.

해설　① 재무보고는 기업실체의 회계시스템에 근거한 재무제표에 의해 주로 이루어지나, 그 외의 수단에 의해서도 재무정보가 제공될 수 있다.
　　　② 재무제표는 가장 핵심적인 재무보고 수단으로서 기업실체의 경제적 자원과 의무, 그리고 자본과 이들의 변동에 관한 정보를 제공하며 주석을 포함한다.
　　　④ 재무보고의 기타 수단으로 제공되는 재무정보에는 재무제표에 보고되기에는 적절하지 않지만 재무정보이용자의 의사결정에 적합한 정보가 모두 포함된다.
　　　⑤ 사업보고서는 재무제표와 더불어 기업실체의 재무정보를 제공하는 재무보고 수단의 예이며 일반적으로 비재무정보를 포함한다.

정답 ③

더 알아보기

재무보고는 다음과 같은 방법을 통하여 기업실체 외부의 이해관계자에게 정보를 제공한다.

■ 재무제표

　가장 핵심적인 재무보고 수단으로서 기업실체의 경제적 자원과 의무, 그리고 자본과 이들의 변동에 관한 정보를 제공하며 주석을 포함한다. 중요한 회계방침이나 자원(자산) 및 의무(부채)에 대한 대체적 측정치에 대한 설명 등과 같은 주석은 재무제표가 제공하는 정보를 이해하는 데 필수적인 요소로서 회계기준에 따라 작성된 재무제표의 중요한 부분으로 인정된다.

■ 재무보고의 기타 수단

　경영자 분석 및 전망, 그리고 경영자의 주주에 대한 서한과 같이 위에 제시된 방법을 제외한 수단에 의해서도 재무정보가 제공될 수 있다.
　재무제표는 기업실체가 외부의 정보이용자에게 재무정보를 전달하는 핵심적 수단으로서 일반적으로 재무상태표, 손익계산서, 자본변동표, 현금흐름표로 구성되며 주석을 포함한다. 주석에는 법률적 요구에 의해 작성하는 이익잉여금처분계산서 등이 포함될 수 있다. 재무제표의 명칭은 전달하고자 하는 정보의 성격을 충실히 나타내야 하며 관련 법규와의 상충이 없는 경우에는 재무상태보고서, 경영성과보고서, 자본변동보고서(또는 소유주지분변동보고서), 현금흐름보고서 등 대체적인 명칭을 사용할 수 있다.

재무상태, 경영성과, 현금흐름 및 자본변동에 관한 정보의 제공에 대한 설명이다. 옳은 것은?

① 기업실체의 경제적 자원, 의무 및 자본에 관한 재무상태 정보는 투자자와 채권자가 당해 기업실체의 재무 건전성과 유동성을 평가하는 데 유용하다.

② 유동성은 기업실체의 장기적인 채무이행능력을 평가하는 요소이며, 재무건전성은 단기적인 채무이행능력을 평가하는 요소이다.

③ 일정기간에 대한 기업실체의 경영성과, 즉 회계이익과 그 구성요소에 대한 정보는 기업실체의 미래 순현금흐름을 예측하는 데 유용하다. 현금기준에 따라 측정된 이익정보는 발생주의에 의한 성과측정치보다 기업실체의 경영성과를 더 잘 나타내며, 현재의 순현금흐름은 현재의 회계이익보다 기업실체의 미래 순현금흐름의 예측에 더 유용한 것으로 인식되고 있다.

④ 일정기간에 대한 현금흐름 정보는 일정기간 동안에 발생한 기업실체와 소유주(주주) 간의 거래 내용을 이해하고 소유주에게 귀속될 이익 및 배당가능이익을 파악하는 데 유용하다.

⑤ 기업실체의 자본변동에 관한 정보는 기업실체가 영업활동에서 창출한 순현금흐름, 투자활동, 자금의 차입과 상환, 현금배당을 포함한 자본거래 및 기업실체의 유동성에 관한 정보를 제공한다.

해설 ② 재무건전성은 기업실체의 장기적인 채무이행능력을 평가하는 요소이며, 유동성은 단기적인 채무이행능력을 평가하는 요소이다.
③ 일정기간에 대한 기업실체의 경영성과, 즉 회계이익과 그 구성요소에 대한 정보는 기업실체의 미래 순현금흐름을 예측하는 데 유용하다. 발생주의(발생기준)에 따라 측정된 이익정보는 현금주의에 의한 성과측정치보다 기업실체의 경영성과를 더 잘 나타내며, 현재의 회계이익은 현재의 순현금흐름보다 기업실체의 미래 순현금흐름의 예측에 더 유용한 것으로 인식되고 있다.
④ 기업실체의 자본변동에 관한 정보는 일정기간 동안에 발생한 기업실체와 소유주(주주) 간의 거래 내용을 이해하고 소유주에게 귀속될 이익 및 배당가능이익을 파악하는 데 유용하다.
⑤ 일정기간에 대한 현금흐름 정보는 기업실체가 영업활동에서 창출한 순현금흐름, 투자활동, 자금의 차입과 상환, 현금배당을 포함한 자본거래 및 기업실체의 유동성에 관한 정보를 제공한다.

정답 ①

재무정보의 유용성에 관한 설명이다. 옳지 않은 것은?

① 목적적합성이 있는 정보란 정보이용자가 기업실체의 과거, 현재 또는 미래 사건의 결과에 대한 예측을 하는 데 도움이 되거나 또는 그 사건의 결과에 대한 정보이용자의 당초 기대치(예측치)를 확인 또는 수정할 수 있게 함으로써 의사결정에 차이를 가져올 수 있는 정보를 말한다.

② 예측가치란 정보이용자가 기업실체의 미래 재무상태, 경영성과, 순현금흐름 등을 예측하는 데 그 정보가 활용될 수 있는 능력을 의미한다. 예를 들어, 반기 재무제표에 의해 발표되는 반기 이익은 올해의 연간 이익을 예측하는 데 활용될 수 있다.

③ 피드백가치란 제공되는 재무정보가 기업실체의 재무상태, 경영성과, 순현금흐름, 자본변동 등에 대한 정보이용자의 당초 기대치(예측치)를 확인 또는 수정되게 함으로써 의사결정에 영향을 미칠 수 있는 능력을 말한다. 예를 들어, 어떤 기업실체의 투자자가 특정 회계연도의 재무제표가 발표되기 전에 그 해와 그 다음 해의 이익을 예측하였으나 재무제표가 발표된 결과 당해 연도의 이익이 자신의 이익 예측치에 미달하는 경우, 투자자는 그 다음 해의 이익 예측치를 하향 수정하게 된다. 이 예에서 당해 연도의 보고이익은 피드백가치를 갖고 있는 정보이다.

④ 재무제표에 의해 제공되는 재무정보는 과거에 대한 것임에도 불구하고 정보이용자에게 유용할 수 있는 근본적 이유는 이 정보가 미래에 대한 예측의 근거로 활용될 수 있기 때문이다.

⑤ 적시성 있는 정보는 항상 목적적합하고, 적시에 제공되지 않은 정보는 주어진 의사결정에 이용할 수 없으므로 목적적합성을 상실하게 된다.

해설　적시성 있는 정보라 하여 반드시 목적적합성을 갖는 것은 아니나, 적시에 제공되지 않은 정보는 주어진 의사결정에 이용할 수 없으므로 목적적합성을 상실하게 된다. 그러나 적시성 있는 정보를 제공하기 위해 신뢰성을 희생해야 하는 경우가 있으므로 경영자는 정보의 적시성과 신뢰성 간의 균형을 고려해야 한다.

정답 ⑤

재무정보의 신뢰성에 대한 설명이다. 옳지 않은 것은?

① 재무정보가 신뢰성을 갖기 위해서는 편의 없이 중립적이어야 한다. 의도된 결과를 유도할 목적으로 회계 기준을 제정하거나 재무제표에 특정 정보를 표시함으로써 정보이용자의 의사결정이나 판단에 영향을 미친다면 그러한 재무정보는 중립적이라 할 수 없다.

② 사실상 회수불가능한 매출채권이 회수가능한 것처럼 재무상태표에 표시된다면 이 매출채권 측정치는 중립성을 상실한 정보가 된다.

③ 표현의 충실성을 확보하기 위해서는 회계처리대상이 되는 거래나 사건의 형식보다는 그 경제적 실질에 따라 회계처리하고 보고하여야 한다. 거래나 사건의 경제적 실질은 법적 형식 또는 외관상의 형식과 항상 일치하지는 않는다.

④ 특정 거래나 사건을 충실히 표현하기 위해 필요한 중요한 정보는 누락되어서는 안 된다. 수집가능한 중요한 정보가 누락될 경우 표현의 충실성을 저해할 수 있다.

⑤ 검증가능성이 높다는 것이 표현의 충실성을 보장하는 것은 아니며, 또한 반드시 목적적합성이 높다는 것을 의미하지도 않는다.

> **해설** 사실상 회수불가능한 매출채권이 회수가능한 것처럼 재무상태표에 표시된다면 이 매출채권 측정치는 표현의 충실성을 상실한 정보가 된다.
>
> 정답 ②

일반기업회계기준 재무회계 개념체계에서 표현의 충실성에 대한 설명이다. 틀린 지문은? 최신출제유형

① 사실상 회수가 불가능한 매출채권이 회수가능한 것처럼 재무상태표에 표시된다면 이 매출채권의 측정치는 표현의 충실성을 상실한 정보가 된다.

② 표현의 충실성을 확보하기 위해서는 회계처리 대상이 되는 거래나 사건의 형식보다 그 경제적 실질에 따라 회계처리하고 보고하여야 한다.

③ 리스의 법적 형식은 임차계약이므로 리스이용자는 리스거래 관련 자산과 부채를 인식하여서는 안 된다.

④ 어떤 기업실체가 지배종속관계에 있는 다른 기업실체에 거액의 매출을 한 경우 이와 같은 거래내용이 공시되지 않는다면 표현의 충실성이 상실된 정보일 수 있다.

⑤ 특정 거래나 사건을 충실히 표현하기 위해 필요한 중요한 정보는 누락되어서는 안 된다.

> **해설** 리스의 법적 형식은 임차계약이지만 리스이용자가 리스자산에서 창출되는 경제적 효익의 대부분을 누리고 리스자산과 관련된 위험을 부담하는 경우라면 경제적 실질의 관점에서 자산과 부채의 정의를 충족하므로 리스이용자는 리스거래 관련 자산과 부채를 인식하여야 한다.
>
> 정답 ③

재무정보의 제약요인에 대한 설명이다. 옳지 않은 것은?

① 재무정보가 정보이용자에게 유용하기 위해서는 목적적합성과 신뢰성을 가져야 한다. 그러나 질적 특성을 갖춘 정보라 하더라도 정보 제공 및 이용에 소요될 사회적 비용이 정보 제공 및 이용에 따른 사회적 효익을 초과한다면 그러한 정보 제공은 정당화될 수 없다.

② 재무제표에 표시되는 항목에는 또한 중요성이 고려되어야 하므로, 목적적합성과 신뢰성을 갖춘 모든 항목이 반드시 재무제표에 표시되는 것은 아니다. 즉, 중요성은 회계항목이 정보로 제공되기 위한 최소한의 요건이다.

③ 특정 정보가 생략되거나 잘못 표시된 재무제표가 정보이용자의 판단이나 의사결정에 영향을 미칠 수 있다면 개념적으로 볼 때 그러한 정보는 중요한 정보이다.

④ 재무정보가 제공되고 이용되는 과정에는 여러 유형의 비용과 효익이 발생한다. 이러한 비용에는 재무제표 작성자의 정보제공에 소요되는 비용뿐 아니라, 정보이용자의 정보처리 비용도 포함된다. 재무제표 작성자는 정보의 수집, 처리, 감사 및 공시와 관련된 비용을 부담하며, 소송위험 또는 경쟁기업으로의 정보유출 등과 관련된 비용을 부담하게 된다.

⑤ 재무정보 제공에 대한 추가적 제약요인으로서 회계항목의 성격 및 크기의 중요성이 고려되어야 하는데, 중요성은 항상 당해 항목의 성격과 금액의 크기에 의해 결정된다.

> **해설** 중요성은 일반적으로 당해 항목의 성격과 금액의 크기에 의해 결정된다. 그러나 어떤 경우에는 금액의 크기와는 관계없이 정보의 성격 자체만으로도 중요한 정보가 될 수 있다. 예를 들어, 신규 사업부문의 이익수치가 영(0)에 가까울 정도로 극히 작은 경우에도 그러한 이익수치는 정보이용자가 당해 기업실체가 직면하고 있는 위험과 기회를 평가하는 데 중요한 정보가 될 수 있다.
>
>   **정답** ⑤

보수주의에 대한 설명으로 올바른 것은?

① 보수주의는 이익이나 재무상태를 과소평가하지 않도록 하기 위하여 도입된 개념이다.

② 재고자산의 저가법평가는 보수주의의 대표적인 사례이다.

③ 이론적으로 볼 때 보수주의는 표현의 충실성에 입각한 결과이다.

④ 보수주의는 결과적으로 채권자보다는 투자자를 보호하는 입장이다.

⑤ 보수주의란 합리적으로 추정가능한 경우에도 적용되어야 한다.

> **해설** ① 이익이나 재무상태를 과대평가하지 않도록 하기 위하여 도입된 개념이다.
>   ③ 표현의 충실성에 위배된다.
>   ④ 채권자를 보호하는 입장이다.
>   ⑤ 합리적으로 추정가능한 경우까지 의도적으로 자산이나 순이익을 과소계상하라는 의미는 아니다.
>
>   **정답** ②

일반기업회계기준에서 재무제표 기본요소의 인식기준에 대한 설명으로 옳지 않은 것은?

① 인식이란 거래나 사건의 경제적 효과를 자산, 부채, 수익, 비용 등으로 재무제표에 표시하는 것을 말한다.

② 어떠한 항목을 인식하기 위해서는 재무제표의 기본요소의 정의를 만족시켜야 하며, 당해 항목과 관련된 미래의 경제적 효익이 기업실체에 유입될 가능성이 높고(Probable), 당해 항목에 대한 측정속성이 신뢰성 있게 측정되어야 한다.

③ 발생주의는 현금 수수와는 관계없이 가치창조 활동이 있었는가를 기준으로 수익을 인식하고 가치창조 과정에서 희생된 가치가 있었는가를 기준으로 비용을 인식하는 방법이다.

④ 용역에 대한 선급비용의 이연처리, 사용된 용역에 대한 미지급비용의 계상은 발생주의를 적용하는 예이다.

⑤ 현금흐름표는 발생주의가 아닌 현금주의에 의해 작성된다.

해설　일반기업회계기준에서는 미래의 경제적 효익이 기업실체에 유입될 가능성이 매우 높아야(Highly Probable) 한다. 한국채택국제회계기준에서는 가능성이 높아야(Probable) 한다고 규정하고 있다.

정답 ②

더 알아보기

국제회계기준에서 제시하는 가능성의 표현은 다음과 같다. 가능성이 큰 것부터 작은 것 순으로 열거하고 있는데, '매우 높다'는 3번째, '높다'는 11번째이다.

1	'Virtually certain'	IAS 37.33	15	'May, but probably will not'	IAS 37 Appdx A
2	'No realistic alternative'	IAS 37.10	16	'Reasonably possible'	IAS 32.92
3	'Highly probable' – significantly more likely than probable	IFRS 5 BC82	17	'Possible'	IAS 37.10
4	'Reasonably certain'	IAS 17.4	18	'Unlikely'	IAS 39 AG44
5	'Substantially all' (risks and rewards, recover, difference)	IAS 17.8	19	'Highly unlikely'	IAS 40.31
6	'Substantially enacted'	IAS 12.46	20	'Extremely unlikely'	IFRS 4 Appdx B23
7	'Highly effective'	IAS 39.88	21	'Minimal probability'	IFRS 4 Appdx B25
8	'Principally'	IFRS 5.6	22	'Sufficiently lower'	IAS 17.10(b)
9	'Significant'	IAS 18.14(a)	23	'Insignificant'	IAS 39.9
10	'Major part'	IAS 17.10(c)	24	'Remote'	IAS 37.28
11	'Probable' – more likely than not	IAS 37.14(b)	25	'Extremely rare'	IAS 1.17
12	'More likely'	IAS 39.22	26	'Virtually none'	IAS 34.IN6
14	'Likely'	IAS 39 AG40	27	'Not genuine' (highly abnormal and extremely unlikely to occur)	IAS 32.25

※ 주의 : 미국회계기준(US GAAP)에서는 가능성이 매우 높은 정도를 Probable로 규정하고 있는 데 비해 국제회계기준 (IFRS)에서는 Highly probable로 표현하고 있다. 따라서 미국회계기준에서의 Probable과 국제회계기준의 Highly probable은 확신수준이 매우 유사하다. 그러므로 기본서(11판 44쪽 하3)에 수록된 '매우 높고(Probable)'는 오류는 아니지만 독자 여러분들이 오해하기 쉬운 내용이니 주의를 요한다.

일반기업회계기준의 재무회계 개념체계를 따를 경우 부채의 측정에 사용될 수 있는 측정속성에 관한 설명으로 옳지 않은 것은?

① 부채의 기업특유가치는 기업실체가 그 의무를 이행하는 데 예상되는 자원 유출의 현재가치를 의미한다.

② 부채의 이행가액은 미래에 그 의무의 이행으로 지급될 현금 또는 현금등가액에서 그러한 지급에 소요될 비용을 차감한 가액을 의미한다.

③ 부채의 공정가치는 독립된 당사자 간의 현행거래에서 부채가 이전 또는 결제될 수 있는 교환가치이다.

④ 역사적 현금수취액은 그 부채를 부담하는 대가로 수취한 현금 또는 현금등가액이다.

⑤ 부채의 상각후가액이란 금융부채 발생 시점의 그 유입가격과 부채로부터 발생하는 미래 명목현금흐름의 현재가치가 일치되게 하는 할인율(유효이자율)을 이용하여 당해 부채에 대한 현재의 가액을 측정한 것이다.

해설 부채의 이행가액은 미래에 그 의무의 이행으로 지급될 현금 또는 현금등가액에서 그러한 지급에 소요될 비용을 가산한 가액을 의미한다.

정답 ②

재무정보의 질적 특성 중 목적적합성과 관련된 내용이다. 다음 중 옳은 것은?

① 예측가치와 확인가치 두 가지가 모두가 있어야만 그 재무정보가 의사결정에 차이를 가져올 수 있다.

② 재무정보가 예측가치를 갖기 위해서는 그 자체가 예측치여야 한다.

③ 재무정보가 과거 평가에 대해 피드백을 제공한다면 그 재무정보는 예측가치를 갖는다.

④ 목적적합성이란 나타내고자 하는 현상을 충실하게 표현하는 것을 말한다.

⑤ 특정기업의 재무정보를 이용하지 않은 상태에서 여신을 제공하기로 의사결정을 내렸으나 그 기업의 재무정보를 이용한 후에 의사결정을 번복했다면 그러한 재무정보는 목적적합하다.

해설 ① 두 가지 중 하나만 있는 경우도 가능하다.
② 그 자체가 예측치 또는 예상치일 필요는 없다.
③ 재무정보가 과거 평가에 대해 피드백을 제공한다면 그 재무정보는 확인가치를 갖는다.
④ 신뢰성에 대한 설명이다.

정답 ⑤

일반기업회계기준의 재무회계 개념체계를 따를 경우 재무정보의 질적 특성에 대한 설명 중 옳지 않은 것은?

최신출제유형

① 재무정보의 질적 특성은 회계기준제정기구가 회계기준을 제정 또는 개정할 때 대체적 회계방법들을 비교 평가할 수 있는 판단기준이 되며, 재무정보 이용자가 기업실체에서 사용한 회계처리방법의 적절성 여부를 평가할 때 판단기준을 제공하기도 한다.

② 피드백가치란 제공되는 재무정보가 기업실체의 재무상태 등에 대한 정보이용자의 당초 기대치를 확인 또는 수정할 수 있도록 의사결정에 영향을 미칠 수 있는 능력을 의미하는데, 대부분의 재무정보는 예측가 치와 피드백가치를 동시에 갖고 있는 경우가 많다.

③ 적시성 있는 정보라 하여 반드시 목적적합성을 갖는 것은 아니나, 적시에 제공되지 않은 정보는 목적적합 성을 상실하게 된다.

④ 검증가능성이란 동일한 경제적 사건이나 거래에 대하여 동일한 측정방법을 적용할 경우 다수의 독립적인 측정자가 유사한 결론에 도달할 수 있어야 함을 의미하는데, 검증가능성이 높다는 것은 표현의 충실성을 보장해주며 또한 목적적합성도 높다는 것을 의미한다.

⑤ 표현의 충실성을 확보하기 위해서는 회계처리대상이 되는 거래 및 사건의 형식보다는 그 경제적 실질에 따라 회계처리하고 보고하여야 하는데, 이는 거래나 사건의 경제적 실질은 법적 형식 또는 외관상의 형식 과 항상 일치하는 것은 아니기 때문이다.

해설 현금으로 구입한 자산의 취득원가는 다른 자산의 교환거래에 의하여 구입한 자산의 취득원가보다 검증가능성이 높다. 왜냐하면 교환으로 제공한 자산의 가치를 객관적으로 측정하기 어렵기 때문이다. 그러나 검증가능성이 높다는 것이 표현 의 충실성을 보장하거나 목적적합성이 높다는 것을 의미하는 것은 아니다.

정답 ④

재무상태표의 기본요소인 자산, 부채, 자본에 대한 서술이다. 옳지 않은 것은?

① 자산은 과거의 거래나 사건의 결과로서 현재 기업실체에 의해 지배되고 미래에 경제적 효익을 창출할 것으로 기대되는 자원이다.

② 부채는 과거의 거래나 사건의 결과로 현재 기업실체가 부담하고 있고 미래에 자원의 유출 또는 사용이 예상되는 의무이다.

③ 자본은 기업실체의 자산 총액에서 부채 총액을 차감한 잔여액 또는 순자산으로서 기업실체의 자산에 대한 소유주의 잔여청구권이다.

④ 자산이 과거의 거래나 사건의 결과라 함은 구매나 생산활동 등 자산을 취득하는 거래나 사건이 이미 발생하였음을 의미하는 것이므로 미래에 발생할 것으로 예상되는 거래나 사건만으로는 자산이 취득되지 않는다.

⑤ 채권과 부동산을 포함한 많은 자산이 소유권과 같은 법적 권리와 결부되어 있다. 따라서 소유권 등의 법적 권리가 자산성 유무를 결정함에 있어 최종적 기준이 된다.

해설   채권과 부동산을 포함한 많은 자산이 소유권과 같은 법적 권리와 결부되어 있다. 그러나 소유권 등의 법적 권리가 자산성 유무를 결정함에 있어 최종적 기준은 아니다.

정답 ⑤

손익계산서의 기본요소에 대한 설명이다. 옳지 않은 것은?   최신출제유형

① 매도가능증권평가차손익, 해외사업환산차손익 등이 당기순이익에 반영되지 않고 누적기타포괄이익(손실)의 항목으로 자본에 표시되는 경우 포괄이익과 당기순이익은 일치하지 않는다.

② 화폐자본유지개념하에서는 소유주와의 거래를 제외하고 회계기간 말의 실물생산능력이 회계기간 초의 실물생산능력을 초과할 때 그 초과액을 투자이익으로 측정한다.

③ 수익은 기업실체의 경영활동의 결과로서 발생하였거나 발생할 현금유입액을 나타내며, 경영활동의 종류와 당해 수익이 인식되는 방법에 따라 매출액, 이자수익, 배당금수익 및 임대수익 등과 같이 다양하게 구분될 수 있다.

④ 비용은 기업실체의 경영활동의 결과로서 발생하였거나 발생할 현금유출액을 나타내며, 경영활동의 종류와 당해 비용이 인식되는 방법에 따라 매출원가, 급여, 감가상각비, 이자비용, 임차비용 등과 같이 다양하게 구분될 수 있다.

⑤ 자동차 제조회사의 경우 차량판매는 주요 경영활동으로 매출과 매출원가로 기록되지만, 여타 제조회사의 경우에는 보유차량의 매각은 부수적인 활동에 속하므로 차익 또는 차손을 발생시키는 거래이다.

해설   실물자본유지개념하에서는 소유주와의 거래를 제외하고 회계기간 말의 실물생산능력이 회계기간 초의 실물생산능력을 초과할 때 그 초과액을 투자이익으로 측정한다.

정답 ②

01 ~ 03

> (주)서울은 20x5년 1월 1일 1,000원을 투자하여 사과판매업을 개시하였으며 1월 1일 현재 사과 2개를 개당 500원에 구입하였다. (주)서울은 구입한 사과를 개당 800원에 판매하여 12월 31일 현재 현금 1,600원을 보유하고 있다. 20x5년 중 물가상승률은 10%이며, 결산일(12월 31일) 현재 사과의 개당 구입가격은 700원이다.

01

명목재무자본으로 자본을 정의할 경우 자본유지를 위한 투자이익과 유지해야 할 자본은 각각 얼마인가?

	투자이익	유지해야 할 자본		투자이익	유지해야 할 자본
①	0원	1,600원	②	200원	1,100원
③	200원	1,400원	④	500원	1,100원
⑤	600원	1,000원			

해설 기초자본 1,000
유지해야 할 자본 1,000
기말자본 1,600
투자이익 600

정답 ⑤

02

불변구매력재무자본으로 자본을 정의할 경우 자본유지를 위한 투자이익과 유지해야 할 자본은 각각 얼마인가?

	투자이익	유지해야 할 자본		투자이익	유지해야 할 자본
①	0원	1,600원	②	200원	1,100원
③	200원	1,400원	④	500원	1,100원
⑤	600원	1,000원			

해설 기초자본 1,000
유지해야 할 자본 1,000 × (1 + 10%) = 1,100
기말자본 1,600
투자이익 500

정답 ④

03

실물자본으로 자본을 정의할 경우 자본유지를 위한 투자이익과 유지해야 할 자본은 각각 얼마인가?

	투자이익	유지해야 할 자본		투자이익	유지해야 할 자본
①	0원	1,600원	②	200원	1,100원
③	200원	1,400원	④	500원	1,100원
⑤	600원	1,000원			

해설 기초자본 1,000
유지해야 할 자본 1,400(= 사과 2개 × @700)
기말자본 1,600
투자이익 200

정답 ③

다음은 자본과 자본유지의 개념에 대한 설명이다. 옳지 않은 것은?

① 자본유지개념은 이익이 측정되는 준거기준을 제공함으로써 자본개념과 이익개념의 연결고리를 제공한다.
② 재무자본유지개념을 사용하기 위해서는 역사적원가 기준에 따라 측정해야 한다. 그러나 실물자본유지개념은 특정한 측정기준의 적용을 요구하지 않는다.
③ 자본을 명목화폐 단위로 정의한 재무자본유지개념하에서 이익은 해당 기간 중 명목자본의 증가액을 의미한다.
④ 재무자본유지개념이 불변구매력 단위로 정의된다면 이익은 해당 기간 중 투자된 구매력의 증가를 의미하게 된다.
⑤ 자본을 실물생산능력으로 정의한 실물자본유지개념하에서 이익은 해당기간 중 실물생산능력의 증가를 의미한다.

해설 실물자본유지개념을 사용하기 위해서는 현행원가기준에 따라 측정해야 한다. 그러나 재무자본유지개념은 특정한 측정기준의 적용을 요구하지 아니한다.

정답 ②

일반기업회계기준에 따른 현금흐름표의 기본요소에 대한 서술이다. 옳지 않은 것은?

① 기업실체의 현금흐름에 대한 정보를 제공하는 현금흐름표의 기본요소는 영업활동 현금흐름, 투자활동 현금흐름 및 재무활동 현금흐름이며, 현금흐름표도 다른 재무제표와 마찬가지로 발생주의를 기준으로 작성한다.

② 영업활동 현금흐름은 사업활동의 지속, 차입금상환, 배당금지급 및 신규투자 등에 필요한 현금을 외부로부터 조달하지 않고 제품의 생산과 판매활동, 상품과 용역의 구매와 판매활동 및 관리활동 등 자체적인 영업활동으로부터 얼마나 창출하였는지에 대한 정보를 제공한다.

③ 현금흐름은 미래 영업현금흐름을 창출할 자원의 확보와 처분에 관련된 현금흐름에 대한 정보를 제공한다. 투자활동은 투자부동산, 비유동자산에 속하는 지분증권, 유형자산 및 무형자산의 취득과 처분활동 등을 포함한다.

④ 재무활동 현금흐름은 주주, 채권자 등이 미래현금흐름에 대한 청구권을 예측하는 데 유용한 정보를 제공하며, 영업활동 및 투자활동의 결과 창출된 잉여현금흐름이 어떻게 배분되었는지를 나타내어 준다.

⑤ 재무활동은 현금의 차입과 상환 및 금융비용 지급, 신주발행과 배당금의 지급, 재무자산의 취득과 처분, 재무자산의 보유수익에 따른 현금유입 등을 포함한다. 금융비용 지급은 일상적인 영업활동에 수반되어 빈번히 발생하는 경우도 있으므로 영업활동으로 분류하기도 하나, 자금의 차입 등 기업의 재무활동과 더 직접적인 관련이 있다고 볼 수 있다.

해설　현금흐름표는 현금주의로 작성한다.

정답 ①

다음 중 감가상각비의 인식과 가장 관련이 깊은 내용은?

① 직접대응

② 체계적이고 합리적인 배분

③ 기간대응

④ 이 연

⑤ 회계추정

해설 감가상각비와 같이 발생한 수익창출과 직접적으로 대응되지는 않으나 자산으로부터의 효익이 여러 회계기간에 걸쳐 기대되는 경우 체계적이고 합리적인 배분으로 인식한다.

정답 ②

더 알아보기

경제적 효익의 사용은 다음과 같이 비용으로 인식된다.

■ 직접대응

　수익과 직접 관련하여 발생한 비용은 동일한 거래나 사건에서 발생하는 수익을 인식할 때 대응하여 인식한다. 이와 같은 예로는 매출수익에 대응하여 인식하는 매출원가를 들 수 있다.

■ 간접대응

　• 기간대응 : 수익과 직접 대응할 수 없는 비용은 재화 및 용역의 사용으로 현금이 지출되거나 부채가 발생하는 회계기간에 인식한다. 이와 같은 예로는 판매비와관리비를 들 수 있다.

　• 체계적이고 합리적 배분 : 자산으로부터의 효익이 여러 회계기간에 걸쳐 기대되는 경우, 이와 관련하여 발생한 특정 성격의 비용은 체계적이고 합리적인 배분절차에 따라 각 회계기간에 배분하는 과정을 거쳐 인식한다. 이와 같은 예로는 유형자산의 감가상각비와 무형자산의 상각비를 들 수 있다.

다음은 측정속성에 대한 설명을 연결한 것이다. 잘못 연결한 것은?

① 취득원가(또는 역사적원가)와 역사적 현금수취액 : 자산을 취득하였을 때 그 대가로 지급한 현금, 현금등 가액 또는 기타 지급수단의 공정가치를 말하며 역사적원가와 동일한 의미이다. 부채의 역사적 현금수취액 은 그 부채를 부담하는 대가로 수취한 현금 또는 현금등가액이다.

② 공정가치 : 독립된 당사자 간의 현행 거래에서 자산이 매각 또는 구입되거나 부채가 결제 또는 이전될 수 있는 교환가치이다. 기업실체가 보유하고 있는 자산에 대해 시장가격이 존재하면 이 시장가격은 당해 자산에 대한 공정가치의 측정치가 된다.

③ 기업특유가치 : 자산의 기업특유가치는 기업실체가 자산을 사용함에 따라 당해 기업실체의 입장에서 인식 되는 현재의 가치를 말하며, 사용가치라고도 한다. 부채의 기업특유가치는 기업실체가 그 의무를 이행하 는 데 예상되는 자원 유출의 현재가치를 의미한다.

④ 상각후가액 : 금융자산 취득 또는 금융부채 발생 시점의 그 유입가격과 당해 자산 또는 부채로부터 발생하 는 미래 명목현금흐름의 현재가치가 일치되게 하는 할인율인 유효이자율을 측정하고, 이 유효이자율을 이용하여 당해 자산 또는 부채에 대한 현재의 가액으로 측정한 것을 상각후가액이라 한다. 상각후가액의 측정에 사용되는 이자율은 현재의 시장이자율이 아닌 역사적 이자율이다.

⑤ 순실현가능가치와 이행가액 : 자산의 순실현가능가치는 정상적 기업활동과정에서 미래에 당해 자산이 현금 또는 현금등가액으로 전환될 때 수취할 것으로 예상되는 금액에서 그러한 전환에 직접 소요될 비용 을 차감한 가액으로 정의되며 유출가치의 개념이다. 부채의 이행가액은 미래에 그 의무의 이행으로 지급 될 현금 또는 현금등가액에서 그러한 지급에 직접 소요될 비용을 가산한 가액을 말한다. 순실현가능가치 와 이행가액은 현재 시점의 가치로 환산된 금액이다.

해설   순실현가능가치와 이행가액은 현재 시점의 가치로 환산되지 않은 금액이다.

정답 ⑤

더 알아보기

구 분	구입(취득)	판매(처분)
과 거	① 역사적원가 (예컨대, 3년 전 구입가격)	×
현 재	② 현행원가 (지금 구입가격)	③ 실현가능가치 (지금 매각한다면)
미 래	×	④ 해당 자산으로 창출될 현금유입액의 현재가치

제03장 재무제표

학습전략

제2장과 마찬가지로 이 장은 계산문제로 출제될 가능성은 낮고 이론형 문제로 출제될 확률이 높다. 암기한 것을 시험 직전에 반드시 정리하는 시간을 갖도록 한다.

01 자산의 유동성 구분

핵심개념문제

자산의 유동성과 비유동성 구분에 대한 서술이다. 옳지 않은 것은?

① 정상적인 영업주기 내에 판매되거나 사용되는 재고자산과 회수되는 매출채권 등은 보고기간종료일로부터 1년 이내에 실현되지 않더라도 유동자산으로 분류한다.

② 사용의 제한 여부는 현금및현금성자산의 유동성 분류에 영향을 미치지 않는다.

③ 단기매매증권은 유동자산으로 분류한다.

④ 기업의 정상적인 영업주기 내에 실현될 것으로 예상되거나 판매목적 또는 소비목적으로 보유하고 있는 자산은 유동자산으로 분류된다.

⑤ 장기미수금이나 투자자산에 속하는 매도가능증권 또는 만기보유증권 등의 비유동자산 중 1년 이내에 실현되는 부분은 유동자산으로 분류한다.

해설 사용의 제한이 없는 현금및현금성자산은 유동자산으로 분류되지만 사용의 제한이 있다면 비유동자산으로 분류한다.

정답 ②

더 알아보기

유동자산으로 분류되는 자산

(1) 사용의 제한이 없는 현금및현금성자산

(2) 기업의 정상적인 영업주기 내에 실현될 것으로 예상되거나 판매목적 또는 소비목적으로 보유하고 있는 자산

(3) 단기매매 목적으로 보유하는 자산

(4) (1) 내지 (3) 외에 보고기간종료일로부터 1년 이내에 현금화 또는 실현될 것으로 예상되는 자산

자산은 1년을 기준으로 유동자산과 비유동자산으로 분류한다. 다만, 정상적인 영업주기 내에 판매되거나 사용되는 재고자산과 회수되는 매출채권 등은 보고기간종료일로부터 1년 이내에 실현되지 않더라도 유동자산으로 분류한다. 이 경우 유동자산으로 분류한 금액 중 1년 이내에 실현되지 않을 금액을 주석으로 기재한다. 또, 장기미수금이나 투자자산에 속하는 매도가능증권 또는 만기보유증권 등의 비유동자산 중 1년 이내에 실현되는 부분은 유동자산으로 분류한다.

부채의 유동성과 비유동성 구분에 대한 서술이다. 옳지 않은 것은?

① 정상적인 영업주기 내에 소멸할 것으로 예상되는 매입채무와 미지급비용 등은 보고기간종료일로부터 1년 이내에 결제되지 않더라도 유동부채로 분류한다.

② 보고기간 후 1년 이상 결제를 연기할 수 있는 무조건의 권리를 가지고 있지 않은 부채지만 계약상대방의 선택에 따라, 지분상품의 발행으로 결제할 수 있는 부채는 비유동부채로 분류된다.

③ 당좌차월, 단기차입금 및 유동성장기차입금 등은 보고기간종료일로부터 1년 이내에 결제되어야 하므로 영업주기와 관계없이 유동부채로 분류한다.

④ 장기차입약정을 위반하여 채권자가 즉시 상환을 요구할 수 있는 채무는 보고기간종료일과 재무제표가 사실상 확정된 날 사이에 상환을 요구하지 않기로 합의하더라도 유동부채로 분류한다.

⑤ 보고기간종료일로부터 1년 이내에 상환기일이 도래하더라도, 기존의 차입약정에 따라 보고기간종료일로부터 1년을 초과하여 상환할 수 있고 기업이 그러한 의도가 있는 경우에는 비유동부채로 분류한다.

해설　보고기간 후 1년 이상 결제를 연기할 수 있는 무조건의 권리를 가지고 있지 않은 부채지만 계약상대방의 선택에 따라, 지분상품의 발행으로 결제할 수 있는 부채의 조건은 그 분류에 영향을 미치지 아니한다.

정답 ②

더 알아보기

부채는 1년을 기준으로 유동부채와 비유동부채로 분류한다. 다만, 정상적인 영업주기 내에 소멸할 것으로 예상되는 매입채무와 미지급비용 등은 보고기간종료일로부터 1년 이내에 결제되지 않더라도 유동부채로 분류한다. 이 경우 유동부채로 분류한 금액 중 1년 이내에 결제되지 않을 금액을 주석으로 기재한다. 당좌차월, 단기차입금 및 유동성장기차입금 등은 보고기간종료일로부터 1년 이내에 결제되어야 하므로 영업주기와 관계없이 유동부채로 분류한다. 또한 비유동부채 중 보고기간종료일로부터 1년 이내에 자원의 유출이 예상되는 부분은 유동부채로 분류한다.

보고기간종료일로부터 1년 이내에 상환되어야 하는 채무는, 보고기간종료일과 재무제표가 사실상 확정된 날 사이에 보고기간종료일로부터 1년을 초과하여 상환하기로 합의하더라도 유동부채로 분류한다.

보고기간종료일로부터 1년 이내에 상환기일이 도래하더라도, 기존의 차입약정에 따라 보고기간종료일로부터 1년을 초과하여 상환할 수 있고 기업이 그러한 의도가 있는 경우에는 비유동부채로 분류한다.

장기차입약정을 위반하여 채권자가 즉시 상환을 요구할 수 있는 채무는, 보고기간종료일과 재무제표가 사실상 확정된 날 사이에 상환을 요구하지 않기로 합의하더라도 유동부채로 분류한다.

장기차입약정을 위반하여 채권자가 즉시 상환을 요구할 수 있는 채무라도, 다음의 조건을 모두 충족하는 경우에는 비유동부채로 분류한다.

(1) 보고기간종료일 이전에 차입약정의 위반을 해소할 수 있도록 보고기간종료일로부터 1년을 초과하는 유예기간을 제공하기로 합의하였다.

(2) (1)에서의 유예기간 내에 기업이 차입약정의 위반을 해소할 수 있다.

(3) (1)에서의 유예기간 동안 채권자가 즉시 상환을 요구할 수 없다.

손익계산서의 기본구조에 대한 설명이다. 옳지 않은 것은?

① 수익과 비용은 항상 각각 총액으로 보고해야 하며 상계하여 표시해서는 안 된다.

② 매출액은 기업의 주된 영업활동에서 발생한 제품, 상품, 용역 등의 총매출액에서 매출할인, 매출환입, 매출에누리 등을 차감한 금액이다.

③ 영업외비용은 기업의 주된 영업활동이 아닌 활동으로부터 발생한 비용과 차손으로서 중단사업손익에 해당하지 않는 것으로 한다.

④ 제조업, 판매업 및 건설업 외의 업종에 속하는 기업은 매출총손익의 구분표시를 생략할 수 있다.

⑤ 당기순손익은 계속사업손익에 중단사업손익을 가감하여 산출하며, 당기순손익에 기타포괄손익을 가감하여 산출한 포괄손익의 내용을 주석으로 기재한다. 이 경우 기타포괄손익의 각 항목은 관련된 법인세효과가 있다면 그 금액을 차감한 후의 금액으로 표시하고 법인세효과에 대한 내용을 별도로 기재한다.

해설　수익과 비용은 각각 총액으로 보고하는 것을 원칙으로 한다. 다만, 다른 장에서 수익과 비용을 상계하도록 요구하거나, 허용하는 경우에는 상계하여 표시할 수 있다.

정답 ①

더 알아보기

■ 매출액

　기업의 주된 영업활동에서 발생한 제품, 상품, 용역 등의 총매출액에서 매출할인, 매출환입, 매출에누리 등을 차감한 금액이다. 차감 대상 금액이 중요한 경우에는 총매출액에서 차감하는 형식으로 표시하거나 주석으로 기재한다. 매출액은 업종별이나 부문별로 구분하여 표시할 수 있으며, 반제품매출액, 부산물매출액, 작업폐물매출액, 수출액, 장기할부매출액 등이 중요한 경우에는 이를 구분하여 표시하거나 주석으로 기재한다.

■ 매출원가

　제품, 상품 등의 매출액에 대응되는 원가로서 판매된 제품이나 상품 등에 대한 제조원가 또는 매입원가이다. 매출원가의 산출과정은 손익계산서 본문에 표시하거나 주석으로 기재한다.

■ 판매비와관리비

　제품, 상품, 용역 등의 판매활동과 기업의 관리활동에서 발생하는 비용으로서 매출원가에 속하지 아니하는 모든 영업비용을 포함한다. 판매비와관리비는 당해 비용을 표시하는 적절한 항목으로 구분하여 표시하거나 일괄표시할 수 있다. 일괄표시하는 경우에는 적절한 항목으로 구분하여 이를 주석으로 기재한다.

■ 영업외수익

　기업의 주된 영업활동이 아닌 활동으로부터 발생한 수익과 차익으로서 중단사업손익에 해당하지 않는 것으로 한다. 영업외비용은 기업의 주된 영업활동이 아닌 활동으로부터 발생한 비용과 차손으로서 중단사업손익에 해당하지 않는 것으로 한다.

■ 당기순손익

　계속사업손익에 중단사업손익을 가감하여 산출하며, 당기순손익에 기타포괄손익을 가감하여 산출한 포괄손익의 내용을 주석으로 기재한다. 이 경우 기타포괄손익의 각 항목은 관련된 법인세효과가 있다면 그 금액을 차감한 후의 금액으로 표시하고 법인세효과에 대한 내용을 별도로 기재한다.

계속사업 및 중단사업손익에 관한 설명이다. 옳지 않은 것은?

① 계속사업손익은 기업의 계속적인 사업활동과 그와 관련된 부수적인 활동에서 발생하는 손익으로서 중단사업손익에 해당하지 않는 모든 손익을 말한다.

② 중단사업손익은 중단사업으로부터 발생한 영업손익과 영업외손익으로서 사업중단직접비용과 중단사업자산손상차손을 포함하며, 법인세효과를 차감한 후의 순액으로 보고하고 중단사업손익의 산출내역을 주석으로 기재한다.

③ 당기순손익은 계속사업손익에 중단사업손익을 가감하여 산출하며, 당기순손익에 기타포괄손익을 가감하여 산출한 포괄손익의 내용을 주석으로 기재한다.

④ 중단사업손익은 해당 회계기간에 중단사업으로부터 발생한 영업손익과 영업외손익으로서 사업중단직접비용과 중단사업자산손상차손을 포함한다.

⑤ 영업외수익은 기업의 주된 영업활동이 아닌 활동으로부터 발생한 수익과 차익으로서 중단사업손익에 해당하는 것을 포함한다.

해설　영업외수익은 기업의 주된 영업활동이 아닌 활동으로부터 발생한 수익과 차익으로서 중단사업손익에 해당하지 않는 것으로 한다.

정답 ⑤

다음 지문을 읽고, 회사의 20x1년 손익계산서상의 중단사업손실을 계산하시오.

> 갑회사는 A, B, C 3개의 부문을 가지고 있다. 갑회사의 경영진은 C부문이 장기적으로 수익성이 악화될 것으로 판단하고 C부문을 매각하기로 결정하였다. 20x1년 7월 1일에 갑회사의 이사회는 20x2년 5월 말까지 C부문의 매각을 완료하기로 하는 매각계획을 승인하고 이를 발표하였다. 이 날 현재 C부문의 순자산의 장부금액은 1,500원(자산 2,000원, 부채 500원)이었다. 자산의 장부금액 2,000원의 회수가능액은 1,700원으로 추정되었으며, 300원의 손상차손을 인식해야 하는 것으로 나타났다. 20x1년 11월 1일에 갑회사는 C부문을 을회사에 매각하기로 하는 계약을 체결하였고, 20x2년 4월 30일에 매각이 완료될 예정이다. 갑회사는 매각계약에 따라 C부문에 대한 점유와 통제의 이전이 이루어지는 20x2년 4월 30일까지 C부문에서 근무하는 일정 인원의 종업원을 퇴직시켜야 하며, 이에 따라 20x2년 7월 30일까지 지급하여야 하는 추가적인 퇴직금예상액은 100원이다. 한편, 갑회사는 20x2년 4월 30일까지 C부문을 계속 가동할 예정이다.
>
> 20x1년 12월 31일 현재 C부문의 순자산의 장부금액은 1,150원(자산 1,850원, 부채 700원 : 추가적으로 지급할 퇴직금예상액에 대한 충당부채 100원이 포함됨)이었으며, 자산의 장부금액 1,850원의 회수가능액은 1,800원으로서 최초공시사건 이후 결산일까지 추가적으로 50원의 손상차손을 인식하여야 한다.
>
> 20x1년 1월 1일부터 12월 31일까지의 중단사업자산손상차손 350원과 C부문 매각에 따른 추가적으로 지급할 퇴직금예상액 100원을 제외한 C부문의 법인세차감전이익은 200원이고, C부문의 법인세차감전이익을 제외한 갑회사 전체의 법인세비용차감전계속사업이익은 2,000원이다. 갑회사에 적용되는 법인세율은 30%이고, 회계기간은 1월 1일부터 12월 31일까지다. 또한 전년도인 20x0년의 C부문의 법인세차감전이익은 150원이었다.
>
> 갑회사는 20x2년 4월 30일에 C부문이 매각되면서 220원의 처분손실이 발생하였다. 20x2년 1월 1일부터 20x2년 4월 30일까지 C부문의 가동으로 인해 70원의 손실이 발생하였다.

① 175　　　　　　　　　　　　　　　② 250

③ 350　　　　　　　　　　　　　　　④ 400

⑤ 450

해설 중단사업손실은 세후개념이다.
　　(a) 사업중단직접비용 : 추가적으로 지급할 퇴직금예상액 100
　　(b) 중단사업자산손상차손 : 300 + 50 = 350
　　(c) C부문의 이익 : 200 (20x1년 1월 1일 ～ 12월 31일, 중단사업자산손상차손 350원과 C부문 매각에 따른 퇴직금예상액 100원은 포함되지 않은 금액임)
　　(a) + (b) + (c) = 100 + 350 − 200 = 250
　　20x1년의 손익계산서상의 중단사업손실 : 250 − 75* = 175
　　*법인세효과의 계산 : 250 × 30% = 75

정답 ①

더 알아보기

■ 주요내용 요약

최초공시사건일 : 20x1년 7월 1일
매각계약체결일 : 20x1년 11월 1일
사업중단완료일 : 20x2년 4월 30일

■ 중단사업의 회계처리 관련 분개

(1) 20x1년 7월 1일(최초공시사건일)에 C부문의 매각 시 추가적으로 지급해야 하는 퇴직금예상액을 사업중단직접
비용으로 계상함

    (차) 중단사업손익 – 사업중단직접비용　　　100　　　(대) 사업중단직접비용 충당부채　　　　　100

(2) 20x1년 7월 1일(최초공시사건일)에 C부문에 속하는 자산에 대한 손상차손을 인식함

    (차) 중단사업손익 – 중단사업자산손상차손　　　300　　　(대) 손상차손누계액 – 중단사업귀속자산　　　300

(3) 20x1년 12월 31일(결산일)에 C부문에 속하는 자산에 대한 추가적인 손상차손을 인식함

    (차) 중단사업손익 – 중단사업자산손상차손　　　50　　　(대) 손상차손누계액 – 중단사업귀속자산　　　50

(4) 20x1년 12월 31일(결산일)에 기초부터 결산일까지의 C부문에 귀속되는 손익을 중단사업손익으로 재분류함

    (차) 중단사업귀속수익　　　　　　xxx　　　(대) 중단사업귀속비용　　　　　　xxx

(5) 20x2년 4월 30일(사업중단완료일)에는 20x2년 1월 1일부터 20x2년 4월 30일까지의 C부문에 귀속되는 손실
70을 중단사업손익으로 재분류함

    (차) 중단사업귀속수익　　　　　　xxx　　　(대) 중단사업귀속비용　　　　　　xxx

(6) 20x2년 4월 30일(사업중단완료일)에 C부문의 처분에 따른 처분손익을 인식함

    (차) 미수금　　　　　　　　　　xxx　　　(대) 중단사업귀속자산　　　　　　xxx

도소매업을 영위하는 (주)삼청의 손익계산서 항목 중 일부이다. 회사의 영업이익은 얼마인가?

> 매출 : 1,000,000
> 매출원가 : 400,000
> 판매비와관리비 : 200,000
> 이자수익 : 10,000
> 이자비용 : 30,000
> 법인세비용 50,000

① 330,000   ② 370,000

③ 380,000   ④ 400,000

⑤ 600,000

해설   매출 − 매출원가 − 판매비와관리비 = 영업이익
         1,000,000 − 400,000 − 200,000 = 400,000
         영업이익 + 영업외수익 − 영업외비용 = 법인세차감전순이익
         400,000 + 이자수익 10,000 − 이자비용 30,000 = 380,000
         법인세차감전순이익 − 법인세비용 = 당기순이익
         380,000 − 50,000 = 330,000

정답 ④

일반기업회계기준에 언급된 매출원가에 대한 내용이다. 옳지 않은 것은?

① 매출원가는 제품, 상품 등의 매출액에 대응되는 원가로서 판매된 제품이나 상품 등에 대한 제조원가 또는 매입원가이다.

② 산출과정은 손익계산서 본문에 표시하거나 주석으로 기재한다.

③ 당기상품매입액은 상품총매입액에서 매입할인, 매입환출, 매입에누리를 차감한 금액이다.

④ 도소매업에서 매출원가는 기초상품재고액에 당기상품매입액을 가산하고 기말상품재고액을 차감한 금액이다.

⑤ 제조업에서 매출원가는 기초제품재고액에 당기총제조원가를 가산하고 당기제품재고액을 차감한 금액이다.

해설   제조업의 매출원가 = 기초제품재고액 + 당기제품제조원가 − 기말제품재고액

       당기제품제조원가 = 기초재공품재고액 + 당기총제조원가 − 기말재공품재고액

정답 ⑤

더 알아보기

손익계산서는 다음과 같이 구분하여 표시한다. 다만, 제조업, 판매업 및 건설업 외의 업종에 속하는 기업은 매출총손익의 구분표시를 생략할 수 있다.

(1) 매출액
(2) 매출원가
(3) 매출총손익
(4) 판매비와관리비
(5) 영업손익
(6) 영업외수익
(7) 영업외비용
(8) 법인세비용차감전계속사업손익
(9) 계속사업손익법인세비용
(10) 계속사업손익
(11) 중단사업손익(법인세효과 차감 후)
(12) 당기순손익

현금흐름표에 대한 다음의 서술 중 옳지 않은 것은?

① 현금흐름표는 영업활동으로 인한 현금흐름, 투자활동으로 인한 현금흐름, 재무활동으로 인한 현금흐름으로 구분하여 표시하고, 이에 기초의 현금을 가산하여 기말의 현금을 산출하는 형식으로 표시한다.

② 영업활동으로 인한 현금의 유출에는 원재료, 상품 등의 구입에 따른 현금유출(매입채무의 결제 포함), 기타 상품과 용역의 공급자와 종업원에 대한 현금지출, 법인세(토지 등 양도소득에 대한 법인세 제외)의 지급, 이자비용, 기타 투자활동과 재무활동에 속하지 아니하는 거래에서 발생된 현금유출이 포함된다.

③ 영업활동으로 인한 현금흐름은 직접법 또는 간접법으로 표시한다. 직접법이라 함은 당기순이익(또는 당기순손실)에 현금의 유출이 없는 비용 등을 가산하고 현금의 유입이 없는 수익 등을 차감하며, 영업활동으로 인한 자산·부채의 변동을 가감하여 표시하는 방법을 말한다.

④ 투자활동이라 함은 현금의 대여와 회수활동, 유가증권·투자자산·유형자산 및 무형자산의 취득과 처분활동 등을 말한다.

⑤ 재무활동이라 함은 현금의 차입 및 상환활동, 신주발행이나 배당금의 지급활동 등과 같이 부채 및 자본계정에 영향을 미치는 거래를 말한다.

> **해설** 직접법이라 함은 현금을 수반하여 발생한 수익 또는 비용항목을 총액으로 표시하되, 현금유입액은 원천별로 현금유출액은 용도별로 분류하여 표시하는 방법을 말한다. 이 경우 현금을 수반하여 발생하는 수익·비용항목을 원천별로 구분하여 직접 계산하는 방법 또는 매출과 매출원가에 현금의 유출·유입이 없는 항목과 재고자산·매출채권·매입채무의 증감을 가감하여 계산하는 방법으로 한다.
>
> **정답** ③

일반기업회계기준에서 규정하는 영업활동현금흐름에 해당하지 않는 것은?

① 이자비용

② 배당금수익

③ 이자수익

④ 배당금지급

⑤ 법인세(토지 등 양도소득에 대한 법인세 제외)의 지급

해설 배당금의 지급은 재무활동현금흐름으로 분류된다.

정답 ④

더 알아보기

일반기업회계기준에서는 이자수익, 이자비용, 배당금수익은 영업활동현금흐름으로 분류하며 배당금지급은 재무활동현금흐름으로 분류한다. 주의를 요하는 내용이다.

중소기업 회계처리 특례가 적용될 수 있는 기업에 해당하는 것은?   최신출제유형

① 코스닥상장법인

② 증권신고서 제출법인

③ 사업보고서 제출대상법인

④ 일반기업회계기준 제3장 '재무제표의 작성과 표시 Ⅱ(금융업)'에서 정의하는 금융회사

⑤ 외부감사 대상 중소기업

해설   외부감사 대상 중소기업에는 중소기업 회계처리 특례를 적용할 수 있다.

정답 ⑤

> **더 알아보기**
>
> 중소기업 회계처리 특례는 주식회사 등의 외부감사에 관한 법률의 적용대상 기업 중 중소기업기본법에 의한 중소
> 기업의 회계처리에 적용할 수 있다. 다만, 다음의 기업은 동 특례를 적용할 수 없다.
> • 자본시장과 금융투자업에 관한 법률에 따른 다음의 기업
>   – 상장법인
>   – 증권신고서 제출법인
>   – 사업보고서 제출대상법인
> • 일반기업회계기준 제3장 '재무제표의 작성과 표시Ⅱ(금융업)'에서 정의하는 금융회사
> • 일반기업회계기준 제4장 '연결재무제표'에서 정의하는 연결실체에 중소기업이 아닌 기업이 포함된 경우의 지배
>   기업

다음 중 중소기업 회계처리 특례에서 규정하고 있지 않은 내용은?

① 유의적인 영향력을 행사할 수 있는 지분증권과 연결재무제표 작성대상의 범위에 해당하는 종속기업에 대하여 지분법을 적용하지 아니할 수 있다.

② 유형자산과 무형자산의 내용연수 및 잔존가치의 결정은 법인세법 등의 규정에 따를 수 있다.

③ 장기연불조건의 매매거래 및 장기금전대차거래 등에서 발생하는 채권·채무는 현재가치평가를 하지 않을 수 있다.

④ 주식결제형 주식기준보상거래가 있는 경우에는 부여한 지분상품이 실제로 행사(예 주식선택권이 부여된 경우)되거나 발행(예 주식이 부여된 경우)되기까지는 별도의 회계처리를 아니할 수 있다.

⑤ 법인세비용은 법인세법 등의 법령에 의하여 납부하여야 할 금액으로 할 수 있다.

해설　① 유의적인 영향력을 행사할 수 있는 지분증권에 대하여는 지분법을 적용하지 아니할 수 있다. 다만, 연결재무제표 작성대상의 범위에 해당하는 종속기업에 대하여는 지분법을 적용한다.
　　　② 법인세법 외에 다른 법령에서 정하는 내용연수와 잔존가치도 (감가)상각 특례의 범위에 포함되었다.

정답 ①

더 알아보기

상기 ②~⑤번 지문 외에 중소기업 회계처리 특례의 내용은 다음과 같다.
• 정형화된 시장에서 거래되지 않아 시가가 없는 파생상품에 대하여는 계약 시점 후 평가에 관한 회계처리를 아니할 수 있다.
• 시장성이 없는 지분증권은 취득원가로 평가할 수 있다(원가법 적용). 시장성 없는 지분증권에 손상차손누계액이 있는 경우 이를 차감한 금액으로 측정한다.
• 관계기업 및 공동지배기업에 대하여는 지분법을 적용하지 아니할 수 있다. 관계기업이나 공동지배기업에 지분법을 적용하지 않을 경우 취득원가(손상차손누계액이 있는 경우 이를 차감한 금액)와 공정가치법 중 어느 하나로 측정한다.
• 1년 내의 기간에 완료되는 용역매출 및 건설형 공사계약에 대하여는 용역제공을 완료하였거나 공사 등을 완성한 날에 수익으로 인식할 수 있으며, 1년 이상의 기간에 걸쳐 이루어지는 할부매출은 할부금회수기일이 도래한 날에 실현되는 것으로 할 수 있다(완성기준).
• 토지 또는 건물 등을 장기할부조건으로 처분하는 경우에는 당해 자산의 처분이익을 할부금회수기일이 도래한 날에 실현되는 것으로 할 수 있다(할부약정일기준).
• 중단된 사업부문의 정보는 주석으로 기재하지 아니할 수 있다.

일반기업회계기준상 중간재무제표에 대한 설명이다. 올바른 설명은?

① 중간재무제표는 재무상태표, 손익계산서, 현금흐름표, 이익잉여금처분계산서(또는 결손금처리계산서), 주석을 포함한다.

② 재무상태표는 중간보고기간 말과 직전 중간보고기간 말을 비교하는 형식으로 작성한다.

③ 손익계산서는 중간기간과 누적중간기간을 직전 회계연도의 중간기간과 비교하는 형식으로 작성한다.

④ 현금흐름표 및 자본변동표는 중간기간과 누적중간기간을 직전 회계연도의 동일기간과 비교하는 형식으로 작성한다.

⑤ 직전 연도 동일기간에 대한 현금흐름표나 자본변동표가 작성되지 않은 경우에는 손익계산서와 마찬가지로 비교표시 면제규정이 적용될 수 있다.

해설   ① 중간재무제표는 재무상태표, 손익계산서, 현금흐름표, 자본변동표, 주석을 포함한다.
       ② 재무상태표는 중간보고기간 말과 직전 연차보고기간 말을 비교하는 형식으로 작성한다.
       ③ 손익계산서는 중간기간과 누적중간기간을 직전 회계연도의 동일기간과 비교하는 형식으로 작성한다.
       ④ 현금흐름표 및 자본변동표는 누적중간기간을 직전 회계연도의 동일기간과 비교하는 형식으로 작성한다.

정답 ⑤

더 알아보기

해당 내용은 교재 보론에 있는 사항으로서 상대적으로 중요성이 떨어지는 내용이다. 학습량이 부족한 수험생은 생략해도 무방한 것으로 판단된다.

용어의 정의

구 분	내 용
중간기간	1회계연도보다 짧은 회계기간. 예를 들면, 중간기간은 3개월, 6개월 등이 될 수 있다. 3개월 단위의 중간기간을 '분기', 6개월 단위의 중간기간을 '반기'라 한다.
누적중간기간	회계연도 개시일부터 당해 중간보고기간 말까지의 기간
중간재무제표	중간기간 또는 누적중간기간을 대상으로 작성하는 재무제표
연차재무제표	회계연도를 대상으로 작성하는 재무제표

'중간재무제표'에 따라 중간기간 및 누적중간기간을 대상으로 작성하는 손익계산서와 누적중간기간을 대상으로 작성하는 현금흐름표 및 자본변동표(관련되는 주석사항을 포함한다. 이하 같다)는 다음과 같이 비교표시한다. 예를 들어, 회계연도 및 중간기간은 매 회계연도가 1월 1일부터 12월 31일까지이고, 중간기간이 3개월 단위로 정해지며, 20X3년 2분기의 중간재무제표를 작성하는 경우를 가정하면 다음과 같다.

- 직전 회계연도(20X2년)의 동일한 누적중간기간(반기) 및 1분기를 대상으로 하는 손익계산서를 작성하지 아니한 경우에는 직전 회계연도의 동일기간, 즉 직전 회계연도(20X2년)의 중간기간(2분기) 및 누적중간기간(반기) 손익계산서와 비교표시하지 아니할 수 있다.
- 직전 회계연도(20X2년)의 동일한 누적중간기간(반기) 및 1분기를 대상으로 하는 손익계산서를 작성한 경우에는 직전 회계연도의 동일기간, 즉 직전 회계연도(20X2년)의 중간기간(2분기) 및 누적중간기간(반기) 손익계산서와 비교표시한다.
- 직전 회계연도(20X2년)의 동일한 누적중간기간(반기)을 대상으로 하는 손익계산서는 작성하였으나 20X2년 1분기를 대상으로 하는 손익계산서를 작성하지 아니한 경우에는 직전 회계연도(20X2년)의 동일한 중간기간(2분기) 손익계산서와 비교 표시하지 아니할 수 있다. 다만, 직전 회계연도(20X2년)의 동일한 누적중간기간(반기) 손익계산서와는 비교 표시한다.
- 직전 회계연도(20X2년)의 동일한 누적중간기간(반기)을 대상으로 하는 현금흐름표나 자본변동표를 작성하지 아니한 경우에는 직전 회계연도의 동일기간(반기) 현금흐름표나 자본변동표를 비교표시하지 아니할 수 있다.

제04장 현금과 매출채권

학습전략

주로 계산형 문제가 출제될 것으로 예상된다. 현금및현금성자산보다 상대적으로 매출채권의 출제비중이 높을 것으로 예상된다.

---

01 현금및현금성자산의 분류

핵심개념문제

다음 중에서 현금및현금성자산으로 분류되지 않는 항목의 개수는?

> (a) 당좌예금, 보통예금
> (b) 결산일 당시 만기가 3개월 이내에 도래하는 채무상품
> (c) 취득 당시 만기가 3개월 이내인 양도성예금증서
> (d) 취득 당시 3개월 이내의 상환조건인 환매채
> (e) 타인발행당좌수표
> (f) 타인발행약속어음
> (g) 선일자수표
> (h) 수입인지

① 1   ② 2
③ 3   ④ 4
⑤ 5

해설 (b) 단기금융상품 또는 장기금융상품(취득일 기준이어야 함)
(f), (g) 매출채권 또는 미수금
(h) 소모품 또는 소모품비

정답 ④

더 알아보기

현금및현금성자산의 정의

통화 및 타인발행수표 등 통화대용증권과 당좌예금, 보통예금 및 큰 거래비용 없이 현금으로 전환이 용이하고 이자율 변동에 따른 가치변동의 위험이 경미한 금융상품으로서 **취득 당시 만기일(또는 상환일)이 3개월 이내인** 것을 말한다. 결산일 당시 3개월 이내가 아닌, 취득 당시 만기일이라는 점에 주의를 요한다.

(주)삼청(결산일 12월 31일)은 전기(20x1년 중)에 대손처리하였던 (주)파산의 외상매출금 ₩500,000을 20x2년 11월 14일에 현금으로 회수하였다. 대손처리 시점에서 대손충당금 잔액이 ₩200,000일 때 올바른 회계처리는?

① (차) 현 금	500,000	(대) 잡이익		500,000
② (차) 현 금	500,000	(대) 대손충당금		500,000
③ (차) 현 금	500,000	(대) 대손상각비		500,000
④ (차) 현 금	500,000	(대) 대손충당금		200,000
		대손상각비		300,000
⑤ (차) 현 금	500,000	(대) 상각채권추심이익		500,000

해설 전기에 대손처리했던 외상매출금이 회수되었다면 대손충당금 잔액과 상관없이 전액을 대손충당금의 증가로 처리한다.

정답 ②

(주)삼청의 20x6년 1월 1일 대손충당금 잔액은 ₩140이다. 동년 3월에 ₩55의 대손이 발생하였으며 5월에 위 대손처리한 채권 중 ₩10이 다시 회수되었다. 그리고 기말결산 시 ₩90의 대손충당금이 추가 계상될 경우 동년 12월 말 대손충당금 계정의 잔액은 얼마인가? (단 회사의 결산은 연 1회, 결산일은 12월 31일이다)

① ₩155

② ₩165

③ ₩175

④ ₩185

⑤ ₩190

해설 기초 140 - 대손 55 + 회수 10 + 설정 90 = 기말 185

정답 ④

다음 분개를 추정한 거래에 해당하는 것은?

(차) 현 금	900,000	(대) 매출채권	1,000,000
매출채권처분손실	100,000		

① 소유어음의 만기일에 어음대금을 회수한 경우
② 추심의뢰한 어음이 추심되었다는 통지를 받은 경우
③ 할인한 어음이 만기일에 추심되었다는 통지를 받은 경우
④ 소유어음을 만기일 이전에 은행에서 할인한 경우
⑤ 소유어음을 만기일 이전에 배서한 경우

해설 매출채권처분손실이 발생하는 경우는 만기일 이전에 은행에서 할인한 경우이다.

정답 ④

(주)삼청의 매출채권과 대손충당금은 다음과 같다. 회사의 손익계산서상 매출액과 대손상각비가 각각 ₩20,000,000과 ₩160,000일 때 20x5년 중 매출채권 회수액은 얼마인가? (단, 회사의 매출은 전액 외상 매출이다)

〈부분재무상태표〉				
구 분	20x4년 12월 31일		20x5년 12월 31일	
매출채권	5,000,000		6,000,000	
대손충당금	(300,000)	4,700,000	(400,000)	5,600,000

① ₩18,000,000
② ₩18,400,000
③ ₩18,800,000
④ ₩18,940,000
⑤ ₩19,000,000

해설

매출채권				
기 초	5,000,000	대손처리	60,000	(대손충당금 계정에서)
발 생	20,000,000	회 수	18,940,000	plug
		기 말	6,000,000	

대손충당금				
대손처리	60,000	plug	기 초	300,000
기 말	400,000		설 정	160,000

정답 ④

(주)삼청이 외상대금으로 수취한 120일 만기 액면가 ₩1,000,000 무이자부어음을 30일이 경과한 후에 10%의 할인율로 할인한 경우 실제로 수령하는 금액은 얼마인가? (단, 1년을 360일로 한다)

① ₩975,000

② ₩991,667

③ ₩985,000

④ ₩966,667

⑤ ₩1,000,000

[해설] 어음할인 시 매출채권의 제거요건이 만족되었다면 다음과 같이 회계처리한다.

(차) 현 금	975,000*	(대) 매출채권	1,000,000
매출채권처분손실	25,000		

*1,000,000 − 1,000,000 × 10% × 90/360

어음할인 시 매출채권의 제거요건이 만족되지 않는다면 다음과 같이 회계처리한다.

(차) 현 금	975,000*	(대) 단기차입금	1,000,000
이자비용(선급비용에 해당)	25,000		

*1,000,000 − 1,000,000 × 10% × 90/360

어떠한 경우든 회사가 수취하는 현금은 ₩975,000이다.

정답 ①

더 알아보기

매출채권의 제거요건이 만족된다고 가정하고 상기의 문제가 6% 이자부어음이라면 풀이는 다음과 같다.

어음의 최종소지인이 수취하는 금액은 1,000,000 × (1 + 6% × 120/360) = 1,020,000

(차) 미수수익	5,000	(대) 이자수익	5,000*

*1,000,000 × 6% × 30/360

(차) 현 금	994,500*	(대) 매출채권	1,000,000
미수수익	5,000		
매출채권처분손실	500 plug		

*1,020,000 − 1,020,000 × 10% × 90/360

(주)삼청의 20x1년 부분재무상태표는 다음과 같다.

재무상태표 20x1년 1월 1일		
매출채권	1,000,000	
대손충당금	(50,000)	950,000

20x1년 중의 거래는 다음과 같다(매출채권 발생 및 회수거래는 제외하였다).

4/10   매출채권 중 ₩150,000의 대손이 확정되었다.
9/20   매출채권 중 ₩100,000의 대손이 확정되었다.
10/20 4/10에 대손처리했던 매출채권 중 ₩70,000이 회수되었다.
11/20 전기 이전에 대손처리했던 매출채권 중 ₩60,000이 회수되었다.
12/30 매출채권 중 ₩50,000이 대손확정되었다.
12/31 상기의 거래를 반영한 후 매출채권 잔액은 ₩1,150,000이며 이 중 미래 현금 회수할 것으로 추정된 금액은 ₩1,000,000이다.

20x1년 중 손익계산서에 인식해야 할 대손상각비는 얼마인가?

① ₩320,000   ② ₩270,000
③ ₩250,000   ④ ₩220,000
⑤ ₩200,000

해설
4월 10일	(차)	대손충당금	50,000	(대)	매출채권	150,000
		대손상각비	100,000			
9월 20일	(차)	대손상각비	100,000	(대)	매출채권	100,000
10월 20일	(차)	현 금	70,000	(대)	대손충당금	70,000
11월 20일	(차)	현 금	60,000	(대)	대손충당금	60,000
12월 30일	(차)	대손충당금	50,000	(대)	매출채권	50,000

[대손충당금 잔액 80,000 = 70,000 + 60,000 − 50,000]

12월 31일	(차)	대손상각비	70,000	(대)	대손충당금	70,000

[필요 대손충당금 150,000 − 대손충당금 잔액 80,000의 차이만큼 대손충당금 추가설정]

정답 ②

(주)삼청이 20X1년 1월 1일에 만기가 20X1년 3월 31일인 10,000원의 매출채권에 대해 한경은행과 어음할
인계약을 체결하였다. 한경은행은 수수료로 매출채권 가액의 2%를 공제하고 잔액 9,800원을 지급하였다.
해당 거래에 대한 서술로서 옳지 않은 것은?

① 해당 거래가 상환청구불능 조건으로 이루어졌다면 위험과 보상의 대부분을 이전한 거래에 해당하므로
  매출채권처분손실 200원을 인식하고 매출채권을 제거한다.

② 해당 거래가 상환청구가능 조건으로 이루어졌다면 위험과 보상의 대부분을 보유하는 거래에 해당하므로
  지급수수료 200원을 인식하고 매출채권을 제거하지 않는다.

③ 매출채권의 양도인((주)삼청)이 부담하는 환매위험에 따라 매각거래, 차입거래 여부가 결정된다.

④ 일반적으로 매출채권을 금융기관에서 배서양도(할인)하는 거래에 대해서는 해당 금융자산의 미래 경제
  적 효익에 대한 양수인의 통제권에 특정한 제약이 없는 한 매각거래로 회계처리한다.

⑤ 해당 거래가 상환청구가능 조건으로 이루어졌다면 수취한 현금은 단기차입금으로 인식한다.

해설 양수인에게 상환청구권을 부여하는 조건의 매출채권 배서양도(할인)거래에 대한 회계처리에 있어서 배서양도(할인)한
어음의 경우 어음양수인은 상환청구권을 지니고 있으므로 어음양수인의 지급청구가 있을 때 어음양도인은 지급을 담보하
여야 하는데, 이러한 상환청구권에 따른 위험은 양도인이 부담할 수 있는 위험에 해당된다. 그러나 양도인이 부담하는
위험은 양도 여부의 판단에 영향을 미치지 아니하므로 상환청구권 유무로 양도에 대한 판단을 하는 것은 아니다.

정답 ③

더 알아보기

매출채권 양도(매출채권의 일부 양도 포함)의 경우 다음 요건을 모두 충족하는 경우에는 양도자가 매출채권에
대한 통제권을 이전한 것으로 보아 해당 거래를 매각거래로 간주하여 매출채권을 제거하고 이외의 경우에는 매출
채권을 담보로 한 차입거래로 본다.

① 양도인은 매출채권 양도 후 당해 매출채권에 대한 권리를 행사할 수 없어야 한다. 즉, 양도인이 파산
  또는 법정관리 등에 들어갈지라도 양도인 및 양도인의 채권자는 양도한 매출채권에 대한 권리를 행사할
  수 없어야 한다.
② 양수인은 양수한 매출채권을 처분(양도 및 담보제공 등)할 자유로운 권리를 갖고 있어야 한다.
③ 양도인은 매출채권 양도 후에 효율적인 통제권을 행사할 수 없어야 한다.

효율적인 통제권을 행사한다는 것은 매출채권 양도 후 양도인이 계속하여 매출에서 발생하는 경제적 효익을 보유
하는 경우를 말한다.

제**05**장 재고자산

기업회계기준 50%

학습전략

계산형 문제가 주로 출제될 것이다. 저가법, 소매재고법, 매출총이익률법 계산형 문제의 유형을 익히도록 한다.

---

01 재고자산 단위원가 결정방법

핵심개념문제

01 ～ 06

기초재고(상품)가 없고 회계기간은 1월 한 달(1월 1일～1월 31일)이다.
매입은 1월 2일 2개, 1월 4일 4개, 매입단가가 각각 1월 2일 @10, 1월 4일 @15이며, 매출은 1월 3일 1개, 1월 5일 3개이다. [최신출제유형]

01

선입선출법에 의한 기말재고자산을 계산하되 계속기록법을 이용하여 구하시오.

① 20
② 25
③ 26.67
④ 28
⑤ 30

정답 ⑤

02

선입선출법에 의한 기말재고자산을 계산하되 실지재고조사법을 이용하여 구하시오.

① 20
② 25
③ 26.67
④ 28
⑤ 30

정답 ⑤

03

평균법에 의한 기말재고자산을 계산하되 계속기록법을 이용하여 구하시오.

① 20
② 25
③ 26.67
④ 28
⑤ 30

정답 ④

04

평균법에 의한 기말재고자산을 계산하되 실지재고조사법을 이용하여 구하시오.

① 20

② 25

③ 26.67

④ 28

⑤ 30

정답 ③

05

후입선출법에 의한 기말재고자산을 계산하되 계속기록법을 이용하여 구하시오.

① 20

② 25

③ 26.67

④ 28

⑤ 30

정답 ②

06

후입선출법에 의한 기말재고자산을 계산하되 실지재고조사법을 이용하여 구하시오.

① 20

② 25

③ 26.67

④ 28

⑤ 30

정답 ①

해설 (01~06)

계속기록법이라면 다음과 같이 계산된다.

계속기록법	선입선출법	평균법	후입선출법
매출원가	1×@10(1월 3일 판매) + (1×@10 + 2×@15)(1월 5일 판매) = 50	1×@10(1월 3일 판매) + 3×@14*(1월 5일 판매) = 52	1×@10(1월 3일 판매) + 3×@15(1월 5일 판매) = 55
기말재고	2×@15 = 30	2×@14 = 28	1×@10 + 1×@15 = 25

*1×@10 + 4×@15 = 5×@? = 70 → ? = 14

실지재고조사법이라면 다음과 같이 계산된다.

실지재고조사법	선입선출법	평균법	후입선출법
기말재고	2×@15 = 30	2×@13.33** = 26.67	2×@10 = 20
매출원가	나머지 50	53.33	60

**2×@10 + 4×@15 = 6×@? = 80 → ? = 13.33

■ 선입선출법

계속기록법(매출원가를 먼저 파악하는 방법)을 적용하면 1월 3일에 팔린 상품은 1월 2일에 매입된 재고가 팔린 것으로 회계처리해야 하고, 1월 5일에 팔린 상품은 1월 2일에 매입된 것 1개와 1월 4일에 매입된 것 2개가 팔린 것으로 회계처리해야 한다. 따라서 기말재고는 1월 4일에 매입한 2개가 남게 된다.

실지재고조사법(기말재고를 먼저 파악하는 방법)을 적용하면 기말에 남아있는 재고 2개는 모두 1월 4일에 매입한 것이 되어야 한다. 따라서 매출원가로 기록되어야 할 재고는 1월 2일 매입분 2개와 1월 4일 매입분 2개가 되는 것이다. 결국 선입선출법에서는 계속기록법과 실지재고조사법 간의 차이가 없음을 알 수 있다.

■ 평균법

계속기록법을 적용하면 1월 3일에 팔린 상품은 1월 2일에 매입된 재고가 팔린 것으로 회계처리해야 하고, 1월 5일에 팔린 상품은 1월 2일에 매입된 상품 중 1월 3일에 팔린 것을 제외한 것과 1월 4일에 매입된 상품이 평균적으로 팔린 것으로 회계처리해야 한다. 따라서 기말재고는 1월 4일 이후에 별도로 매입한 것이 없으므로 1월 5일 매출 시에 계산했던 평균단가가 적용되어야 한다.

실지재고조사법을 적용하면 1월 2일과 1월 4일에 매입한 재고 전체의 평균단가를 구하여 기말재고자산을 구한다. 그렇게 되면 매출원가에 적용되어야 할 평균단가도 기말재고자산에 적용된 단가와 동일해진다. 실지재고조사법은 매출이 일어난 후에 매입이 된 것이 팔리게 되는 모순이 발생하게 되지만 어차피 실지재고조사법은 업무편의를 위한 것이니 이러한 문제점을 감수하고도 적용하는 것이다. 따라서 평균법에서는 계속기록법과 실지재고조사법 간에 차이가 발생하게 되며 계속기록법을 적용한 평균법을 이동평균법, 실지재고조사법을 적용한 평균법을 총평균법이라고 한다.

■ 후입선출법

계속기록법을 적용하면 1월 3일에 팔린 상품은 기초에 재고가 하나도 없으니 1월 2일에 매입된 것이 팔린 것으로 회계처리해야 하고 1월 5일에 팔린 상품은 1월 4일에 매입한 것이 1월 2일에 매입한 것보다 먼저 팔린다는 가정이니까 1월 4일에 매입된 것 3개가 팔린 것으로 회계처리해야 한다. 따라서 회사의 기말재고는 1월 2일에 매입한 1개와 1월 4일에 매입한 것 1개가 남아있게 된다.

실지재고조사법을 적용하면 회사가 기말에 보유한 상품 2개는 1월 4일에 매입한 것이 되어야 한다. 따라서 매출원가로 기록되어야 할 상품은 1월 2일 매입분 2개와 1월 4일 매입분 2개가 된다. 여기서도 평균법에서와 마찬가지로 실지재고조사법은 매출이 일어난 후에 매입이 된 것이 팔리게 되는 모순이 발생하게 되지만 어차피 실지재고조사법은 업무편의를 위한 것이니 이러한 문제점을 감수하고도 적용하는 것이다.

재고자산의 포함항목에 대한 설명이다. 올바른 것은?

① 도착지 인도조건인 경우 미착상품은 매입자의 재고자산에 포함된다.

② 적송품은 수탁자가 제3자에게 판매하기 전까지는 수탁자의 재고자산에 포함된다.

③ 재구매조건부 상품은 일단 매출로 계상하고 재매입시점에 재고자산으로 회계처리한다.

④ 반품률을 과거의 경험 등에 의하여 합리적으로 추정가능한 경우에는 상품인도 시에 반품률을 적절히 반영 하여 판매된 것으로 보아 판매자의 재고자산에서 제외한다.

⑤ 할부판매상품은 대금회수시점에서 판매자의 재고자산에서 제외한다.

해설 ① 선적지 인도조건인 경우 미착상품은 매입자의 재고자산에 포함된다.
② 적송품은 수탁자가 제3자에게 판매하기 전까지는 위탁자의 재고자산에 포함된다.
③ 재구매조건부 상품은 실질적으로 자금의 차입이므로 재고자산에서 제외해서는 안 된다.
⑤ 할부판매상품은 대금이 모두 회수되지 않았다 하더라도 상품의 판매시점에서 판매자의 재고자산에서 제외한다.

정답 ④

■ 미착상품

운송 중에 있어 아직 도착하지 않은 미착상품은 법률적인 소유권의 유무에 따라서 재고자산 포함 여부를 결정한다. 법률적인 소유권 유무는 매매계약상의 거래조건에 따라서 다르다.

선적지 인도조건인 경우에는 상품이 선적된 시점에 소유권이 매입자에게 이전되기 때문에 미착상품은 매입자의 재고자산에 포함된다.

그러나 목적지 인도조건인 경우에는 상품이 목적지에 도착하여 매입자가 인수한 시점에 소유권이 매입자에게 이전되기 때문에 매입자의 재고자산에 포함되지 않는다.

■ 시송품

시송품은 매입자로 하여금 일정기간 사용한 후에 매입 여부를 결정하라는 조건으로 판매한 상품을 말한다. 시송품은 비록 상품에 대한 점유는 이전되었으나 매입자가 매입의사표시를 하기 전까지는 판매되지 않은 것으로 보아야 하기 때문에 판매자의 재고자산에 포함한다.

■ 적송품

적송품은 위탁자가 수탁자에게 판매를 위탁하기 위하여 보낸 상품을 말한다. 적송품은 수탁자가 제3자에게 판매를 할 때까지 비록 수탁자가 점유하고 있으나 단순히 보관하고 있는 것에 불과하므로 소유권이 이전된 것이 아니다. 따라서 적송품은 수탁자가 제3자에게 판매하기 전까지는 위탁자의 재고자산에 포함한다.

■ 저당상품

금융기관 등으로부터 자금을 차입하고 그 담보로 제공된 저당상품은 저당권이 실행되기 전까지는 담보제공자가 소유권을 가지고 있다. 따라서 저당권이 실행되어 소유권이 이전되기 전에는 단순히 저당만 잡힌 상태이므로 담보제공자의 재고자산에 속한다.

■ 반품률이 높은 재고자산

반품률이 높은 상품을 판매하는 경우에는 반품률의 합리적 추정가능성 여부에 의하여 재고자산 포함 여부를 결정한다. 과거의 경험 등에 의하여 반품률을 합리적으로 추정가능한 경우에는 상품 인도 시에 반품률을 적절히 반영하여 판매된 것으로 보아 판매자의 재고자산에서 제외한다. 그러나 반품률을 합리적으로 추정할 수 없을 경우에는 구매자가 상품의 인수를 수락하거나 반품기간이 종료된 시점까지는 판매자의 재고자산에 포함한다.

■ 할부판매상품

재고자산을 고객에게 인도하고 대금의 회수는 미래에 분할하여 회수하기로 한 경우 대금이 모두 회수되지 않았다고 하더라도 상품의 판매시점에서 판매자의 재고자산에서 제외한다.

다음은 (주)서울의 당기 상품매입과 관련된 자료이다. 다음 자료를 이용하여 (주)서울의 매출원가를 계산하면 얼마인가?

항 목	금액(취득원가 기준)	비 고
기초재고자산	₩100,000	–
당기매입액	500,000	–
기말재고자산실사액	50,000	창고 보유분
미착상품	30,000	도착지 인도조건으로 현재 운송 중
적송품	100,000	80% 판매 완료
시송품	30,000	고객이 매입의사표시를 한 금액 ₩10,000
재구매조건부판매	40,000	재구매일 20x8년 1월 10일 재구매가격 ₩45,000
저당상품	20,000	차입금에 대하여 담보로 제공되어 있고 기말재고자산 실사액에는 포함되어 있지 않음
반품가능판매	35,000	반품액의 합리적인 추정이 불가

① ₩365,000

② ₩395,000

③ ₩415,000

④ ₩435,000

⑤ ₩385,000

해설 기말재고자산 실사액 50,000 + 적송품 20,000(미판매분) + 시송품 20,000(고객 매입의사 미표시분) + 재구매조건부판매 40,000 + 저당상품 20,000 + 반품가능판매 35,000 = 185,000

상 품

기 초	100,000	매출원가	415,000 plug
당기매입액	500,000	기말재고자산	185,000
	600,000		600,000

정답 ③

재고자산의 취득원가에 대한 설명이다. 옳지 않은 것은?

① 재고자산의 매입원가는 매입금액에 매입운임 등 취득과정에서 정상적으로 발생한 부대원가를 가산한 금액이다.

② 고정제조간접원가는 실제조업도에 기초하여 제품에 배부하며 정상생산수준이 실제조업도와 유사한 경우에는 정상조업도를 사용할 수 있다.

③ 재료원가, 노무원가 및 기타의 제조원가 중 비정상적으로 낭비된 부분은 재고자산의 원가에 포함될 수 없다.

④ 서비스기업의 재고자산 원가는 서비스의 제공에 직접 종사하는 인력의 노무원가와 기타 직접 관련된 재료원가와 기타원가로 구성된다.

⑤ 변동제조간접원가는 생산설비의 실제 사용에 기초하여 각 생산단위에 배부한다.

해설 고정제조간접원가는 정상조업도에 기초하여 제품에 배부하며 실제생산수준이 정상조업도와 유사한 경우에는 실제조업도를 사용할 수 있다. 제조원가에 대한 자세한 내용은 '원가회계'에서 학습하여야 하나 수험목적상 이 문제에서 설명한 내용만 익히면 충분할 것이다.

정답 ②

더 알아보기

재고자산의 취득원가는 매입원가 또는 제조원가를 말한다. 재고자산의 취득원가에는 취득에 직접적으로 관련되어 있으며, 정상적으로 발생되는 기타원가를 포함한다.

■ 매입원가

재고자산의 매입원가는 매입금액에 매입운임, 하역료 및 보험료 등 취득과정에서 정상적으로 발생한 부대원가를 가산한 금액이다. 매입과 관련된 할인, 에누리 및 기타 유사한 항목은 매입원가에서 차감한다. 성격이 상이한 재고자산을 일괄하여 구입한 경우에는 총매입원가를 각 재고자산의 공정가치 비율에 따라 배분하여 개별 재고자산의 매입원가를 결정한다.

■ 제조원가

제품, 반제품 및 재공품 등 재고자산의 제조원가는 보고기간 말까지 제조과정에서 발생한 직접재료원가, 직접노무원가, 제조와 관련된 변동 및 고정제조간접원가의 체계적인 배부액을 포함한다.

고정제조간접원가는 생산설비의 정상조업도에 기초하여 제품에 배부하며, 실제 생산수준이 정상조업도와 유사한 경우에는 실제조업도를 사용할 수 있다. 단위당 고정제조간접원가 배부액은 비정상적으로 낮은 조업도나 유휴설비로 인하여 증가하여서는 아니 된다. 그러나 실제조업도가 정상조업도보다 높은 경우에는 실제조업도에 기초하여 고정제조간접원가를 배부함으로써 재고자산이 실제원가를 반영하도록 한다. 변동제조간접원가는 생산설비의 실제 사용에 기초하여 각 생산단위에 배부한다.

재고자산 원가에 포함할 수 없으며 발생기간의 비용으로 인식하여야 하는 원가의 예는 다음과 같다.

• 재료원가, 노무원가 및 기타의 제조원가 중 비정상적으로 낭비된 부분
• 추가 생산단계에 투입하기 전에 보관이 필요한 경우 외의 보관비용
• 재고자산을 현재의 장소에 현재의 상태로 이르게 하는 데 기여하지 않은 관리간접원가
• 판매원가

후입선출법에 대한 서술이다. 옳지 않은 것은?

① 후입선출법의 매출원가는 가장 최근에 구매한 재고가 포함되어 현행원가를 반영한 가액이 된다.

② 후입선출법을 이용하게 되면 재고자산의 단가가 상승하는 시기에 회사입장에서 이익을 가장 적게 잡게 되므로 법인세의 절세효과가 있다.

③ 수익비용대응이 적절한 방법이다.

④ 자발적 또는 비자발적 재고청산을 통해 이익의 조작여지가 있다.

⑤ 물가상승 시에 재고자산을 과대계상하는 단점이 있다.

해설　후입선출법은 물가상승 시 재고자산을 과소계상하는 단점이 있다.

정답 ⑤

더 알아보기

후입선출법을 적용하면 최근 매입한 재고자산의 원가부터 매출원가로 대체되기 때문에 현행원가에 가까운 매출원가를 매출수익에 대응시킬 수 있다. 또한 회계기간 중 매입단가가 상승한 경우 후입선출법을 적용하면 세금부담을 감소시킬 수 있다.

그러나 후입선출법을 적용하면 재무상태표의 재고자산은 최근의 원가수준과 거의 관련 없는 금액으로 표시되게 되고, 재고자산이 과거의 낮은 취득원가로 계상되어 있을 때 의도적으로 당해 재고자산이 매출원가로 대체되도록 함으로써 이익조정의 수단으로 활용될 수 있다. 이를 후입선출법 재고청산문제(LIFO Liquidation)라고 한다.

(주)국세는 기초상품재고액이 1,240,000원이며 당 회계연도의 순매입액은 24,380,000원이다. 회사는 재고자산감모손실 중 40%는 정상적인 감모로 간주하고 있으며 종목별 저가기준을 적용하고 있다. 상품은 종류가 다른 A와 B로 구성되어 있는데 실사결과는 다음과 같다. 회사가 손익계산서에 매출원가로 보고할 금액은 얼마인가? (단, 재고자산평가손실과 정상적 재고자산감모손실은 매출원가에 포함한다)

［최신출제유형］

상 품	장부상재고	실제재고	단위당 원가	판매단가	단위당 추정판매비
A	1,000단위	900단위	900원	950원	100원
B	800단위	750단위	700원	800원	50원

① 24,330,000원
② 24,205,000원
③ 24,280,000원
④ 24,255,000원
⑤ 24,217,500원

해설 ❶, ❷, ❸, ❹는 계산순서

재고자산

기 초	❶ 1,240,000	매출원가	❹ 24,160,000	plug
매 입	❶ 24,380,000	기 말	❶ 1,460,000	(= 1,000 × @900 + 800 × @700)
	❷ 25,620,000		❸ 25,620,000	

구 분	장부상수량 × @취득단가	수량차이	실제수량 × @취득단가	가격차이	실제수량 × @min(취득단가, *NRV)
A상품	1,000 × @900 = 900,000		900 × @900 = 810,000		900 × @850 (= min(900, (950-100))) = 765,000
		90,000U		45,000U	
B상품	800 × @700 = 560,000		750 × @700 = 525,000		750 × @700 (= min(700, (800-50))) = 525,000
		35,000U		— (∵저가법)	
계		125,000		45,000	

(U : Unfavorable, 반대는 F : Favorable이지만 저가법이므로 적용의 여지가 없다)
*NRV = Net Realizable Value(순실현가능가치)

125,000 × 40% + 45,000 = 95,000도 매출원가에 합산
따라서 매출원가는 24,160,000 + 95,000 = 24,255,0000이 된다.

［정답］ ④

01 ~ 04

다음은 (주)삼청마트의 당기 재고자산 관련 자료이다.

구 분	원 가	매 가
기초재고자산	1,500	2,000
당기매입액	6,700	10,000
순인상액	–	700
순인하액	–	200
매출액	–	9,500
기말재고자산	?	?

01

가중평균법과 원가기준에 따른 소매재고법을 적용하여 기말재고자산의 장부금액을 계산하시오. (단, 원가율(%)은 소수점 이하에서 반올림한다)

① 1,890
② 1,920
③ 1,950
④ 1,980
⑤ 2,010

정답 ④

02

선입선출법과 원가기준에 따른 소매재고법을 적용하여 기말재고자산의 장부금액을 계산하시오. (단, 원가율(%)은 소수점 이하에서 반올림한다)

① 1,890
② 1,920
③ 1,950
④ 1,980
⑤ 2,010

정답 ②

03

가중평균법과 저가기준에 따른 소매재고법을 적용하여 기말재고자산의 장부금액을 계산하시오. (단, 원가율(%)은 소수점 이하에서 반올림한다)

① 1,890
② 1,920
③ 1,950
④ 1,980
⑤ 2,010

정답 ③

04

선입선출법과 저가기준에 따른 소매재고법을 적용하여 기말재고자산의 장부금액을 계산하시오. (단, 원가율(%)은 소수점 이하에서 반올림한다)

① 1,890

② 1,920

③ 1,950

④ 1,980

⑤ 2,010

정답 ①

더 알아보기

소매재고법 풀이요령

① 무조건 T계정을 그린다. 이때 원가, 매가를 구분해야 한다.
② 문제에서 제시된 숫자를 채워 넣는다. 매출은 매출원가의 매가가 된다(ⓐ값).
③ 좌우 합계를 써서 옮기고(ⓑ, ⓒ값) plug로 계산되는 값을 채운다(ⓓ값).
④ 원가율을 구한다.
⑤ 기말재고자산 및 매출원가를 구한다.

재고자산

구 분	원 가	매 가		원 가	매 가
기 초	1,500	2,000	매출원가	?	ⓐ 9,500
당기매입	6,700	10,000			
순인상액		700			
순인하액		(200)	기 말	?	ⓓ 3,000
	ⓑ 8,200	ⓒ 12,500		ⓑ 8,200	ⓒ 12,500

원가기준	가중평균법			선입선출법		
	매 가	원가율	원 가	매 가	원가율	원 가
기말재고	3,000	8,200/12,500 ≒ 66%	1,980	3,000	6,700/10,500 ≒ 64%	1,920
매출원가	6,220(= 8,200 − 1,980)			6,280(= 8,200 − 1,920)		

저가기준이란 기말재고자산을 가급적 낮은 가액으로 평가하기 위하여 원가율을 낮게 적용하는 방법이다. 이를 위해서 원가율을 구할 때 분모에서 순인하액을 제거하여 계산한다.

저가기준	가중평균법			선입선출법		
	매 가	원가율	원 가	매 가	원가율	원 가
기말재고	3,000	8,200/(12,500 + 200) ≒ 65%	1,950	3,000	6,700/(10,500 + 200) ≒ 63%	1,890
매출원가	6,250(= 8,200 − 1,950)			6,310(= 8,200 − 1,890)		

(주)한국의 20x6년도 총 매출액은 1,000,000원, 매출환입및에누리는 100,000원, 기초재고원가는 300,000원, 총매입액은 600,000원, 매입환출및에누리는 50,000원이다. 원가 대비 매출총이익률은 25%이다. 회사의 20x6년 말 기말재고원가는 얼마인가?

① 130,000원   ② 150,000원
③ 175,000원   ④ 190,000원
⑤ 230,000원

해설

재고자산

기 초	❶ 300,000	매출원가	❹ 720,000 [= (1,000,000 − 100,000) ÷ (1 + 25%)]
매 입	❶ 600,000	기 말	❺ 130,000
매입환출및에누리	❶ (50,000)		
	❷ 850,000		❸ 850,000

※ ❶, ❷, ❸, ❹, ❺는 계산순서

정답 ①

더 알아보기

매출총이익률이라고 제시되었다면 매출원가는 다음과 같다.
(1,000,000 − 100,000) × (1 − 25%) = 675,000

• 매출액 − 매출원가 = 매출총이익

• $1 - \dfrac{매출원가}{매출액} = \dfrac{매출총이익}{매출액}$

• 1 − 매출원가율 = 매출총이익률

제06장 유가증권

학습전략

제10장 사채를 먼저 학습한 후에 본 장을 공부한다. 계산형 문제를 먼저 풀이한 후 이론형 문제를 학습하도록 한다. 지분법은 제2편 기업결합회계 제3장에서 다룬다.

---

01 유가증권의 공정가치 변동 [핵심개념문제]

유가증권의 공정가치의 변동에 대한 설명이다. 올바른 지문은?

① 단기매매증권에 대한 미실현보유손익은 기타포괄손익누계액으로 처리한다.

② 매도가능증권에 대한 미실현보유손익은 기타포괄손익누계액으로 처리하고, 당해 유가증권에 대한 기타포괄손익누계액은 그 유가증권을 처분하거나 손상차손을 인식하는 시점에 장부가액과 매각가액의 차이를 당기손익에 반영한다. 이때 기타포괄손익누계액은 이익잉여금으로 대체할 수 있다.

③ 유가증권으로부터 회수할 수 있을 것으로 추정되는 금액이 채무증권의 상각후원가 또는 지분증권의 취득원가보다 작은 경우에는, 손상차손을 인식할 것을 고려하여야 한다.

④ 손상차손의 발생에 대한 객관적인 증거가 있는지는 보고기간종료일마다 평가하고 그러한 증거가 있는 경우에는 손상차손이 불필요하다는 명백한 반증이 없는 한, 회수가능액을 추정하여 손상차손을 인식하여야 한다. 손상차손금액은 기타포괄손익누계액으로 처리한다.

⑤ 손상차손의 회복이 손상차손 인식 후에 발생한 사건과 객관적으로 관련된 경우 (1) 만기보유증권 또는 원가로 평가하는 매도가능증권의 경우에는 회복된 금액을 당기이익으로 인식하되, 회복 후 장부금액이 당초에 손상차손을 인식하지 않았다면 회복일 현재의 상각후원가(매도가능증권의 경우, 취득원가)가 되었을 금액을 초과하지 않도록 하며 (2) 공정가치로 평가하는 매도가능증권의 경우에는 한도금액 없이 회복된 금액을 당기이익으로 인식한다.

해설
① 단기매매증권에 대한 미실현보유손익은 당기손익항목으로 처리한다.
② 매도가능증권에 대한 미실현보유손익은 기타포괄손익누계액으로 처리하고, 당해 유가증권에 대한 기타포괄손익누계액은 그 유가증권을 처분하거나 손상차손을 인식하는 시점에 일괄하여 당기손익에 반영한다.
④ 손상차손의 발생에 대한 객관적인 증거가 있는지는 보고기간종료일마다 평가하고 그러한 증거가 있는 경우에는 손상차손이 불필요하다는 명백한 반증이 없는 한, 회수가능액을 추정하여 손상차손을 인식하여야 한다. 손상차손금액은 당기손익에 반영한다.
⑤ 손상차손의 회복이 손상차손 인식 후에 발생한 사건과 객관적으로 관련된 경우 (1) 만기보유증권 또는 원가로 평가하는 매도가능증권의 경우에는 회복된 금액을 당기이익으로 인식하되, 회복 후 장부금액이 당초에 손상차손을 인식하지 않았다면 회복일 현재의 상각후원가(매도가능증권의 경우 취득원가)가 되었을 금액을 초과하지 않도록 하며 (2) 공정가치로 평가하는 매도가능증권의 경우에는 이전에 인식하였던 손상차손 금액을 한도로 하여 회복된 금액을 당기이익으로 인식한다.

정답 ③

더 알아보기

구 분	단기매매증권	매도가능증권	만기보유증권
미실현보유손익	당기손익	기타포괄손익	평가하지 않음
처분손익	장부가액과 처분가액의 차이	최초 취득가액과 처분가액의 차이	상각후원가와 처분가액의 차이

다음은 (주)한국이 보유하고 있는 단기매매증권 관련 자료이다. 회사가 20x4년과 20x5년 결산 시(12월 31일) 인식해야 할 단기매매증권평가손익은 각각 얼마인가?

> 20x4년 10월 10일 주식취득 매입가 ₩3,000,000(매입수수료 ₩20,000)
> 20x4년 12월 31일 공정가치 ₩3,100,000
> 20x5년 12월 31일 공정가치 ₩3,500,000

	20x4년	20x5년
①	₩0	₩500,000
②	₩200,000	₩300,000
③	₩100,000	₩400,000
④	₩80,000	₩400,000
⑤	₩250,000	₩250,000

해설   20x4년 공정가치 3,100,000 - 장부금액 3,000,000(취득 시 매입수수료는 당기비용으로 처리) = 100,000
      20x5년 공정가치 3,500,000 - 장부금액 3,100,000 = 평가이익 400,000

정답 ③

더 알아보기

유가증권의 취득 또는 처분 시 발생 수수료의 회계처리

구 분	단기매매증권	매도가능증권
취 득	당기비용으로 처리	취득가액에 가산
처 분	처분손익에 반영	

01 ～ 02

20x1년 7월 1일 매도가능증권을 ₩970,000에 취득하고 거래원가 ₩30,000을 포함하여 ₩1,000,000을 지급하였다. 이후 20x5년 7월 1일에 매도가능증권을 ₩1,850,000에 모두 처분하였고 수수료 ₩50,000을 차감한 ₩1,800,000을 현금으로 수취하였다. 매년 말 매도가능증권의 공정가치는 다음과 같다.

20x1년	₩1,100,000
20x2년	700,000
20x3년	1,200,000
20x4년	1,500,000

01

20x3년 12월 31일 회사의 회계처리로 맞는 것은?

① (차) 매도가능증권　　　500,000　　(대) 매도가능증권평가이익(기타포괄손익)　　　　　500,000

② (차) 매도가능증권　　　500,000　　(대) 매도가능증권평가손실(기타포괄손익)　　　　　300,000
　　　　　　　　　　　　　　　　　　　　　매도가능증권평가이익(기타포괄손익)　　　　　200,000

③ (차) 매도가능증권　　　500,000　　(대) 매도가능증권평가이익(당기손익)　　　　　　　500,000

④ (차) 매도가능증권　　　500,000　　(대) 매도가능증권평가손실환입(당기손익)　　　　　300,000
　　　　　　　　　　　　　　　　　　　　　매도가능증권평가이익(기타포괄손익)　　　　　200,000

⑤ (차) 매도가능증권　　　500,000　　(대) 매도가능증권평가손실환입(기타포괄손익)　　　300,000
　　　　　　　　　　　　　　　　　　　　　매도가능증권평가이익(기타포괄손익)　　　　　200,000

해설 매도가능증권에 대한 미실현보유손익은 기타포괄손익으로 처리한다. 단, 평가손실에서 평가이익으로 바뀌는 경우에는 전기에 기타포괄손익으로 인식한 평가손실을 우선 제거하고 초과액을 평가이익으로 인식한다.

〈회계처리〉

20x1년 7월 1일	(차) 매도가능증권	1,000,000	(대) 현 금	1,000,000
20x1년 12월 31일	(차) 매도가능증권	100,000	(대) 매도가능증권평가이익 (기타포괄손익)	100,000
20x2년 12월 31일	(차) 매도가능증권평가이익 (기타포괄손익)	100,000	(대) 매도가능증권	400,000
	매도가능증권평가손실 (기타포괄손익)	300,000		

정답 ②

02

20x5년 7월 1일 회사가 계상할 매도가능증권처분이익은?

① ₩300,000

② ₩800,000

③ ₩830,000

④ ₩850,000

⑤ ₩880,000

해설 매도가능증권의 취득 시 수수료는 취득가액에 가산한다. 처분 시 수수료는 처분손익에 반영한다.

〈회계처리〉

20x3년 12월 31일	(차)	매도가능증권	500,000	(대)	매도가능증권평가손실 (기타포괄손익)	300,000
					매도가능증권평가이익 (기타포괄손익)	200,000
20x4년 12월 31일	(차)	매도가능증권	300,000	(대)	매도가능증권평가이익 (기타포괄손익)	300,000
20x5년 7월 1일	(차)	현 금	1,800,000	(대)	매도가능증권	1,500,000
		매도가능증권평가이익 (기타포괄손익)	500,000		매도가능증권처분이익	800,000

정답 ②

❶ ~ ❹

(주)삼청은 (주)을지가 20x1년 1월 1일 발행한 사채를 동 일자에 취득하였다. 사채의 조건은 다음과 같다.

> 액면금액 1,000,000원　표시이자율 연 8%
> 매년 말 이자후급 만기상환일 20x3년 12월 31일(만기 3년)

사채발행일 현재 유효이자율은 10%이다. 동 사채의 매년 말 공정가치는 다음과 같다.

> 20x1년 말 : 960,000원
> 20x2년 말 : 985,000원

❶

(주)삼청이 사채를 취득할 때 장부가액으로 인식할 금액은? (단, 현재가치계수는 각자 계산기를 이용하여 구한다)

① 951,980원　　　　　　　② 950,263원
③ 965,289원　　　　　　　④ 981,818원
⑤ 1,000,000원

해설　$80,000/1.1 + 80,000/1.1^2 + 80,000/1.1^3 + 1,000,000/1.1^3$
　　　$= 80,000(1/1.1 + 1/1.1^2 + 1/1.1^3) + 1,000,000/1.1^3$
　　　$= 950,263$(할인발행)
계산기 조작
1.1 ÷ ÷ 1 = = = GT × 80,000 M+ 1.1 ÷ ÷ 1 = = = × 1,000,000 M+ MR

정답 ②

❷

(주)삼청이 사채를 만기보유증권으로 분류하였을 경우 20x2년 회사가 계상할 이자수익은 얼마인가? (단, 현재가치계수는 각자 계산기를 이용하여 구한다)

① 80,000원　　　　　　　② 95,026원
③ 96,529원　　　　　　　④ 98,182원
⑤ 100,000원

해설

구 분	장부가액 × 유효이자율(10%)	액면가액 × 액면이자율(8%)	차 이	장부가액
20x1 1/1				950,263①
20x1 12/31	95,026(= ①950,263 × 10%)	80,000(= 1,000,000 × 8%)	15,026②	965,289(③ = ① + ②)
20x2 12/31	96,529(= ③965,289 × 10%)	80,000(= 1,000,000 × 8%)	16,529④	981,818(⑤ = ③ + ④)
20x3 12/31	98,182(= ⑤981,818 × 10%)	80,000(= 1,000,000 × 8%)	18,182⑥	1,000,000(⑤ + ⑥)

정답 ③

(주)삼청이 사채를 매도가능증권으로 분류하였을 경우 20x1년 말 회사가 계상할 총포괄이익은 얼마인가?

① 89,737원
② 95,026원
③ 96,529원
④ 98,182원
⑤ 100,000원

해설 이자수익 = 95,026
매도가능증권평가손실 = 965,289(상각후원가) − 960,000(사채의 공정가치) = 5,289(기타포괄손실)
총포괄이익 = 95,026(당기손익) + (−)5,289(기타포괄손익) = 89,737

정답 ①

(주)삼청이 사채를 매도가능증권으로 분류하였을 경우 20x2년 말 재무상태표상 회사가 계상할 매도가능증권평가이익은 얼마인가?

① 3,182원
② 95,026원
③ 96,529원
④ 98,182원
⑤ 100,000원

해설 평가 전 20x2년 말 사채의 장부가액 = 960,000 + 96,529 − 80,000 = 976,529
공정가치 985,000
매도가능증권평가이익 985,000 − 976,529 = 8,471

(차) 매도가능증권　　　　　　　　　　8,471　　(대) 매도가능증권평가손실　　　　5,289
　　　　　　　　　　　　　　　　　　　　　　　　　　매도가능증권평가이익　　　　3,182

정답 ①

다음은 (주)삼청의 재무상태표상 유가증권이다. 동 유가증권은 20x1년 중 취득하였고 해당 기간 중 유가증권의 취득과 처분이 없었다. 20x3년 중 유가증권의 공정가치변동에 따른 회사의 당기손익과 총포괄손익에 미친 영향은 각각 어떠한가?

구 분	20x2년 말	20x3년 말
단기매매증권	100,000	120,000
매도가능증권	200,000	210,000

　　　당기손익　　　　총포괄손익　　　　　　　　　　당기손익　　　　총포괄손익
① 　20,000　　　　　10,000　　　　　　② 　20,000　　　　　30,000
③ 　10,000　　　　　30,000　　　　　　④ 　20,000　　　　　20,000
⑤ 　10,000　　　　　10,000

해설 단기매매증권평가이익 20,000 → 당기이익
　　　매도가능증권평가이익 10,000 → 기타포괄이익
　　　당기이익 20,000 + 기타포괄이익 10,000 = 총포괄이익 30,000

정답 ②

더 알아보기

단기매매증권에 대한 미실현보유손익은 당기손익항목으로 처리한다. 매도가능증권에 대한 미실현보유손익은 기타포괄손익누계액으로 처리하고, 당해 유가증권에 대한 기타포괄손익누계액은 그 유가증권을 처분하거나 손상차손을 인식하는 시점에 일괄하여 당기손익에 반영한다.

01 ~ **02**

(주)삼청은 20x1년 중 단기매매증권과 관련된 다음과 같은 거래를 하였다.

> 1월 1일 : 단기매매증권을 1,000,000원(액면가액 1,000원, 공정가치 2,000원, 500주)에 취득하였다.
> 3월 10일 : 보유 중인 단기매매증권의 발행회사로부터 현금배당 50,000원을 받았다.
> 4월 5일 : 보유 중인 단기매매증권의 발행회사로부터 주식배당으로 50주를 취득하였다. 주식배당 시 주가
> 　　　　　 는 2,200원이다.
> 6월 15일 : 보유 중인 단기매매증권 전부를 1,210,000원에 처분하고 수수료 10,000원을 차감한 1,200,000원
> 　　　　　 을 현금으로 수령하였다.

01

회사가 처분 시 인식할 처분손익은 얼마인가?

① 40,000원　　　　　　　　　　　　　　② 90,000원

③ 200,000원　　　　　　　　　　　　　　④ 210,000원

⑤ 250,000원

해설

1월 1일	(차) 단기매매증권	1,000,000	(대) 현 금	1,000,000
3월 10일	(차) 현 금	50,000	(대) 배당금수익	50,000
4월 5일		– 회계처리 없음(주식배당은 실질적인 의미의 배당이 아니다) –		
6월 15일	(차) 현 금	1,200,000	(대) 단기매매증권	1,000,000
			단기매매증권처분이익	200,000
			(처분 시 지급수수료는 처분손익에 반영한다)	

정답 ③

02

상기의 유가증권거래가 20x1년 중 손익계산서에 미치는 영향은?

① 40,000원　　　　　　　　　　　　　　② 90,000원

③ 200,000원　　　　　　　　　　　　　　④ 210,000원

⑤ 250,000원

해설　단기매매증권처분이익 200,000 + 배당금수익 50,000 = 250,000

정답 ⑤

유가증권의 재분류에 대한 서술이다. 옳지 않은 것은?　　　　　　　　　 최신출제유형

① 원칙적으로 단기매매증권은 다른 범주로 재분류할 수 없으며, 다른 범주의 유가증권의 경우에도 단기매매 증권으로 재분류할 수 없다.

② 단기매매증권이 시장성을 상실한 경우에는 매도가능증권으로 분류하여야 한다.

③ 매도가능증권은 만기보유증권으로 재분류할 수 있다.

④ 만기보유증권은 매도가능증권으로 재분류할 수 없다.

⑤ 유가증권과목의 분류를 변경할 때에는 재분류일 현재의 공정가치로 평가한 후 변경한다.

해설 　만기보유증권은 매도가능증권으로 재분류할 수 있다.

정답 ④

더 알아보기

유가증권의 보유의도와 보유능력에 변화가 있어 재분류가 필요한 경우에는 다음과 같이 처리한다.

• 단기매매증권은 다른 범주로 재분류할 수 없으며, 다른 범주의 유가증권의 경우에도 단기매매증권으로 재분류할 수 없다. 다만, (일반적이지 않고 단기간 내에 재발할 가능성이 매우 낮은 단일한 사건에서 발생하는) 드문 상황 에서 더 이상 단기간 내의 매매차익을 목적으로 보유하지 않는 단기매매증권은 매도가능증권이나 만기보유증권 으로 분류할 수 있으며, 단기매매증권이 시장성을 상실한 경우에는 매도가능증권으로 분류하여야 한다.

• 매도가능증권은 만기보유증권으로 재분류할 수 있으며 만기보유증권은 매도가능증권으로 재분류할 수 있다.

• 유가증권과목의 분류를 변경할 때에는 재분류일 현재의 공정가치로 평가한 후 변경한다.

다음 중 유가증권의 손상차손이 발생하였다는 객관적인 증거로 볼 수 없는 것은?

① 이자 지급과 원금 상환의 지연과 같은 계약의 실질적인 위반이나 채무불이행이 있는 경우

② 과거에 그 유가증권에 대하여 손상차손을 인식하였으며 그 때의 손상사유가 계속 존재하는 경우

③ 상장회사가 발행한 유가증권으로서 상장폐지가 예상되는 경우

④ 채무자 회생 및 파산에 관한 법률에 의한 회생절차개시의 신청이 있거나 회생절차가 진행 중인 경우와 같이, 유가증권발행자의 재무적 곤경과 관련한 경제적 또는 법률적인 이유 때문에 당초의 차입조건의 완화가 불가피한 경우

⑤ 유가증권발행자의 파산가능성이 높은 경우

해설 금융상품이 더 이상 공개적으로 거래되지 않아 활성시장이 소멸하더라도 그것이 반드시 손상의 증거가 되는 것은 아니다. 예를 들어 어떤 상장기업이 대주주가 더 이상 기업공개를 원하지 않아 주주총회 결의를 거쳐 상장폐지를 하는 경우 재무적 어려움으로 인한 상장폐지가 아니므로 손상사건으로 볼 수 없다.

정답 ③

더 알아보기

다음의 경우는 손상차손이 발생하였다는 객관적인 증거가 될 수 있다.
(1) 은행법에 의해 설립된 금융기관으로부터 당좌거래 정지처분을 받은 경우, 청산 중에 있거나 1년 이상 휴업 중인 경우, 또는 완전자본잠식 상태에 있는 경우와 같이 유가증권발행자의 재무상태가 심각하게 악화된 경우
(2) 이자 지급과 원금 상환의 지연과 같은 계약의 실질적인 위반이나 채무불이행이 있는 경우
(3) 채무자 회생 및 파산에 관한 법률에 의한 회생절차개시의 신청이 있거나 회생절차가 진행 중인 경우와 같이, 유가증권발행자의 재무적 곤경과 관련한 경제적 또는 법률적인 이유 때문에 당초의 차입조건의 완화가 불가피한 경우
(4) 유가증권발행자의 파산가능성이 높은 경우
(5) 과거에 그 유가증권에 대하여 손상차손을 인식하였으며 그 때의 손상사유가 계속 존재하는 경우
(6) 유가증권발행자의 재무상태가 악화되어 그 유가증권이 시장성을 잃게 된 경우
(7) 표시이자율 또는 유효이자율이 일반적인 시장이자율보다 비정상적으로 높거나 낮은 채무증권(예 후순위채권, 정크본드)을 법규나 채무조정협약 등에 의해 취득한 경우
(8) 기업구조조정촉진법에 의한 관리절차를 신청하였거나 진행 중인 경우
(9) 기타 (1) 내지 (8)의 경우에 준하는 사유

㈜숭실은 20x1년 1월 1일 ㈜시대가 발행한 사채(액면 1,000,000원, 액면이자율 8%, 만기 3년, 매년 말 이자지급)를 950,263원에 취득하였다. 취득 당시 시장이자율은 10%였는데 취득 이후에 이자율이 9%로 하락하여 20x1년 말 982,409원, 20x2년 말 990,826원이 되었다. 취득 시 만기보유증권으로 분류하였다가 20x2년 초 매도가능증권으로 분류변경한 경우 20x2년 말 회사가 계상할 이자수익은? 최신출제유형

① ₩80,000

② ₩88,417

③ ₩96,529

④ ₩96,939

⑤ ₩98,312

해설 • 20X2년 1월 1일 재분류

(차) 매도가능증권	982,409	(대) 만기보유증권	965,289
		매도가능증권평가이익	17,120

• 20X2년 12월 31일

(차) 현 금	80,000	(대) 이자수익	88,417
매도가능증권	8,417		

※ 매도가능증권평가에 대한 회계처리는 없다.(∵ 982,409 + 8,417 = 990,826)

정답 ②

㈜숭실은 20x1년 1월 1일 ㈜시대가 발행한 사채(액면 1,000,000원, 액면이자율 8%, 만기 3년, 매년 말 이자지급)를 950,263원에 취득하였다. 취득 당시 시장이자율은 10%였는데 취득 이후에 이자율이 9%로 하락하여 20x1년 말 982,409원, 20x2년 말 990,826원이 되었다. 취득 시 매도가능증권으로 분류하였다가 20x2년 초 만기보유증권으로 분류변경한 경우 20x2년 말 회사가 계상할 이자수익은? 최신출제유형

① ₩80,000

② ₩88,417

③ ₩96,529

④ ₩96,939

⑤ ₩98,312

해설 • 20x1년 12월 31일 평가

(차) 매도가능증권	17,120	(대) 매도가능증권평가이익	17,120*

*982,409 − 965,289

• 20x2년 1월 1일 재분류

(차) 만기보유증권	982,409	(대) 매도가능증권	982,409

• 20x2년 12월 31일

(차) 현 금	80,000	(대) 이자수익	88,417
만기보유증권	8,417		

(차) 매도가능증권평가이익	8,522	(대) 이자수익	8,522*

*965,289 × 0.0088288**

**965,289 × $(1 + r)^2$ = 982,409, r = 0.0088288

∴ 20x2년 회사가 인식할 이자수익은 88,417 + 8,522 = 96,939이다.

(참고) 20x3년 12월 31일

(차) 현 금	80,000	(대) 이자수익	89,174
만기보유증권	9,174		

(차) 매도가능증권평가이익	8,598	(대) 이자수익	8,598*

*(965,289 + 8,522) × 0.0088288

정답 ④

〈관련 상각표〉

분류변경 전

	유효이자 장부가액 × 유효이자율(10%)	액면이자 액면가액 × 액면이자율(8%)	차이	장부가액
X1/1/1				①950,263
X1/12/31	95,026 (= ①950,263 × 10%)	80,000 (= 1,000,000 × 8%)	②15,026	965,289 (③ = ① + ②)
X2/12/31	96,529 (= ③965,289×10%)	80,000 (= 1,000,000 × 8%)	④16,529	981,818 (⑤ = ③ + ④)
X3/12/31	98,182 (= ⑤981,818 × 10%)	80,000 (= 1,000,000 × 8%)	⑥18,182	1,000,000 (⑤ + ⑥)

분류변경 후

	유효이자 장부가액 × 유효이자율(9%)	액면이자 액면가액 × 액면이자율(8%)	차이	장부가액
X2/1/1				③982,409
X2/12/31	88,417 (= ③982,409 × 9%)	80,000 (= 1,000,000 × 8%)	④8,417	990,826 (⑤ = ③ + ④)
X3/12/31	89,174 (= ⑤990,826 × 9%)	80,000 (= 1,000,000 × 8%)	⑥9,174	1,000,000 (⑤ + ⑥)

제07장 유형자산

학습전략

다소 방대한 내용이다. 감가상각비를 포함한 유형자산의 취득과 처분이 핵심이며 계산문제 위주로 정리한다. 차입원가의 자본화는 일반기업회계기준에서는 선택사항이므로 계산문제의 출제가능성은 낮을 것으로 판단된다.

---

01 유형자산의 취득원가

핵심개념문제

일반기업회계기준에 따른 유형자산의 취득원가에 대한 설명이다. 올바른 서술은?

① 유형자산은 최초에는 취득원가로 측정하며, 현물출자, 증여로 취득한 자산은 공정가치를 취득원가로 한다. 단, 무상으로 취득한 자산의 취득가액은 0으로 한다.

② 취득원가는 구입원가 또는 제작원가 및 경영진이 의도하는 방식으로 자산을 가동하는 데 필요한 장소와 상태에 이르게 하는 데 직접 관련되는 원가와 관련된 지출 등으로 구성된다. 매입할인 등이 있는 경우에는 이를 차감하지 않고 취득원가를 산출한다.

③ 자산의 취득, 건설, 개발에 따른 복구원가에 대한 충당부채는 유형자산을 처분하는 시점에서 해당 유형자산의 처분손익에 반영한다.

④ 유형자산을 사용하거나 이전하는 과정에서 발생하는 원가는 당해 유형자산의 장부금액에 포함하여 인식하지 아니한다.

⑤ 자가건설에 따른 내부이익은 취득원가에 포함되며 자가건설 과정에서 원재료, 인력 및 기타 자원의 낭비로 인한 비정상적인 원가는 취득원가에 포함하지 않는다.

해설 ① 유형자산은 최초에는 취득원가로 측정하며, 현물출자, 증여, 기타 무상으로 취득한 자산은 공정가치를 취득원가로 한다.
② 취득원가는 구입원가 또는 제작원가 및 경영진이 의도하는 방식으로 자산을 가동하는 데 필요한 장소와 상태에 이르게 하는 데 직접 관련되는 원가와 관련된 지출 등으로 구성된다. 매입할인 등이 있는 경우에는 이를 차감하여 취득원가를 산출한다.
③ 자산의 취득, 건설, 개발에 따른 복구원가에 대한 충당부채는 유형자산을 취득하는 시점에서 해당 유형자산의 취득원가에 반영한다.
⑤ 자가건설에 따른 내부이익과 자가건설 과정에서 원재료, 인력 및 기타 자원의 낭비로 인한 비정상적인 원가는 취득원가에 포함하지 않는다.

정답 ④

취득원가는 구입원가 또는 제작원가 및 경영진이 의도하는 방식으로 자산을 가동하는 데 필요한 장소와 상태에 이르게 하는 데 직접 관련되는 원가인 (1) 내지 (9)와 관련된 지출 등으로 구성된다. 매입할인 등이 있는 경우에는 이를 차감하여 취득원가를 산출한다.

(1) 설치장소 준비를 위한 지출

(2) 외부 운송 및 취급비

(3) 설치비

(4) 설계와 관련하여 전문가에게 지급하는 수수료

(5) 유형자산의 취득과 관련하여 국·공채 등을 불가피하게 매입하는 경우 당해 채권의 매입금액과 일반기업회계기준에 따라 평가한 현재가치와의 차액

(6) 자본화대상인 차입원가

(7) 취득세, 등록세 등 유형자산의 취득과 직접 관련된 제세공과금

(8) 해당 유형자산의 경제적 사용이 종료된 후에 원상회복을 위하여 그 자산을 제거, 해체하거나 또는 부지를 복원하는 데 소요될 것으로 추정되는 원가가 충당부채의 인식요건을 충족하는 경우 그 지출의 현재가치(복구원가)

(9) 유형자산이 정상적으로 작동되는지 여부를 시험하는 과정에서 발생하는 원가. 단, 시험과정에서 생산된 재화(예 장비의 시험과정에서 생산된 시제품)의 순매각금액은 당해 원가에서 차감한다.

P회사는 20x1년 1월 1일에 기계장치를 총 ₩8,000,000을 지급하는 조건으로 취득하였다. 단, 지급조건은 기계장치 구입시점에 현금 ₩5,000,000을 지급하고 나머지 ₩3,000,000은 무이자부 약속어음을 발행하여 지급하는 것이다. 이 약속어음은 매 연도 말에 ₩1,000,000씩 3회 분할 지급하는 조건이며 약속어음 발행 당시의 시장이자율은 12%, 기간은 3년일 경우 정상연금 현재가치계수는 2.4018이고 ₩1의 현재가치계수는 0.7118이다. P회사의 기계장치 취득을 기록하기 위한 회계처리에 대한 다음 설명 중 옳은 것은? (단, P회사는 현재가치할인차금 계정을 사용하여 회계처리하는 방법을 선택하고 있다)

① 기계장치의 취득원가는 ₩8,000,000이며 장기미지급금 계정(대변)에 기록되는 금액은 ₩3,000,000 이다.
② 장기미지급금 계정(대변)에 기록되는 금액은 ₩2,401,800이고 현재가치할인차금 계정의 대변에 ₩598,200이 기록된다.
③ 기계장치의 취득원가는 ₩7,135,400이고 현재가치할인차금 계정의 차변에는 ₩864,600이 기록된다.
④ 기계장치의 취득원가는 ₩7,401,800이다.
⑤ 장기미지급금 계정(대변)에 기록되는 금액은 ₩2,401,800이고 현재가치할인차금 계정의 차변에 ₩598,200 이 기록된다.

해설 회계처리를 나타내면

(차) 기계장치	7,401,800	(대) 현 금	5,000,000
		장기미지급금	2,401,800

또는

(차) 기계장치	7,401,800	(대) 현 금	5,000,000
현재가치할인차금	598,200	장기미지급금	3,000,000

장기미지급금을 순액(현재가치)으로 2,401,800으로 계상해도 되고, (명목가액 − 현재가치할인차금)의 형식으로 계상해도 된다.
※ 5,000,000 + 1,000,000 × 2.4018 = 7,401,800

정답 ④

01 ~ 03

(주)A는 유형자산X를 (주)B의 유형자산Y와 교환하였다. 해당 자산의 장부가액과 공정가치는 다음과 같다.

구 분	유형자산X	유형자산Y
취득원가	500,000	400,000
감가상각누계액	200,000	120,000
공정가치	270,000	220,000

01

X와 Y가 이종자산에 해당하는 경우 ㈜A가 자산취득 시 인식할 손익은? (단, 공정가치의 차액은 현금수수함)

① 이익 30,000
② 이익 10,000
③ 0
④ 손실 10,000
⑤ 손실 30,000

해설　(차) 유형자산Y　　　　　　　　220,000　　(대) 유형자산X　　　　　　　　500,000
　　　　현 금　　　　　　　　　　　50,000
　　　　감가상각누계액(유형자산X)　200,000
　　　　유형자산처분손실　　　　　30,000

정답 ⑤

02

X와 Y가 동종자산이고 공정가치의 차액만큼 현금을 수수한 경우 ㈜A가 인식할 손익은? (단, 교환에 포함된 현금이 유의적이다)

① 이익 30,000
② 이익 10,000
③ 0
④ 손실 10,000
⑤ 손실 30,000

해설　(차) 유형자산Y　　　　　　　　220,000　　(대) 유형자산X　　　　　　　　500,000
　　　　현 금　　　　　　　　　　　50,000
　　　　감가상각누계액(유형자산X)　200,000
　　　　유형자산처분손실　　　　　30,000

정답 ⑤

03

X와 Y가 동종자산이고 공정가치의 차액만큼 현금을 수수한 경우 ㈜A가 인식할 손익은? (단, 교환에 포함된
현금이 유의적이지 않다) ⟨최신출제유형⟩

① 이익 30,000   ② 이익 10,000

③ 0   ④ 손실 10,000

⑤ 손실 30,000

⟨해설⟩

(차) 유형자산Y	250,000	(대) 유형자산X	500,000
현 금	50,000		
감가상각누계액(유형자산X)	200,000		

⟨정답⟩ ③

더 알아보기

동종자산의 교환에서 현금수수가 수반되었을 경우 현금수수된 부분은 화폐성자산과의 교환이기 때문에 이를 비화
폐성자산의 교환과 상이하게 회계처리하는 것이 타당한지를 검토해야 한다. 미국의 재무회계기준은 동종자산의
교환에서 현금수입이 있고 처분이익이 발생한 경우, 현금수수된 부분은 자산의 매각으로 간주하여 처분이익의
일부를 인식할 수 있도록 규정하고 있다. 일반기업회계기준에서는 미국회계기준에 준거하여 교환에 포함된 현금
등의 금액이 유의적인 경우에는(예를 들면, 교환되는 자산 공정가치의 25%를 초과) 이종자산의 교환으로 간주하
여 회계처리하도록 규정하고 있다. 그러나 현금수수된 금액이 유의적이지 않다면 동종자산 간의 교환으로 간주하
여 처분손익을 인식하지 않도록 하였다.

갑회사는 20x1년 1월 1일 내용연수 10년, 잔존가치 0의 건물을 ₩80,000,000에 취득하면서 액면가액 ₩20,000,000의 국채를 액면가액에 부수 취득하였다. 갑회사는 이 채권을 장기투자목적으로 보유할 예정이며 채권의 조건은 다음과 같다.

> 상환기간 : 발행 후 5년 후 일시상환
> 이자율 : 액면가액의 연 1%
> 시장이자율 : 연 8%

회사가 20x1년 12월 31일에 인식해야 할 건물의 감가상각비와 투자채권의 이자수익은 각각 얼마인가? (단, 건물은 정액법으로 상각하며 기간 5년 8%의 연금 현재가치계수는 3.99, 1의 현재가치계수는 0.68로 하여 계산한다)

	감가상각비	이자수익
①	₩8,610,600	₩1,600,000
②	₩10,000,000	₩1,111,520
③	₩8,560,200	₩1,151,840
④	₩9,389,400	₩1,111,520
⑤	₩8,000,000	₩1,600,000

해설 유형자산의 취득과 관련하여 국·공채 등을 불가피하게 매입하는 경우 당해 채권의 매입금액과 일반기업회계기준에 따라 평가한 현재가치와의 차액은 취득원가에 포함된다.

채권의 현재가치는 문제에서 주어진 현가계수를 이용하면 20,000,000 × 0.68 + 200,000 × 3.99 = 14,398,000이다. 따라서 건물의 취득원가는 85,602,000(= 80,000,000 + (20,000,000 − 14,398,000))이 된다. 따라서 감가상각비는 85,602,000/10년, 이자수익은 14,398,000 × 8% = 1,151,840이 된다. 회계처리는 다음과 같다.

(차) 건 물	80,000,000	(대) 현 금	80,000,000
(차) 매도가능증권	14,398,000	(대) 현 금	20,000,000
건 물	5,602,000		

정답 ③

(주)한국은 20x1년 1월 1일 ₩3,000,000을 주고 설비를 구입하였다. 설비의 내용연수는 10년, 잔존가치는 없는 것으로 추정하였다. 회사는 이 설비 취득에 대해 상환의무가 없고 유형자산 취득으로 사용이 제한된 정부보조금 ₩1,000,000을 수령하였다. 감가상각은 정액법을 이용한다. 20x1년 말 설비의 장부금액과 20x1년도 감가상각비는 얼마인가?

	장부금액	감가상각비
①	₩2,000,000	₩300,000
②	₩2,000,000	₩200,000
③	₩1,800,000	₩300,000
④	₩1,800,000	₩200,000
⑤	₩2,000,000	₩400,000

해설

20x1년 1월 1일

기계장치	3,000,000	
정부보조금	(1,000,000)	2,000,000

20x1년 12월 31일

기계장치	3,000,000	
정부보조금	(900,000)	
감가상각누계액	(300,000)	1,800,000

(회계처리)

12월 31일	(차) 감가상각비	300,000	(대) 감가상각누계액	300,000
	(차) 정부보조금	100,000	(대) 감가상각비	100,000

따라서 설비의 기말 장부가액은 1,800,000이고 감가상각비는 200,000이다.

정답 ④

더 알아보기

정부보조 등에 의해 유형자산을 무상 또는 공정가치보다 낮은 대가로 취득한 경우 그 유형자산의 취득원가는 취득일의 공정가치로 한다. 정부보조금 등은 유형자산의 취득원가에서 차감하는 형식으로 표시하고 그 자산의 내용연수에 걸쳐 감가상각액과 상계하며, 해당 유형자산을 처분하는 경우에는 그 잔액을 처분손익에 반영한다.

일반기업회계기준에서 규정한 차입원가에 포함되지 않는 것은?

① 사채발행차금상각(환입)액
② 리스이용자의 운용리스료
③ 리스이용자의 금융리스관련 원가
④ 차입과 직접 관련하여 발생한 수수료
⑤ 채권·채무의 현재가치평가 및 채권·채무조정에 따른 현재가치 할인차금상각액

해설 운용리스료는 차입원가에 포함되지 않는다.

정답 ②

더 알아보기

차입원가는 다음과 같은 항목을 포함한다.
• 장·단기차입금과 사채에 대한 이자
• 사채발행차금상각(환입)액
• 채권·채무의 현재가치평가 및 채권·채무조정에 따른 현재가치 할인차금상각액
• 외화차입금과 관련되는 외환차이 중 차입원가의 조정으로 볼 수 있는 부분
• 리스이용자의 금융리스관련 원가
• 차입금 등에 이자율변동 현금흐름위험회피회계가 적용되는 경우 위험회피수단의 평가손익과 거래손익
• 차입과 직접 관련하여 발생한 수수료
• 기타 이와 유사한 금융원가

❶ ~ ❹

(주)신림은 20x1년 1월 1일 기계장치를 1,000,000원에 취득하였다. 내용연수는 4년이며 잔존가치는 50,000원이다. 다음의 물음에 답하시오. (단, 4년의 정률은 0.528이며, 회사의 결산은 연 1회이다)

❶

정액법으로 감가상각한 경우 20x3년 말 기계장치의 장부가액은 얼마인가?

① 250,000원

② 237,500원

③ 287,500원

④ 525,000원

⑤ 285,000원

해설

정액법	기 초	감가상각비	감가상각누계액	기 말
20x1	1,000,000	*237,500	237,500	762,500
20x2	762,500	237,500	475,000	525,000
20x3	525,000	237,500	712,500	287,500
20x4	287,500	237,500	950,000	50,000

*237,500 = [(1,000,000 − 50,000)]/4

정답 ③

❷

정률법으로 감가상각한 경우 20x4년의 감가상각비는 얼마인가?

① 55,154원

② 55,521원

③ 75,000원

④ 95,000원

⑤ 62,500원

해설

정률법	기 초	감가상각비	감가상각누계액	기 말
20x1	1,000,000	*528,000	528,000	472,000
20x2	472,000	249,216	777,216	222,784
20x3	222,784	117,630	894,846	105,154
20x4	105,154	55,154	950,000	50,000

*528,000 = 1,000,000 × 0.528

정답 ①

03

이중체감법으로 감가상각한 경우 20x4년의 감가상각비는 얼마인가?

① 55,154원

② 55,521원

③ 62,500원

④ 95,000원

⑤ 75,000원

해설

이중체감법	기 초	감가상각비	감가상각누계액	기 말
20x1	1,000,000	*500,000	500,000	500,000
20x2	500,000	250,000	750,000	250,000
20x3	250,000	125,000	875,000	125,000
20x4	125,000	75,000	950,000	50,000

*500,000 = 1,000,000 × 2/4

정답 ⑤

04

연수합계법으로 감가상각한 경우 20x2년의 감가상각비는 얼마인가?

① 250,000원

② 237,500원

③ 287,500원

④ 525,000원

⑤ 285,000원

해설

연수합계법	기 초	감가상각비	감가상각누계액	기 말
20x1	1,000,000	*380,000	380,000	620,000
20x2	620,000	285,000	665,000	335,000
20x3	335,000	190,000	855,000	145,000
20x4	145,000	95,000	950,000	50,000

*380,000 = (1,000,000 − 50,000) × [(4/(4 + 3 + 2 + 1)]

정답 ⑤

(주)국세는 20x1년 1월 1일에 건물을 신축하기 시작하였으며, 동 건물은 차입원가 자본화의 적격자산에 해당된다. 총 건설비는 ₩200,000이며 20x1년 1월 1일에 ₩100,000, 10월 1일에 ₩50,000, 20x2년 7월 1일에 ₩50,000을 각각 지출하였다. 동 건물은 20x2년 9월 30일에 완공예정이며 (주)국세의 차입금 내역은 다음과 같다. 회사는 차입원가를 자본화하는 회계정책을 적용하고 있다.

차입금	A	B	C
	₩30,000	**₩50,000**	**₩100,000**
차입일	20x1년 1월 1일	20x0년 1월 1일	20x1년 7월 1일
상환일	20x2년 9월 30일	20x2년 12월 31일	20x3년 6월 30일
이자율	연 8%	연 10%	연 6%

차입금 중 A는 동 건물의 취득을 위한 목적으로 특정하여 차입한 자금(특정차입금)이며 나머지는 일반목적으로 차입하여 건물의 취득을 위하여 사용하는 자금(일반차입금)이다. 이자율은 모두 단리이며 이자는 매년 말에 지급한다. 20x1년도에 자본화할 차입원가는 얼마인가? (단, 평균지출액과 이자는 월할계산한다)

① ₩2,400　　　　　　　　　　② ₩6,800

③ ₩9,000　　　　　　　　　　④ ₩11,400

⑤ ₩15,600

해설　평균지출액 112,500(= 100,000 × 12/12 + 50,000 × 3/12)
특정목적차입금 30,000 × 12/12 = 30,000
특정목적차입금 차입원가 30,000 × 8% = 2,400
일반목적차입금 50,000 × 12/12 + 100,000 × 6/12 = 100,000
일반목적차입금 이자 50,000 × 12/12 × 10% + 100,000 × 6/12 × 6% = 8,000
일반목적차입금 이자율 8%(= 일반목적차입금 이자 8,000/일반목적차입금 100,000)
(평균지출액 112,500 − 특정목적차입금 30,000) × 8% = 6,600(한도 8,000)
따라서 2,400 + 6,600 = 9,000

정답 ③

더 알아보기

차입원가의 자본화는 다음과 같이 계산한다.
1단계 : 적격자산의 평균지출액을 구한다(건설기간을 고려한다).
2단계 : 평균차입금을 구한다(이때는 건설기간을 고려하지 않는다).
3단계 : 발생이자비용을 구한다(2단계에서 구한 값에 이자율만 곱하면 된다).
4단계 : 이자율계산
5단계 : (평균지출액 − 평균특정차입금) × 이자율 = 자본화차입원가
6단계 : 한도체크(5단계에서 구한 자본화차입원가가 실제 발생한 이자비용을 초과하는지 체크해서 한도초과 시에는 한도까지만 차입원가에 포함시킨다)

다음 중 유형자산과 무형자산의 제거에 대한 설명으로 옳지 않은 것은?

① 유형자산의 장부금액은 처분하거나 영구적으로 폐기하여 미래 경제적 효익을 기대할 수 없게 될 때 재무상태표에서 제거한다.

② 유형자산의 제거손익은 순매각금액(매각금액에서 매각부대원가를 뺀 금액)과 장부금액의 차액으로 산정하며 손익계산서에서 당기손익으로 인식한다.

③ 유형자산의 재평가와 관련하여 인식한 기타포괄손익누계액의 잔액이 있다면 그 유형자산을 제거할 때 당기손익으로 인식한다.

④ 무형자산의 장부금액은 처분하는 때 또는 사용이나 처분으로 미래 경제적 효익이 예상되지 않을 때 제거한다.

⑤ 무형자산의 처분시점을 결정할 때에는 재화의 판매에 관한 수익인식기준을 적용한다.

해설 무형자산과 마찬가지로, 유형자산의 장부금액은 처분할 때 또는 사용이나 처분으로 미래 경제적 효익이 예상되지 않을 때 제거한다. 따라서 유형자산을 폐기하지 않았더라도 미래 경제적 효익이 예상되지 않을 때 자산을 제거한다.

정답 ①

더 알아보기

유형자산의 제거 손익은 순매각금액과 장부금액의 차액으로 산정하며, 손익계산서에서 당기손익으로 인식한다. 유형자산의 재평가와 관련하여 인식한 기타포괄손익누계액의 잔액이 있다면, 그 유형자산을 제거할 때 당기손익으로 인식한다.

〈사례〉
갑회사는 취득원가 ₩10,000의 토지에 대하여 원가모형을 적용하여 오다가 20X8년부터 처음 재평가모형을 적용하였다. 20X8년 말 해당 토지의 공정가치는 ₩12,000이다. 회사는 20X9년 2월 1일 해당 토지 전체를 현금 ₩13,000을 수령하고 처분하였다. 처분일의 회계처리를 제시하시오.

〈재평가일〉

(차) 토 지	2,000	(대) 재평가잉여금	2,000

〈처분일〉

(차) 현 금	13,000	(대) 토 지	12,000
재평가잉여금	2,000	유형자산처분이익	3,000

참고로 한국채택국제회계기준에서 처분일의 회계처리는 다음과 같다.

(차) 현 금	13,000	(대) 토 지	12,000
		유형자산처분이익	1,000

단, 선택적 회계처리로 다음과 같이 재평가잉여금을 이익잉여금으로 대체할 수 있다.

(차) 재평가잉여금	2,000	(대) 이익잉여금	2,000

유형자산의 재평가에 관한 설명으로 옳지 않은 것은?

① 최초 인식 후에 공정가치를 신뢰성 있게 측정할 수 있는 유형자산은 재평가일의 공정가치에서 이후의 감가상각누계액과 손상차손누계액을 차감한 재평가금액을 장부금액으로 한다.

② 재평가는 보고기간 말에 자산의 장부금액이 공정가치와 중요하게 차이가 나지 않도록 주기적으로 수행한다.

③ 유의적이고 급격한 공정가치의 변동 때문에 매년 재평가가 필요한 유형자산이 있는 반면에 공정가치의 변동이 경미하여 빈번한 재평가가 필요하지 않은 유형자산도 있다. 즉, 매 3년이나 5년마다 재평가하는 것으로 충분한 유형자산도 있다.

④ 공정가치가 증가한 토지는 재평가모형, 감소한 토지는 원가모형을 적용할 수 있다.

⑤ 토지는 원가모형, 건물은 재평가모형을 적용할 수 있다.

해설 ④ 특정 유형자산을 재평가할 때, 해당 자산이 포함되는 유형자산 분류 전체를 재평가한다.
　　 ⑤ 유형자산별로 선택적 재평가를 하거나 서로 다른 기준일의 평가금액이 혼재된 재무보고를 하는 것을 방지하기 위하여 동일한 과목분류 내의 유형자산은 동시에 재평가한다. 그러나 재평가가 단기간에 수행되며 계속적으로 갱신된다면, 동일한 분류에 속하는 자산을 순차적으로 재평가할 수 있다.

정답 ④

다음은 ㈜삼청이 보유한 유형자산 자료이다. 회사는 20X1년부터 재평가모형을 적용하기로 하였다. 재평가가 당기손익에 미치는 영향은? 　　最新출제유형

구 분	20X1년 말 재평가 전 장부금액	20X1년 말 공정가치	평가손익
토 지	10,000	12,000	2,000
건 물	3,000	2,000	(1,000)

① −2,000 　　　　　　　　　　　② −1,000
③ 0 　　　　　　　　　　　　　④ 1,000
⑤ 2,000

해설 (차) 토 지 　　　　　　　　2,000　　(대) 재평가잉여금(기타포괄손익)　　　2,000
　　 (차) 재평가손실(당기손익)　　1,000　　(대) 건 물 　　　　　　　　　　　1,000
　　 당기순이익 −1,000 + 기타포괄이익 2,000 = 총포괄이익 1,000

정답 ②

유형자산의 장부금액이 재평가로 인하여 증가된 경우에 그 증가액은 기타포괄손익으로 인식한다. 그러나 동일한 유형자산에 대하여 이전에 당기손익으로 인식한 재평가감소액이 있다면 그 금액을 한도로 재평가증가액만큼 당기 손익으로 인식한다.

유형자산의 장부금액이 재평가로 인하여 감소된 경우에 그 감소액은 당기손익으로 인식한다. 그러나 그 유형자산의 재평가로 인해 인식한 기타포괄손익의 잔액이 있다면 그 금액을 한도로 재평가감소액을 기타포괄손익에서 차감한다.

제08장 무형자산

학습전략

유형자산에 비해서 비교적 간단한 내용이다. 무형자산의 특징적인 부분(개발비, 영업권 등) 위주로 학습하기로 한다. 영업권의 내용은 기업결합회계와 관련시켜 정리한다.

---

01 연구활동과 개발활동의 구분 **핵심개념문제**

개발활동에 속하는 것을 열거한 것이다. 틀린 것은?

① 생산 전 또는 사용 전의 시작품과 모형을 설계, 제작 및 시험하는 활동

② 새로운 기술과 관련된 공구, 금형, 주형 등을 설계하는 활동

③ 상업적 생산목적이 아닌 소규모의 시험공장을 설계, 건설 및 가동하는 활동

④ 새롭거나 개선된 재료, 장치, 제품, 공정, 시스템 및 용역 등에 대하여 최종적으로 선정된 안을 설계, 제작 및 시험하는 활동

⑤ 새롭거나 개선된 재료, 장치, 제품, 공정, 시스템, 용역 등에 대한 여러 가지 대체안을 제안, 설계, 평가 및 최종 선택하는 활동

해설 새롭거나 개선된 재료, 장치, 제품, 공정, 시스템, 용역 등에 대한 여러 가지 대체안을 제안, 설계, 평가 및 최종 선택하는 활동은 연구단계에 속하는 활동이다.

정답 ⑤

더 알아보기

이 외에도 연구활동에 속하는 것은 다음과 같다.

① 새로운 지식을 얻고자 하는 활동

② 연구결과 또는 기타지식을 탐색, 평가, 최종선택 및 응용하는 활동

③ 재료, 장치, 제품, 시스템, 용역 등에 대한 여러 가지 대체안을 탐색하는 활동

개발단계에서의 자산인식요건에 대한 서술이다. 옳지 않은 것은?

① 무형자산을 완성해 그것을 사용하거나 판매하려는 기업의 의도가 있다.

② 무형자산이 어떻게 미래 경제적 효익을 창출할 것인가를 보여줄 수 있다.

③ 상업적 생산이 1년 이내에 이루어질 것이 거의 확실하다.

④ 개발단계에서 발생한 무형자산 관련 지출을 신뢰성 있게 구분하여 측정할 수 있다.

⑤ 무형자산의 개발을 완료하고 그것을 판매 또는 사용하는 데 필요한 기술적, 금전적 자원을 충분히 확보하고 있다는 사실을 제시할 수 있다.

해설 상업적 생산 시기는 개발단계의 자산인식요건에 해당하지 않는다.

정답 ③

더 알아보기

개발단계에서 발생한 지출은 다음의 조건을 모두 충족하는 경우에만 무형자산으로 인식하고, 그 외의 경우에는 발생한 기간의 비용으로 인식한다.
(1) 무형자산을 사용 또는 판매하기 위해 그 자산을 완성시킬 수 있는 기술적 실현가능성을 제시할 수 있다.
(2) 무형자산을 완성해 그것을 사용하거나 판매하려는 기업의 의도가 있다.
(3) 완성된 무형자산을 사용하거나 판매할 수 있는 기업의 능력을 제시할 수 있다.
(4) 무형자산이 어떻게 미래 경제적 효익을 창출할 것인가를 보여줄 수 있다. 예를 들면, 무형자산의 산출물, 그 무형자산에 대한 시장의 존재 또는 무형자산이 내부적으로 사용될 것이라면 그 유용성을 제시하여야 한다.
(5) 무형자산의 개발을 완료하고 그것을 판매 또는 사용하는 데 필요한 기술적, 금전적 자원을 충분히 확보하고 있다는 사실을 제시할 수 있다.
(6) 개발단계에서 발생한 무형자산 관련 지출을 신뢰성 있게 구분하여 측정할 수 있다.

(주)삼청의 순자산가액(공정가치)은 10,000,000원인데 동일 업종의 연 정상이익률은 10%이다. 회사의 과거 5년간 당기순이익의 합계액은 6,000,000원이며 법인세율은 30%이다. 회사의 초과이익이 영구히 지속될 경우 초과이익할인법에 의한 영업권은 얼마인가? (단, 할인율은 연 10%이다)

① 666,667원　　　　　　　　　　　　　② 888,889원

③ 1,100,000원　　　　　　　　　　　　④ 1,300,000원

⑤ 2,000,000원

해설　(1) 예상이익 = 6,000,000/5 = 1,200,000
　　　(2) 정상이익 = 10,000,000 × 10% = 1,000,000
　　　(3) 초과이익 = 1,200,000 − 1,000,000 = 200,000
　　　(4) 영업권 = 200,000/10% = 2,000,000

정답 ⑤

더 알아보기

영업권의 상각과 관련하여 3가지 방법이 있다.
(1) 상각하지 않는 방법 : 한국채택국제회계기준에서는 매년 손상검사를 하고 손상되었으면 손상차손을 인식하지만 상각하지는 않는다.
(2) 즉시상각법 : 영업권은 효익이 발생하는 미래기간을 결정하기 어려우므로 자산으로 보아서는 안 된다는 견해이다.
(3) 내용연수상각법 : 일반기업회계기준에서 채택하고 있는 방법으로 다음과 같이 규정하고 있다.

> 영업권은 그 내용연수에 걸쳐 정액법으로 상각하고, 내용연수는 미래에 경제적 효익이 유입될 것으로 기대되는 기간으로 하며, 20년을 초과하지 못한다. 또한 매수일에 자산으로 인식된 영업권에 대하여 매결산기에 회수가능액으로 평가하는데, 영업권의 회수가능액이 장부금액에 미달하고 그 미달액이 중요한 경우에는 이를 영업권손상차손으로 하여 당기비용으로 처리한다. 손상된 영업권은 추후 회복할 수 없다.

제**09**장 금융부채

학습전략

상대적으로 분량이 적은 편인데 유동성분류는 제3장에서, 외화환산은 특수회계편에서 다루어 더 분량이 적어졌다. 부채의 분류를 중심으로 학습한다.

---

01 **유동부채**
핵심개념문제

유동부채에 속하지 않는 계정항목은?

① 매입채무

② 선수금

③ 퇴직급여충당부채

④ 유동성장기부채

⑤ 선수수익

해설 퇴직급여충당부채는 비유동부채에 속한다.

정답 ③

더 알아보기

부채는 여러 기준에 의해 구분된다.
(1) 유동부채와 비유동부채
유동부채로 분류될 수 있는 계정은 단기차입금, 매입채무, 미지급비용, 유동성장기부채, 선수금, 선수수익 등이 있고 비유동부채로 분류될 수 있는 계정은 사채, 전환사채, 신주인수권부사채, 장기차입금, 퇴직급여충당부채, 복구충당부채 등이 있다.
(2) 확정부채와 충당부채 → 제12장 참조
(3) 화폐성부채와 비화폐성부채 → 특수회계편 제2장 외화환산 참조

(주)삼청의 20x5년 12월 31일의 예금 및 차입금에 대한 잔액이다. 재무상태표상 단기차입금으로 계상될 금액은?

> A은행 : 당좌예금 20,000원, 차입금 10,000원(차입기간 : 20x4년 11월 1일 ~ 20x5년 1월 31일)
> B은행 : 당좌예금 −30,000원
> C은행 : 보통예금 40,000원, 상업어음 할인잔액(매출채권의 매각거래에 해당함) 20,000원
> D은행 : 보통예금(별도의 승인 없이 자동으로 대출되는 통장에 해당함) −10,000원

① 10,000원   ② 20,000원

③ 30,000원   ④ 40,000원

⑤ 50,000원

해설   A은행 10,000 + B은행 30,000(당좌차월로 타행예금과 상계하지 않음) + D은행 마이너스통장 10,000 = 50,000
상업어음의 할인은 매출채권의 매각거래에 해당하는 경우 차입금으로 계상하지 아니한다.

정답 ⑤

더 알아보기

상업어음의 할인은 매출채권의 매각거래에 해당하는 경우 차입금으로 계상하지 아니한다. 차입거래에 해당한다면 차입금으로 계상한다.
다음 요건을 모두 충족하는 경우에는 양도자가 금융자산에 대한 통제권을 이전한 것으로 보아 매각거래로, 이외의 경우에는 금융자산을 담보로 한 차입거래로 본다.
(1) 양도인은 금융자산 양도 후 당해 양도자산에 대한 권리를 행사할 수 없어야 한다. 즉, 양도인이 파산 또는 법정관리 등에 들어갈지라도 양도인 및 양도인의 채권자는 양도한 금융자산에 대한 권리를 행사할 수 없어야 한다.
(2) 양수인은 양수한 금융자산을 처분(양도 및 담보제공 등)할 자유로운 권리를 갖고 있어야 한다.
(3) 양도인은 금융자산 양도 후에 효율적인 통제권을 행사할 수 없어야 한다.

매각거래와 관련하여 취득하거나 부담하는 자산 및 부채의 예로는 금융자산 양도 후 사후관리 업무를 양도인이 계속하여 보유하면서 이에 따른 위탁수수료를 받는 경우, 자산양도 후 양도자산에 대해 부실이 발생하면 이를 환매하기로 약정한 경우의 환매채무 등을 들 수 있다.

(주)삼청의 결산일 현재 부채가 다음과 같이 구성되었다면 유동부채로 분류될 금액은 얼마인가?

> (a) 정상적인 영업주기 내에 소멸할 것으로 예상되는 매입채무로서 보고기간종료일로부터 13개월 후 결제될 금액 : 50,000원
>
> (b) 당좌예금 : A은행 10,000원, B은행 -20,000원(당좌차월)
>
> (c) 장기차입약정을 위반하여 채권자가 즉시 상환을 요구할 수 있는 채무로, 보고기간종료일과 재무제표가 사실상 확정된 날 사이에 상환을 요구하지 않기로 합의한 금액 : 30,000원
>
> (d) 보고기간종료일로부터 1년 이내에 상환기일이 도래하지만 기존의 차입약정에 따라 보고기간종료일로부터 1년을 초과하여 상환할 수 있고 기업이 그러한 의도가 있는 금액 : 40,000원

① 40,000원   ② 50,000원

③ 100,000원   ④ 130,000원

⑤ 140,000원

해설 50,000(매입채무) + 20,000(당좌차월) + 30,000 = 100,000

정답 ③

제10장 사채와 복합금융상품

기업회계기준
50%

학습전략

회계학을 배울 때 꼭 넘어야 하는 벽이 현재가치와 현재가치평가의 회계처리이다. 제10장에서는 해당 내용을 다룬다. 재무회계 전체의 기본이 되는 내용이므로 개념위주의 정리를 요하는 파트이다. 재무관리를 별도로 학습하지 않더라도 필자가 언급한 내용만 익히면 충분할 것이다. 전환사채와 신주인수권부사채의 내용은 사채를 충분히 이해한 후에 학습하는 것이 좋다.

사전 학습

〈단순기능 계산기를 이용한 현재가치 계산〉

1. 미래가치 계산

10,000을 2년간 10%로 투자하면

10,000 + 10,000 × 10% × 2년 = 12,000이 되는 것(단리(單利))이 아니라

$10,000 \times (1 + 10\%)^2 = 12,100$이 되어야 하는 것이다(복리(複利)).

회계학에서는 항상 복리만 생각하면 된다.

2. 현재가치 계산

현재시점에서 A를 투자하면 1년 후에는 A × 1.1 이 되므로, A × 1.1 = 1 을 만족시키는 A를 구하면 된다. 따라서 A = 1/1.1 = 0.9091원이 된다. 즉 0.9091을 1년간 10%로 투자하면 1년 후에 1원이 되는 것이다. 다시 말해서 9,091을 1년간 10%로 투자하면 1년 후에 10,000이 된다.

이제 2년 후에 1원이 되려면 지금 얼마를 투자해야 할까?

$A \times 1.1^2 = 1$

$A = 1/1.1^2 = 0.82645$

따라서, 2년 후 10,000의 현재가치는 8,264가 되는 것이다.

$A \times 1.1^3 = 1$

$A = 1/1.1^3 = 0.75131$

요약하면 '1년 후 1원'의 현재가치는 $1/1.1 = 0.90909$
'2년 후 1원'의 현재가치는 $1/1.1^2 = 0.82645$
'3년 후 1원'의 현재가치는 $1/1.1^3 = 0.75131$이 된다.

계산기 조작
$1/1.1^2 =$ 1.1 ÷ ÷ 1 = =
$1/1.1^3 =$ 1.1 ÷ ÷ 1 = = =

연습 문제

1. 5년 후에 1,000,000원을 회수할 수 있는 투자안이 있다. 현재의 시장이자율이 6%인 경우 지금 얼마를 투자해야 하는가?

(풀이)
계산기 조작 $1,000,000/1.06^5 =$ 1.06 ÷ ÷ 1 = = = = = × 1,000,000 = 747,258

2. 3년 후에 4,000,000원을 회수할 수 있는 투자안과 6년 후에 5,000,000원을 회수할 수 있는 투자안 중 어떤 투자안을 선택하는 것이 유리한지 계산하라. (단, 현재 시장이자율은 8%이다)

(풀이)
계산기 조작 $4,000,000/1.08^3 =$ 1.08 ÷ ÷ 1 = = = × 4,000,000 = 3,175,329
계산기 조작 $5,000,000/1.08^6 =$ 1.08 ÷ ÷ 1 = = = = = = × 5,000,000 = 3,150,848
결론적으로 3년 후 4백만원이 6년 후 5백만원보다 현재가치가 더 크다.

3. 연금의 현재가치 계산

1년 후, 2년 후, 3년 후 각각 100,000을 받는 경우의 현재가치를 구해보기로 하자(이자율은 10%로 가정한다).

(풀이)

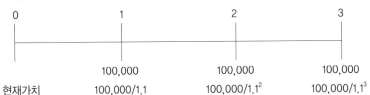

따라서 $100,000/1.1 + 100,000/1.1^2 + 100,000/1.1^3$
$= 100,000 \times (1/1.1 + 1/1.1^2 + 1/1.1^3)$
$= 100,000 \times 2.48685$
$= 248,685$ [계산기 조작] 1.1 [÷] [÷] 1 [=] [=] [=] [GT] [×] 100,000

01 ~ 06

(주)삼청은 20x1년 1월 1일 다음과 같은 조건으로 사채를 발행하였다. 사채의 조건은 다음과 같다.

> 액면금액 1,000,000, 표시이자율 연 8%
> 매년 말 이자후급 만기상환일 20x3년 12월 31일(만기 3년)

단, 현재가치계수는 각자의 계산기를 이용하여 구한다.

01

유효이자율이 8%일 때 사채의 발행가액을 계산하시오.

① 950,263

② 972,768

③ 1,000,000

④ 1,028,286

⑤ 1,053,460

해설　$80,000/1.08 + 80,000/1.08^2 + 80,000/1.08^3 + 1,000,000/1.08^3$
　　　$= 80,000(1/1.08 + 1/1.08^2 + 1/1.08^3) + 1,000,000/1.08^3$
　　　$= 1,000,000$(액면발행)
　　　계산기 조작
　　　1.08 ÷ ÷ 1 = = = GT × 80,000 M+ 1.08 ÷ ÷ 1 = = = × 1,000,000 M+ MR

정답 ③

02

유효이자율이 10%일 때 사채의 발행가액을 계산하시오.

① 950,263

② 972,768

③ 1,000,000

④ 1,028,286

⑤ 1,053,460

해설　$80,000/1.1 + 80,000/1.1^2 + 80,000/1.1^3 + 1,000,000/1.1^3$
　　　$= 80,000(1/1.1 + 1/1.1^2 + 1/1.1^3) + 1,000,000/1.1^3$
　　　$= 950,263$(할인발행)

정답 ①

03

유효이자율이 6%일 때 사채의 발행가액을 계산하시오.

① 950,263

② 972,768

③ 1,000,000

④ 1,028,286

⑤ 1,053,460

> [해설] $80,000/1.06 + 80,000/1.06^2 + 80,000/1.06^3 + 1,000,000/1.06^3$
> $= 80,000(1/1.06 + 1/1.06^2 + 1/1.06^3) + 1,000,000/1.06^3$
> $= 1,053,460(할증발행)$

[정답] ⑤

04

유효이자율이 10%일 때 20x2년도에 인식할 이자비용을 계산하시오.

① 80,000

② 95,026

③ 96,529

④ 98,182

⑤ 100,000

> [해설]

구 분	유효이자 (손익계산서상 이자비용) (장부가액 × 유효이자율(10%))	액면이자 (액면가액 × 액면이자율(8%))	차 이	장부가액
20x1 1/1				950,263①
20x1 12/31	95,026(= ①950,263 × 10%)	80,000(=1,000,000 × 8%)	15,026②	965,289(③=①+②)
20x2 12/31	96,529(= ③965,289 × 10%)	80,000(=1,000,000 × 8%)	16,529④	981,818(⑤=③+④)
20x3 12/31	98,182(= ⑤981,818 × 10%)	80,000(=1,000,000 × 8%)	18,182⑥	1,000,000(⑤+⑥)

[정답] ③

05

유효이자율이 6%일 때 20x3년도에 인식할 이자비용을 계산하시오.

① 80,000

② 63,208

③ 62,200

④ 61,132

⑤ 60,000

> [해설]

구 분	유효이자 (손익계산서상 이자비용) (장부가액 × 유효이자율(6%))	액면이자 (액면가액 × 액면이자율(8%))	차 이	장부가액
20x1 1/1				1,053,460①
20x1 12/31	63,208(= ①1,053,460 × 6%)	80,000(= 1,000,000 × 8%)	−16,792②	1,036,668(③=①+②)
20x2 12/31	62,200(= ③1,036,668 × 6%)	80,000(= 1,000,000 × 8%)	−17,800④	1,018,868(⑤=③+④)
20x3 12/31	61,132(= ⑤1,018,868 × 6%)	80,000(= 1,000,000 × 8%)	−18,868⑥	1,000,000(⑤+⑥)

[정답] ④

06

유효이자율이 10%일 때 20x1년 말 사채의 장부가액을 계산하시오.

① 950,263
② 965,289
③ 972,768
④ 981,818
⑤ 1,000,000

해설 (4)번 풀이 참조

정답 ②

더 알아보기

상기 문제와 같은 조건의 사채(社債, 회사가 발행한 채권)의 현금흐름을 나타내면 다음과 같다.

```
   0           1           2           3
   ├───────────┼───────────┼───────────┤
이자       80,000      80,000      80,000
원금                               1,000,000
```

즉, <u>회사에 유입되는 현금이 얼마인지에 관계없이</u> 1, 2, 3년 말 상기의 현금만큼을 지급하겠다는 것을 약속한 증서가 사채이다. 액면이자율은 이러한 채권의 약정 현금흐름과 관계된 것이고, 유효이자율이 발행자의 실질지급 이자율이 되는 것이다.

이자율에 따라 발행회사에 유입될 금액(= 즉 투자회사에서 유출될 투자금액)이 달라지는데,

(1) 시장이자율(= 유효이자율, 사채발행비가 없는 경우를 가정)이 8%이면

$80,000/1.08 + 80,000/1.08^2 + 80,000/1.08^3 + 1,000,000/1.08^3$

$= 80,000(1/1.08 + 1/1.08^2 + 1/1.08^3) + 1,000,000/1.08^3$

$= 1,000,000$ (액면발행)

계산기 조작 1.08 ÷ ÷ 1 = = = GT × 80,000 M+ 1.08 ÷ ÷ 1 = = = × 1,000,000 M+ MR

문제풀이 시 문제에서 주어진 현재가치계수표를 사용하는 것이 원칙이지만 단순기능계산기를 이용해서 구할 수 있다.

가령 기간 3년, 할인율 10%인 경우
1의 현재가치계수는 $1/(1+10\%)^3$이고
연금 현재가치계수는 $[1/(1+10\%) + 1/(1+10\%)^2 + 1/(1+10\%)^3]$이다.

1의 현재가치계수는 계산기를 다음과 같이 조작한다.
계산기 조작 1.1 ÷ ÷ 1 = = =
연금 현재가치계수는 계산기를 다음과 같이 조작한다.
계산기 조작 1.1 ÷ ÷ 1 = = = GT (GT는 Grand Total의 약자로, 등호를 눌러 산출한 값 전체를 합산하는 기능이다)

(2) 시장이자율(= 유효이자율)이 10%이면

$80,000/1.1 + 80,000/1.1^2 + 80,000/1.1^3 + 1,000,000/1.1^3$

$= 80,000(1/1.1 + 1/1.1^2 + 1/1.1^3) + 1,000,000/1.1^3$

= 950,263 (할인발행)

계산기 조작 1.1 ÷ ÷ 1 = = = GT × 80,000 M+ 1.1 ÷ ÷ 1 = = = ×
1,000,000 M+ MR

(3) 시장이자율(= 유효이자율)이 6%이면

$80,000/1.06 + 80,000/1.06^2 + 80,000/1.06^3 + 1,000,000/1.06^3$

$= 80,000(1/1.06 + 1/1.06^2 + 1/1.06^3) + 1,000,000/1.06^3$

= 1,053,460 (할증발행)

계산기 조작 1.06 ÷ ÷ 1 = = = GT × 80,000 M+ 1.06 ÷ ÷ 1 = = = ×
1,000,000 M+ MR

결국 유효이자율이 액면이자율과 같으면 액면발행,
유효이자율이 액면이자율보다 높으면 할인발행,
유효이자율이 액면이자율보다 낮으면 할증발행된다.

시장이자율이 액면이자율보다 높다면 액면가액으로는 아무도 해당 채권을 매입하지 않으려고 할 것이다. 그래서
액면가에 미달하는 가액으로 발행이 되어야 하며 발행 회사는 약정한 이자를 매년 8만원 지급하는 것 외에도
실제 유입된 원금은 950,263인데도 불구하고 만기에 1,000,000을 상환해야 하는 것이다.
반대로 시장이자율이 액면이자율보다 낮으면 액면가액으로 매입하면 투자자가 이득을 보게 되므로(시장이자율
보다 더 높은 수익을 올릴 수 있으니까) 서로 투자자들이 다투어 매입하려 할 것이고 결국 액면가액보다 비싼
가격이 형성된다.

발행회사 입장에서는 매년 지급하는 8만원의 현금이자 지급액뿐만 아니라, 실제 유입된 금액보다 더 갚아야 하는
원금과의 차이(49,737 = 1,000,000 − 950,263)도 이자비용이 된다.
반대로 투자자 입장에서는 매년 수령하는 8만원과 실제 투자한 금액 950,263과 1,000,000의 차이(49,737 =
1,000,000 − 950,263)만큼이 모두 이자수익이 되는 것이다.

그런데 해당 투자회사의 이자수익(또는 발행회사의 이자비용)을 어떻게 인식하는지가 문제이다.
얼핏 생각하면 그냥 만기에 이자비용 49,737을 인식해도 될 것 같다. 하지만 틀린 생각이다.
왜냐하면 이자비용은 3년에 걸쳐 발생했으므로 만기에 일시 반영하면 안 된다.

그렇다면 3년간 나누어 인식하는 것이니까 16,579(= 49,737/3)씩 인식하면 어떨까?
이렇게 인식하는 방법을 정액법이라고 한다.
하지만 이자비용을 정액법으로 인식하면 매년 이자율이 달라지는 문제가 발생한다.
다시 말해서 이자비용으로 인식한 16,579는 현금으로 받은 것이 아니므로, 사채원금을 늘리게 되는데
원금이 늘어나도 이자비용이 동일하니 처음에는 이자율이 높고, 나중에는 이자율이 낮아지게 된다.
1년차 이자비용 (80,000 + 16,579)/950,263 = 10.1%
2년차 이자비용 (80,000 + 16,579)/(950,263 + 16,579) = 9.98%
3년차 이자비용 (80,000 + 16,579)/(950,263 + 16,579 + 16,579) = 9.82%

그래서 매년 이자율을 동일하게 인식해야 하는데 그러한 방법이 바로 '유효이자율'법이다.

기업회계기준

〈상각표〉
할인발행 시

구 분	장부가액 × 유효이자율(10%)	액면가액 × 액면이자율(8%)	차 이	장부가액
20x1 1/1				950,263①
20x1 12/31	95,026(= ①950,263×10%)	80,000(= 1,000,000×8%)	15,026②	965,289(③=①+②)
20x2 12/31	96,529(= ③965,289×10%)	80,000(= 1,000,000×8%)	16,529④	981,818(⑤=③+④)
20x3 12/31	98,182(= ⑤981,818×10%)	80,000(= 1,000,000×8%)	18,182⑥	1,000,000(⑤+⑥)

유효이자율법을 적용하면 이자비용이 매년 일정하게 나타난다.
1년차 95,026/950,263   = 10%
2년차 96,529/(950,263 + 15,026)   = 10%
3년차 98,182/(950,263 + 15,026 + 18,182)   = 10%

할증발행 시

구 분	장부가액 × 유효이자율(6%)	액면가액 × 액면이자율(8%)	차 이	장부가액
20x1 1/1				1,053,460①
20x1 12/31	63,208(= ①1,053,460×6%)	80,000(= 1,000,000×8%)	−16,792②	1,036,668(③=①+②)
20x2 2/31	62,200(= ③1,036,668×6%)	80,000(= 1,000,000×8%)	−17,800④	1,018,868(⑤=③+④)
20x3 12/31	61,132(= ⑤1,018,868×6%)	80,000(= 1,000,000×8%)	−18,868⑥	1,000,000(⑤+⑥)

마찬가지로 이자비용이 일정하게 나타나는 것을 확인할 수 있다.
1년차 63,208/1,053,460   = 6%
2년차 62,200/(1,053,460 − 16,792)   = 6%
3년차 61,132/(1,053,460 − 16,792 − 17,800)   = 6%

(주)삼청은 20x1년 1월 1일 증권회사를 통하여 사채를 950,000원(액면 1,000,000원, 매년 말 액면이자 지급, 만기 3년)에 발행하였다. 발행 당시 사채발행비 10,000원이 발생하여 발행비 10,000원을 차감한 940,000원을 수령하였다. 다음 중 회사가 발행한 사채의 유효이자율, 액면이자율 및 시장이자율의 관계가 적절하게 표시된 것은?

① 시상이자율 > 유효이자율 > 액면이자율
② 유효이자율 > 시장이자율 > 액면이자율
③ 유효이자율 = 시장이자율 > 액면이자율
④ 유효이자율 = 시장이자율 = 액면이사율
⑤ 유효이자율 > 시장이자율 = 액면이자율

`해설` 사채발행비가 없는 상황에서도 할인발행에 해당하므로 시장이자율은 액면이자율보다 크다.

`정답` ②

> **더 알아보기**
>
> 사채발행비가 존재하지 않았다면 유효이자율은 다음과 같이 계산된다.
> $950,000 = 액면이자/(1 + r) + 액면이자/(1 + r)^2 + 액면이자/(1 + r)^3 + 1,000,000/(1 + r)^3$
>
> 사채발행비가 10,000원이 있었으므로 유효이자율은 다음과 같이 계산된다.
> $940,000 = 액면이자/(1 + r) + 액면이자/(1 + r)^2 + 액면이자/(1 + r)^3 + 1,000,000/(1 + r)^3$
>
> 상기 두 수식을 비교하면 아래쪽의 이자율이 더 커져야 함을 알 수 있다.

(주)남강은 20x2년 초 사채를 발행하였다. 발행일의 분개로 맞는 것은?

> 액면금액 : 1,000,000원
> 이자지급일 : 매년 말일
> 발행가액 : 970,000원
> 액면이자율 : 8%
> 20x4년 12월 31일 일시상환

① (차) 현 금　　　　　　　　970,000　(대) 사 채　　　　　　　1,000,000
　　　사채할인발행차금　　　30,000
② (차) 현 금　　　　　　　1,000,000　(대) 사 채　　　　　　　　970,000
　　　　　　　　　　　　　　　　　　　　사채할인발행차금　　　30,000
③ (차) 사 채　　　　　　　　970,000　(대) 현 금　　　　　　　1,000,000
　　　사채할인발행차금　　　30,000
④ (차) 현 금　　　　　　　1,000,000　(대) 사 채　　　　　　　1,000,000
⑤ (차) 현 금　　　　　　　　970,000　(대) 사 채　　　　　　　1,000,000
　　　사채발행미달금　　　　30,000

해설 순액으로 회계처리하면 다음과 같다.
　　(차) 현 금　　　　　　　　　　970,000　(대) 사 채　　　　　　　　970,000
　　사채의 액면가액을 나타내면
　　(차) 현 금　　　　　　　　　　970,000　(대) **사 채**　　　　　　　1,000,000
　　　사채할인발행차금　　　　　30,000

정답 ①

더 알아보기

회계처리에 대해 알아보기로 한다. 먼저 가장 쉬운 액면발행의 경우를 보자.
• 발행 시
　20x1 1/1　　(차) 현 금　　　　　　1,000,000　(대) 사 채　　　　　1,000,000
• 이자 지급 시
　20x1 12/31　(차) 이자비용　　　　　80,000　(대) 현 금　　　　　　80,000
　20x2 12/31　(차) 이자비용　　　　　80,000　(대) 현 금　　　　　　80,000
　20x3 12/31　(차) 이자비용　　　　　80,000　(대) 현 금　　　　　　80,000
• 원금 상환 시
　20x3 12/31　(차) 사 채　　　　　　1,000,000　(대) 현 금　　　　　1,000,000

할인발행 시의 회계처리부터 살펴보면

• 발행 시

20x1 1/1	(차) 현 금	950,263	(대) 사 채	950,263

이자지급 시의 회계처리는 다음과 같다. 이자비용은 상각표에서 가져온 것이고 현금지급액과의 차이는 사채의 장부가액 증가로 처리한다.

20x1 12/31	(차) 이자비용	95,026	(대) 현 금	80,000
			사 채	15,026
20x2 12/31	(차) 이자비용	96,529	(대) 현 금	80,000
			사 채	16,529
20x3 12/31	(차) 이자비용	98,182	(대) 현 금	80,000
			사 채	18,182

• 원금 상환 시

20x3 12/31	(차) 사 채	1,000,000	(대) 현 금	1,000,000

그런데 상기와 같이 회계처리하면 사채의 액면가액을 정보이용자가 알 수 없다. 따라서 사채를 액면가액으로 표시하는 다음과 같은 방식의 회계처리를 실무상 더 많이 이용하고 있다. '사채할인발행차금'은 부채의 차감계정이다. 따라서 발행 시의 회계처리는 다음과 같다.

20x1 1/1	(차) 현 금	950,263	(대) 사 채	1,000,000
	사채할인발행차금	49,737		

이자지급 시의 회계처리는 다음과 같다. 이제는 사채를 액면가액으로 처리했으니 현금지급액과 이자비용의 차이가 사채의 증가가 아닌 사채할인발행차금의 감소로 회계처리하게 된다.

20x1 12/31	(차) 이자비용	95,026	(대) 현 금	80,000
			사채 사채할인발행차금	15,026
20x2 12/31	(차) 이자비용	96,529	(대) 현 금	80,000
			사채 사채할인발행차금	16,529
20x3 12/31	(차) 이자비용	98,182	(대) 현 금	80,000
			사채 사채할인발행차금	18,182

원금 상환 시의 회계처리는 차이가 없다.

20x3 12/31	(차) 사 채	1,000,000	(대) 현 금	1,000,000

이제 할증발행의 경우를 살펴보자

20x1 1/1	(차) 현 금	1,053,460	(대) 사 채	1,053,460

이자지급 시의 회계처리는 다음과 같다. 이자비용은 상각표에서 가져온 것이고 현금지급액과의 차이는 사채의 장부가액 감소로 처리한다.

20x1 12/31	(차) 이자비용	63,208	(대) 현 금	80,000
	사 채	16,792		
20x2 12/31	(차) 이자비용	62,200	(대) 현 금	80,000
	사 채	17,800		
20x3 12/31	(차) 이자비용	61,132	(대) 현 금	80,000
	사 채	18,868		

• 원금 상환 시

20x3 12/31　(차) 사 채　　　　　　　1,000,000　　(대) 현 금　　　　　　　1,000,000

그런데 역시 마찬가지로 이러한 방식의 회계처리는 사채의 액면가액이 표시되지 않는 문제점이 있으므로 사채의 액면가액이 구분되는 다음과 같은 방식의 회계처리를 주로 이용하고 있다. 사채할증발행차금은 부채의 가산계정이다.

20x1 1/1　(차) 현 금　　　　　　　1,053,460　　(대) 사 채　　　　　　　1,000,000
　　　　　　　　　　　　　　　　　　　　　　　　　　사채할증발행차금　　　53,460

이자지급 시의 회계처리는 다음과 같다. 사채가 이미 액면가액으로 기록되어 있으므로 사채의 감소가 아닌 사채할증발행차금의 감소로 회계처리한다.

20x1 12/31　(차) 이자비용　　　　　　63,208　　(대) 현 금　　　　　　　80,000
　　　　　　　　사채 사채할증발행차금　16,792

20x2 12/31　(차) 이자비용　　　　　　62,200　　(대) 현 금　　　　　　　80,000
　　　　　　　　사채 사채할증발행차금　17,800

20x3 12/31　(차) 이자비용　　　　　　61,132　　(대) 현 금　　　　　　　80,000
　　　　　　　　사채 사채할증발행차금　18,868

원금 상환 시의 회계처리는 동일하다.

20x3 12/31　(차) 사 채　　　　　　　1,000,000　　(대) 현 금　　　　　　　1,000,000

사채의 조기상환에 따라 '사채상환손실'이 발생하였다면 사채의 발행 시 유효이자율과 상환 시의 시장이자율의 관계에 해당하는 것을 고르시오.

① 사채발행 시의 유효이자율이 사채상환 시의 시장이자율보다 크다.

② 사채발행 시의 유효이자율이 사채상환 시의 시장이자율보다 작다.

③ 사채발행 시의 유효이자율과 사채상환 시의 시장이자율이 같다.

④ 사채발행 시의 유효이자율과 사채상환 시의 시장이자율의 상관관계가 없다.

⑤ 정답 없음

해설   이자율과 채권의 가격은 반비례 관계이므로 ①이 맞는 지문이다.

정답 ①

더 알아보기

사채발행 시의 유효이자율보다 사채상환 시 이자율이 하락하였다면 사채의 가격이 상승하여 장부가액보다 더 높은 가액을 주고 상환해야 한다. 따라서 사채상환손실이 발생한다.
반대로 사채발행 시의 유효이자율보다 사채상환 시 이자율이 상승하였다면 사채의 가격이 하락하여 장부가액보다 더 낮은 가액을 주고 상환할 수 있게 된다. 따라서 사채상환이익이 발생한다.
단순하게 생각하면 최초 발행 시의 이자율보다 이자율이 상승하였다면 차입자 입장에서는 금리가 낮을 때 자금을 확보한 결과이므로 잘 되었다고 느끼게 되므로 이익인 것이고, 반대로 이자율이 사채발행 후에 하락하였다면 금리가 높을 때 자금을 확보한 결과이므로 잘못된 결과라고 후회할 것이므로 손해가 되는 것이다.

일시상환사채의 경우 사채발행차금을 유효이자율법을 적용하여 상각 또는 환입할 때 사채발행차금상각액이 할인발행 또는 할증발행 시 각각 매년 어떻게 달라지는가?

	할인발행	할증발행
①	감 소	감 소
②	감 소	증 가
③	증 가	증 가
④	증 가	감 소
⑤	변동없음	변동없음

해설 매우 주의해야 하는 사항이다.

할인발행 시의 상각액과 할증발행 시의 환입액은 기간경과에 따라 모두 증가한다. 할증발행 시에 상각표의 수치를 보면 분명히 감소하고 있지만(−16,792에서 −17,800으로 또는 −18,868로), 사채할인발행 시의 상각액이나 할증발행 시의 환입액은 절대값의 개념이므로 양자 모두 기간 경과에 따라 증가하게 된다.

정답 ③

(주)한국은 액면가액 1,000,000원(표시이자율 연 5%, 이자지급일 매년 말, 만기 3년)인 사채를 20x5년 1월 1일에 발행하였다. 발행 당시 유효이자율은 연 4%였으며, 20x5년 12월 31일 연 5%, 20x6년 연 6%로 변동하였다. 회사는 20x6년 12월 31일 동 사채를 액면가액에 상환하였다. 이 회사에 대한 다음 서술 중 옳지 않은 것은? (현가계수는 주어진 자료를 사용하고 계산금액은 소수점 첫째 자리에서 반올림할 것)

할인율	단일금액(기말 지급)			정상연금		
기간	4%	5%	6%	4%	5%	6%
1	0.96154	0.95238	0.94340	0.96154	0.95238	0.94340
2	0.92456	0.90703	0.89000	1.88610	1.85941	1.83340
3	0.88900	0.86384	0.83962	2.77510	2.72325	2.67302

① 20x5년 1월 1일 사채발행가액은 1,027,755원이다.

② 20x6년 12월 31일 사채이자는 38,686원이다.

③ 20x5년 12월 31일 사채의 시장가치는 액면가액과 같다.

④ 20x6년 12월 31일 사채상환이익은 9,620원이다.

⑤ 20x5년 말과 20x6년 말 유효이자율이 달라지더라도 발행자가 부담할 이자율은 동일하다.

해설   발행가액 50,000/1.04 + 50,000/1.04^2 + 50,000/1.04^3 + 1,000,000/1.04^3
       = 50,000 × 2.77510 + 1,000,000 × 0.88900 = 1,027,755

구 분	장부가액 × 유효이자율(4%)	액면가액 × 액면이자율(5%)	차 이	장부가액
20x5 1/1				1,027,755
20x5 12/31	41,110(= 1,027,755 × 4%)	50,000(= 1,000,000 × 5%)	−8,890	1,018,865
20x6 12/31	40,755(= 1,018,865 × 4%)	50,000(= 1,000,000 × 5%)	−9,245	1,009,620

③ 20x5년 12월 31일 현재 시장이자율이 액면이자율과 동일하므로 사채의 시장가치는 액면가액과 같다.

④ 장부가액 1,009,620원을 액면가액 1,000,000원에 상환하므로 사채상환이익이 발생한다.

                                                              정답 ②

01 ~ 06

(주)삼청은 20x1년 1월 1일 다음과 같은 조건으로 전환사채를 발행하였다. 사채발행 시 일반사채의 이자율은 10%이다. 전환사채의 발행조건은 다음과 같다. (단, 현재가치계수는 각자의 계산기를 이용하여 구한다)

> 액면금액 ₩1,000,000
> 표시이자율 연 8%
> 매년 말 이자후급 만기상환일 20x3년 12월 31일(만기 3년)
> 전환사채의 액면가액 ₩40,000당 액면 ₩5,000의 보통주 1주가 전환될 수 있으며 전환청구는 발행일로부터 1년 경과한 후 가능

01

동 전환사채에 별도의 보장수익률이 없었으며, 전환사채를 액면발행했다면 20x1년 1월 1일 회사가 인식해야 할 전환권대가는 얼마인가?

① ₩25,018

② ₩49,737

③ ₩74,755

④ ₩39,737

⑤ ₩57,799

해설　전환사채의 일반사채로서의 가치는 ₩950,263이다. 그런데 해당 전환사채는 액면가액으로 발행되었으므로 액면가액(₩1,000,000)과 일반사채로서의 가치(₩950,263)의 차이가 전환권대가가 된다.

정답 ②

> **더 알아보기**
>
> 비파생금융상품(전환사채 등)의 발행자는 금융상품의 조건을 평가하여 당해 금융상품이 자본요소와 부채요소를 모두 가지고 있는지를 결정하여야 하며 각 요소별로 금융부채, 금융자산 또는 지분상품으로 분류하여야 한다. 즉, 발행자는 (1) 금융부채를 발생시키는 요소와 (2) 발행자의 지분상품으로 전환할 수 있는 옵션을 보유자에게 부여하는 요소를 별도로 분리하여 인식한다.
> 회계처리는 다음과 같다.
>
> | 20x1 1/1 | (차) 현 금 | 950,263 | (대) 전환사채 | 950,263 |
> |---|---|---|---|---|
> | | (차) 현 금 | 49,737 | (대) 전환권대가 | 49,737 |
>
> 전환사채를 액면가액으로 나타내면
>
> | 20x1 1/1 | (차) 현 금 | 950,263 | (대) 전환사채 | 1,000,000 |
> |---|---|---|---|---|
> | | 전환권조정 | 49,737 | | |
> | | (차) 현 금 | 49,737 | (대) 전환권대가 | 49,737 |

02

동 전환사채에 별도의 보장수익률이 없었으며, 전환사채를 액면발행했다면, 20x1년 말 회사가 인식해야 할 이자비용은 얼마인가?

① ₩80,000

② ₩95,026

③ ₩96,529

④ ₩98,182

⑤ ₩100,000

해설 950,263 × 10% = 95,026
일반사채의 이자비용을 인식한다.

정답 ②

03

20x2년 1월 1일 전체 전환사채 ₩1,000,000이 청구를 받아 전환이 이루어졌다. 전환사채의 보통주 전환 시 회사가 인식할 주식발행초과금은 얼마인가? (단, 회사는 전환권이 행사되는 시점에 전환권대가를 주식발행초과금으로 대체한다)

① ₩800,000

② ₩840,289

③ ₩849,737

④ ₩890,026

⑤ ₩910,026

해설 전환 시점에서 전환사채의 장부가액은 ₩965,289이다(20x1년 말과 20x2년 초의 장부가액은 동일하다고 가정한다). 전환사채의 액면가액 ₩40,000당 액면 ₩5,000의 보통주 1주가 전환될 수 있으므로 보통주 25주(= 1,000,000/40,000)로 전환된다.

(차) 전환사채(순액)	965,289	(대) 보통주자본금	125,000 (= 25주 × @5,000)
		주식발행초과금	840,289
(차) 전환권대가	49,737	(대) 주식발행초과금	49,737

따라서 840,289 + 49,737 = 890,026

정답 ④

더 알아보기

회계처리는 다음과 같다.

20x1 12/31 (차) 이자비용	95,026	(대) 현 금	80,000
		전환권조정	15,026

전환권조정은 사채할인발행차금으로 간주하고 회계처리하면 된다.

04

동 전환사채에 별도의 보장수익률이 없었으며, 전환사채를 ₩990,000에 할인발행했다면 20x1년 1월 1일 회사가 인식해야 할 전환권대가는 얼마인가?

① ₩25,018

② ₩49,737

③ ₩74,755

④ ₩39,737

⑤ ₩57,799

해설 일반사채로서의 가치 950,263
발행가액 990,000
차이금액이 전환권대가가 된다.

정답 ④

05

동 전환사채의 보장수익률이 9%이며 전환사채를 액면발행했다면 20x1년 1월 1일 회사가 인식해야 할 전환권대가는 얼마인가?

① ₩25,108

② ₩49,737

③ ₩74,755

④ ₩39,737

⑤ ₩57,799

해설

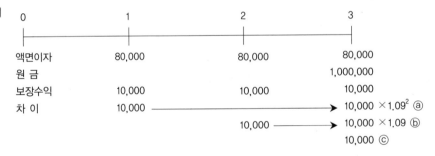

상환할증금 = ⓐ + ⓑ + ⓒ = $1,000,000 \times (9\% - 8\%) \times (1.09^2 + 1.09 + 1)$
　　　　　　 = $1,000,000 \times (9\% - 8\%) \times 3.2781 = 32,781$
상환할증금을 포함한 일반사채로서의 가치는
$80,000/1.1 + 80,000/1.1^2 + 80,000/1.1^3 + 1,032,781/1.1^3$
= $80,000(1/1.1 + 1/1.1^2 + 1/1.1^3) + 1,032,781/1.1^3$
= $974,892$

동 사채의 발행가액과 일반사채로서의 가치의 차이가 전환권대가가 된다.

정답 ①

동 전환사채의 보장수익률이 9%이며 전환사채를 액면발행했다면 20x1년 1월 1일 회사가 인식해야 할 전환 권조정 계정의 잔액은 얼마인가?

① ₩25,018

② ₩49,737

③ ₩74,755

④ ₩39,737

⑤ ₩57,889

해설	(차) 현 금	974,892	(대) 전환사채(일반사채로서의 가치)	974,892
	(차) 현 금	25,108	(대) 전환권대가	25,108

전환사채를 액면가액과 상환할증금을 구분하여 다시 나타내면

	(차) 현 금	974,892	(대) 전환사채	1,000,000
	(차) 전환권조정	57,889 plug	(대) 상환할증금	32,781

정답 ⑤

제11장 채권채무조정

학습전략

이 장은 한국채택국제회계기준에는 없는 것으로 우리나라의 특수상황(외환위기)에서 이슈화된 것들이다. 따라서 과거에 비해 중요성은 떨어졌다고 볼 수 있다. 제10장 사채에 대해서 학습이 되었다면 계산문제도 어렵지 않을 것이다.

01 정상적인 채무변제

핵심개념문제

정상적인 채무변제에 해당하는 것으로 짝지어진 것은?

(a) 변제대가가 채무장부금액보다 큰 경우
(b) 채권자가 채권의 회수로 받은 현금 등의 공정가치가 채권의 대손충당금 차감 후 장부금액 이상인 경우
(c) 현행 시장이자율로 다른 자금원으로부터의 자금조달이 가능한 채무자와의 관계를 유지할 목적으로 채권자가 전반적인 시장이자율의 하락 또는 위험의 감소를 반영하여 채권에 대한 유효이자율을 인하하는 경우
(d) 채무자가 채무의 변제로 채권자에게 이전한 현금 등의 공정가치가 채무의 장부금액 이상인 경우
(e) 유사한 위험을 가진 새로운 부채보다 낮은 이자율로 만기를 연장하는 경우

① (a), (b)
② (b), (c), (e)
③ (b), (e)
④ (a), (b), (d)
⑤ (a), (c), (d)

해설 채권자가 채권의 회수로 받은 현금 등의 공정가치가 채권의 대손충당금 차감 전 장부금액 이상인 경우는 정상적인 채무변제에 해당한다.

정답 ⑤

더 알아보기

채권채무조정이란 채무자의 현재 또는 장래의 채무변제능력이 크게 저하된 경우에 채권자와 채무자 간의 합의 또는 법원의 결정 등의 방법으로 채무자의 부담완화를 공식화하는 것을 의미한다.
채무자가 재무적 어려움을 겪고 있는 상황에서 채무의 변제나 조건변경이 발생하더라도 이 장에서 말하는 채권·채무조정에 해당하지 않는 경우가 있다. 그러한 예는 다음과 같다.
• 채무자가 채무의 변제로 채권자에게 이전한 현금, 기타의 자산 또는 지분증권 등의 공정가치가 채무의 장부금액 이상인 경우
• 현행 시장이자율로 다른 자금원으로부터의 자금조달이 가능한 채무자와의 관계를 유지할 목적으로 채권자가 전반적인 시장이자율의 하락 또는 위험의 감소를 반영하여 채권에 대한 유효이자율을 인하하는 경우

채권·채무조정에 대한 다음의 설명 중 올바른 것은?

① 조건변경으로 채무가 조정되는 경우에는 채권·채무조정에 따른 약정상 정해진 미래 현금흐름을 재조정 시점의 유효이자율로 할인하여 계산된 현재가치와 채무의 장부금액과의 차이를 채무에 대한 현재가치할 인차금과 채무조정이익으로 인식한다.

② 시장성이 없는 지분증권의 공정가치를 신뢰성 있게 측정할 수 없는 경우에는 발행되는 지분증권을 조정대 상 채무의 장부금액으로 회계처리하고 채무조정이익을 인식하지 않는다.

③ 출자전환채무는 전환으로 인하여 발행될 주식의 액면가액으로 하고 조정대상채무의 장부금액과의 차이는 채무조정이익으로 인식한다

④ 채권·채무조정으로 인하여 발행되는 전환사채에 대해 일반적인 경우와 마찬가지로 전환권을 인식하여 야 한다.

⑤ 채권·채무조정에 따른 지분증권의 발행과 관련하여 직접적으로 발생한 비용은 당기비용으로 처리한다.

해설　① 조건변경으로 채무가 조정되는 경우에는 채권·채무조정에 따른 약정상 정해진 미래 현금흐름을 채무 발생시점의 유효이자율로 할인하여 계산된 현재가치와 채무의 장부금액과의 차이를 채무에 대한 현재가치할인차금과 채무조정이 익으로 인식한다.
　　③ 출자전환채무는 전환으로 인하여 발행될 주식의 공정가치로 하고 조정대상채무의 장부금액과의 차이는 채무조정이익 으로 인식한다.
　　④ 채권·채무조정으로 인하여 발행되는 전환사채에 대해 일반기업회계기준상 제15장 '자본'의 규정에 불구하고 전환권 을 인식하지 않고 전환사채의 만기까지 발생할 미래 현금흐름을 채무 발생시점의 유효이자율로 할인하여 계산된 현재 가치와 조정대상채무의 장부금액과의 차이를 채무조정이익으로 인식한다.
　　⑤ 채권·채무조정에 따른 지분증권의 발행과 관련하여 직접적으로 발생한 비용은 지분증권의 발행금액에서 차감한다.

정답 ②

종로은행은 20x1년 초 (주)부실에게 1,000,000(만기 3년, 연 이자율 10%, 매년 말 이자지급)을 대출하였다. 20x2년 초 (주)부실의 재무상태가 악화되어 채무이행능력을 평가할 때 전액 회수가 어려울 것으로 판단되어 다음과 같은 채권채무조정에 합의하였다. 종로은행은 동 채권에 대해 100,000의 대손충당금을 설정하고 있다.

(1) 20x2년 초 공정가치 300,000(장부금액 200,000)인 토지의 이전
(2) 20x2년 초 공정가치 250,000(장부금액 100,000)인 매도가능증권의 이전

상기의 채권채무조정에 따른 종로은행의 대손상각비와 (주)부실의 채무조정이익은 각각 얼마인가?

최신출제유형

	종로은행	(주)부실
①	450,000	450,000
②	350,000	450,000
③	450,000	700,000
④	350,000	700,000
⑤	450,000	0

해설 〈종로은행의 회계처리〉

(차) 토 지	300,000	(대) 대출채권	1,000,000
매도가능증권	250,000		
대손충당금	100,000		
대손상각비	350,000 plug		

〈(주)부실의 회계처리〉

(차) 차입금	1,000,000	(대) 토 지	200,000
		유형자산처분이익	100,000
		매도가능증권	100,000
		매도가능증권처분이익	150,000
		채무조정이익	450,000 plug

정답 ②

❶ ~ ❷

채권자인 삼청은행은 채무자인 (주)허접에 대해서 다음과 같은 부실채권을 보유하고 있다. 양 회사의 결산기는 12월 말이다.

> 대출일자 : 20x1년 1월 1일　　　　　　대출금액 : ₩1,000,000
> 만기 : 20x3년 12월 31일　　　　　　　이자율 : 8%

(주)허접은 재정난으로 인해 20x2년 7월 1일에 부도처리되었고 20x2년 12월 31일 법원은 다음과 같이 채권채무조정을 결정하였다.

> 조정기준일은 20x2년 12월 31일 / 만기 10년 / (조정일 기준) 이자율 5%

삼청은행은 (주)허접에 대한 대출채권에 대해 대손충당금 차감 전 장부금액의 10%를 대손충당금으로 설정하고 있다. (주)허접은 조정기준일까지의 발생이자는 정상적으로 지급하였다. 10년의 현재가치계수는 0.46319이며 연금현가계수는 6.71008이다.

❶

(주)허접이 20x2년 12월 31일에 인식할 채무조정이익은?

① ₩0　　　　　　　　　　　　　　② ₩101,306
③ ₩201,306　　　　　　　　　　　④ ₩301,306
⑤ ₩400,000

해설　조정 후 채권의 현재가치 50,000 × 6.71008 + 1,000,000 × 0.46319 = 798,694
　　　장부금액 1,000,000과 현재가치의 차이 201,306

정답 ③

❷

삼청은행이 20x2년 12월 31일에 인식할 대손상각비는?

① ₩0　　　　　　　　　　　　　　② ₩101,306
③ ₩201,306　　　　　　　　　　　④ ₩301,306
⑤ ₩400,000

해설　대손충당금 필요액 201,306 − 대손충당금 잔액 100,000 = 101,306

정답 ②

제 **12** 장 충당부채 및 보고기간 후 사건

학습전략

충당부채는 간단한 개념을 이해하고 교재의 출제예상문제를 풀어보면 충분할 것이다. 보고기간 후 사건은 기본 개념만 이해하면 족할 것으로 생각된다.

---

01 충당부채, 우발부채, 우발자산 핵심개념문제

일반기업회계기준에서 정한 충당부채에 대한 서술이다. 옳지 않은 것은? 최신출제유형

① 충당부채는 과거사건이나 거래의 결과에 의한 현재의무로서, 지출의 시기 또는 금액이 불확실하지만 그 의무를 이행하기 위하여 자원이 유출될 가능성이 매우 높고 또한 당해 금액을 신뢰성 있게 추정할 수 있는 의무를 말한다.

② 충당부채는 과거사건이나 거래의 결과로 현재의무가 존재하고, 당해 의무를 이행하기 위하여 자원이 유출될 가능성이 매우 높아야 하며, 그 의무의 이행에 소요되는 금액을 신뢰성 있게 추정할 수 있어야 한다는, 이 세 가지 조건을 모두 충족하는 경우에 인식한다.

③ 우발부채는 부채로 인식하지 아니한다. 의무를 이행하기 위하여 자원이 유출될 가능성이 높지 않은 경우에는 우발부채를 주석에 기재한다.

④ 우발자산은 자산으로 인식하지 아니하고 자원의 유입가능성이 매우 높은 경우에만 주석에 기재한다.

⑤ 우발자산은 상황변화로 인하여 자원이 유입될 것이 확정된 경우에는 그러한 상황변화가 발생한 기간에 관련 자산과 이익을 인식한다.

해설 우발부채는 부채로 인식하지 아니한다. 의무를 이행하기 위하여 자원이 유출될 가능성이 아주 낮지 않는 한, 우발부채를 주석에 기재한다.

정답 ③

다음 중 충당부채의 적용대상이 되는 거래나 사건에 해당하지 않는 것은?

① 수선충당금

② 손실부담계약

③ 구조조정계획과 관련된 부채

④ 판매 후 품질 등을 보증하는 경우의 관련 부채

⑤ 계류 중인 소송사건

해설   수선충당금은 부채의 정의에 부합되지 않으므로 충당부채의 범위에 부합되지 않는다. 왜냐하면 수선유지와 관련된 지출은 기업의 의사결정에 따라 회피가능성이 존재하기 때문이다.

정답 ①

더 알아보기

일반기업회계기준에 따른 충당부채, 우발부채 및 우발자산의 적용대상이 되는 거래나 사건의 예
(1) 판매 후 품질 등을 보증하는 경우의 관련 부채
(2) 판매촉진을 위하여 시행하는 환불정책, 경품, 포인트 적립·마일리지 제도의 시행 등과 관련된 부채
(3) 손실부담계약
(4) 타인의 채무 등에 대한 보증
(5) 계류 중인 소송사건
(6) 구조조정계획과 관련된 부채
(7) 복구충당부채 등의 환경관련부채

결산일 현재 (주)수정은 흡연자들로부터 손해배상소송에 피소되어 있으며 아직 확정판결은 나지 않은 상태이다. 고문변호사에 따르면 회사가 패소할 가능성은 매우 높으며 손해배상금의 합리적인 추정치는 10억원으로 예상하고 있다. 회사는 당기 재무제표에 이를 어떻게 보고해야 하는가?

① 확정판결이 나지 않았기 때문에 아무런 회계처리를 하지 않는다.

② 주석에만 소송의 내역을 기재한다.

③ 손실 10억원을 당기 손익계산서에, 부채 10억원을 재무상태표에 인식한다.

④ 부채만 10억원을 재무상태표에 인식한다.

⑤ 기타포괄손실 10억원을 자본계정에 계상한다.

해설　충당부채의 인식요건을 충족하므로 충당부채를 재무상태표에 계상한다. 충당부채를 계상할 때 제품보증비(비용)를 인식해야 하므로 손익계산서상 비용을 인식하게 된다.

정답 ③

더 알아보기

충당부채는 다음의 요건을 모두 충족하는 경우에 인식한다.
(1) 과거사건이나 거래의 결과로 현재의무가 존재한다.
(2) 당해 의무를 이행하기 위하여 자원이 유출될 가능성이 매우 높다.
(3) 그 의무의 이행에 소요되는 금액을 신뢰성 있게 추정할 수 있다.

결산일 현재 (주)수정은 흡연자들로부터 100억원의 손해배상소송에 피소되어 있으며 중요한 소송사건에 해당한다. 결산일 현재 확정판결은 나지 않은 상태이다. 고문변호사에 따르면 회사가 패소할 가능성은 희박하다고 알려왔다. 회사는 당기 재무제표에 이를 어떻게 보고해야 하는가?

① 아무런 회계처리를 하지 않는다.

② 주석에만 소송의 내역을 기재한다.

③ 최대손실 100억원을 당기 손익계산서에 부채 100억원을 재무상태표에 인식한다.

④ 부채만 100억원만 재무상태표에 인식한다.

⑤ 최대손실 100억원을 기타포괄손실로 자본계정에 계상한다.

해설 계류 중인 중요한 소송사건의 경우에는 자원의 유출가능성이 거의 없더라도 주석으로 기재한다.

정답 ②

더 알아보기

의무를 이행하기 위한 자원의 유출 가능성이 거의 없더라도 다음의 경우에는 그 내용을 주석으로 기재한다.

(1) 타인에게 제공한 지급보증 또는 이와 유사한 보증

(2) 계류 중인 중요한 소송사건

20x3년 초 (주)삼청은 해양 탐사를 위하여 해양구조물을 900,000원에 취득하였다. 이 자산의 내용연수는 10년, 잔존가치는 54,216원, 정액법으로 감가상각한다. 회사는 사용완료 후 관련 법률에 의해 해양구조물을 철거해야 한다. 철거 시 예상되는 지출액은 400,000원이며 이는 인플레이션, 시장위험프리미엄 등을 고려한 금액이다. 회사의 신용위험을 고려하여 산출된 할인율은 10%이며, 10기간의 현가계수는 0.38554이다. 이 구조물과 관련하여 회사가 20x3년 손익계산서에 계상할 비용은 얼마인가? (소수점 이하 반올림)

① 100,000원　　　　　　　　　　　　　② 115,422원

③ 200,000원　　　　　　　　　　　　　④ 215,422원

⑤ 248,628원

해설　구축물의 취득가액 1,054,216(= 900,000 + 400,000 × 0.38554)이다.
　　　20x3년의 비용은 감가상각비, 이자비용이다.
　　　감가상각비 100,000 [= (1,054,216 − 54,216)/10]
　　　이자비용 154,216 × 10% = 15,422
　　　100,000 + 15,422 = 115,422

정답 ②

더 알아보기

일자별 회계처리는 다음과 같다.

20x3 1/1	(차) 구축물	900,000	(대) 현 금	900,000
	(차) 구축물	154,216	(대) 복구충당부채	154,216
20x3 12/31	(차) 감가상각비	100,000	(대) 감가상각누계액	100,000
	(차) 이자비용	15,422	(대) 복구충당부채	15,422

다음 중 수정을 요하는 보고기간 후 사건에 해당하지 않는 것은?

① 보고기간 말 현재 이미 자산의 가치가 하락되었음을 나타내는 정보를 보고기간 말 이후에 입수하는 경우, 또는 이미 손상차손을 인식한 자산에 대하여 계상한 손상차손금액의 수정을 요하는 정보를 보고기간 후에 입수하는 경우

② 보고기간 말 이전에 존재하였던 소송사건의 결과가 보고기간 후에 확정되어 이미 인식한 손실금액을 수정하여야 하는 경우

③ 보고기간 말 이전에 구입한 자산의 취득원가 또는 매각한 자산의 금액을 보고기간 후에 결정하는 경우

④ 보고기간 말 현재 지급하여야 할 의무가 있는 종업원에 대한 이익분배 또는 상여금지급 금액을 보고기간 후에 확정하는 경우

⑤ 유가증권의 시장가격이 보고기간 말과 재무제표가 사실상 확정된 날 사이에 하락한 것

해설 시장가격의 하락은 보고기간 말 현재의 상황과 관련된 것이 아니라 보고기간 말 후에 발생한 상황이 반영된 것이다. 따라서 그 유가증권에 대해서 재무제표에 인식한 금액을 수정하지 아니한다.

정답 ⑤

더 알아보기

수정을 요하는 보고기간 후 사건은 보고기간 말 현재 존재하였던 상황에 대한 추가적 증거를 제공하는 사건으로서 재무제표상의 금액에 영향을 주는 사건을 말하며, 그 영향을 반영하여 재무제표를 수정한다. 재무제표에 이미 인식한 추정치는 그 금액을 수정하고, 재무제표에 인식하지 아니한 항목은 이를 새로이 인식한다.
상기의 지문 이외에 수정을 요하는 보고기간 후 사건의 예는 다음과 같다.
예 전기 또는 그 이전 기간에 발생한 회계적 오류를 보고기간 후에 발견하는 경우

온실가스 배출권(이하 '배출권')의 회계처리에 대한 설명이다. 옳지 않은 것은?

① (1) 배출권에서 발생하는 미래 경제적 효익이 기업에 유입될 가능성이 매우 높고 (2) 배출권의 원가를 신뢰성 있게 측정할 수 있는 경우 배출권을 자산으로 인식한다.

② 정부에서 무상으로 할당받은 배출권은 영(0)으로 측정하여 인식한다. 매입 배출권은 원가로 측정한다.

③ 배출권을 보유하는 주된 목적이 관련 제도에서 규정한 의무를 이행하기 위한 것인 경우와 단기간의 매매차익을 얻기 위한 것인 경우 달리 회계처리한다.

④ 배출부채는 (1) 온실가스를 배출하여 정부에 배출권을 제출해야 하는 현재의무가 존재하고, (2) 해당 의무를 이행하기 위하여 자원이 유출될 가능성이 매우 높고, (3) 그 의무의 이행에 소요되는 금액을 신뢰성 있게 추정할 수 있는 경우에 인식한다.

⑤ 배출부채는 배출권 수량을 초과하는 배출량에 대해 해당 의무를 이행하는 데 소요되는 지출에 대한 보고기간 말 현재 최선의 추정치로 측정한다.

해설　배출부채는 다음 (1)과 (2)를 더하여 측정한다.
(1) 정부에 제출할 해당 이행 연도분으로 보유한 배출권의 장부금액
(2) (1)의 배출권 수량을 초과하는 배출량에 대해 해당 의무를 이행하는 데 소요되는 지출에 대한 보고기간 말 현재 최선의 추정치

정답 ⑤

〈학습 지침〉

2015년부터 우리나라에도 온실가스 배출권 할당 및 거래 제도가 시작됨에 따라 대상 기업들이 비교가능한 재무보고를 할 수 있도록 회계기준 제정의 필요성이 대두되었다. 이에 따라 일반기업회계기준 제33장 '온실가스 배출권과 배출부채'가 2015년 12월 제정되어 2016년 1월부터 시행되었다. 해당 내용은 신설규정으로 기본서에서 구체적으로 다루고 있지 아니한 내용이니 아직은 중요성이 작은 부분이라 생각된다. 다른 부분에 대한 학습이 부족한 수험생은 생략해도 무방할 것으로 보인다.

더 알아보기

무상할당 배출권은 계획기간에 할당되는 수량이 정해지지만 이행 연도 단위로 사용할 수 있는 범위가 다르다. 예를 들면, 제1차 계획기간에 2015년도, 2016년도, 2017년도분의 배출권이 무상으로 할당되고 2015년도에도 3개 이행 연도의 배출권을 거래소에서 매매할 수는 있다. 그러나 2015년도분 온실가스 배출에 대하여 배출권을 정부에 제출할 때에는 2015년도분 배출권만(다음 이행 연도에서 차입하는 경우는 예외) 사용할 수 있다. 따라서 2015년도에는 3개 이행 연도분의 배출권을 모두 자산으로 인식하지만 각각을 구분하여 장부금액 등을 관리할 필요가 있다.

온실가스 배출권(이하 '배출권')과 배출부채의 제거와 표시의 회계처리에 대한 설명이다. 옳지 않은 것은?

① 배출권은 (1) 정부에 제출하는 때 (2) 매각하는 때 (3) (1) 또는 (2)에 사용할 수 없게 되어 더 이상 미래 경제적 효익이 예상되지 않을 때에 해당하면 재무상태표에서 제거한다.

② 정부에 제출하고도 남을 것으로 확정된 무상할당 배출권을 매각하는 경우 그 처분손익은 배출원가에서 차감하고, 매입 배출권을 매각하는 경우에는 그 처분손익을 영업외손익으로 분류한다.

③ 다만 할당량에 비하여 온실가스 배출이 감축되었는지 확인되지 않은 상태에서 무상할당 배출권을 매각한 경우에는, 장부금액과 순매각대가의 차이를 배출원가와 상계한다.

④ 배출권은 무형자산으로 분류하되, 보고기간 말부터 1년 이내에 정부에 제출할 부분은 유동자산으로 분류한다.

⑤ 배출부채 중 보고기간 말부터 1년 이내에 결제될 부분은 유동부채로, 그 밖의 부분은 비유동부채로 분류한다.

> **해설** 다만 할당량에 비하여 온실가스 배출이 감축되었는지 확인되지 않은 상태에서 무상할당 배출권을 매각한 경우에는, 장부금액과 순매각대가의 차이를 이연수익으로 인식하고 매각한 배출권이 속하는 이행 연도에 걸쳐 체계적인 기준에 따라 이연수익을 배출원가와 상계한다.

정답 ③

> **더 알아보기**
> 배출권은 어업권, 소프트웨어, 복제권 등과는 달리 온실가스를 배출할 때 보유하지 못하였더라도 온실가스를 배출할 수 있다는 점에서 다른 무형자산과는 구별되는 독특한 특성을 갖고 있다. 그리고 배출권은 온실가스 배출과정에서 소모되지 않으나 재고자산과 비슷한 방식으로 관리되고, 지분상품은 아니지만 이와 유사하게 시장에서 거래되고 가격이 결정된다는 점에서 금융자산과 유사한 특성도 있다. 그러나 의무를 이행하는 데 사용할 배출권은 물리적 형체가 없고, 식별할 수 있으며, 기업이 통제하고 있고, 미래 경제적 효익이 있는 비화폐성자산이라는 무형자산의 정의를 충족하기 때문에 무형자산으로 분류한다. 다만 기업은 이행 연도 단위로 배출권을 제출하여 의무를 이행해야 하기 때문에 보고기간 말부터 1년 이내에 정부에 제출할 배출권과 결제되어야 할 배출부채는 유동성과 비유동성 구분의 일반 원칙에 따라 각각 유동자산과 유동부채로 분류한다.

제 **13** 장 종업원급여

학습전략

회계원리만 학습한 독자들의 경우에는 다소 생소한 내용이다. 확정기여제도와 확정급여제도를 구분하고 계산형 문제를 풀이하면 기본내용을 파악할 수 있을 것이다.

01 확정기여제도, 확정급여제도, 퇴직급여충당부채

핵심개념문제

일반기업회계기준에 따른 퇴직급여에 대한 설명이다. 올바른 것을 고르시오.

최신출제유형

① 확정기여제도를 설정한 경우에는 당해 회계기간에 대하여 기업이 납부하여야 할 부담금(기여금)을 퇴직급여(비용)로 인식하고, 퇴직연금운용자산, 퇴직급여충당부채 및 퇴직연금미지급금은 인식하지 아니한다.

② 확정기여제도를 설정한 경우에는 다른 일반기업회계기준에 따라 해당 급여를 자산의 원가에 포함하는 경우에도 비용으로 인식한다.

③ 퇴직급여충당부채는 각 종업원이 당기와 과거기간에 제공한 근무용역의 대가로 획득한 급여에 대한 기업의 궁극적인 원가를 보험수리적기법(예측단위적립방식)을 사용하여 신뢰성 있게 추정한다.

④ 급여규정의 개정과 급여의 인상으로 퇴직금소요액이 증가되었을 경우에는 당기분은 당기비용으로 전기분은 전기오류수정손실로 인식한다.

⑤ 확정급여제도를 설정한 경우 퇴직연금운용자산의 운용위험은 종업원이 부담한다.

해설 ② 확정기여제도를 설정한 경우에는 다른 일반기업회계기준(예 제7장 '재고자산', 제10장 '유형자산')에 따라 해당 급여를 자산의 원가에 포함하는 경우를 제외하고는 비용으로 인식한다.
③ 퇴직급여충당부채는 보고기간 말 현재 전 종업원이 일시에 퇴직할 경우 지급하여야 할 퇴직금에 상당하는 금액으로 한다. ③번 지문의 내용은 한국채택국제회계기준에서 규정한 것이다.
④ 급여규정의 개정과 급여의 인상으로 퇴직금소요액이 증가되었을 경우에는 당기분과 전기 이전분을 일괄하여 당기비용으로 인식한다.
⑤ 확정급여제도를 설정한 경우 퇴직연금운용자산의 운용위험은 회사가 부담한다.

정답 ①

예측단위적립방식이란 다음과 같다.

종업원이 퇴직한 시점에 일시불 급여를 지급하며 일시불 급여는 종업원의 퇴직 전 최종 연간 임금의 1%에 근속연수를 곱하여 산정된다. 종업원의 연간 임금은 1차 연도에 10,000이며 향후 매년 7%씩 상승하는 것으로 가정한다. 할인율은 10%라고 가정한다. 보험수리적 가정이 없다면 확정급여채무는 어떻게 결정되는가?

① 임금상승률 등을 고려하여 예상퇴직시점에서 지급할 총액을 계산한다.

② ①에서 계산한 총액을 당기부터 퇴직시점까지의 기간으로 나눈다.

③ ②에서 각 기간별로 배분한 금액을 해당 연도 말부터 퇴직시점까지의 기간 동안 적절한 할인율로 할인하여 현재가치를 계산한다.

④ ③에서 계산한 현재가치가 해당 연도 기말 확정급여채무가 된다.

5년 말 최종 연간임금 $= 10,000 \times 1.07^4 = 13,108$

일시불 퇴직급여 총액 $= 13,108 \times 1\% \times 5년 = 655$

연간퇴직금 배분액 $= 655/5 = 131$

5년 말에 655를 지급하기 위해서 매년 말 655/5 = 131을 비용처리해야 하는데 655는 5년 말 기준이므로 1년 말에는 $131/1.1^4 = 89$, 2년 말에는 $131/1.1^3 = 98$, 3년 말에는 $131/1.1^2 = 108$, 4년 말에는 131/1.1 = 119, 5년 말에는 131을 비용으로 계상하는 것이다. 또는 2년 말에는 1년 말에 계상한 부채에 대한 이자비용도 계상해야 하며, 3년 말에는 1년 말과 2년 말에 계상한 부채에 대한 이자비용을, 4년 말에는 1년 말, 2년 말, 3년 말에 계상한 부채에 대한 이자비용을, 5년 말에는 1년 말, 2년 말, 3년 말, 4년 말에 계상한 부채에 대한 이자비용을 계상해야 한다.

20x1 12/31	(차) 퇴직급여	89	(대) 확정급여채무	89
	(차) 퇴직급여(이자비용)			
20x2 12/31	(차) 퇴직급여	98	(대) 확정급여채무	98
	(차) 퇴직급여(이자비용)	9	(대) 확정급여채무	9 (= 89 × 10%)
20x3 12/31	(차) 퇴직급여	108	(대) 확정급여채무	108
	(차) 퇴직급여(이자비용)	20	(대) 확정급여채무	20 (= (98 + 98) × 10%)
20x4 12/31	(차) 퇴직급여	119	(대) 확정급여채무	119
	(차) 퇴직급여(이자비용)	33	(대) 확정급여채무	33 (= (108 + 108 + 108) × 10%)
20x5 12/31	(차) 퇴직급여	131	(대) 확정급여채무	131
	(차) 퇴직급여(이자비용)	48	(대) 확정급여채무	48 (= (119 + 119 + 119 + 119) × 10%)

(확정급여채무잔액 655가 됨)

확정급여제도의 회계처리에 대한 설명이다. 옳지 않은 것은?

① 확정급여형 퇴직연금제도에서 운용되는 자산은 기업이 직접 보유하고 있는 것으로 보아 회계처리한다. 재무상태표에는 운용되는 자산을 하나로 통합하여 '퇴직연금운용자산'으로 표시하고, 그 구성내역을 주석으로 공시한다.

② 확정급여형 퇴직연금제도에서 퇴직급여와 관련된 자산과 부채를 재무상태표에 표시할 때에는 퇴직급여와 관련된 부채(퇴직급여충당부채와 퇴직연금미지급금)에서 퇴직급여와 관련된 자산(퇴직연금운용자산)을 차감하는 형식으로 표시한다.

③ 퇴직연금운용자산이 퇴직급여충당부채와 퇴직연금미지급금의 합계액을 초과하는 경우에는 그 초과액을 투자자산의 과목으로 표시한다.

④ 보고기간 말 이후 퇴직 종업원에게 지급하여야 할 예상퇴직연금합계액의 현재가치를 측정하여 '퇴직연금미지급금'으로 인식한다.

⑤ 예상퇴직연금합계액은 퇴직 후 사망률과 같은 보험수리적 가정을 사용하여 추정하고, 그 현재가치를 계산할 때에는 보고기간 말 현재 국공채의 시장수익률에 기초하여 할인한다. 다만, 그러한 국공채에 대해 거래층이 두터운 시장이 없는 경우에는 보고기간 말 현재 우량회사채의 시장수익률을 사용한다.

해설   예상퇴직연금합계액은 퇴직 후 사망률과 같은 보험수리적 가정을 사용하여 추정하고, 그 현재가치를 계산할 때에는 보고기간 말 현재 우량회사채의 시장수익률에 기초하여 할인한다. 다만, 그러한 회사채에 대해 거래층이 두터운 시장이 없는 경우에는 보고기간 말 현재 국공채의 시장수익률을 사용한다.

정답 ⑤

▶ **더 알아보기**

종업원급여는 퇴직급여 외의 종업원급여와 퇴직급여로 구분한다. 퇴직급여 외의 종업원급여는 임금, 사회보장분담금(예 국민연금), 이익분배금, 상여금, 현직종업원을 위한 비화폐성급여(예 의료, 주택, 자동차, 무상 또는 일부 보조로 제공되는 재화나 용역), 해고급여 등을 말한다.

퇴직급여 외의 종업원급여 중 해고급여는 그 금액을 신뢰성 있게 측정할 수 있다면 다음 중 이른 날에 인식한다.

(1) 기업이 해고급여의 제안을 더는 철회할 수 없을 때
(2) 기업이 구조조정계획과 관련된 부채의 적용범위에 포함되고 해고급여의 지급을 포함하는 구조조정 원가를 인식할 때

다음은 (주)한국이 채택하고 있는 퇴직급여제도와 관련한 20x1년도 자료이다.

> 가. 20x1년 초 확정급여채무의 현재가치와 사외적립자산의 공정가치는 각각 ₩4,500,000과 ₩4,200,000 이다.
> 나. 20x1년 말 확정급여채무의 현재가치와 사외적립자산의 공정가치는 각각 장부가액과 일치한다.
> 다. 20x1년 말 일부 종업원의 퇴직으로 퇴직금 ₩1,000,000을 사외적립자산에서 지급하였으며, 20x1년 말에 추가로 적립한 기여금 납부액은 ₩200,000이다.
> 라. 20x1년에 종업원이 근무용역을 제공함에 따라 증가하는 예상미래퇴직급여지급액의 현재가치는 ₩500,000이다.
> 마. 20x1년 초와 20x1년 말 현재 우량회사채의 연 시장수익률은 각각 8%, 10%이며, 퇴직급여채무의 할인율로 사용한다.

(주)한국의 확정급여제도로 인한 20x1년도 손익계산서의 당기순이익에 미치는 영향은 각각 얼마인가? (단, 법인세 효과는 고려하지 않는다)   최신출제유형

① ₩524,000 감소   ② ₩548,000 감소

③ ₩600,000 감소   ④ ₩830,000 감소

⑤ ₩824,000 감소

해설

① 퇴직금 지급	(차) 확정급여채무	1,000,000	(대) 사외적립자산	1,000,000
② 사외적립자산의 적립	(차) 사외적립자산	200,000	(대) 현 금	200,000
③ 당기근무원가	(차) 퇴직급여	500,000	(대) 확정급여채무	500,000
④ 이자비용	(차) 퇴직급여	360,000	(대) 확정급여채무	360,000
		(= 4,500,000 × 8%)		
⑤ 이자수익	(차) 사외적립자산	336,000	(대) 퇴직급여	336,000
		(= 4,200,000 × 8%)		

따라서 당기손익에 미치는 영향은 500,000 + 360,000 − 336,000 = 524,000

정답 ①

01 ~ 02

(주)삼청은 20x1년 말 확정급여제도를 도입하였으며 20x1년 말 현재 확정급여채무의 장부금액은 100,000원이고 사외적립자산에 80,000원을 현금출연하였다. 다음은 20x2년에 확정급여제도와 관련하여 발생한 거래이며 해당거래는 모두 연말에 발생하였다. (단, 확정급여채무 계산 시 적용하는 할인율은 연 6%이며 보험수리적 가정의 변동은 없다)

> 당기근무원가 35,000원
> 20x2년 말 사외적립자산 현금출연 10,000원
> 20x2년 말 확정급여채무의 공정가치 85,000원
>
> 퇴직금 지급 12,000원(사외적립자산에서 지급함)
> 20x2년 말 사외적립자산의 공정가치 84,000원

01

회사가 20x2년에 당기손익으로 인식할 퇴직급여는 얼마인가?

① 34,000원　　② 35,600원　　③ 36,200원　　④ 41,000원　　⑤ 47,000원

해설　당기손익만 구하면 되므로 전체 회계처리를 할 필요가 없다.
　　　퇴직급여 35,000 + 100,000 × 6% − 80,000 × 6% = 36,200

정답 ③

02

회사가 20x2년에 기타포괄손익으로 인식할 금액은 얼마인가?

① 기타포괄손실 800원　　　　　　　② 기타포괄이익 800원
③ 기타포괄손실 3,200원　　　　　　④ 기타포괄이익 3,200원
⑤ 기타포괄이익 45,200원

해설　확정급여채무의 장부가액 100,000 + 35,000 − 12,000 + 6,000 = 129,000
　　　확정급여채무의 공정가치가 85,000원이므로 기타포괄이익 44,000원이 발생한다.
　　　사외적립자산의 장부가액 80,000 − 12,000 + 10,000 + 4,800 = 82,800
　　　사외적립자산의 공정가치가 84,000원이므로 기타포괄이익 1,200원이 발생한다.
　　　따라서 전체로는 기타포괄이익 45,200원이 된다.

정답 ⑤

> **더 알아보기**
>
> 회계처리는 다음과 같다.
>
> | (차) 퇴직급여 | 35,000 | (대) 확정급여채무 | 35,000 |
> |---|---|---|---|
> | (차) 확정급여채무 | 12,000 | (대) 사외적립자산 | 12,000 |
> | (차) 사외적립자산 | 10,000 | (대) 현 금 | 10,000 |
> | (차) 이자비용(퇴직급여) | 6,000 | (대) 확정급여채무 | 6,000 |
> | (차) 사외적립자산 | 4,800 | (대) 이자수익(퇴직급여) | 4,800 |

제 **14** 장 자 본

기업회계기준 50%

학습전략

제목이 친숙한 것에 비하면 의외로 숙지해야 할 내용이 많은 부분이다. 주식발행, 자기주식의 취득 및 처분, 이익잉여금의 처분이 주요내용이다.

---

01 자본증감 유형별 회계처리 　　　　　　　　　　　핵심개념문제

다음의 분개를 보고 어떤 성격의 거래인지 답하시오. 　　　최신출제유형

① 유상증자	② 무상증자	③ 주식배당
④ 유상감자	⑤ 무상감자	⑥ 임의적립금의 적립
⑦ 임의적립금의 이입	⑧ 현금배당	

(1)	(차) 주식발행초과금	×××	(대) 자본금	×××
(2)	(차) 이익준비금	×××	(대) 자본금	×××
(3)	(차) 미처분이익잉여금	×××	(대) 미교부주식배당금	×××
(4)	(차) 임의적립금	×××	(대) 미처분이익잉여금	×××
(5)	(차) 자본금	×××	(대) 감자차익	×××
(6)	(차) 미처분이익잉여금	×××	(대) 미지급배당금	×××
(7)	(차) 현 금	×××	(대) 자본금	×××

정답 (1) ② (2) ② (3) ③ (4) ⑦ (5) ⑤ (6) ⑧ (7) ①

더 알아보기

자본증감유형

- 유상증자 : 현금 또는 현물을 출자받고 주식을 교부하는 경우
- 무상증자 : 자본잉여금 또는 이익잉여금 중 법정적립금의 자본전입
- 주식배당 : 이익잉여금 중 미처분이익잉여금으로 주식을 교부
- 무상감자 : 주식수 또는 액면가액을 감소시켜 자본금을 감소시키는 경우(현금이 지급되는 경우는 유상감자에 해당)
- 임의적립금의 적립 : 미처분이익잉여금을 처분할 수 없는 상태로 전환
- 임의적립금의 이입 : 미처분이익잉여금을 처분가능한 상태로 전환
- 현금배당 : 미처분이익잉여금을 감소시키고 미지급배당금을 계상

(주)삼청은 주당 액면가액 ₩1,000(주당 공정가치 ₩1,250)의 보통주 1,000주를 발행하여 (주)종로로부터 토지((주)종로의 장부가액 1,000,000원, 공정가치 1,200,000원)를 취득하였다. 취득 시 신주발행비 10,000원이 소요되었다. 회사가 계상할 주식발행초과금은 얼마인가?

① 190,000원

② 200,000원

③ 240,000원

④ 250,000원

⑤ 300,000원

해설 현물출자로 취득한 유형자산의 취득원가는 취득하는 유형자산의 공정가치 1,200,000원이다. 신주발행비는 주식발행초과금에서 차감한다.

(차) 토 지	1,200,000	(대) 자본금		1,000,000
		주식발행초과금		200,000
(차) 주식발행초과금	10,000	(대) 현 금		10,000

정답 ①

더 알아보기

기업이 현물을 제공받고 주식을 발행한 경우에는 제공받은 현물의 공정가치를 주식의 발행금액으로 한다. 주식의 발행금액과 액면금액의 차액은 다음과 같이 회계처리하되, 법령 등에 따라 이익준비금 또는 기타 법정준비금을 승계받는 경우 동 승계액을 주식발행초과금에서 차감하거나 주식할인발행차금에 가산한다.
주주로부터 현금을 수령하고 주식을 발행하는 경우에 주식(상환우선주 등 포함)의 발행금액이 액면금액보다 크다면 그 차액을 주식발행초과금으로 하여 자본잉여금으로 회계처리한다. 발행금액이 액면금액보다 작다면 그 차액을 주식발행초과금의 범위 내에서 상계처리하고, 미상계된 잔액이 있는 경우에는 자본조정의 주식할인발행차금으로 회계처리한다. 이익잉여금(결손금) 처분(처리)으로 상각되지 않은 주식할인발행차금은 향후 발생하는 주식발행초과금과 우선적으로 상계한다.

03 우선주 유형별 배당금 계산

01 ~ 04

(주)삼청의 20x3년 12월 31일 현재 발행주식수는 다음과 같다.

> 보통주 액면금액 ₩1,000, 발행주식수 4,000주
> 우선주 액면금액 ₩1,000, 발행주식수 1,000주
> 우선주에 대해서는 20x1년과 20x2년에 배당가능이익이 부족하여 배당금을 지급하지 못하였다. 20x3년도에는 모두 ₩1,000,000의 현금배당을 계획하고 있으며 보통주배당률은 10%, 우선주배당률은 12%이다.

01

우선주가 비누적적, 비참가적인 경우 20x3년 우선주에 대한 배당금은 얼마인가?

① 120,000

② 216,000

③ 360,000

④ 408,000

⑤ 520,000

해설 우선주자본금 1,000주 × @₩1,000 = 1,000,000
우선주배당금 1,000,000 × 12% = 120,000

정답 ①

02

우선주가 누적적, 비참가적인 경우 20x3년 우선주에 대한 배당금은 얼마인가?

① 120,000

② 216,000

③ 360,000

④ 408,000

⑤ 520,000

해설 우선주자본금 1,000주 × @₩1,000 = 1,000,000
당기 우선주배당금 + 배당하지 못한 전기와 전전기 배당금 120,000 + 120,000 × 2 = 360,000

정답 ③

우선주가 비누적적, 참가적인 경우 20x3년 우선주에 대한 배당금은 얼마인가?

① 120,000

② 216,000

③ 360,000

④ 408,000

⑤ 520,000

해설 당기 우선주 약정 배당금 120,000
보통주자본금 4,000주 × ₩1,000 = 4,000,000
당기 보통주 약정배당금 4,000,000 × 10% = 400,000
약정배당 후 배당가능이익 = 1,000,000 − (120,000 + 400,000) = 480,000
우선주에 대한 추가배당금 = 480,000 × 1,000,000/(1,000,000 + 4,000,000) = 96,000
따라서 우선주배당금은 120,000 + 96,000 = 216,000

정답 ②

우선주가 누적적, 참가적인 경우 20x3년 우선주에 대한 배당금은 얼마인가?

① 120,000

② 216,000

③ 360,000

④ 408,000

⑤ 520,000

해설 당기 우선주 배당금 360,000
당기 보통주 약정배당금 4,000,000 × 10% = 400,000
추가 배당가능이익 = 1,000,000 − (360,000 + 400,000) = 240,000
우선주에 대한 추가배당금 = 240,000 × 1,000,000/(1,000,000 + 4,000,000) = 48,000
따라서 우선주배당금은 360,000 + 48,000 = 408,000

정답 ④

더 알아보기

- 참가적 우선주
  1차적으로 우선주가 배당을 받은 후 보통주에 동률의 배당금을 지급한 후에도 이익이 남는 경우 그 잔여이익에 대해 보통주와 함께 배당에 참가할 수 있는 우선주이다.

- 누적적 우선주
  배당금이 약정된 배당률에 달하지 못할 때 그 부족한 배당금을 다음 연도의 이익에서 우선적으로 받을 수 있는 권리가 있는 우선주이다.

자본금 100,000,000원의 회사가 미처리결손금 30,000,000원을 보전(補塡)하기 위하여 10,000주를 6,000주로 무상으로 병합하였을 경우의 분개에서 나타나는 자본잉여금 과목은?

① 주식발행초과금 10,000,000원

② 자기주식처분이익 10,000,000원

③ 감자차익 10,000,000원

④ 자산수증이익 10,000,000원

⑤ 주식할인발행차금 10,000,000원

해설	(차) 자본금	40,000,000	(대) 감자차익	~~40,000,000~~ 10,000,000
	감자차익	~~30,000,000~~	미처리결손금	30,000,000

주식병합 후 자본금 100,000,000 × 3,000주/5,000주 = 60,000,000 → 자본금 감소분 40,000,000
(또는 주식병합 전 액면가액은 10,000이다(100,000,000/10,000주 = @10,000). 그러나 주식수가 4,000주 감소했으므로 감소한 자본금은 4,000주 × @10,000 = 40,000,000이다)

정답 ③

▶ **더 알아보기**

기업이 주주에게 순자산을 반환하지 않고 주식의 액면금액을 감소시키거나 주식수를 감소시키는 경우에는 감소되는 액면금액 또는 감소되는 주식수에 해당하는 액면금액을 감자차익으로 하여 자본잉여금으로 회계처리한다.

01 ~ **02**

(주)삼청은 20x1년 3월 1일 회사가 발행한 보통주식(액면금액 ₩5,000, 발행가액 ₩7,000) 중 10주를 주당 ₩8,000에 취득하였다. 회사는 이후 20x1년 4월 15일 4주를 ₩9,000에 매각하였고 20x1년 5월 30일 3주를 다시 ₩6,000에 매각하였으며, 나머지 3주는 20x1년 7월 31일 소각하였다.

01

회사의 기말재무제표에 나타날 자기주식처분손실의 잔액은 얼마인가? (단, 회사는 결산일에 해당 계정잔액을 미처분이익잉여금 등과 상계처리하지 않았다)

① ₩4,000   ② ₩6,000

③ ₩2,000   ④ ₩3,000

⑤ ₩5,000

해설						
20x1 3/1	(차) 자기주식	80,000		(대) 현 금	80,000	
20x1 4/15	(차) 현 금	36,000 (= 4주 × @9,000)		(대) 자기주식	32,000 (= 4주 × @8,000)	
				자기주식처분이익	4,000	
20x1 5/30	(차) 현 금	18,000 (= 3주 × @6,000)		(대) 자기주식	24,000 (= 3주 × @8,000)	
	자기주식처분이익	4,000				
	자기주식처분손실	2,000				

(자기주식처분이익을 먼저 제거하고 나머지 금액을 자기주식처분손실로 계상한다)

정답 ③

02

회사의 기말재무제표에 나타날 감자차손은 얼마인가? (단, 회사는 결산일에 해당 계정잔액을 미처분이익잉여금 등과 상계처리하지 않았다)

① ₩3,000   ② ₩5,000

③ ₩9,000   ④ ₩15,000

⑤ ₩24,000

해설					
20x1 7/31	(차) 자본금	15,000 (= 3주 × @5,000)	(대) 자기주식	24,000 (= 3주 × @8,000)	
	감자차손	9,000			

정답 ③

더 알아보기

자기주식의 회계처리

발행기업이 매입 등을 통하여 취득하는 자기주식은 취득원가를 자기주식의 과목으로 하여 자본조정으로 회계처리한다.

자기주식을 처분하는 경우 처분금액이 장부금액보다 크다면 그 차액을 자기주식처분이익으로 하여 자본잉여금으로 회계처리한다. 처분금액이 장부금액보다 작다면 그 차액을 자기주식처분이익의 범위 내에서 상계처리하고, 미상계된 잔액이 있는 경우에는 자본조정의 자기주식처분손실로 회계처리한다. 이익잉여금(결손금) 처분(처리)으로 상각되지 않은 자기주식처분손실은 향후 발생하는 자기주식처분이익과 우선적으로 상계한다.

기업이 이미 발행한 주식을 유상으로 재취득하여 소각하는 경우에 주식의 취득원가가 액면금액보다 작다면 그 차액을 감자차익으로 하여 자본잉여금으로 회계처리한다. 취득원가가 액면금액보다 크다면 그 차액을 감자차익의 범위 내에서 상계처리하고, 미상계된 잔액이 있는 경우에는 자본조정의 감자차손으로 회계처리한다. 이익잉여금(결손금) 처분(처리)으로 상각되지 않은 감자차손은 향후 발생하는 감자차익과 우선적으로 상계한다.

다음은 (주)삼청의 20x1년 12월 31일 현재의 재무상태표 중에서 이익잉여금의 구성내역이다.

이익준비금	50,000원	임의적립금	30,000원
미처분이익잉여금	150,000원		

회사의 20x1년 당기순이익은 100,000원이다. 회사의 결산승인은 20x2년 2월 20일에 개최된 주주총회에서 이루어졌으며 그 내용은 다음과 같다.

임의적립금 이입	30,000원	임의적립금 적립	40,000원
감자차손상계	20,000원	현금배당	80,000원
(단, 이익준비금은 법정 최소금액을 적립하며 이익준비금은 자본금의 1/2에 미달한다)			

20x2년 2월 20일자에 재무상태표상에 표시될 임의적립금과 미처분이익잉여금 잔액은 각각 얼마인가?

	임의적립금	미처분이익잉여금		임의적립금	미처분이익잉여금
①	40,000원	32,000원	②	35,000원	160,000원
③	40,000원	132,000원	④	40,000원	40,000원
⑤	35,000원	132,000원			

해설 〈회계처리〉

ⓐ	(차) 임의적립금	30,000	(대) 미처분이익잉여금		30,000
ⓑ	(차) 미처분이익잉여금	40,000	(대) 임의적립금		40,000
ⓒ	(차) 미처분이익잉여금	20,000	(대) 감자차손		20,000
ⓓ	(차) 미처분이익잉여금	88,000	(대) 미지급배당금		80,000
			이익준비금		8,000

20x2년 2월 20일자 임의적립금 = 20x1년 말 임의적립금 30,000 − ⓐ 30,000 + ⓑ 40,000 = 40,000
20x2년 2월 20일자 미처분이익잉여금 = 20x1년 말 미처분이익잉여금 150,000 + ⓐ 30,000 − ⓑ 40,000 − ⓒ 20,000
− ⓓ 88,000 = 32,000

정답 ①

더 알아보기
- 현금으로 배당하는 경우에는 배당액을 이익잉여금에서 차감한다.
- 주식으로 배당하는 경우에는 발행주식의 액면금액을 배당액으로 하여 자본금의 증가와 이익잉여금의 감소로 회계처리한다.
- 개업 전 일정한 기간 내에 이익잉여금 없이 주주에게 배당한 금액은 배당건설이자의 과목으로 하여 자본조정의 별도 계정과목으로 회계처리하고 향후 이익잉여금(결손금)을 처분(처리)하여 상각한다.

제 15 장 수 익

학습전략

이 장에서는 재화와 용역 간의 수익인식 조건의 비교가 가장 중요하다. 고객충성제도나 상품권의 회계처리 또한 계산문제를 통해 정리하도록 한다.

01 재화판매의 수익인식 조건 [핵심개념문제]

일반기업회계기준에서 제시하고 있는 재화의 판매로 인한 수익의 인식조건에 해당하지 않는 것은?

① 재화의 소유에 따른 유의적인 위험과 보상이 구매자에게 이전된다.

② 판매대금이 회수되었거나 회수가능성이 매우 높다.

③ 판매자는 판매한 재화에 대하여 소유권이 있을 때 통상적으로 행사하는 정도의 관리나 효과적인 통제를 할 수 없다.

④ 경제적 효익의 유입 가능성이 매우 높다.

⑤ 거래와 관련하여 발생했거나 발생할 원가를 신뢰성 있게 측정할 수 있다.

해설 판매대금의 회수가능성은 수익의 인식요건에 해당하지 않는다.

정답 ②

> **더 알아보기**
>
> 재화의 판매로 인한 수익은 다음 조건이 모두 충족될 때 인식한다.
> (1) 재화의 소유에 따른 유의적인 위험과 보상이 구매자에게 이전된다.
> (2) 판매자는 판매한 재화에 대하여 소유권이 있을 때 통상적으로 행사하는 정도의 관리나 효과적인 통제를 할 수 없다.
> (3) 수익금액을 신뢰성 있게 측정할 수 있다.
> (4) 경제적 효익의 유입 가능성이 매우 높다.
> (5) 거래와 관련하여 발생했거나 발생할 원가를 신뢰성 있게 측정할 수 있다.

02 **수익의 인식 기준** 핵심개념문제

일반기업회계기준에 따른 수익의 인식에 대한 서술이다. 올바른 것은? 최신출제유형

① 용역제공거래의 성과를 신뢰성 있게 추정할 수 없는 경우에는 수익을 인식하지 않고 발생한 원가를 비용으로 인식한다.

② 용역제공거래의 성과를 신뢰성 있게 추정할 수 없고 발생한 원가의 회수가능성이 낮은 경우에는 발생한 비용의 범위 내에서 회수가능한 금액을 수익으로 인식한다.

③ 이자수익은 원칙적으로 정액법을 적용하여 발생기준에 따라 인식한다.

④ 배당금수익은 배당금을 수령하는 시점에 인식한다.

⑤ 로열티수익은 관련된 계약의 경제적 실질을 반영하여 발생기준에 따라 인식한다. 예를 들어, 라이선스 사용자가 특정기간 동안 특정기술을 사용할 권리를 갖는 경우에는 약정기간 동안 정액기준으로 수익을 인식한다.

해설　① 용역제공거래의 성과를 신뢰성 있게 추정할 수 없는 경우에는 발생한 비용의 범위 내에서 회수가능한 금액을 수익으로 인식한다.
② 용역제공거래의 성과를 신뢰성 있게 추정할 수 없고 발생한 원가의 회수가능성이 낮은 경우에는 수익을 인식하지 않고 발생한 원가를 비용으로 인식한다.
③ 정액법이 아닌 유효이자율을 적용한다.
④ 배당금을 받을 시점이 아닌 배당금을 받을 권리와 금액이 확정되는 시점에 인식한다.

정답 ⑤

▶ **더 알아보기**

이자수익, 배당금수익, 로열티수익은 다음의 기준에 따라 인식한다.
(1) 이자수익은 원칙적으로 유효이자율을 적용하여 발생기준에 따라 인식한다.
(2) 배당금수익은 배당금을 받을 권리와 금액이 확정되는 시점에 인식한다.
(3) 로열티수익은 관련된 계약의 경제적 실질을 반영하여 발생기준에 따라 인식한다.

03 **프랜차이즈 계약의 수익인식** 핵심개념문제

커피프랜차이즈 사업을 운영하고 있는 (주)명성은 20x1년 3월 1일 창동점과 프랜차이즈계약을 체결하였으며 관련내용은 다음과 같다.

(1) (주)명성은 창동점으로부터 창업지원용역 제공과 관련한 총 수수료 ₩200,000을 계약체결과 동시에 전액 지급받았다. 동 창업지원수수료에는 원가를 회수하고 합리적인 이윤을 제공하는 데 불충분한 운영지원용역 수수료와 제3자에게 판매하는 가격보다 저렴한 가격으로 설비를 제공하는 대가가 포함되어 있다. (주)명성은 창동점에 대한 창업지원용역을 20x1년 3월 31일까지 모두 제공하였다.
(2) (주)명성은 창동점에 20x1년 4월 1일부터 운영지원용역을 제공하고 있으며 이와 관련한 1년치 수수료 ₩60,000을 동 일자에 전액 지급받았다. 합리적인 이윤을 포함한 운영지원용역의 공정가치는 ₩72,000이다. (주)명성은 20x2년 3월 31일까지만 창동점에 운영지원용역을 제공한다.
(3) (주)명성은 적정이윤을 포함하여 ₩30,000에 판매하는 설비를 할인된 가격인 ₩15,000에 구입할 수 있도록 창동점과 계약하였으며, 창동점은 20x2년에 동 설비를 ₩15,000에 구입하였다.

상기의 프랜차이즈계약과 관련하여 (주)명성이 20x1년도 손익계산서상 수익으로 인식할 금액은 얼마인가?

① ₩227,000
② ₩238,000
③ ₩260,000
④ ₩272,000
⑤ ₩290,000

해설 프랜차이즈 운영지원 수수료는 용역을 제공하는 시점에 수익으로 인식한다.
창업지원용역 수수료 : 200,000 − (72,000 − 60,000) − 15,000 = 173,000
운영지원용역 수수료 : 60,000 중 기간경과분 45,000 + 이연수익 12,000 중 기간경과분 9,000 = 54,000
따라서 227,000 = 173,000 + 54,000

정답 ①

더 알아보기

운영지원용역의 제공에 대한 수수료는 창업지원용역 수수료의 일부이거나 별도의 수수료임에 상관없이 용역이 제공됨에 따라 수익으로 인식한다. 별도의 수수료가 운영지원용역의 원가를 회수하고 합리적인 이윤을 제공하는 데 불충분하고, 창업지원용역 수수료의 일부가 이러한 운영지원용역의 원가를 회수하고 합리적인 이윤을 제공한다면, 창업지원수수료의 일부를 이연하여 운영지원용역이 제공됨에 따라 수익으로 인식한다.
계약에 따라 프랜차이즈 본사는 제3자에게 판매하는 가격보다 저렴한 가격 또는 적정이윤이 보장되지 않는 가격으로 설비, 재고자산, 또는 기타 유형자산을 가맹점에 제공할 수 있다. 이 경우 추정원가를 회수하고 적정이윤을 보장할 수 있도록 창업지원용역 수수료의 일부를 이연한 후, 설비 등을 가맹점에 판매할 것으로 기대되는 기간에 걸쳐 수익으로 인식한다. 나머지 창업지원용역 수수료는 프랜차이즈 본사가 모든 창업지원용역을 실질적으로 이행한 시점에 수익으로 인식한다.

제15장 수 익 **133**

강남제화(주)는 20x1년 초에 ₩10,000권 상품권 10매를 1매당 ₩9,000에 발행하였다. 상품권의 만기는 발행일로부터 3개월이며 유효기간이 경과한 후에는 상품권에 명시된 액면가액의 40%만을 환급해준다. 20x1년 3월 31일까지 회수된 상품권은 9매이다. 유효기간이 지난 상품권 1매는 20x1년 말에 회수되었다. 위 상품권판매와 관련하여 인식한 매출액과 상품권기간경과이익은 얼마인가?

	매출액	상품권기간경과이익
①	₩90,000	₩9,000
②	₩81,000	₩5,000
③	₩100,000	₩10,000
④	₩90,000	₩5,000
⑤	₩81,000	₩9,000

해설   매출액 9,000 × 9매 = 81,000
상품권기간경과이익 = 상품권판매금액 9,000 × 1매 − 유효기간 경과 후 현금지급액 4,000 = 5,000

정답 ②

더 알아보기

회계처리
• 상품권 판매 시

(차) 현 금	90,000	(대) 선수금	100,000
상품권할인액	10,000		

• 상품권 회수 시

(차) 선수금	90,000	(대) 매 출	81,000
		상품권할인액	9,000

• 유효기간경과 상품권 회수 시

(차) 선수금	10,000	(대) 현 금	4,000
		상품권할인액	1,000
		상품권기간경과이익	5,000

05 | **반품가능 판매의 회계처리** 핵심개념문제

(주)한경은 고객에게 상품 100개(단위당 원가 ₩30)를 개당 ₩50에 판매하면서 판매일로부터 30일 이내에는 반품을 허용하기로 하였다. 회사는 과거 경험에 따라 반품기간 내에 10개의 상품이 반품될 것으로 추정하였으며 나머지 90개 상품의 판매는 반품기한이 종료될 때 이미 인식한 누적 수익 중 유의적인 부분을 되돌리지 않을 가능성이 매우 높다고 결론지었다. 회사가 판매일에 인식할 매출액과 환불충당부채는 각각 얼마인가?

	매출액	환불충당부채
①	5,000	200
②	5,000	500
③	4,500	200
④	4,500	500
⑤	4,500	400

해설 〈회계처리〉

(차) 매출채권	5,000	(대) 매 출	4,500(= 90개 × ₩50)
		환불충당부채	500
(차) 매출원가	2,700	(대) 상 품	3,000
반환상품회수권	300		

정답 ④

더 알아보기

반품가능판매의 회계처리가 순액법에서 총액법으로 변경되었다.
반품가능판매의 경우에는, (1) 판매가격이 사실상 확정되었고, (2) 구매자의 지급 의무가 재판매 여부의 영향을 받지 않으며, (3) 판매자가 재판매에 대한 사실상의 책임을 지지 않고, (4) 미래의 반품금액을 신뢰성 있게 추정할 수 있다는 조건들이 모두 충족되지 않는 한 수익을 인식할 수 없다. 수익을 인식하는 경우에는 반품추정액을 수익에서 차감한다. 고객이 한 제품을 유형, 품질, 조건, 가격이 모두 같은 제품으로 교환하는 경우에는 이 장의 적용 목적상 반품으로 보지 않는다.

반품가능판매의 회계처리는 다음과 같다.
(1) 반품가능판매인 경우, 판매시점에 반품이 예상되는 매출액에 해당하는 금액은 환불충당부채로 설정하고, 보고기간 말마다 반품 예상량의 변동에 따라 그 부채의 측정치를 새로 수정하며, 그 조정액을 수익(또는 수익의 차감)으로 인식한다.
(2) 환불충당부채를 결제할 때 고객에게서 제품을 회수할 기업의 권리는 자산으로 인식한다. 해당 자산을 처음 측정할 때 제품의 직전 장부금액에서 그 제품 회수에 예상되는 원가(반품되는 제품이 기업에 주는 가치의 잠재적인 감소를 포함)를 차감한다. 보고기간 말마다 반품될 제품에 대한 예상의 변동을 반영하여 자산의 측정치를 새로 수정한다. 이 자산은 환불충당부채와는 구분하여 표시한다.

제15장 수 익 **135**

사업보고서 제출대상 법인의 건설계약에 대한 공시에 관련한 설명이다. 다음 설명 중 올바른 지문은?

① 실제공사비 발생액을 토지의 취득원가와 자본화대상 금융비용 등을 제외한 총공사예정원가로 나눈 비율로 계산된 진행률을 사용하는 경우에는 보고기간 말 현재 공사수익금액이 직전 회계연도 매출액의 10% 이상인 계약별로 (1) 계약을 구별할 수 있는 명칭 (2) 계약일 (3) 계약상 완성기한 또는 납품기한 (4) 진행률 (5) 공사미수금 금액과 대손충당금을 해당 계약의 건설공사가 완료된 보고기간까지 주석 공시한다.

② 공시대상에 포함된 계약은 이후에 공시대상 조건을 충족하지 못하면 공시대상에서 제외한다.

③ 공시사항 중 (1) 관련 법령에서 비밀이나 비공개 사항으로 규정하는 경우 또는 (2) 계약에서 비밀이나 비공개 사항으로 규정하고, 계약 당사자가 기업회계기준에 따른 공시를 동의하지 않아 공시 항목의 일부나 전부를 공시하면 기업에 현저한 손실을 초래할 가능성이 매우 높은 경우에 해당하는 사항은 공시하지 않을 수 있다.

④ 공시를 하지 않는 경우에는 생략한 사항별로 (1) 계약별 공시를 생략한 사실과 사유 (2) 다른 방법으로 공시하거나 공개하지 않았다는 사실 (3) 계약별 공시를 생략한 사실을 상법에 따른 감사위원회(감사위원회가 없는 경우에는 감사)에 보고했는지 여부를 공시한다.

⑤ 실제공사비 발생액을 토지의 취득원가와 자본화대상 금융비용 등을 제외한 총공사예정원가로 나눈 비율로 계산된 진행률을 사용하는 계약의 경우에는 (1) 공사손실충당부채 (2) 회계추정 변경에 따른 공사손익 변동금액, 오류 수정에 따른 공사손익 변동금액을 구분하여 주석 공시하되 회계추정 변경에 따른 추정총공사원가의 변동금액, 오류 수정에 따른 추정총공사원가의 변동금액은 공시하지 아니한다.

해설 ① 실제공사비 발생액을 토지의 취득원가와 자본화대상 금융비용 등을 제외한 총공사예정원가로 나눈 비율로 계산된 진행률을 사용하는 경우에는 보고기간 말 현재 공사수익금액이 직전 회계연도 매출액의 5% 이상인 계약별로 (1) 계약을 구별할 수 있는 명칭 (2) 계약일 (3) 계약상 완성기한 또는 납품기한 (4) 진행률 (5) 공사미수금 금액과 대손충당금을 해당 계약의 건설공사가 완료된 보고기간까지 주석 공시한다.
② 공시대상에 포함된 계약은 이후에 공시대상 조건을 충족하지 못하더라도 해당 계약의 건설공사가 완료된 보고기간까지 계속 공시한다.
③ 공시사항 중 (1) 관련 법령에서 비밀이나 비공개 사항으로 규정하는 경우 또는 (2) 계약에서 비밀이나 비공개 사항으로 규정하고, 계약 당사자가 기업회계기준에 따른 공시를 동의하지 않아 공시 항목의 일부나 전부를 공시하면 기업에 현저한 손실을 초래할 가능성이 높은 경우에 해당하는 사항은 공시하지 않을 수 있다.
⑤ 실제공사비 발생액을 토지의 취득원가와 자본화대상 금융비용 등을 제외한 총공사예정원가로 나눈 비율로 계산된 진행률을 사용하는 계약의 경우에는 (1) 공사손실충당부채 (2) 회계추정 변경에 따른 공사손익 변동금액, 오류 수정에 따른 공사손익 변동금액 (3) 회계추정 변경에 따른 추정총공사원가의 변동금액, 오류 수정에 따른 추정총공사원가의 변동금액을 구분하여 주석 공시한다.

정답 ④

▶ 더 알아보기

사업보고서 제출대상 법인
• 주권상장법인(유가증권시장, 코스닥시장)
• 비상장법인도 유가증권 모집매출 실적이 있거나, 외부감사 대상 법인으로서 주주 수가 500인 이상인 기업

제 16 장 주당이익

학습전략

주로 계산형 문제가 출제될 것으로 생각된다. 가중평균유통보통주식수를 구하는 것이 이 장의 핵심이라 할 수 있다.

---

01 유통보통주식수 계산(자기주식) 핵심개념문제

갑회사의 기초 유통보통주식수는 10,000주이다. 유통보통주식수는 몇 주인가? (단, 가중평균은 월수로 계산한다)

> 4월 1일 자기주식 1,000주 취득
> 10월 1일 자기주식 700주 처분
> 11월 1일 자기주식 중 300주 소각

① 9,405주

② 9,425주

③ 9,600주

④ 9,800주

⑤ 10,000주

해설

1월 1일	10,000 (= 10,000 × 12/12)
4월 1일	−750 (= −1,000 × 9/12)
10월 1일	175 (= 700 × 3/12)
(합 계)	9,425

정답 ②

> **더 알아보기**
>
> 회사가 자기주식을 취득 처분하는 과정에서는 유통보통주식수가 각각 감소, 증가하지만 소각하는 경우에는 변동이 없다. 왜냐하면 자기주식취득과정에서 이미 유통보통주식수가 감소하였고 소각 여부에 관계없이 유통주식수는 변동이 없기 때문이다.

갑회사의 기초 유통보통주식수는 10,000주이다. 유통보통주식수는 몇 주인가? (단, 가중평균은 월수로 계산한다)

> 7월 1일 유상증자 10%(1,000주 공정가치발행)
> 11월 1일 전환사채의 전환으로 3,000주를 발행(단, 전환사채의 전환 시 기초시점에 전환된 것으로 가정한다)

① 11,000주

② 12,000주

③ 12,400주

④ 12,900주

⑤ 13,500주

해설   1월 1일   10,000 (= 10,000 × 12/12)
      7월 1일   500 (= 1,000 × 6/12)
      11월 1일   3,000 (= 1/1 3,000 × 12/12)
      (합 계)   13,500

정답 ⑤

더 알아보기

시험에는 유상증자는 항상 공정가치발행으로 출제될 것으로 생각된다.
만약 시가 미만의 유상증자라면 유상증자와 무상증자가 동시에 발행한 것으로 간주해서 '간주무상증자비율'을 계산해야 한다. 가령 기초에 8,000주인 경우에 시가 미만 유상증자로 2,500주가 발행되었다고 하자. 만약 시가로 유상증자했다면 2,000주만 발행이 되었을 경우라면, 간주무상증자비율은 5% = [(500주/(8,000주 + 2,000주)]로 계산되므로, 2,000주의 유상증자와 5%의 무상증자가 동시에 발생한 것으로 보고 유통보통주식수를 구한다.

(주)삼청의 20x1년 당기순이익은 1,000,000원이고 유통보통주식수는 10,000주이다. 당기 중 변동이 없었고, 우선주배당금은 20,000원이다. 20x1년 기본주당이익을 구하시오. 〔최신출제유형〕

① 95원

② 98원

③ 100원

④ 102원

⑤ 105원

해설 (1,000,000 − 20,000)/10,000 = 98

정답 ②

더 알아보기

주당이익은 당기순손익을 유통보통주식수로 나눈 지표로, 채권자와 우선주 주주에게 귀속될 금액을 차감한 금액이 보통주 1주당 얼마인지 보여준다.

주당이익 = (당기순손익 − 우선주배당금)/유통보통주식수 = 보통주 귀속 당기순손익/유통보통주식수

비상장회사인 (주)삼청의 기본주당순이익(EPS)은 100이며 유사 상장회사의 PER은 20이다. (주)삼청의 발행주식수가 1,000주라면 (주)삼청 주식의 시가총액은 얼마로 추정할 수 있는가?

① 100,000

② 200,000

③ 1,000,000

④ 1,500,000

⑤ 2,000,000

해설   주가 = PER × EPS = 2,000
        시가총액 = 주가 × 발행주식수 = 2,000 × 1,000 = 2,000,000

정답 ⑤

더 알아보기

공식 도출과정은 다음과 같다.
PER(주가수익비율) = 1주당 주가/주당이익
EPS(주당이익) = 보통주귀속당기순손익/주식수
PER × EPS = 1주당 주가/주당이익 × 주당이익 = 1주당 주가

제17장 회계변경과 오류수정

기업회계기준 50%

학습전략

주로 계산형 문제가 출제될 것으로 생각된다. 재무회계 교재를 처음 접하는 독자들은 다소 생소할 수 있으나 변경 전(수정 전) 회계처리와 변경 후(수정 후) 회계처리를 비교해보면 쉽게 익힐 수 있을 것이다.

---

01 회계변경과 오류수정 핵심개념문제

일반기업회계기준에 규정된 회계정책, 회계추정의 변경 및 오류에 대한 서술이다. 올바른 것은?

최신출제유형

① 회계추정의 변경은 재무제표의 작성과 보고에 적용하던 회계정책을 다른 회계정책으로 바꾸는 것을 말한다.

② 회계추정은 기업환경의 불확실성하에서 미래의 재무적 결과를 사전적으로 예측하는 것이며, 회계추정의 변경은 전진적으로 처리하여 그 효과를 당기와 당기 이후의 기간에 반영한다.

③ 변경된 새로운 회계정책은 전진적으로 처리하여 그 효과를 당기와 당기 이후의 기간에 반영한다. 따라서 전기 또는 그 이전의 재무제표를 비교목적으로 공시할 경우에는 재작성하지 않는다.

④ 회계변경의 속성상 그 효과를 회계정책의 변경효과와 회계추정의 변경효과로 구분하기가 불가능한 경우에는 이를 회계정책의 변경으로 본다.

⑤ 당기에 발견한 전기 또는 그 이전 기간의 오류는 중대한 오류 여부에 관계없이 당기 손익계산서에 영업외손익 중 전기오류수정손익으로 보고한다.

해설 ① 회계추정의 변경은 기업환경의 변화, 새로운 정보의 획득 또는 경험의 축적에 따라 지금까지 사용해오던 회계적 추정치의 근거와 방법 등을 바꾸는 것이며, 회계정책의 변경은 재무제표의 작성과 보고에 적용하던 회계정책을 다른 회계정책으로 바꾸는 것이다. 여기서 회계정책은 기업이 재무보고의 목적으로 선택한 기업회계기준과 그 적용방법을 말한다.

③ 변경된 새로운 회계정책은 소급하여 적용한다. 전기 또는 그 이전의 재무제표를 비교목적으로 공시할 경우에는 소급적용에 따른 수정사항을 반영하여 재작성한다.

④ 회계변경의 속성상 그 효과를 회계정책의 변경효과와 회계추정의 변경효과로 구분하기가 불가능한 경우에는 이를 회계추정의 변경으로 본다.

⑤ 오류수정은 당기에 발견한 전기 또는 그 이전 기간의 오류는 당기 손익계산서에 영업외손익 중 전기오류수정손익으로 보고한다. 다만, 전기 이전 기간에 발생한 중대한 오류의 수정은 자산, 부채 및 자본의 기초금액에 반영한다.

정답 ②

오류수정은 전기 또는 그 이전의 재무제표에 포함된 회계적 오류를 당기에 발견하여 이를 수정하는 것이며, 중대한 오류는 재무제표의 신뢰성을 심각하게 손상할 수 있는 매우 중요한 오류를 말한다. 당기에 발견한 전기 또는 그 이전 기간의 오류는 당기 손익계산서에 영업외손익 중 전기오류수정손익으로 보고한다. 다만, 전기 이전 기간에 발생한 중대한 오류의 수정은 자산, 부채 및 자본의 기초금액에 반영한다. 비교재무제표를 작성하는 경우 중대한 오류의 영향을 받는 회계기간의 재무제표항목은 재작성한다.

여기서 중대한 오류란 재무제표의 신뢰성을 심각하게 손상할 수 있는 매우 중요한 오류를 말한다. 참고로 한국채택국제회계기준에서는 중요한(Material) 오류를 후속기간에 발견하는 경우 이는 전기오류에 해당하며 소급법으로 수정하도록 규정하고 있다. 소급하여 수정하는 경우 ① 비교표시되는 재무제표는 재작성하며 ② 비교표시되는 재무제표의 작성기간 이전이라면 비교표시되는 가장 이른 기간의 재무상태표상 가액을 수정한다. 그리고 중요하지 않은 오류에 대해서는 명시적인 규정을 두지 않고 있다.

결국 '중대한 오류'보다 '중요한 오류'의 범위가 넓으므로, 재무제표를 재작성 하는 빈도는 일반기업회계기준을 적용하는 경우보다 한국채택국제회계기준을 적용하는 경우가 더 많을 것이다.

(주)삼청은 20x1년 1월 1일 기계장치를 1,100,000원에 취득하였다. 동 설비의 내용연수는 10년이며 잔존가치는 100,000원으로 추정하였다. 20x2년부터 회사는 기계설비의 경제적 효익의 소비형태가 바뀌어 정액법 대신 이중체감법을 적용하여 상각하는 것이 타당하다고 판단하였다. 아울러 20x2년 초 시점에서 내용연수는 5년 잔존가치는 50,000원으로 다시 추정하였다. 20x2년에 회사가 손익계산서에 계상할 감가상각비를 계산하라.　　　　　　　　　　　　　　　　　　　　　　　　　　　　　　　　　　　[최신출제유형]

① 100,000원

② 200,000원

③ 300,000원

④ 400,000원

⑤ 500,000원

해설 회계추정의 변경에 해당되므로 전진법을 적용한다.

20x1년 감가상각비는 100,000 = [(1,100,000 − 100,000)/10]이므로 20x1년 말 장부가액은 1,000,000이다.

이중체감법 내용연수 5년 시 상각률은 1/5 × 2 = 0.4

20x2년 감가상각비는 1,000,000 × 0.4 = 400,000이다.

정답 ④

더 알아보기

체감잔액법(정률법, 이중체감법) 감가상각을 적용할 경우 감가상각대상금액이 아니라 기초장부가액에 상각률을 곱하여 감가상각비를 계산해야 하므로 주의를 요한다.

(주)삼청은 20x1년 초에 기계장치에 대한 수선비 ₩100,000을 지출하고 이를 기계장치의 장부금액에 가산하였다. 20x1년 초 해당 기계장치의 잔존내용연수는 5년, 잔존가치는 없으며 정액법으로 상각한다. 회사의 수선비는 발생연도의 비용으로 회계처리하는 것이 타당하며 오류의 금액은 중대하다. 20x1년에 발생한 오류가 20x2년 재무제표가 발행승인되기 전에 발생된 경우 20x2년 재무제표상 당기순이익에 미치는 영향은 얼마인가?

① ₩100,000 감소
② ₩80,000 감소
③ ₩60,000 감소
④ ₩20,000 증가
⑤ ₩40,000 증가

해설

오류사항	20x1	20x2
수익적 지출을 자본적 지출로 처리	−100,000	
감가상각비	+20,000	+20,000
합 계	−80,000	+20,000

정답 ④

더 알아보기

회사의 회계처리는 다음과 같다.

20x1	(차) 기계장치	100,000	(대) 현 금	100,000
	(차) 감가상각비	20,000	(대) 감가상각누계액	20,000
20x2	(차) 감가상각비	20,000	(대) 감가상각누계액	20,000

올바른 회계처리는 다음과 같다.

20x1	(차) 수선비	100,000	(대) 현 금	100,000

그런데 20x1년 손익은 이미 이익잉여금에 반영되어 있으므로 수정분개는 다음과 같다.

	(차) 이익잉여금	80,000	(대) 기계장치	100,000
	감가상각누계액	40,000	감가상각비	20,000

(주)국세는 20x2년도 재무제표를 감사받던 중 몇 가지 오류사항을 지적받았다. 다음 오류사항들을 20x2년도 재무제표에 수정반영할 경우 전기이월이익잉여금과 당기순이익에 각각 미치는 영향은? (단, 오류사항은 모두 중대한 오류로 간주한다. 건물에 대해서는 원가모형을 적용하며 감가상각은 월할계산한다. 또한 20x2년도 장부는 마감되지 않았다고 가정한다)

20x1년 1월 1일	본사 건물을 1,000,000원(잔존가치 0, 정액법 상각)에 취득하였는데 감가상각에 대한 회계처리를 한 번도 하지 않았다. 20x2년 말 현재 동 건물의 잔존내용연수는 8년이다.
20x1년 7월 1일	동 건물의 미래효익을 증가시키는 냉난방설비를 부착하기 위한 지출 190,000원이 발생하였는데 이를 수선비로 처리하였다.
20x1년 4월 1일	가입한 정기예금의 이자수령 약정일은 매년 3월 31일이다. (주)국세는 20x1년 말과 20x2년 말에 정기예금에 대한 미수이자 50,000원을 계상하지 않고 실제 이자를 받은 이자수령일에 수익으로 인식하는 회계처리를 하였다.

	전기이월이익잉여금	당기순이익
①	130,000원 증가	120,000원 감소
②	140,000원 증가	120,000원 감소
③	140,000원 감소	145,000원 감소
④	130,000원 증가	120,000원 증가
⑤	140,000원 감소	120,000원 증가

해설 전기이월이익잉여금 130,000 증가, 당기순이익 120,000 감소

오류사항	20x1	20x2	20x3
건물감가상각비 과소계상	−100,000	−100,000	
자본적 지출의 수익적 지출로의 처리	+190,000		
	−10,000	−20,000	
미수이자 과소계상	+50,000	−50,000	
		+50,000	−50,000
합 계	+130,000	−120,000	

자본적 지출의 감가상각비 190,000 × 1/9.5년 = 연 20,000
20x1년 7월 1일 ~ 12월 31일의 감가상각비는 10,000

정답 ①

제18장 감사보고서

학습전략

이 장은 기업회계기준의 내용이 아니다. 신용분석 시 감사보고서를 검토할 때 숙지해야 할 내용에 대한 것이다. 역시 이론형으로만 출제될 것으로 생각된다.

---

01 감사의견의 종류   핵심개념문제

감사의견에 대한 설명이다. 옳지 않은 것은?

① 감사인과 경영진의 의견불일치가 중요하지 않은 경우는 적정의견이 표명된다.

② 감사범위제한이 특히 중요한 경우 부적정의견이 표명된다.

③ 독립성 위배는 감사의견에 미치는 사항이라기보다 감사계약을 해지하여야 할 사유에 해당한다.

④ 기업회계기준 위배사실이 특히 중요한 경우에는 부적정의견이 표명된다.

⑤ 계속기업의 불확실성이 있는 경우에도 적정의견이 표명될 수 있다.

> **해설** 감사범위제한이 특히 중요한 경우 감사의견은 의견거절이다.
> 감사인과 경영진의 의견불일치는 기업회계기준 위배를 의미하는데 감사인의 판단기준은 기업회계기준이기 때문이다.
>
> **정답** ②

> **더 알아보기**
>
> 적정의견이란 감사범위의 제한을 받지 아니하고 회계감사기준을 준수하여 감사를 실시한 결과 재무제표가 재무보고체계에 따라 공정하게 작성되었다고 판단하는 경우에 감사인이 표명한다.
>
> | 구 분 | 중요하지만 전반적이지 않은 경우 | 중요하며 전반적인 경우 |
> |---|---|---|
> | 재무제표가 중요하게 왜곡표시되는 경우 | 한정의견 | 부적정의견 |
> | 충분하고 적합한 감사증거를 입수할 수 없는 경우 | 한정의견 | 의견거절 |

강조사항에 기록되어야 할 내용이 아닌 것은?

① 예외적인 소송이나 규제조치의 미래 결과에 대한 불확실성
② 한국채택국제회계기준과 같이 재무제표에 전반적인 영향을 미치는 새로운 회계기준을 그 시행일 전에 조기적용 하는 경우
③ 당해 기업의 재무상태에 유의적 영향을 미쳤거나 계속해서 영향을 미치고 있는 주요 재해
④ 주주총회 및 배당결의에 대한 사항
⑤ 계속기업가정이 적절하나 중요한 불확실성이 존재하는 경우

> **해설**   재무제표에 적절하게 표시되거나 공시되어 있지만, 이용자가 재무제표를 이해하는 데 근본이 될 정도로 중요하다고 판단되어 감사인이 이를 언급하여 감사보고서에 포함시킨 문단을 강조사항이라 한다.
>
> **정답** ④

더 알아보기

강조사항문단에 포함할 예

> • 예외적인 소송이나 규제조치의 미래 결과에 대한 불확실성
> • 예를 들어 한국채택국제회계기준과 같이 재무제표에 전반적인 영향을 미치는 새로운 회계기준을 그 시행일 전에 조기적용하는 경우
> • 당해 기업의 재무상태에 유의적 영향을 미쳤거나 계속해서 영향을 미치고 있는 주요 재해
> • 계속기업가정이 적절하나 중요한 불확실성이 존재하는 경우

감사인이 감사보고서에 강조사항문단을 포함시킬 때는 다음과 같이 한다.
(1) 강조사항문단은 의견문단 바로 다음에 기재함
(2) '강조사항' 또는 기타 적절한 제목을 기재함
(3) 강조될 사항 및 이를 상세하게 기술하고 있는 재무제표의 관련 공시의 위치를 명확하게 언급함
(4) 감사의견은 강조된 사항으로 인하여 변형되지 않는다는 점을 명시함

회계감사과정에서 경영자의 주장에 해당하지 않는 것은?

① 실재성

② 완전성

③ 권리와 의무

④ 감사의견

⑤ 기간귀속

해설 　감사의견은 경영진의 주장에 해당하지 않는다.

정답 ④

더 알아보기

경영진의 주장은 다음의 세 가지로 구분할 수 있다.

■ 감사대상기간의 거래 및 사건의 유형에 대한 경영진의 주장
　　발생사실, 완전성, 정확성, 기간귀속, 분류

■ 보고기간 말 계정잔액에 대한 경영진의 주장
　　실재성, 완전성, 권리와 의무, 평가와 배분

■ 표시와 공시에 대한 경영진의 주장
　　발생사실과 권리와 의무, 완전성, 분류와 이해가능성, 정확성과 평가

회계감사기준상 기타사항에 대한 설명으로 올바르지 않은 것은?

① 기타사항문단이란 재무제표에 표시 또는 공시되지 아니한 사항이 감사, 감사인의 책임 또는 감사보고서에 대한 이용자의 이해와 관련성이 있다고 판단되어 감사인이 이를 언급하여 감사보고서에 포함시킨 문단을 말한다.

② 기타사항문단은 의견문단 바로 다음에 기재하되 강조사항문단이 있는 경우에는 강조사항문단 다음에 기재한다.

③ 만약 기타사항문단의 내용이 기타의 보고책임 부분과 관련되어 있으면 감사보고서의 해당 부분에 기재하여야 한다.

④ 계속기업가정이 적절하나 중요한 불확실성이 존재한다는 내용이 기타사항문단에 포함할 수 있다.

⑤ 전기재무제표를 타 감사인이 감사한 경우 비교재무제표에 대한 감사보고가 기타사항문단에 포함될 수 있다.

[해설] ④번 지문은 강조사항문단에 포함되어야 한다.

[정답] ④

> **더 알아보기**
>
> 기타사항문단으로 포함할 수 있는 예
> ① 감사에 대한 이용자의 이해와 관련성이 있는 경우
> ② 감사인의 책임이나 감사보고서에 대한 이용자의 이해와 관련성이 있는 경우
> ③ 하나 이상의 재무제표에 대한 보고
> ④ 감사보고서의 배포나 이용의 제한
> ⑤ 전기재무제표를 타 감사인이 감사한 경우 비교재무제표에 대한 감사보고
> ⑥ 기타정보의 수정이 필요하지만 경영진이 거부한 경우

출제예상문제

제 01 장 | 재무회계와 회계기준

01 다음 중 재무회계의 주된 목적으로 가장 옳은 것은?

① 수탁책임의 이행 여부 평가

② 경영방침 수립 및 계획

③ 내부정보이용자의 경제적 의사결정에 유용한 정보제공

④ 외부정보이용자의 경제적 의사결정에 유용한 정보제공

⑤ 기업의 재무상태와 경영성과 파악

해설 재무회계의 주된 목적은 외부정보이용자의 경제적 의사결정에 유용한 정보를 제공하는 것이다.

02 재무제표와 재무보고에 대한 설명이다. 옳지 않은 것은?

① 재무보고란 기업실체 외부의 다양한 이해관계자의 경제적 의사결정을 위해 경영자가 기업실체의 경제적 자원과 의무, 경영성과, 현금흐름, 자본변동 등에 관한 재무정보를 제공하는 것을 말한다.

② 재무보고는 기업실체의 회계시스템에 근거한 재무제표에 의해 주로 이루어지나 그 외의 수단에 의해서도 재무정보가 제공될 수 있다.

③ 재무제표는 기업실체가 외부정보이용자에게 재무정보를 전달하는 핵심적인 수단으로서 기업실체의 자산, 부채 및 자본과 이들의 변동에 관한 정보를 제공하는 재무보고서로서 주석을 포함한다.

④ 사업보고서는 재무제표와 더불어 기업실체의 재무정보를 제공하는 재무보고 수단의 예이며 일반적으로 비재무정보는 제외된다.

⑤ 주석 외의 공시사항, 경영자의 예측, 기업실체의 사회, 환경적 영향에 대한 설명 등은 재무제표에 제공되지 않는 재무정보(즉 비재무정보)의 예이다.

해설 사업보고서는 재무제표와 더불어 기업실체의 재무정보를 제공하는 재무보고의 수단의 예이며 일반적으로 비재무정보를 포함한다.

03 재무정보의 수요와 공급에 관한 설명이다. 옳지 않은 것은?

① 주식과 투자자는 재무정보의 주된 이용자로 볼 수 있으며 주주와 투자자는 회사의 주인 (Principal)이지만 경영을 대리인(Agent)이라고 할 수 있는 전문경영자에게 위임하고 배당 또는 자본이득을 얻는 데 관심이 있다.

② 정부 및 감독기관도 기업의 재무정보를 필요로 한다.

③ 종업원은 회사의 안전성과 수익성에 관심을 가지며 임금협상을 회사의 경영성과나 재무상태와 관련하여 결정하기로 한 경우 재무정보의 신뢰성과 결과에 관심을 갖게 된다.

④ 경영자가 재무정보에 관심을 갖는 이유는 차입계약을 수익률 또는 자기자본비율과 같은 재무제표 수치에 기초하여 체결하기 때문이며 자신의 보상과 경영성과는 무관한 경우가 대부분이다.

⑤ 고객은 제품보증, 하자보수 등 약정된 서비스를 제공받기 위하여 기업의 존속가능성에 관심을 갖는다. 거래처의 경우 회사의 매입처는 납품대금의 회수가능성을 평가해야 하므로 마찬가지로 기업의 존속가능성에 관심을 갖게 된다.

> **해설** 경영자가 재무정보에 관심을 갖는 이유는 보상계약이나 차입계약을 수익률 또는 자기자본비율과 같은 재무제표 수치에 기초하여 체결하기 때문이다.

기업회계기준

04 재무정보를 요구하는 대표적 집단 중 하나인 채권자에 대한 설명이다. 옳지 않은 것은?

① 채권자는 회사의 재무상태 및 수익성을 검토하여 대출 원금과 이자 또는 외상채권을 적절히 지급 받을 수 있는가를 판단하기 위해 재무제표를 필요로 한다.

② 차입자가 지켜야 할 계약사항(Debt Covenant)을 통해 차입자의 도덕적 해이를 방지한다. 차입자 가 지켜야 할 계약사항을 대출기업이 위반하는 경우 이자율 인상 또는 대출금의 회수와 같은 대출조건을 재조정할 수 있다.

③ 차입자가 지켜야 할 계약사항에는 운전자본의 유지, 배당제한이 명시되기도 한다.

④ 차입자가 지켜야 할 계약사항에는 추가차입의 제한 또는 재무비율 등의 회계수치가 명시되기도 한다.

⑤ 채권자와 차입자의 관계에서 차입자인 회사를 주인, 채권자를 대리인으로 볼 수 있다.

> **해설** 채권자와 차입자는 주인-대리인 관계가 아니다.

05 다음 중 우리나라에서 통용되는 기업회계기준의 개수는?

> (a) 일반기업회계기준
> (b) 한국채택국제회계기준
> (c) 미국회계기준
> (d) 중소기업회계기준

① 1개   ② 2개
③ 3개   ④ 4개
⑤ 0개

해설 우리나라에서 현재 통용되는 3가지 기업회계기준은 한국채택국제회계기준, 일반기업회계기준, 중소기업회계기준이다.

06 일반기업회계기준을 제정하는 기관은 어디인가?

① 한국회계기준원(KAI)
② 국제회계기준위원회
③ 한국공인회계사회
④ 기획재정부
⑤ 금융위원회

해설 일반기업회계기준의 제정기관은 한국회계기준원이다.

07 다음 중 적용이 바르게 짝지워지지 않은 회사는?   최신출제유형

	회 사	상장여부	규 모	회계감사여부	회계기준
①	A	상 장	대기업	감 사	한국채택국제회계기준
②	B	상 장	중소기업	감 사	일반기업회계기준
③	C	비상장	대기업	감 사	한국채택국제회계기준
④	D	비상장	대기업	감 사	일반기업회계기준
⑤	E	비상장	중소기업	비감사	중소기업회계기준

해설 상장회사는 한국채택국제회계기준의 적용이 의무화되어 있다. 비상장회사의 경우에도 한국채택국제회계기준의 적용이 가능하다.

08 한국채택국제회계기준을 적용함에 따라 얻는 이점이 아닌 것은?

① 회계투명성이 개선되어 기업의 자본비용이 낮아진다.

② 국가 간 재무제표의 비교가능성이 크게 개선된다.

③ 국내외 중복 상장된 기업의 재무보고 비용이 감소된다.

④ 국제자본시장에의 접근 및 자본자유화가 용이해진다.

⑤ 한국채택국제회계기준은 규칙중심의 회계기준으로 전문가의 판단을 중시한다.

해설 한국채택국제회계기준은 원칙중심의 회계기준이다.

09 회계원칙제정에 관한 설명이다. 틀린 것은?

① 회계원칙이 누구에 의하여 제정되는가에 따라 자유시장접근법과 규제접근법으로 나뉜다.

② 자유시장접근법에서는 재무정보를 일반재화와 같은 하나의 재화로 간주하여 수요와 공급의 균형에 의해 재무정보가 결정된다는 입장으로 회계원칙에 대한 특별한 규제가 필요하지 않다고 본다.

③ 규제접근법은 재무정보를 공공재로 인식하고 제공된 재무정보의 양이나 질이 사회적 최적상태에 이르지 못하므로 규제기관이 필요하다고 본다.

④ 자유시장접근법이 규제접근법보다 더 많은 지지를 받고 있다.

⑤ 회계원칙을 제정하는 규제기관으로 공공부문과 민간부문이 있는데 현재 우리나라는 금융위원회가 제정권한이 있으나 제정업무를 민간부문인 한국회계기준원에 위임하고 있다.

해설 규제접근법이 자유시장접근법보다 더 많은 지지를 받고 있다.

10 일반기업회계기준에 규정된 재무제표에 해당하지 않는 것은?

① 자본변동표

② 손익계산서

③ 사업보고서

④ 주 석

⑤ 현금흐름표

해설 재무제표는 재무상태표, 손익계산서, 현금흐름표, 자본변동표로 구성되며 주석도 재무제표의 일부로 본다.

11 한국채택국제회계기준(K-IFRS)과 일반기업회계기준과의 차이에 대한 설명이다. 옳지 않은 것은?

최신출제유형

① 재고자산의 후입선출법 평가에 대해 일반기업회계기준은 인정하지만, 한국채택국제회계기준에서는 인정하지 않는다.

② 연결범위에 대해서 일반기업회계기준은 소규모회사에 대한 제외규정이 있으나 한국채택국제회계기준에서는 제외규정이 없다.

③ 영업권에 대해 국제회계기준은 상각하지 않고 손상평가만 하지만 일반기업회계기준은 일정기간 정액상각한다.

④ 일반기업회계기준은 개별재무제표가 주재무제표에 해당하지만 한국채택국제회계기준은 연결재무제표가 주재무제표가 된다.

⑤ 소구권이 있는 매출채권의 할인에 대해 매각으로의 회계처리는 국제회계기준에서는 가능하지만 일반기업회계기준에서는 가능하지 않다.

해설 소구권이 있는 매출채권의 할인에 대해 매각으로의 회계처리는 일반기업회계기준은 가능하지만 한국채택국제회계기준에서는 가능하지 않다.

제 02 장 | 재무회계 개념체계

12 재무보고의 목적과 관련한 설명이다. 옳은 것은?

① 재무회계 개념체계에서는 재무보고의 목적을 개념체계의 최상위 개념으로 다루고 있고 그 목적을 유용한 정보의 제공이라고 밝히고 있다.

② 유용한 정보란 정보이용자에게 합리적 의사결정을 할 수 있도록 해주는 정보라 할 수 있으며 특정한 정보의 유용성은 이용자의 업무특성과 무관하다.

③ 유용한 정보를 내부정보이용자에게 전달하는 핵심적인 수단이 재무제표이다.

④ 재무상태의 변동에 관한 정보는 재무상태변동표, 현금흐름표를 통해 제공한다.

⑤ 주석사항은 재무제표에서 제외된다.

해설 ② 특정한 정보의 유용성은 이용자의 업무특성에 따라 달라진다.
　　　　③ 유용한 정보를 외부정보이용자에게 전달하는 핵심적인 수단이 재무제표이다.
　　　　④ 재무상태의 변동에 관한 정보는 자본변동표, 현금흐름표를 통해 제공한다.
　　　　⑤ 주석사항도 재무제표에 포함된다.

13 회계의 기본가정에 대한 설명이다. 옳지 않은 것은?

① 회계의 기본가정은 회계이론이나 회계실무의 바탕에 깔려있는 묵시적인 전제를 의미한다.

② 회계의 기본가정은 회계의 기본전제 혹은 공준이라고도 한다.

③ 재무제표의 기본가정은 증명가능하다.

④ 일반기업회계기준과 한국채택국제회계기준에서 제시하고 있는 기본가정에는 차이가 있다.

⑤ 계속기업의 가정이란 기업실체가 그 목적과 의무를 이행하기에 충분한 정도로 장기간 존속한다고 가정하는 것을 말한다.

[해설] 증명할 수 없으나 당연한 것으로 전제하는 조건을 말한다.

14 일반기업회계기준의 재무회계 개념체계에서 규정한 재무회계 개념체계의 역할에 대한 설명이다. 옳지 않은 것은?

① 회계기준제정기구가 회계기준을 제정 또는 개정함에 있어 준거하는 재무회계의 개념과 개념의 적용에 관한 일관성 있는 지침을 제공한다.

② 재무제표의 이용자가 회계기준에 의해 작성된 재무제표를 해석하는 데 도움이 되도록 재무제표 작성에 기초가 되는 기본가정과 제 개념을 제시한다.

③ 재무제표의 작성자가 회계기준을 해석·적용하여 재무제표를 작성·공시하거나, 특정한 거래나 사건에 대한 회계기준이 미비된 경우에 적용할 수 있는 일관된 지침을 제공한다.

④ 외부감사인이 감사의견을 표명하기 위하여 회계기준 적용의 적정성을 판단하거나, 특정 거래나 사건에 대한 회계기준이 미비된 경우 회계처리의 적정성을 판단함에 있어서 의견형성의 기초가 되는 일관된 지침을 제공한다.

⑤ 개념체계는 회계기준에 포함되지만 회계처리방법이나 공시에 관한 기준을 정하는 것을 목적으로 하지 않는다. 하지만 개념체계의 내용이 특정 회계기준과 상충되는 경우에는 그 회계기준이 개념체계에 우선한다.

[해설] 개념체계는 회계기준이 아니므로 구체적 회계처리방법이나 공시에 관한 기준을 정하는 것을 목적으로 하지 않는다. 따라서 개념체계의 내용이 특정 회계기준과 상충되는 경우에는 그 회계기준이 개념체계에 우선한다. 개념체계는 회계기준제정기구가 회계기준을 제정 또는 개정함에 있어 지침을 제공하므로 양자 간에 상충되는 사항들은 점차 감소할 것이다.

15 재무제표의 작성자와 이용자에 대한 설명이다. 옳지 않은 것은?

① 기업실체의 경영자는 기업실체 외부의 이해관계자에게 재무제표를 작성하고 보고할 일차적인 책임을 진다.

② 기업실체가 제공하는 재무정보의 이용자는 크게 나누어 투자자, 채권자 그리고 기타 정보이용자로 구분할 수 있다.

③ 채권자는 기업실체에 대해 법적 채권을 가지고 있는 자금대여자 등을 말하며 공급자, 고객, 종업원은 제외된다.

④ 기타 정보이용자는 경영자, 재무분석가와 신용평가기관 같은 정보중개인, 조세당국, 감독·규제기관 및 일반대중 등을 말한다.

⑤ 경영자를 제외한 기타 정보이용자는 투자자 및 채권자와 달리 기업실체에 대해 직접적인 이해관계가 없다.

> **해설** 채권자는 기업실체에 대해 법적 채권을 가지고 있는 자금대여자 등을 말하며 경우에 따라 공급자, 고객, 종업원을 포함한다.

16 일반기업회계기준에서 열거된 재무보고의 목적이 아닌 것은?

① 투자 및 신용의사결정에 유용한 정보의 제공
② 법인소득에 대한 정확한 과세를 위한 유용한 정보의 제공
③ 미래 현금흐름 예측에 유용한 정보의 제공
④ 재무상태, 경영성과, 현금흐름 및 자본변동에 관한 정보의 제공
⑤ 경영자의 수탁책임 평가에 유용한 정보의 제공

> **해설** 법인소득에 대한 정확한 과세를 위한 유용한 정보의 제공은 열거되어 있지 않다.

17 경영자의 수탁책임 평가에 유용한 정보의 제공에 관한 서술이다. 옳지 않은 것은?

① 경영자는 소유주로부터 위탁받은 기업실체의 자원을 적절히 유지하고 효율적으로 운용하여 수익을 창출하여야 하며, 물가변동이나 기술진보 및 사회적 변화에 따라 발생할 수 있는 불리한 경제 상황으로부터 최대한 이 자원을 보전할 책임이 있다. 이러한 책임의 이행 여부에 대해 경영자는 주기적으로 평가받게 된다.

② 기업실체의 경영성과에 대한 정보는 회계이익을 중심으로 측정되며, 경영자의 수탁책임 이행을 평가하는 주된 정보로 사용된다. 그러나 기업실체의 경영성과는 경영자의 능력뿐 아니라 거시경제상황이나 원자재의 가격상승 등 경영자가 통제할 수 없는 요인에 의해서도 영향을 받으므로 재무제표에 근거하여 경영자의 수탁책임 이행을 평가하는 경우 이러한 환경적 요인을 고려하여야 한다.

③ 경영자의 장기적 의사결정의 결과는 상당한 기간이 경과한 후에 그 효과가 나타날 수 있으므로 과거의 경영자의 성과와 현재의 경영자의 성과를 명확히 구분하기 어렵다. 따라서 특정 기간을 대상으로 하는 재무제표는 경영자 수탁책임 이행의 평가를 위한 정보를 충분히 제공하지 못할 수 있다.

④ 회계이익 외의 다른 재무정보는 경영자의 수탁책임 이행의 평가를 위한 정보로 사용될 수 없다.

⑤ 기업실체가 상장된 경우라면, 경영자의 수탁책임은 현재의 주주뿐만 아니라 미래의 주주와 일반 대중에 대한 책임으로까지 확대될 수 있다.

> **해설** 회계이익 외의 다른 재무정보, 예를 들어 현금흐름표에 나타난 정보도 경우에 따라 경영자의 수탁책임 이행의 평가를 위한 정보로 사용될 수 있다.

기업회계기준

18 재무정보의 질적 특성에 대한 설명이다. 옳지 않은 것은?

① 재무정보의 질적 특성이란 재무정보가 유용하기 위해 갖추어야 할 주요 속성을 말하며, 재무정보의 유용성의 판단기준이 된다.

② 재무정보의 질적 특성은 회계기준제정기구가 회계기준을 제정 또는 개정할 때 대체적 회계처리방법들을 비교 평가할 수 있는 판단기준이 된다. 또한, 재무정보의 질적 특성은 경영자와 감사인이 회계정책을 선택 또는 평가하거나, 재무정보이용자가 기업실체가 사용한 회계처리방법의 적절성 여부를 평가할 때 판단기준을 제공한다.

③ 목적적합성과 신뢰성 중 어느 하나가 완전히 상실된 경우 그 정보는 유용한 정보가 될 수 없다.

④ 재무정보의 비교가능성은 목적적합성과 신뢰성만큼 중요한 질적 특성으로서 목적적합성과 신뢰성을 갖춘 정보가 기업실체 간에 비교가능하거나 또는 기간별 비교가 가능할 경우 재무정보의 유용성이 제고될 수 있다.

⑤ 재무정보의 질적 특성은 비용과 효익 그리고 중요성의 제약요인하에서 고려되어야 한다. 회계기준제정기구가 회계기준을 제정 또는 개정할 때에는 재무정보의 제공 및 이용에 소요될 비용이 그 효익보다 작아야 한다.

> **해설** 재무정보의 비교가능성은 목적적합성과 신뢰성만큼 중요한 질적 특성은 아니나, 목적적합성과 신뢰성을 갖춘 정보가 기업실체 간에 비교가능하거나 또는 기간별 비교가 가능할 경우 재무정보의 유용성이 제고될 수 있다.

19 다음의 사항은 재무정보의 질적 특성 중 어느 것과 관련이 깊은가?

> (a) 리스의 법적 형식은 임차계약이지만 리스이용자가 리스자산에서 창출되는 경제적 효익의 대부분을 향유하고 당해 리스자산과 관련된 위험을 부담하는 경우가 있다. 이 경우 리스이용자는 리스자산의 경제적 효익을 향유하는 대가로 당해 자산의 공정가치 상당액 및 관련 금융비용을 지급하는 의무를 부담한다. 이와 같은 리스는 경제적 실질의 관점에서 자산과 부채의 정의를 충족하므로 리스이용자는 리스거래 관련 자산과 부채를 인식하여야 한다.
>
> (b) 어떤 기업실체가 지배·종속관계에 있는 다른 기업실체에 거액의 매출을 한 경우 이와 같은 거래내용이 충실히 공시되지 않는다면, 당해 재고가 외부에 매출되지 않은 경우 매출이나 손익이 과대계상될 수 있으며, 특히 두 기업실체 간에 책정된 가격이 공정하지 않은 경우에는 가공의 손익이 기록된다.

① 표현의 충실성　　　　　　　② 검증가능성
③ 중립성　　　　　　　　　　　④ 중요성
⑤ 목적적합성

해설 표현의 충실성과 관련된 내용이다.

20 일반기업회계기준에서 언급하는 신뢰성의 하부구조로서 짝지어진 것은?

> (a) 표현의 충실성　　　　　　(b) 보수주의
> (c) 검증가능성　　　　　　　　(d) 일관성
> (e) 중립성　　　　　　　　　　(f) 통일성

① (a), (d), (e)　　　　　　　② (a), (d), (e), (f)
③ (b), (c), (f)　　　　　　　④ (a), (c), (e)
⑤ (a), (c), (d), (f)

해설 신뢰성의 하부구조는 표현의 충실성, 검증가능성, 중립성이다.

21 표현의 충실성과 검증가능성에 대한 다음의 설명으로 옳지 않은 것은?

① 검증가능성은 객관성과도 같은 의미이다.

② 객관성은 전문가적인 소양을 갖춘 사람이라면 누가 회계담당자가 되어도 크게 달라지지 않는 회계처리방법을 써야 함을 뜻한다.

③ 물가변동이 심한 시기에 역사적원가로 기록한 자산가치는 표현의 충실성이 결여된 정보이다.

④ 검증가능성이 높다면 표현의 충실성이 보장되지만 고도의 검증가능성을 보유한 측정치라 해서 반드시 목적적합한 것은 아니다.

⑤ 다수의 측정자가 같은 사안에 대해 측정치의 분산도가 밀집할수록 측정치의 검증가능성이 높다.

> **해설** 검증가능성이 높다 해서 표현의 충실성이 보장되는 것은 아니다. 역사적원가의 경우 검증가능성은 높지만 목적 적합한 정보가 되지 못하는 경우가 있다.

22 비교가능성에 대한 설명이다. 옳지 않은 지문은? [최신출제유형]

① 목적적합성과 신뢰성을 갖춘 정보가 기업실체 간에 비교가능하거나 기간별 비교가 가능할 경우 재무정보의 유용성이 제고될 수 있다.

② 기업실체의 재무상태, 경영성과, 현금흐름 및 자본변동의 추세분석과 기업실체 간의 상대적 평가를 위하여 재무정보는 기간별 비교가 가능해야 하고 기업실체 간의 비교가능성도 있어야 한다.

③ 일반적으로 인정되는 회계원칙에 따라 재무제표를 작성하면 재무정보의 기업실체 간 비교가능성이 높아진다. 또한 당해 연도와 과거 연도를 비교하는 방식으로 재무제표를 작성하면 해당 기간의 재무정보에 대한 비교가 가능해진다.

④ 발전된 기업회계기준의 도입은 비교가능성을 저해하므로 가급적 기업회계기준의 개정은 최소한으로 이루어져야 한다.

⑤ 재무정보의 목적적합성과 신뢰성을 높일 수 있는 대체적인 방법이 있음에도 불구하고 비교가능성의 저하를 이유로 회계기준의 개정이나 회계정책의 변경이 이루어지지 않는 것은 적절하지 않다.

> **해설** 비교가능성은 단순한 통일성을 의미하는 것은 아니며, 발전된 회계기준의 도입에 장애가 되지 않아야 한다.

23 재무정보의 질적 특성 간의 절충의 필요에 대한 설명이다. 옳은 지문의 개수는?

> (a) 유형자산을 역사적원가로 평가하면 일반적으로 검증가능성이 높으므로 측정의 신뢰성은 제고
> 되나 목적적합성은 저하될 수 있다.
> (b) 시장성 없는 유가증권에 대해 역사적원가를 적용하면 자산가액 측정치의 검증가능성은 높으나
> 유가증권의 실제 가치를 나타내지 못하여 표현의 충실성과 목적적합성이 저하될 수 있다.
> (c) 정보를 적시에 제공하기 위해 거래나 사건의 모든 내용이 확정되기 전에 보고하는 경우, 목적
> 적합성은 향상되나 신뢰성은 저하될 수 있다.
> (d) 기업실체의 재무상태에 중요한 영향을 미칠 것으로 예상되는 진행 중인 손해배상소송에 대한
> 정보는 목적적합성 있는 정보일 수 있다. 그러나 소송결과를 확실히 예측할 수 없는 상황에서
> 손해배상청구액을 재무제표에 인식하는 것은 신뢰성을 저해할 수 있다.

① 1개   ② 2개
③ 3개   ④ 4개
⑤ 0개

해설 모두 맞는 지문이다.

24 회계에서 말하는 보수주의의 예가 될 수 없는 것은?

① 발생가능성이 높은 우발이익을 자산으로 인식하지 않고 주석으로 보고하는 회계처리
② 미래 경제적 효익의 측정과 관련한 불확실성이 높으므로 광고비를 무형자산으로 인식하지 않고
비용으로 처리하는 회계관행
③ 연구비를 당기에 비용으로 인식하는 회계처리
④ 회계연도 이익을 줄이기 위해서 유형자산의 내용연수를 단축하는 회계처리
⑤ 장기건설공사를 진행하는 중 전체공사에 손실이 예상될 때 해당 총손실액을 즉시 인식하는 회계
처리

해설 회계연도 이익을 줄이기 위해서 유형자산의 내용연수를 단축하는 회계처리는 정당한 회계변경에 해당하지 않는
다. 보수주의는 기업회계기준에서 두 가지 이상의 대체적인 회계처리가 존재할 경우 이익을 적게 계상하는 방향
으로 회계처리하는 것을 말한다.

25 다음 중 비용의 인식에만 적용되는 것은?

① 현금기준   ② 발생기준
③ 수익비용대응원칙   ④ 역사적원가
⑤ 보수주의

해설 비용은 수익비용대응의 원칙에 따라 인식한다.

26 측정기준에 대한 설명으로 옳지 않은 것은?

① 재무제표 구성요소의 측정에는 역사적원가, 공정가치, 사용가치, 상각후가액, 순실현가능가치 등 5가지가 사용된다.

② 일반적으로 자산의 경우 취득 시점에서는 취득원가와 공정가치가 일치한다.

③ 재무상태표 작성의 기본원칙은 역사적원가주의이다. 이는 계속기업가정에 의해 합리화된다.

④ 재고자산의 경우 물가변동이 있으면 역사적원가와 현행원가가 불일치한다.

⑤ 공정가치가 당해 기업실체의 입장에서 인식되는 가치인 데 비해서 기업특유가치는 시장거래에서의 교환가치를 의미한다.

> **해설** 공정가치는 시장거래에서의 교환가치인 데 비해 기업특유가치는 당해 기업실체의 입장에서 인식되는 가치이다.

27 다음의 측정속성 중 현재가치 개념이 적용되지 않는 것의 개수는?

(a) 이행가치	(b) 사용가치
(c) 상각후원가	(d) 순실현가능가치

① 1   ② 2

③ 3   ④ 4

⑤ 0

> **해설** (a) 이행가치와 (d) 순실현가능가치는 현재가치로 측정하지 않는다.

28 일반기업회계기준에서 재무보고를 위한 개념체계에서 재무제표 작성을 위한 기본가정으로 열거하고 있는 것으로 짝지어진 것은 다음 중 무엇인가?

(a) 계속기업	(b) 발생기준
(c) 화폐단위측정	(d) 기간별 보고
(e) 기업실체	

① (a)   ② (a), (b)

③ (a), (d), (e)   ④ (b), (d)

⑤ (a), (b), (c), (d), (e)

> **해설** 일반기업회계기준에서는 (a) 계속기업가정, (d) 기간별 보고가정, (e) 기업실체의 가정을 제시하고 있다. 참고로 한국채택국제회계기준의 재무회계 개념체계에서 회계의 기본가정은 계속기업가정, 단 한 가지뿐이다.

29 일반기업회계기준의 재무회계 개념체계에서 언급하고 있는 목적적합성과 신뢰성의 절충의 필요로 짝지어진 것은?

① 유형자산에 대한 원가모형과 재평가모형

② 유형자산 감가상각 시 정액법과 정률법

③ 선입선출법과 평균법

④ 사채의 이자비용에 대한 유효이자율법과 정액법

⑤ 재고자산평가손실에 대한 직접법과 간접법

> **해설** 유형자산을 역사적원가로 인식하면 일반적으로 검증가능성이 높으므로 측정의 신뢰성은 제고되나 목적적합성은 저하된다.

30 일반기업회계기준에서의 수익기준에 대한 설명이다. 옳지 않은 것을 고르시오.

① 실현기준과 가득기준을 모두 만족한 때 인식한다.

② 실현기준은 수익이 실현되었거나 실현가능한 시점에 인식한다는 기준이다.

③ 가득기준은 기업이 재화의 생산 또는 인도, 용역의 제공 등 의무를 다했을 경우 해당 수익을 가득된 것으로 본다는 기준이다.

④ 선수금을 수익이 아닌 부채로 기록하는 것은 실현기준은 만족되었으나 가득기준이 만족되지 않았기 때문이다.

⑤ 일반적으로 매출을 인식해야 하는 시기는 대금 회수시점이다.

> **해설** 일반적인 수익인식시기는 판매 또는 인도시점이다.

31 다음 중 발생주의에 의한 회계처리에 해당하지 않는 것은?

① 기말에 현금의 실제잔액과 장부상 잔액의 차이를 조정함

② 매출채권에 대한 대손충당금을 계상함

③ 상품의 인도시점에서 상품매출액을 인식함

④ 종업원에 대한 퇴직급여충당부채(퇴직급여충당금)를 계상함

⑤ 건물에 대한 감가상각비를 계상함

> **해설** 현금의 장부상 잔액과 실제 잔액의 차이조정은 발생주의에 해당하지 않는다.

32 일반기업회계기준에서는 재무제표 정보가 유용성을 갖기 위해서는 목적적합성과 신뢰성이 요구된다. 목적적합성과 신뢰성은 경우에 따라 서로 상충될 수 있다. 다음 중 목적적합성을 제고시키는 반면 신뢰성을 저하시키는 항목은 어느 것인가?

① 자산수증이익은 자산의 수증목적에 관계없이 모두 당기이익으로 처리하도록 한다.

② 창업비와 개업비를 자본화하던 것에서 당기비용 처리하도록 한다.

③ 단기매매증권에서 매도가능증권으로 또는 매도가능증권에서 단기매매증권으로 유가증권을 재분류하지 못하도록 한다.

④ 만기보유증권이 아닌 채무증권을 시장성 유무와 관계없이 공정가치로 평가한다.

⑤ 만기보유증권에 대해서는 시가법을 적용하지 않고 상각후취득원가법을 적용한다.

해설 공정가치법은 공정가치 산정에 있어서 주관적 판단이 개입될 수 있으므로 원가법에 비하여 신뢰성이 떨어진다.

33 일반기업회계기준에 따른 재무정보의 질적 특성인 목적적합성과 신뢰성에 대한 설명으로 잘못된 것은?

① 일반적으로 현행원가가 역사적원가에 비하여 목적적합성이 높다.

② 일반적으로 반기재무제표는 연차재무제표에 비하여 목적적합성은 높지만 신뢰성은 낮다.

③ 재무정보의 목적적합성이란 정보를 이용하는 경우와 이용하지 않는 경우를 비교하였을 때 의사결정에 차이가 발생하게 하는 정보의 능력을 의미한다.

④ 재무정보의 신뢰성에는 과거의 의사결정을 확인 또는 수정하도록 해 줌으로써 유사한 미래에 대한 의사결정에 도움을 주는 속성이 포함된다.

⑤ 표현하고자 하는 경제적 현상의 진실치가 그 현상을 나타내는 측정치와 상응하는 정도를 높이면, 재무정보의 신뢰성은 증가한다.

해설 피드백가치에 대한 설명이며, 목적적합성의 하부속성이다.

34 다음 중 재무정보의 목적적합성, 피드백가치, 예측가치에 대한 설명으로 적절하지 않은 것은?

① 목적적합한 정보는 적시성을 전제로 하며 의사결정시점에서 필요한 정보가 제공되지 않으면 목적적합성을 상실하게 된다.

② 기업이 현재 보유하고 있는 자산의 구성내역과 금액에 대한 정보는 향후 사업기회에 대한 대응능력과 위기대처능력을 평가하는 데 유용하다는 측면에서 예측가치를 갖는다.

③ 재무정보가 예측가치를 지니기 위해서는 반드시 미래에 대한 예측정보 그 자체일 필요는 없다.

④ 손익계산서에서 비경상적이고 비반복적인 항목을 구분표시할 경우 손익계산서의 예측가치는 향상될 수 있다.

⑤ 결산재무제표에 나타난 당기순이익 정보는 분기·반기재무제표에 근거하여 투자가가 가지고 있던 기업가치에 대한 전망이나, 기대를 확인·강화시켜준다는 측면에서 예측가치를 지닌다.

해설 예측가치가 아니라 피드백가치에 대한 설명이다.

35 재무회계 개념체계에서 다루지 않는 내용은?

① 재무제표
② 인식과 측정
③ 재무정보의 질적 특성
④ 재무보고의 목적
⑤ 현금주의

해설 현금주의는 재무회계 개념체계에서 다루지 않는다.

36 당해 연도의 결손을 면하기 위해서 재고자산의 평가방법을 총평균법에서 선입선출법으로 변경한 경우 저해되는 질적 특성은?

① 기업 간 비교가능성
② 계속기업
③ 신뢰성
④ 일관성 또는 계속성
⑤ 목적적합성

해설 한 기업의 회계정책의 변경은 일관성 또는 계속성을 위반한 것이다.

37 기업특유가치에 대한 설명으로 옳지 않은 것은?

① 기업의 특유가치는 기업실체가 자산을 사용함에 따라 기업실체의 입장에서 인식되는 현재가치를 말하며, 사용가치라고도 한다.
② 계약상 현금으로 지급하는 부채의 기업특유가치는 현행 유출가치이다.
③ 자산과 부채에 대한 기업특유가치는 당해 기업실체가 그 자산 또는 부채를 계속 사용 또는 보유할 경우 이로부터 기대되는 미래 현금유입 또는 현금유출의 현재가치로 측정된다.
④ 기업특유가치는 현재시점의 가치라는 점에서 공정가치와 공통점이 있다.
⑤ 기업특유가치는 시장거래에서의 교환가치인 데 비해 시장가치는 당해 기업실체의 입장에서 인식되는 가치이다.

해설 시장가치는 시장거래에서의 교환가치인 데 비해 기업특유가치는 당해 기업실체의 입장에서 인식되는 가치이다.

38 자본변동표의 기본요소에 대한 다음 서술 중 옳지 않은 것은?

① 소유주의 투자는 기업실체에 대한 소유주로서의 권리를 취득 또는 증가시키기 위해 기업실체에 경제적 가치가 있는 유무형의 자원을 이전하는 것을 의미하며, 이에 따라 자본이 증가하게 된다.

② 소유주의 투자는 일반적으로 기업실체에 자산을 납입함으로써 이행되나 용역의 제공 또는 부채의 전환과 같은 형태로도 이루어질 수 있다.

③ 기업실체는 소유주의 투자를 통해 영업활동에 필요한 자원을 제공받고, 동시에 소유주는 기업실체의 자산에 대한 청구권을 취득하게 된다.

④ 기업실체의 순자산 증가를 가져오지 않는 소유주 상호 간의 지분거래도 소유주의 투자에 포함된다.

⑤ 자본변동표는 일정기간 동안 발생한 자본의 변동에 대한 정보를 제공하며, 그러한 변동의 원천에는 소유주의 투자와 소유주에 대한 분배, 그리고 포괄이익이 포함된다.

해설 기업실체의 순자산 증가를 가져오지 않는 소유주 상호 간의 지분거래는 소유주의 투자에 포함되지 않는다.

기업회계기준

39 재무제표 기본요소의 인식에 대한 설명이다. 올바른 것은?

① 어떠한 항목을 인식하기 위해서는 '(가) 당해 항목이 재무제표 기본요소의 정의를 충족시켜야 하며, (나) 당해 항목과 관련된 미래 경제적 효익이 기업실체에 유입되거나 또는 유출될 가능성이 높고, (다) 당해 항목에 대한 측정속성이 있으며, 이 측정속성이 신뢰성 있게 측정될 수 있어야 한다'는 기준 모두가 충족되어야 한다.

② 어떠한 항목이 재무제표 기본요소의 정의를 충족하더라도 기업회계기준에서 규정하고 있는 인식 기준이 충족되지 않으면 당해 항목은 재무제표에 표시하지 않는다.

③ 어떤 항목이 신뢰성 있게 측정되기 위해서 그 측정속성의 금액이 반드시 확정되어 있다는 것을 의미한다.

④ 특정 시점에서 인식기준을 충족하지 못하는 항목이 그 이후에 인식기준을 충족하게 되어도 재무제표에 인식하여서는 안 된다.

⑤ 어떤 항목이 인식될 때 기대되는 효익이 그 정보를 제공하고 이용하는 데 소요될 비용보다 클 경우에만 당해 항목에 대한 인식이 정당화될 수 있는 것은 아니다.

해설 ① (나) 당해 항목과 관련된 미래 경제적 효익이 기업실체에 유입되거나 또는 유출될 가능성이 '매우 높고'가 맞는 지문이다.
③ 어떤 항목이 신뢰성 있게 측정되기 위해서 그 측정속성의 금액이 반드시 확정되어 있다는 것을 의미하지는 않으며, 추정에 의한 측정치도 합리적인 근거가 있을 경우 당해 항목의 인식에 이용될 수 있다.
④ 특정 시점에서 인식기준을 충족하지 못하는 항목이 그 이후에 인식기준을 충족하게 되는 경우에는 그 충족하는 시점에서 재무제표에 인식하여야 한다.
⑤ 어떤 항목이 인식될 때 기대되는 효익이 그 정보를 제공하고 이용하는 데 소요될 비용보다 클 경우에만 당해 항목에 대한 인식이 정당화될 수 있다.

40 수익과 비용의 인식에 대한 서술이다. 옳지 않은 것은?

① 수익은 실현되었거나 또는 실현가능한 시점에서 인식한다. 수익은 제품, 상품 또는 기타 자산이 현금 또는 현금청구권과 교환되는 시점에서 실현된다.

② 수익은 그 가득과정이 완료되어야 인식한다. 기업실체의 수익 창출활동은 재화의 생산 또는 인도, 용역의 제공 등으로 나타나며, 수익 창출에 따른 경제적 효익을 이용할 수 있다고 주장하기에 충분한 정도의 활동을 수행하였을 때 가득과정이 완료되었다고 본다.

③ 비용은 경제적 효익이 사용 또는 유출됨으로써 자산이 감소하거나 부채가 증가하고 그 금액을 신뢰성 있게 측정할 수 있을 때 인식한다. 이는 비용의 인식이 자산의 감소나 부채의 증가와 동시에 이루어짐을 의미한다.

④ 과거에 인식한 자산의 미래 경제적 효익이 감소 또는 소멸되거나 경제적 효익의 수반 없이 부채가 발생 또는 증가한 것이 명백한 경우에는 비용을 인식한다.

⑤ 수익은 실현요건과 가득요건 둘 중 하나를 충족하는 시점에서 인식된다.

> **해설** 수익은 실현요건과 가득요건 두 가지 모두를 충족하는 시점에서 인식된다.

제 03 장 | 재무제표

41 재무제표 작성과 표시의 일반원칙에 대한 설명이다. 옳지 않은 것은?

① 경영진은 재무제표를 작성할 때 계속기업으로서의 존속가능성을 평가해야 한다. 경영진이 기업을 청산하거나 경영활동을 중단할 의도를 가지고 있지 않거나, 청산 또는 경영활동의 중단 외에 다른 현실적 대안이 없는 경우가 아니면 계속기업을 전제로 재무제표를 작성한다.

② 재무제표 본문에는 통합하여 표시한 항목이라 할지라도 주석에는 이를 구분하여 표시할 만큼 중요한 항목이 될 수 있다.

③ 중요한 항목은 재무제표의 본문이나 주석에 그 내용을 가장 잘 나타낼 수 있도록 구분하여 표시하며, 중요하지 않은 항목은 성격이나 기능이 유사한 항목과 통합하여 표시할 수 있다.

④ 재무제표가 일반기업회계기준에서 요구하는 사항을 모두 충족하지 않은 경우에는 일반기업회계기준에 따라 작성되었다고 기재하여서는 아니 된다.

⑤ 계속기업으로서의 존속능력에 유의적인 의문이 제기될 수 있는 사건이나 상황과 관련된 중요한 불확실성을 알게 된 경우, 경영진은 계속기업의 기준하에 재무제표를 작성해서는 안 된다.

> **해설** 계속기업으로서의 존속능력에 유의적인 의문이 제기될 수 있는 사건이나 상황과 관련된 중요한 불확실성을 알게 된 경우, 경영진은 그러한 불확실성을 공시하여야 한다.

42 다음 중 재무제표의 작성과 표시에 대한 설명으로 틀린 것은?

① 정상영업주기 내에 판매되는 재고자산은 보고기간종료일부터 1년 이내에 실현되지 않더라도 유동자산으로 분류된다.

② 상계금지의 원칙에 따라 매출채권에 대한 대손충당금은 매출채권에서 직접 차감하여 표시할 수 없다.

③ 손익계산서 작성 시 제조업, 판매업 및 건설업 외의 업종에 속하는 기업은 매출총손익의 구분표시를 생략할 수 있다.

④ 자본은 자본금, 자본잉여금, 자본조정, 기타포괄손익누계액 및 이익잉여금(또는 결손금)으로 구분한다.

⑤ 기업이 채권과 채무를 상계할 수 있는 법적 구속력 있는 권리를 가지고 있고, 채권과 채무를 순액 기준으로 결제하거나 채권과 채무를 동시에 결제할 의도가 있다면 상계하여 표시한다.

해설 매출채권에 대한 대손충당금 등은 해당 자산이나 부채에서 직접 가감하여 표시할 수 있으며, 이는 문단 2.41의 상계에 해당하지 아니한다(일반기업회계기준 2.43).

기출회계기준

43 재무상태표의 유용성과 한계점에 대한 다음의 설명 중 옳지 않은 것은?

① 재무상태표는 유동성에 대한 정보를 제공한다. 유동성이란 자산이 현금으로 실현 또는 전환되는 데 걸리는 시간으로 시간이 짧을수록 유동성이 높다.

② 재무상태표는 재무탄력성에 대한 정보를 제공한다. 재무탄력성이란 현금흐름의 크기나 시기를 효과적으로 조정하여 예상치 못한 자금수요나 투자기회에 대처할 수 있는 능력을 의미한다.

③ 자산의 구성비율은 기업의 자본조달의사결정을 보여주고 부채와 자본의 구성비율은 투자의사결정을 보여준다.

④ 재무상태표는 역사적원가에 의해 자산과 부채를 평가하기 때문에 현행시장가치를 반영하지 못한다.

⑤ 사실상 부채의 성격을 갖는 항목이 재무상태표에 포함되지 않는 부외금융현상이 나타날 수 있다.

해설 자산의 구성비율은 기업의 투자의사결정을 보여주고 부채와 자본의 구성비율은 자본조달의사결정을 보여준다.

44 재무상태표 항목의 구분과 통합표시에 대한 설명이다. 올바른 것은?

① 현금및현금성자산은 통화 및 타인발행수표 등 통화대용증권과 당좌예금, 보통예금 및 큰 거래비용 없이 현금으로 전환이 용이하고 이자율 변동에 따른 가치변동의 위험이 경미한 금융상품으로서 결산일 당시 만기일(또는 상환일)이 3개월 이내인 것을 말한다.

② 자본금은 통합하여 표시하며, 보통주자본금과 우선주자본금의 세부내용은 주석으로 기재한다.

③ 자본조정 중 자기주식, 주식할인발행차금은 별도 항목으로 구분하여 표시한다. 주식선택권, 출자전환채무, 감자차손 및 자기주식처분손실 등은 기타자본조정으로 통합하여 표시할 수 있다.

④ 기타포괄손익누계액은 매도가능증권평가손익, 해외사업환산손익 및 현금흐름위험회피 파생상품 평가손익 등으로 구분하여 표시한다.

⑤ 이익잉여금은 적립금과 미처분이익잉여금(또는 미처리결손금)으로 구분하여 표시한다. 이익잉여금 중 적립금의 세부 내용 및 법령 등에 따라 이익배당이 제한되어 있는 이익잉여금의 내용을 주석으로 기재한다.

해설 ① 현금및현금성자산은 취득 당시 만기일(또는 상환일)이 3개월 이내인 것을 말한다.
② 자본금은 보통주자본금과 우선주자본금으로 구분하여 표시한다. 보통주와 우선주는 배당금 지급 및 청산 시의 권리가 상이하기 때문에 자본금을 구분하여 표시한다.
③ 자본조정 중 자기주식은 별도 항목으로 구분하여 표시한다. 주식할인발행차금, 주식선택권, 출자전환채무, 감자차손 및 자기주식처분손실 등은 기타자본조정으로 통합하여 표시할 수 있다.
⑤ 이익잉여금은 법정적립금, 임의적립금 및 미처분이익잉여금(또는 미처리결손금)으로 구분하여 표시한다. 이익잉여금 중 법정적립금과 임의적립금의 세부 내용 및 법령 등에 따라 이익배당이 제한되어 있는 이익잉여금의 내용을 주석으로 기재한다.

45 손익계산서의 유용성과 한계점에 대한 설명으로 옳지 않은 것은?

① 손익계산서는 과거의 정보이므로 미래 현금흐름에 대한 정보를 제공한다고 볼 수는 없다.

② 손익계산서상 이익은 원가배분이나 대손율 추정에 있어서 작성자의 주관이 개입될 가능성이 크다.

③ 손익계산서상 이익은 대체적 회계처리방법에 의하여 큰 영향을 받기 때문에 이익의 질 문제가 나타난다.

④ 기업의 경영성과를 평가하기 위한 정보를 제공하며 경영성과는 투자자와 채권자뿐만 아니라 경영자에게도 유용한 정보이다.

⑤ 수익은 현행가격, 비용은 역사적원가로 계산되어 이익이 과대계상될 수 있다.

해설 손익계산서는 미래 현금흐름에 대한 정보를 제공한다. 투자자와 채권자는 미래 현금흐름을 잘 예측함으로써 기업의 경제적 가치와 채권의 회수가능성을 판단할 수 있다.

46 손익계산서에 대한 설명으로 옳지 않은 것은?

① 매출원가의 산출과정은 손익계산서 본문에 표시하거나 주석으로 기재한다.

② 매출액은 업종별이나 부문별로 구분표시할 수 있다.

③ 영업외비용은 기업의 주된 영업활동이 아닌 활동으로부터 발생한 비용과 차손으로서, 중단사업 손익에 해당하는 것은 산출 시 제외된다.

④ 중단사업손익이 없을 경우에는 손익계산서에 중단사업손익을 표시할 필요가 없다.

⑤ 차익이란 기업실체의 주요 경영활동을 포함한 부수적인 거래나 사건으로서 소유주의 투자가 아닌 거래나 사건의 결과로 발생하는 순자산의 증가로 정의된다.

> **해설** 차익이란 기업실체의 주요 경영활동을 제외한 부수적인 거래나 사건으로서 소유주의 투자가 아닌 거래나 사건 의 결과로 발생하는 순자산의 증가로 정의된다.

47 (주)삼청의 다음 자료에 의하여 판매비와관리비를 계산하시오.

법인세비용 : 20,000원	당기순이익 : 150,000원
영업외수익 : 80,000원	영업외비용 : 100,000원
매출총이익 : 1,000,000원	

① 810,000원
② 850,000원
③ 900,000원
④ 950,000원
⑤ 1,000,000원

> **해설** 매출총이익 1,000,000원 – 판매비와관리비 ? + 영업외수익 80,000원 – 영업외비용 100,000원 – 법인세비용 20,000원 = 당기순이익 150,000원

48 도소매업만을 영위하는 (주)삼청의 제19기 재무자료이다. 판매비와관리비에 포함될 금액은 얼마 인가?

급여 : 300,000원	기부금 : 10,000원
이자비용 : 30,000원	감가상각비 : 150,000원
접대비 : 40,000원	세금과공과 : 20,000원
지급수수료 : 80,000원	법인세비용 : 40,000원
유형자산처분손실 : 20,000원	

① 540,000원
② 590,000원
③ 620,000원
④ 650,000원
⑤ 700,000원

> **해설** 급여 300,000 + 감가상각비 150,000원 + 접대비 40,000원 + 세금과공과 20,000원 + 지급수수료 80,000원 = 590,000원

49 중단사업의 회계처리에 관한 설명으로 옳지 않은 것은?

① 사업중단에 대한 최초공시사건이 일어나면 사업중단과 직접적으로 관련하여 발생할 것으로 예상되는 사업중단직접비용을 중단사업손익에 포함하고 충당부채로 인식한다.

② 사업중단계획을 승인하고 발표하는 경우에는 일반적으로 중단사업에 속하는 자산에 손상차손이 새로이 발생 또는 추가되거나, 드문 경우이지만 과거에 인식하였던 손상차손의 회복이 수반된다. 따라서, 사업중단계획의 발표시점에서 중단사업에 속하는 자산의 회수가능액을 추정하여 손상차손을 인식하거나 손상전의 장부금액을 한도로 하여 과거에 인식한 손상차손을 환입한다.

③ 중단사업으로 보고된 사업중단계획을 철회한 경우에는 전년도의 사업중단직접비용 및 중단사업자산손상차손을 제외한 중단사업손익을 계속사업의 손익으로 재분류한다.

④ 중단사업으로 보고된 사업중단계획을 철회한 경우에는 전년도의 사업중단직접비용과 중단사업자산손상차손은 계속해서 중단사업손익으로 보고하고, 사업중단계획을 철회하기로 한 기간에 환입하여 중단사업손익으로 보고한다.

⑤ 보고기간종료일과 재무제표가 사실상 확정된 날 사이에 중단사업에 대한 최초공시사건이 발생한 경우에는 기업회계기준서에 규정하는 내용을 주석으로 기재한다. 이때 '재무제표가 사실상 확정된 날'은 정기주주총회 제출용 재무제표가 주주총회에서 최종승인된 날을 말한다.

> **해설** 보고기간종료일과 재무제표가 사실상 확정된 날 사이에 중단사업에 대한 최초공시사건이 발생한 경우에는 기업회계기준서에 규정하는 내용을 주석으로 기재한다. 이때 '재무제표가 사실상 확정된 날'은 정기주주총회 제출용 재무제표가 이사회에서 최종승인된 날을 말하며, 주주총회에 제출된 재무제표가 주주총회에서 수정·승인된 경우에는 주주총회일을 말한다.

50 다음 중 주석으로 기재되어야 할 내용에 포함되지 않는 것은?

① 감사의견과 강조사항

② 재무제표 작성기준 및 유의적인 거래와 회계사건의 회계처리에 적용한 회계정책

③ 일반기업회계기준에서 주석 공시를 요구하는 사항

④ 재무상태표, 손익계산서, 현금흐름표 및 자본변동표의 본문에 표시되지 않는 사항으로서 재무제표를 이해하는 데 필요한 추가 정보

⑤ 재무상태표, 손익계산서, 현금흐름표 및 자본변동표에 인식되어 본문에 표시되는 항목에 관한 설명이나 금액의 세부내역뿐만 아니라 우발상황 또는 약정사항과 같이 재무제표에 인식되지 않는 항목에 대한 추가 정보

> **해설** 감사의견은 감사보고서 본문에 표시된다. 주석은 재무제표의 일부이며 재무제표는 회사의 경영자가 작성책임이 있는 것이므로 감사의견과는 무관하다.

49 ⑤ 50 ① **정답**

51 도소매업만을 영위하는 (주)삼청의 20x4년 회계연도의 재무자료이다. 판매비와관리비에 포함되어 야 할 금액은 얼마인가?

접대비 : 200,000   임차료 : 50,000
외환차손 : 50,000   이자수익 : 10,000
이자비용 : 40,000   유형자산처분이익 : 20,000
개발비 : 250,000   경상개발비 : 300,000
연구비 : 70,000   세금과공과 : 30,000

① 280,000   ② 650,000
③ 740,000   ④ 900,000
⑤ 940,000

해설 판매비와관리비는 상품과 용역의 판매활동 또는 기업의 관리와 유지에서 발생하는 비용으로 급여(임원급여, 급료, 임금 및 제수당을 포함한다), 퇴직급여, 해고급여, 복리후생비, 임차료, 접대비, 감가상각비, 무형자산상각비, 세금과공과, 광고선전비, 연구비, 경상개발비, 대손상각비 등 매출원가에 속하지 아니하는 모든 영업비용을 포함하며, 당해 비용을 표시하는 적절한 항목으로 구분한다. 한편, 빈번하게 발생하는 것은 아니지만 영업활동과 관련하여 비용이 감소함에 따라 발생하는 퇴직급여충당부채환입, 판매보증충당부채환입 및 대손충당금환입 등 은 판매비와관리비의 부(−)의 금액으로 표시한다.
접대비 200,000 + 임차료 50,000 + 경상개발비 300,000 + 연구비 70,000 + 세금과공과 30,000 = 650,000
접대비, 임차료, 경상개발비, 연구비, 세금과공과 → 판매비와관리비

52 현금흐름표의 유용성에 대한 설명으로 옳지 않은 것은?

① 투자활동과 재무활동이 기업의 재무상태에 미치는 영향을 평가하는 데 필요한 정보를 제공한다.
② 기업의 미래현금흐름의 창출능력에 관한 정보를 제공한다.
③ 기업의 배당금지급능력, 부채상환능력, 외부자금조달능력에 관한 정보를 제공한다.
④ 기업의 재무상태와 경영성과를 파악하는 데 필요한 정보를 제공한다.
⑤ 발생기준에 의한 손익계산서는 많은 추정, 가정, 평가가 개입되므로 신뢰성 측면에서 문제가 있다. 현금흐름표는 이러한 문제가 제거되어 신뢰성 높은 정보가 제공되며 순손익과 현금흐름을 비교함으로써 이익의 질을 평가할 수 있다.

해설 기업의 재무상태와 경영성과를 파악하는 데 필요한 정보를 제공하는 것은 재무상태표와 손익계산서이다.

53 현금흐름표에 관한 설명으로서 잘못된 것은?

① 손익계산서와 마찬가지로 발생기준으로 작성된다.

② 현금흐름표 작성방법으로는 직접법과 간접법이 있다.

③ 기업의 배당금지급능력과 채무상환능력을 평가할 수 있다.

④ 일정기간 동안의 현금흐름을 영업활동, 투자활동, 재무활동으로 나누어 표시하는 보고서이다.

⑤ 현금흐름표는 비록 역사적 자료이지만 미래현금흐름의 금액, 시기 및 확실성에 대한 지표로 널리 사용되며 과거에 추정한 미래현금흐름의 정확성을 검증하고 수익성과 현금흐름 간의 관계를 분석하는데 유용하다.

> **해설** 재무상태표와 손익계산서는 발생기준에 근거하여 작성되지만 현금흐름표는 현금기준에 근거하여 작성된다.

54 다음 중 현금흐름표 주석으로 기재되는 현금의 유입과 유출이 없는 거래에 해당하지 않는 것의 개수는?

> (a) 현물출자로 인한 유형자산의 취득　　(b) 유형자산의 연불구입
> (c) 무상증자　　　　　　　　　　　　　(d) 무상감자
> (e) 주식배당　　　　　　　　　　　　　(f) 전환사채의 전환

① 1개　　　　　　　　　　　　　　② 2개

③ 3개　　　　　　　　　　　　　　④ 4개

⑤ 0개

> **해설** 현물출자로 인한 유형자산의 취득, 유형자산의 연불구입, 무상증자, 무상감자, 주식배당, 전환사채의 전환 모두 현금의 유입과 유출이 없는 거래이다.

55 자본변동표에 대한 서술이다. 옳지 않은 것은?

① 자본변동표는 자본의 크기와 그 변동에 관한 정보를 제공하는 재무보고서로서, 자본을 구성하고 있는 자본금, 자본잉여금, 자본조정, 기타포괄손익누계액, 이익잉여금(또는 결손금)의 변동에 대한 포괄적인 정보를 제공한다.

② 자본변동표에는 자본금, 자본잉여금, 자본조정, 기타포괄손익누계액, 이익잉여금(또는 결손금)의 각 항목별로 기초잔액, 변동사항, 기말잔액을 표시한다.

③ 자본잉여금의 변동은 유상증자(감자), 무상증자(감자), 결손금처리 등에 의하여 발생하며, 주식발행초과금과 자기주식처분이익, 기타자본잉여금으로 구분하여 표시한다.

④ 자본조정의 변동은 자기주식은 구분하여 표시하고 기타자본조정은 통합하여 표시할 수 있다.

⑤ 기타포괄손익누계액의 변동은 매도가능증권평가손익, 해외사업환산손익 및 현금흐름위험회피 파생상품평가손익은 구분하여 표시하고 그 밖의 항목은 그 금액이 중요할 경우에는 적절히 구분하여 표시할 수 있다.

> **해설** 자본잉여금의 변동은 유상증자(감자), 무상증자(감자), 결손금처리 등에 의하여 발생하며, 주식발행초과금과 기타자본잉여금으로 구분하여 표시한다.

56 20x1년 12월 31일 현재 (주)삼청의 현금 및 금융기관 관련 자산은 다음과 같다. 회사의 20x1년 12월 31일 재무상태표상의 현금및현금성자산으로 보고해야 할 금액은 얼마인가?

> 현금시재액 50,000원
> 타인발행당좌수표 100,000원
> 보통예금 5,000원
> 정기적금(만기 20x2년 4월 20일 차입금 관련 담보로 제공) 150,000원
> 정기예금(만기 20x2년 6월 30일) 200,000원
> 종업원가불금 150,000원

① 150,000원   ② 155,000원

③ 305,000원   ④ 355,000원

⑤ 505,000원

> **해설** 시재액 50,000 + 타인발행당좌수표 100,000 + 보통예금 5,000 = 155,000
> 정기적금과 정기예금은 취득당시 만기가 3개월 이내의 조건을 만족하지 못하기 때문에 현금성자산으로 분류할 수 없으며 종업원가불금은 단기대여금에 해당한다.

57 다음은 서울회사의 20x3년 12월 31일 결산일 현재의 현금 및 예금 등의 내역이다. 이 자료를 이용하여 현금및현금성자산으로 보고해야 할 금액을 구하시오.

지폐와 동전	₩30,000
수입인지	10,000
당좌개설보증금	80,000
당좌차월	50,000
타인발행수표	30,000
배당금지급통지표	20,000
만기가 2개월 이내인 국공채(20x3 12/1 취득)	150,000
양도성 예금증서(20x3 11/15 취득, 90일 만기)	500,000
기일이 도래한 공채이자표	10,000
일반적 상거래상의 선일자수표	200,000
환매채(20x3 11/1 취득한 120일 환매조건)	300,000
정기적금(2년 후 만기도래)	400,000
정기적금(1년 이내 만기도래)	300,000

① ₩540,000   ② ₩550,000

③ ₩740,000   ④ ₩750,000

⑤ ₩1,240,000

> **해설** 30,000(지폐와 동전) + 30,000(타인발행수표) + 20,000(배당금지급통지표) + 150,000(만기가 2개월 이내인 채권) + 500,000(90일 만기 양도성 예금증서) + 10,000(기일이 도래한 공채이자표) = 740,000

58 (주)태양은 고객에게 상품을 판매하고 그 대가로 액면금액 35,000,000원, 만기 90일, 이자율 9%인 약속어음을 수령하였다. 회사는 이 어음을 60일간 보유한 후 사업자금이 급히 필요하여 거래은행에서 연 12%의 이자율로 할인하였다. 그 결과 당해 어음과 관련된 모든 실질적인 관리와 의무는 거래은행에 이전되었고 이는 금융자산 제거조건을 모두 충족한 것이다. 다음 중 어음의 할인과 관련한 설명으로 옳은 것은? (단, 1년은 360일로 가정한다)

① 현금 계정 차변에 35,787,500원을 계상한다.
② 받을어음 계정 대변에 35,429,625원을 계상한다.
③ 이자수익 700,000원을 계상한다.
④ 매출채권처분손실 95,375원을 계상한다.
⑤ 미수이자 계정 차변에 700,000원을 계상한다.

해설

(차) 미수이자	525,000	(대) 이자수익	525,000
		(= 35,000,000 × 9% × 60/360)	
(차) 현 금	35,429,625*	(대) 매출채권	35,000,000
매출채권처분손실	95,375 plug	미수이자	525,000

*만기 시 원리금 35,000,000 + 35,000,000 × 9% × 90/360 = 35,787,500
  35,787,500 × 12% × 30/360 = 357,875
따라서 회사의 현금 수취금액은 35,787,500 − 357,875 = 35,429,625

59 대손충당금 과소설정이 재무제표에 미치는 영향으로 옳은 지문의 개수는? 최신출제유형

> (a) 자산의 과대계상
> (b) 부채의 과소계상
> (c) 부채의 과대계상
> (d) 당기순이익의 과대계상

① 1개   ② 2개
③ 3개   ④ 4개
⑤ 0개

해설 대손충당금 과소설정 시 자산의 과대계상과 당기순이익의 과대계상이 일어난다.

60 20X8년 중 대손충당금의 변동내역은 아래와 같다(회계기간 20X8년 1월 1일 ~ 20X8년 12월 31일). 이에 대한 설명으로 옳지 않은 것은? <u>최신출제유형</u>

대손충당금			
대손확정액	250,000원	기초잔액	350,000원
기말잔액	300,000원	대손상각비	200,000원

① 20X8년 말 대손충당금 잔액은 300,000원이다.

② 20X7년 말 대손충당금 잔액은 350,000원이다.

③ 20X8년 손익계산서에 표시되는 대손상각비는 200,000원이다.

④ 20X8년 중 실제 대손발생액은 200,000원이다.

⑤ 20X8년 중 매출채권과 상계된 대손충당금은 250,000이다.

해설 실제 대손발생액은 충당금과 상계한 250,000원이다.

61 다음 자료를 이용하여 상품판매기업인 (주)대구의 사업연도 말 재무상태표에 표시될 매출채권은 얼마인가?

1) 당기 매출총이익은 1,800,000원이다.
2) 당기 재고자산은 150,000원 증가하였다.
3) 전기 말 매출채권 잔액은 800,000원이다.
4) 당기 매출채권 회수액은 2,600,000원이다.
5) 당기 상품매입액은 2,500,000원이다.
6) 당기 현금매출액은 750,000원이다.
7) 현금매출액을 제외하고는 모두 외상매출이고, 대손상각은 고려하지 않기로 한다.

① 2,350,000원   ② 1,750,000원

③ 1,650,000원   ④ 1,450,000원

⑤ 1,600,000원

해설 • 매출원가 = 2,500,000원 − 150,000원 = 2,350,000원
• 매출액 = 2,350,000원 + 1,800,000원 = 4,150,000원
• 외상매출액 = 4,150,000원 − 750,000원 = 3,400,000원
• 기말매출채권 = 800,000원 + 3,400,000원 − 2,600,000원 = 1,600,000원

기업회계기준

62 매출채권의 제거요건에 해당하지 않는 것은?

① 양도인은 매출채권 양도 후 당해 매출채권에 대한 권리를 행사할 수 없을 것

② 양수인은 양수한 매출채권을 처분할 자유로운 권리를 갖고 있을 것

③ 양도인은 매출채권 양도 후에 효율적인 통제권을 행사할 수 없을 것

④ 양수인에게 상환청구권이 없을 것

⑤ 양도인이 파산 또는 법정관리 등에 들어갈 지라도 양도인 및 양도인의 채권자는 양도한 금융자산에 대한 권리를 행사할 수 없을 것

해설 상환청구권 유무로 양도에 대한 판단을 하는 것은 아니다.

제 05 장 | 재고자산

63 재고자산에 관한 서술이다. 올바른 것은?

① 재고자산은 일반적으로 기업의 총자산에서 차지하는 비중과 금액이 크므로 기말 재고자산의 평가에 따라 매출원가와 재무상태에 직접적인 영향을 받게 된다.

② 재고자산이란 정상적인 영업과정에서 판매 또는 사용목적으로 보유하는 자산을 의미한다.

③ 일반적으로 호경기에는 재고자산 회전율이 낮아진다.

④ 재고자산회전율이 낮은 경우 판매기회 상실로 인한 기회비용이 발생할 가능성이 크다.

⑤ 재고자산은 업종별로 유형이 달라지지 않는다.

해설 ② 영업과정에서 사용목적으로 보유하는 자산은 유형자산이다.
③ 일반적으로 호경기에는 재고자산회전율이 높아진다.
④ 재고자산회전율이 높은 경우 판매기회 상실로 인한 기회비용이 발생할 가능성이 크다.
⑤ 재고자산은 부동산매매업, 금융업 등의 업종별로 유형이 달라진다.

64 다음의 재고자산의 단위원가를 결정하는 방법 중 수익비용의 대응이 가장 정확한 방법은 무엇인가?

① 후입선출법

② 선입선출법

③ 총평균법

④ 개별법

⑤ 이동평균법

해설 개별법은 재고자산별로 매입원가 등을 결정하는 방법이므로 수익비용대응에 가장 정확하다.

65 다음 중 판매자의 재고자산에 포함되지 아니하는 것은?

① 상대방이 구매의사를 표시하지 아니한 시용판매 상품

② 위탁판매로 수탁자가 창고에 보관 중인 상품

③ 장기할부 판매계약으로 계약금만 수령하고 인도한 상품

④ 상품권 판매액에 상응하는 상품으로서 결산일 현재 상품으로 교환되지 아니한 상품

⑤ 도착지 인도조건으로 판매한 상품으로 결산일 현재 운송 중인 상품

해설 재화가 인도되었으므로 매수자의 재고자산에 해당한다.

66 (주)대한이 실지재고조사법으로 재고자산을 실사한 결과 20X1년 말 현재 창고에 보관하고 있는 재고자산의 실사금액은 ₩5,000,000으로 집계되었다. 추가 자료는 다음과 같다.

> (1) 20X1년 10월 1일 (주)대한은 (주)서울에 원가 ₩500,000의 상품을 인도하고, 판매대금은 10월 말부터 매월 말일에 ₩200,000씩 4개월에 걸쳐 할부로 수령하기로 하였다.
>
> (2) (주)대한은 20X1년 11월 1일에 (주)충청과 위탁판매계약을 맺고 원가 ₩2,000,000의 상품을 적송하였다. (주)충청은 20X1년 말까지 이 중 60%만을 판매완료하였다.
>
> (3) 20X1년 말 (주)대한은 (주)경기에 원가 ₩1,200,000의 상품을 ₩1,600,000에 판매 즉시 인도하면서, 20X2년 말 (주)경기가 (주)대한에게 동 상품을 ₩1,800,000에 재매입하는 약정을 체결하였다.
>
> (4) 20X1년 12월 1일에 (주)대한은 제품재고가 없어 생산 중인 제품에 대한 주문을 (주)강원으로부터 받아 이를 수락하고 동 제품에 대한 판매대금 ₩1,500,000을 전부 수령하였다. 20X1년 말 현재 동 제품은 생산이 완료되었으며 (주)대한은 이를 20X2년 1월 5일에 (주)강원에 인도하였다. 동 제품의 제조원가는 ₩1,000,000이고 실사금액에 포함되어 있다.

추가 자료의 내용을 반영하면 (주)대한의 20X1년 말 재무상태표에 보고될 재고자산은 얼마인가?

① ₩4,800,000   ② ₩5,200,000

③ ₩6,000,000   ④ ₩6,200,000

⑤ ₩7,000,000

해설 5,000,000 + (2) 적송품 2,000,000 × 40% + (3) 재구매조건부상품 1,200,000 = 7,000,000
(1) 이미 인도한 상품이므로 기말재고에 영향이 없다.
(4) 인도 전 제품으로 실사금액에 포함되어 있고, 매출은 20X2년에 인식하므로 기말재고에 영향이 없다.

67 물가상승 시 원가흐름에 대한 설명으로 올바른 것은? (단, 기말재고수량이 기초재고수량보다 크다) 최신출제유형

① 기말재고자산 : 선입선출법 > 총평균법 > 이동평균법 > 후입선출법
② 매출원가 : 선입선출법 > 이동평균법 > 총평균법 > 후입선출법
③ 당기순이익 : 선입선출법 < 총평균법 < 이동평균법 < 후입선출법
④ 법인세비용 : 선입선출법 > 총평균법 > 이동평균법 > 후입선출법
⑤ 영업이익 : 선입선출법 > 이동평균법 > 총평균법 > 후입선출법

> **해설** 기말재고자산, 영업이익, 법인세비용, 당기순이익은 같은 방향이며, 매출원가는 반대방향이다. 이동평균법은 선입선출법적인 요소가 가미되어 있기 때문에 순수한 평균법인 총평균법보다는 선입선출법 쪽에 가깝다.
> 기말재고자산, 영업이익, 법인세비용, 당기순이익 : 선입선출법 > 이동평균법 > 총평균법 > 후입선출법
> 매출원가 : 선입선출법 < 이동평균법 < 총평균법 < 후입선출법

68 (주)서울은 재고자산에 대해 가중평균법을 적용하고 있다. 실지재고조사법 또는 계속기록법을 적용하였다고 가정할 경우 다음의 자료를 이용한 2월의 재고자산은 각각 얼마인가? 최신출제유형

일 자	적 요	수량(개)	단 가	금액(단위 : 원)
2월 1일	기초재고	1,000	10	10,000
2월 10일	매 입	2,000	11	22,000
2월 20일	매 출	(2,000)		
2월 25일	매 입	1,000	12	12,000
2월 28일	기말재고	2,000		

	실지재고조사법	계속기록법
①	22,000	21,333
②	21,000	21,000
③	21,000	22,000
④	23,000	21,333
⑤	22,000	22,667

> **해설** (1) 실지재고조사법(총평균법)
> 1,000 × @10 = 10,000
> 2,000 × @11 = 22,000
> <u>1,000 × @12 = 12,000</u>
> 4,000 × @? = 44,000   단가 11 → 기말재고 2,000 × @11 = 22,000
> (2) 계속기록법(이동평균법)
> 1,000 × @10 = 10,000
> <u>2,000 × @11 = 22,000</u>
> 3,000 × @? = 32,000   단가 10.6667 → 매출원가 2,000 × @10.6667 = 21,333
> 기말재고 44,000 − 21,333 = 22,667

69 재고자산의 원가흐름의 가정에 대한 서술이다. 올바른 것은?

① 성격이나 용도 면에서 유사한 재고자산뿐만 아니라 차이가 있는 재고자산에도 동일한 단위원가 결정방법을 적용하여야 한다.

② 원가흐름의 가정은 실제의 물량흐름과 일치하는 방법을 적용해야 한다.

③ 상호 교환될 수 없는 재고항목이나 특정 프로젝트별로 생산되는 제품이나 서비스원가는 개별법을 사용하고 개별법의 적용이 부적합한 경우에는 선입선출법, 가중평균법, 후입선출법을 사용한다.

④ 가중평균법에 계속기록법을 적용하는 경우를 총평균법, 실지재고조사법을 적용하는 경우 이동평균법이 된다.

⑤ 일반기업회계기준에서는 후입선출법 재고청산문제로 인해 후입선출법의 사용을 금지하고 있다.

> **해설** ① 성격과 용도 면에서 유사한 재고자산에는 동일한 단위원가 결정방법을 적용하여야 하며 성격이나 용도 면에서 차이가 있는 재고자산에는 서로 다른 단위원가 결정방법을 적용할 수 있다.
> ② 일반적으로 원가흐름의 가정은 실제 물량흐름과 일치하지 않는다.
> ④ 가중평균법에 계속기록법을 적용하는 경우를 이동평균법, 실지재고조사법을 적용하는 경우 총평균법이 된다.
> ⑤ 일반기업회계기준에서는 후입선출법이 허용된다. 해당 지문은 한국채택국제회계기준에 대한 서술이다.

70 재고자산의 시가가 취득원가보다 하락한 경우에는 저가법을 사용하여 재고자산의 장부금액을 결정한다. 저가법을 적용할 수 있는 사유에 해당하지 않는 것은?

① 손상을 입은 경우

② 보고기간 말로부터 1년 또는 정상영업주기 내에 판매되지 않았거나 생산에 투입할 수 없어 장기체화된 경우

③ 원재료를 투입하여 완성할 제품의 시가가 원가보다 높은 경우

④ 진부화하여 정상적인 판매시장이 사라지거나 기술 및 시장 여건 등의 변화에 의해서 판매가치가 하락한 경우

⑤ 완성하거나 판매하는 데 필요한 원가가 상승한 경우

> **해설** 원재료를 투입하여 완성할 제품의 시가가 원가보다 높은 때는 원재료에 대하여 저가법을 적용하지 아니한다.

정답 69 ③ 70 ③

71 재고자산 저가법의 적용에 대한 설명이다. 옳지 않은 것은?

① 재고자산 평가를 위한 저가법은 항목별로 적용하므로, 저가법은 총액기준으로 적용할 수 없다.

② 재고항목이 유사한 목적 또는 용도를 갖는 동일한 제품군으로 분류되고, 동일한 지역에서 생산되어 판매되며, 그 제품군에 속하는 다른 항목과 구분하여 평가하는 것이 사실상 불가능한 경우 서로 유사하거나 관련있는 항목들을 통합하여 적용하는 것이 적절할 수 있다.

③ 재고자산의 평가에 있어서 저가법을 서로 유사하거나 관련있는 항목들을 통합하여 적용하는 경우에는 계속성을 유지하여야 한다.

④ 재고자산을 저가법으로 평가하는 경우 재고자산의 시가는 순실현가능가치를 말한다. 생산에 투입하기 위해 보유하는 원재료의 현행대체원가는 순실현가능가치에 대한 최선의 이용가능한 측정치가 될 수 있다. 다만, 원재료를 투입하여 완성할 제품의 시가가 원가보다 높을 때는 원재료에 대하여 저가법을 적용하지 아니한다.

⑤ 저가법을 적용하여 소매재고법을 사용하는 경우에는 원가율을 계산할 때 가격인하를 매출가격에 의한 판매가능액에서 차감한다.

> 해설　저가법을 적용하여 소매재고법을 사용하는 경우에는 원가율을 계산할 때 가격인하를 매출가격에 의한 판매가능액에서 차감하지 아니한다.

72 (주)대한의 20x1년도 재고자산(상품A)과 관련된 자료가 다음과 같을 때 20x1년도에 매출원가, 감모손실, 평가손실로 인식할 비용의 합계액은?

> (1) 기초재고 700,000(재고자산평가충당금 0)
> (2) 매입액 6,000,000
> (3) 매출액 8,000,000
> (4) 기말재고 : 장부수량 3,000개, 개당 취득원가 200
> 　　　　　　　 실사수량 2,500개, 개당 순실현가능가치 240
> 　　　　　　　 재고자산 감모분 중 50%는 정상적인 것으로 판단되었다.

① 6,000,000　　　　　　　　　② 6,050,000

③ 6,100,000　　　　　　　　　④ 6,150,000

⑤ 6,200,000

> 해설　문제에서 비용합계를 요구하고 있으므로 감모손실에서 정상, 비정상분의 구분은 필요 없다. 취득단가보다 순실현가능가치(NRV ; Net Realizable Value)가 더 크므로 재고자산평가손실은 인식하지 않는다.

장부상수량 × @취득단가	수량차이	실제수량 × @취득단가	가격차이	실제수량 × @min(취득단가, NRV)
3,000개 × @200 = 600,000		2,500개 × @200 = 500,000		2,500 × @200(= min(200, 240)) = 500,000
	* 100,000U		− (∵저가법)	

> 기말재고 = min(취득원가, 순실현가능가치) = min(3,000개 × @200, 2,500개 × @200) = 500,000
> 당기비용의 합계액 = 기초재고 700,000 + 매입액 6,000,000 − 기말재고 500,000 = 6,200,000

73 ㈜한국의 20x1년 말 재고자산의 취득원가는 200,000, 순실현가능가치는 160,000이다. 20x2년 중 재고자산을 1,600,000에 매입하였다. 20x2년 말 장부상 재고자산 수량은 200단위지만 재고실사 결과 재고자산 수량은 190단위(단위당 취득원가 2,200, 단위당 순실현가능가치 1,900)였다. 회사는 재고자산으로 인한 당기비용 중 재고자산감모손실을 제외한 금액을 매출원가로 인식할 때 20x2년 매출원가는? (단, 20x1년 말 재고자산은 20x2년에 모두 판매되었다) 최신출제유형

① ₩1,377,000

② ₩1,394,000

③ ₩1,399,000

④ ₩1,417,000

⑤ ₩1,421,000

해설

재고자산(20x2)

기 초	200,000	매출원가	1,360,000 plug
당기구입액	1,600,000	기 말	440,000
	1,800,000		1,800,000

재고자산평가손실 반영 전 매출원가 = 기초 200,000 + 당기매입 1,600,000 − 기말 440,000 = 1,360,000

장부수량 × 취득단가	수량차이	실제수량 × 취득단가	가격차이	실제수량 × min(취득단가, NRV)
200 × 2,200 = 440,000		190 × 2,200 = 418,000		190 × min(2,200, 1900) = 361,000
	22,000U		57,000U	

재고자산평가충당금(20x2)

		기 초	40,000*
기 말	57,000	매출원가	17,000 plug

*20x1년 말(= 20x2년 초) 재고자산의 취득원가는 200,000, 순실현가능가치는 160,000이므로 재고자산평가충당금 40,000이 설정되어 있어야 한다. 20X2년 중 17,000을 추가로 매출원가로 인식해야 한다.(재고자산감모손실은 매출원가에서 제외된다고 제시되어 있음)

∴ 1,360,000 + 17,000 = 1,377,000

기업회계기준

74 다음 재무제표의 일부를 보고 당기 재고자산의 당기매입액을 구하시오.

구 분	당기말	전기말
재고자산	200	100

구 분	당기말	전기말
매출액	800	700
매출총이익	100	150

① 700

② 750

③ 800

④ 850

⑤ 900

해설

재고자산

기 초	100	매출원가	700*
매 입	800 plug	기 말	200
	900		900

*매출액 800 − 매출원가 ? = 매출총이익 100 → 매출원가 = 700

75 (주)부산의 2015년 기말재고자산 내역이 다음과 같을 때, 2015년 매출총이익에 미치는 영향을 바르게 설명한 것은?

- 장부상 재고자산 : 500개
- 단위당 원가 : 1,000원(시가 900원)
- 조사에 의한 실제재고수량 : 400개
- 재고감모손실의 10%는 비정상적 발생

① 매출총이익이 40,000원 감소한다.

② 매출총이익이 90,000원 감소한다.

③ 매출총이익이 130,000원 감소한다.

④ 매출총이익이 140,000원 감소한다.

⑤ 매출총이익의 변동이 없다.

해설 재고자산감모손실(정상분) : 100개 × 1,000원 × 90% = 90,000원
재고자산평가손실 : (1,000원 − 900원) × 400개 = 40,000원
매출원가에 영향을 주는 것은 재고자산감모손실 정상분과 재고자산평가손실 금액의 합계이다.

76 12월 31일 결산일 현재 실지재고조사에 따른 창고재고액은 5,000,000원이다. 다음의 추가사항을 고려하여 정확한 기말재고자산을 계산하면? 최신출제유형

- 결산일 현재 시송품 800,000원 중 50%는 매입자의 매입의사표시가 있었다.
- 매입한 상품 중 도착지 인도기준에 의한 운송 중인 상품이 300,000원 있다.
- 결산일 현재 위탁판매를 위한 수탁자가 보관 중인 미판매 상품이 500,000원 있다.
- 결산일 현재 장기할부판매액 500,000원 중 40%는 할부대금이 미회수 중이다.

① 5,700,000원 ② 5,900,000원
③ 6,600,000원 ④ 6,800,000원

해설
- 시송품 중 매입자가 매입의사를 표시하기 전 금액은 재고자산에 포함한다.
- 미착품 중에서 도착지 인도기준인 운송 중인 상품은 재고자산에서 제외한다.
- 적송품 중 수탁자가 제3자에게 판매하기 전 금액은 재고자산에 포함한다.
- 할부판매액은 대금회수에 관계없이 판매시점에 재고자산에서 제외한다.
- 기말재고자산 = 5,000,000원 + 800,000원 × (1 − 50%) + 500,000원 = 5,900,000원

제 06 장 | 유가증권

77 다음 단기매매증권을 기말에 공정가치법으로 평가할 경우 옳은 분개는?

구 분	취득원가	공정가치
주식A	450,000	300,000
주식B	1,100,000	850,000

① (차) 단기매매증권평가손실   150,000   (대) 단기매매증권   150,000
      (당기손익)

② (차) 단기매매증권   400,000   (대) 단기매매증권평가이익   400,000
                                                       (당기손익)

③ (차) 단기매매증권평가손실   400,000   (대) 단기매매증권   400,000
      (당기손익)

④ (차) 단기매매증권평가손실   400,000   (대) 단기매매증권   400,000
      (기타포괄손익)

⑤ (차) 단기매매증권평가손실   250,000   (대) 단기매매증권   250,000
      (당기손익)

해설 단기매매증권의 취득원가는 1,550,000이고 공정가치는 1,150,000이므로 단기매매증권평가손실 400,000이 발생된다. 단기매매증권평가손익은 당기손익에 해당한다.

78 (주)관악자동차는 20x2년 중에 취득하여 12월 31일 현재 다음과 같은 주식을 보유하고 있다. 올바른 지문을 고르시오.

종 목	취득원가(원)	공정가치(원)	시장성여부	보유예정기간	지분율
(주)서초통신	155,780	175,000	있 음	2개월	15%
(주)방배전자	213,540	184,000	있 음	3년	10%
(주)사당식품	204,000	241,350	있 음	2년	40%
(주)봉천텔레콤	520,000	–	없 음	2년	5%

① 230,460원의 매도가능증권평가이익을 자본항목으로 계상한다.
② 10,320의 단기매매증권평가손실을 당기순이익에 포함시킨다.
③ 29,540원의 매도가능증권평가손실을 당기순이익에 포함시킨다.
④ 19,220원의 단기매매증권평가이익을 당기순이익에 포함시킨다.
⑤ 14,940원의 지분법이익을 당기순이익에 포함시킨다.

해설 (주)서초통신의 단기매매증권평가이익 175,000 - 155,780 = 19,220(당기손익)
(주)방배전자의 매도가능증권평가손실 213,540 - 184,000 = 29,540(기타포괄손익)
(주)봉천텔레콤은 시장성 없으므로 원가법 적용
(주)사당식품은 지분율이 20% 이상이므로 지분법 적용

79 주식 100주(액면 @5,000)를 주당 ₩6,000에 단기매매목적으로 매입하고 이 중 40주를 @₩7,000에 현금으로 매각하였다. 단기매매증권 처분 시 올바른 분개는?

① (차) 현 금 280,000 (대) 단기매매증권 260,000
　　　　　　　　　　　　　　　　단기매매증권처분이익 20,000

② (차) 현 금 280,000 (대) 단기매매증권 240,000
　　　　　　　　　　　　　　　　단기매매증권처분손실 40,000

③ (차) 현 금 280,000 (대) 단기매매증권 240,000
　　　　　　　　　　　　　　　　단기매매증권처분이익 40,000

④ (차) 현 금 280,000 (대) 단기매매증권 260,000
　　　　　　　　　　　　　　　　단기매매증권처분손실 20,000

⑤ (차) 현 금 280,000 (대) 단기매매증권 200,000
　　　　　　　　　　　　　　　　주식발행초과금 40,000
　　　　　　　　　　　　　　　　단기매매증권처분이익 40,000

해설 (1) 처분한 주식의 취득가액　40주 × @₩6,000 = ₩240,000
(2) 처분가액　40주 × @₩7,000 = ₩280,000
(2) - (1) = ₩40,000

80 유가증권의 분류와 후속 측정에 대한 설명이다. 옳지 않은 것은?

① 유가증권은 취득한 후에 만기보유증권, 단기매매증권, 매도가능증권 중의 하나로 분류한다.

② 만기가 확정된 채무증권으로서 상환금액이 확정되었거나 확정이 가능한 채무증권을 만기까지 보유할 적극적인 의도와 능력이 있는 경우에는 만기보유증권으로 분류한다.

③ 단기매매증권과 매도가능증권은 공정가치로 평가한다. 다만, 매도가능증권 중 시장성이 없는 지분증권의 공정가치를 신뢰성있게 측정할 수 없는 경우에는 취득원가로 평가한다.

④ 지분증권 및 만기보유증권으로 분류되지 아니하는 채무증권은 만기보유증권, 단기매매증권, 매도가능증권 중의 하나로 분류한다.

⑤ 만기보유증권은 상각후원가로 평가하여 재무상태표에 표시한다. 만기보유증권을 상각후원가로 측정할 때에는 장부금액과 만기액면금액의 차이를 상환기간에 걸쳐 유효이자율법에 의하여 상각하여 취득원가와 이자수익에 가감한다.

해설 지분증권 및 만기보유증권으로 분류되지 아니하는 채무증권은 단기매매증권과 매도가능증권 중의 하나로 분류한다.

81 일반기업회계기준에 따른 유가증권의 회계처리에 대한 설명이다. 옳지 않은 것은?

① 시장성 없는 주식은 취득원가로 평가한다.

② 주식배당을 받은 경우는 영업외수익으로 회계처리한다.

③ 무상증자는 수익으로 회계처리하지 않는다.

④ 지분법을 적용하게 되면 현금배당금 수령 시 수익으로 인식하지 아니하고 출자금의 반환으로 회계처리한다.

⑤ 중소기업 회계처리 특례에 따르면 시장성이 없는 지분증권에 손상차손누계액이 있는 경우 이를 차감한 금액으로 측정한다.

해설 ② 주식배당을 받은 경우는 수익으로 인식하지 않는다.
⑤ 시장성이 없는 지분증권은 취득원가를 장부금액으로 할 수 있다. 다만, 손상차손누계액이 있는 경우에는 취득원가에서 이를 차감한다.

82 유가증권의 분류에 대한 설명이다. 바르게 연결된 것은?

① 단기매매증권 – 단기간의 매매차익을 목적으로 매수매도가 적극적이고 빈번함 – 공정가치평가 (평가손익은 당기손익) – 투자자산으로 분류

② 만기보유증권 – 만기상환금액이 확정되고 만기까지 보유의도와 능력이 있음 – 공정가치평가 – 원칙적으로 투자자산으로 분류

③ 매도가능증권 – 단기매매증권, 만기보유증권 이외의 경우 – 공정가치평가(평가손익은 기타포괄 손익) – 원칙적으로 투자자산으로 분류

④ 지분법적용투자주식 – 유의적인 영향력을 행사할 수 있는 경우 – 공정가치평가(평가손익은 당기 손익) – 투자자산으로 분류

⑤ ① ~ ④가 모두 틀린 지문이다.

> **해설** ① 단기매매증권은 유동자산으로 분류된다.
> ② 만기보유증권은 상각후원가로 평가한다.
> ④ 지분법적용투자주식은 지분법으로 평가한다.

83 (주)대한은 20x1년 1월 1일 (주)민국이 당일 발행한 액면금액 ₩100,000(만기 3년, 액면이자율 8%, 이자는 매년 말 지급)인 사채를 공정가치 ₩90,394에 취득하고 만기보유금융자산으로 분류하였다. (주)대한은 사채의 취득과 직접 관련된 거래원가로 ₩4,630을 추가 지출하였으며 취득 당시 유효이자율은 10%이다. (주)대한은 20x1년도 이자를 정상회수하였으나 20x1년 말 현재 (주)민국의 재무상태 악화로 20x2년도와 20x3년도의 이자회수가 불가능하고 만기에 액면금액만 회수가능한 것으로 추정하였다. 이로 인해 금융자산의 손상이 발생되었다. 20x1년 말 현재 시장이자율이 12%일 때 만기보유금융자산의 보유가 (주)대한의 20x1년도 당기순이익에 미치는 영향은? (단, 현가계수는 아래 표를 이용하며 단수차이가 있으면 가장 근사치를 선택한다)

기 간	단일금액 ₩1의 현재가치		정상연금 ₩1의 현재가치	
	10%	12%	10%	12%
1	0.9091	0.8929	0.9091	0.8929
2	0.8264	0.7972	1.7355	1.6901
3	0.7513	0.7118	2.4868	2.4018

① ₩13,886 감소

② ₩4,384 감소

③ ₩1,502 증가

④ ₩8,000 증가

⑤ ₩9,502 증가

> **해설** 20x1년 초 최초인식금액 90,394 + 4,630 = 95,024
> 20x1년 이자수익 95,024 × 10% = 9,502
> 20x1년 손상차손 ① – ② = 13,886
> ① 20x1년 말 장부금액 95,024 × 1.1 – 8,000 = 96,526
> ② 20x1년 말 회수가능액 100,000 × 0.8264 = 82,640
> 20x1년 당기순이익에 미치는 영향 9,502(이자수익) – 13,886(손상차손) = –4,384

84 만기보유증권에 해당하는 액면금액 1,000,000원인 사채를 1월 1일에 950,000원에 취득하였다. 사채의 액면이자율은 연 8%, 유효이자율은 연 10%, 이자지급일은 매년 12월 31일이고, 당사의 회계기간은 1월 1일부터 12월 31일인 경우 유효이자율법에 의한 12월 31일의 만기보유증권 장부금액은 얼마인가?

① 950,000원

② 940,000원

③ 965,000원

④ 975,000원

⑤ 1,000,000원

해설 • 현금이자수취액 = 액면금액 × 액면이자율 = 1,000,000 × 8% = 80,000원
• 이자수익계상액 = 장부금액 × 유효이자율 = 950,000 × 10% = 95,000원
• 만기보유증권상각액 = 95,000 − 80,000 = 15,000원

(차) 현 금	80,000	(대) 이자수익	95,000
만기보유증권	15,000		

• 만기보유증권 장부금액 = 950,000 + 15,000 = 965,000원

85 (주)금강은 5월 3일 코스닥상장법인 업체 주식을 1,200,000원에 취득하고 이를 매도가능증권으로 분류 회계처리하였다. 12월 31일 공정(시장)가격이 600,000원으로 하락한 경우 이를 일반기업회계기준에 따라 회계처리한다면 재무제표에 어떤 영향이 미치는가? 최신출제유형

① 부채가 증가한다.

② 자산총액은 불변이다.

③ 유동자산이 증가한다.

④ 자본이 감소한다.

⑤ 자본이 증가한다.

해설 매도가능증권이 공정가치로 평가되면 미실현손익은 자본항목으로 처리된다.

(차) 매도가능증권평가손실(자본차감 항목)	×××	(대) 매도가능증권	×××

86 일반기업회계기준 제6장 '금융자산 · 금융부채'에 대한 회계처리가 적용되지 않는 항목은?

최신출제유형

① 단기매매증권
② 매도가능증권
③ 만기보유증권
④ 종속기업, 관계기업 및 조인트벤처 투자지분
⑤ 차입금

해설 일반기업회계기준 제6장 '금융자산 · 금융부채'는 다음을 제외한 모든 유형의 금융상품에 적용한다.
(1) 종속기업, 관계기업 및 조인트벤처 투자지분
(2) 리스에 따른 권리와 의무. 다만, (가) 리스제공자가 인식하는 리스채권의 제거와 손상, (나) 리스이용자가 인식하는 금융리스부채의 제거 및 (다) 리스에 내재된 파생상품에 대하여는 이 장을 적용한다.
(3) 퇴직급여와 관련된 사용자의 권리와 의무
(4) 지분상품의 정의를 충족하는 금융상품(발행자의 경우에 한함)
(5) 보험계약. 다만, 보험계약에 내재된 파생상품에 대하여는 이 장을 적용한다.
(6) 미래에 피취득대상을 매입하거나 매도하기로 하는 취득자와 매각자 사이의 사업결합계약
(7) 대출약정
(8) 주식기준보상거래에 따른 금융상품, 계약 및 의무
(9) 정상영업활동 과정에서 발생하는 자산의 매입 또는 매출계약(금융상품 또는 파생상품인 경우는 제외)
(10) 당기 또는 전기 이전에 인식한 충당부채의 결제에 필요한 지출과 관련하여 제3자로부터 보상받을 권리
(11) 금융보증계약

제 07 장 | 유형자산

87 일반기업회계기준에서 유형자산의 정의와 인식에 대한 설명이다. 옳지 않은 것은?

① '유형자산'은 재화의 생산, 용역의 제공, 타인에 대한 임대 또는 자체적으로 사용할 목적으로 보유하는 물리적 형체가 있는 자산으로서, 1년을 초과하여 사용할 것이 예상되는 자산을 말한다.
② 유형자산으로 인식되기 위해서는 자산으로부터 발생하는 미래 경제적 효익이 기업에 유입될 가능성이 높고, 자산의 원가를 신뢰성 있게 측정할 수 있어야 한다.
③ 중요한 예비부품이나 대기성 장비로서 기업이 1년 이상 사용할 것으로 예상하는 경우에는 이를 유형자산으로 분류한다.
④ 특정 유형자산을 구성하고 있는 항목들을 분리하여 개별 유형자산으로 식별해야 할지 아니면 구성항목 전체를 단일의 유형자산으로 인식해야 할지는 기업의 상황과 업종의 특성을 고려하여 판단한다.
⑤ 내용연수가 서로 다른 항공기 동체와 항공기 엔진과 같이, 특정 유형자산을 구성하는 개별 자산의 내용연수나 경제적 효익의 제공형태가 다른 경우에는 상각률과 상각방법을 달리 적용할 필요가 있을 수 있다.

해설 유형자산으로 인식되기 위해서는 자산으로부터 발생하는 미래 경제적 효익이 기업에 유입될 가능성이 매우 높고, 자산의 원가를 신뢰성 있게 측정할 수 있어야 한다. 상기 지문은 한국채택국제회계기준에서의 유형자산의 인식요건이다.

88 다음 중 유형자산의 취득원가에 해당하지 않는 항목은?

① 토지구획정리비
② 배수로설치비
③ 등록면허세
④ 재산세
⑤ 부동산중개수수료

해설 재산세는 유지를 위한 지출이므로 당기비용으로 처리한다.

89 갑회사는 20x1년 1월 1일 토지와 건물을 일괄하여 1,000,000원의 현금을 지급하고 취득하였다. 취득일 현재 토지와 건물의 공정가치 비율은 8:2이며 건물의 잔존내용연수는 5년, 잔존가치는 0원이고 정액법상각이다. 갑회사가 토지와 건물의 일괄취득 즉시 건물을 철거할 경우와 1년간 건물을 사용한 후 20x1년 12월 31일에 건물을 철거할 경우 유형자산처분손실은 각각 얼마인가? (단, 철거비용은 50,000원으로 가정한다) 최신출제유형

	즉시철거	1년간 사용 후 철거
①	50,000원	160,000원
②	50,000원	210,000원
③	0원	210,000원
④	0원	160,000원
⑤	0원	50,000원

해설 (1) 구입 즉시 철거 → 토지가액에 포함하므로 유형자산처분손실 0
(2) 구입 후 철거 시 철거비용(50,000)과 건물의 장부가액 160,000(= 200,000 − 200,000 × 1/5) 모두 유형자산처분손실에 포함된다.

정답 88 ④ 89 ③

90 갑회사가 보유하는 토지의 장부금액은 ₩5,000,000이고 공정가치는 ₩6,500,000이다. 을회사가 주당 액면가액 ₩2,000(주당 공정가치 ₩3,000)의 보통주 2,000주를 발행하여 토지를 취득한 경우와 갑회사로부터 무상증여 받은 경우로 구분하여 토지 취득원가를 계산하면 각각 얼마인가?

	주식발행	무상취득
①	₩6,000,000	₩5,000,000
②	₩6,000,000	₩0
③	₩6,500,000	₩0
④	₩6,000,000	₩4,000,000
⑤	₩6,500,000	₩6,500,000

해설 유형자산은 최초에는 취득원가로 측정하며, 현물출자, 증여, 기타 무상으로 취득한 자산은 공정가치를 취득원가로 한다.

91 낙동강(주)는 표시가격 25,000,000원, 현금가격 22,500,000원인 기계장치를 취득하였다. 기계 취득의 대가로 4,200,000원의 현금과 취득원가 37,500,000원, 감가상각누계액 19,000,000원인 사용 중인 기계장치를 주었다. 두 기계장치가 서로 다른 제품을 생산하는 기계라면 회사가 인식해야 하는 손익은 얼마인가?

① 손실 150,000원
② 이익 150,000원
③ 손실 200,000원
④ 이익 200,000원
⑤ 손실 275,000원

해설

(차) (취득)기계장치	22,500,000	(대) (제공)기계장치	37,500,000
감가상각누계액	19,000,000	현 금	4,200,000
처분손실	200,000 plug		

92 개성회사는 구형복사기와의 교환을 통해 신형복사기를 취득하였다. 교환 시 구형복사기의 장부가액은 ₩10,000(취득원가 : ₩30,000)이다. 신형복사기의 정상구입가격은 ₩50,000인데 구형복사기의 교환가치를 ₩5,000으로 인정하고 잔액 ₩45,000을 현금으로 지급하였다. 동종자산 간의 교환일 경우 개성회사가 신형복사기의 취득원가를 얼마로 기록하여야 하는가?

① ₩40,000   ② ₩45,000

③ ₩50,000   ④ ₩30,000

⑤ ₩35,000

해설 동종자산 간의 교환이지만 교환에 포함된 현금 ₩45,000이 교환자산 공정가치의 90%(= 45,000/50,000)이므로 이종자산 간의 교환으로 간주한다. 따라서 회계처리는 다음과 같다.

(차) 감가상각누계액	20,000	(대) 구형복사기	30,000
신형복사기	50,000	현 금	45,000
유형자산처분손실	5,000 plug		

93 (주)삼청은 20X1년 1월 1일 해양구조물을 100,000원에 취득하였다. 해당 자산은 사용이 종료된 후에 원상복구를 하여야 한다. 당해 자산의 내용연수는 5년이며, 잔존가치 없이 정액법으로 감가상각한다. 내용연수 종료 시에 복구비용은 20,000원으로 예상되며 적용이자율은 10%이다. 연 이자율 10%의 5기간 현재가치계수와 연금현재가치계수는 각각 0.62, 3.70이다. 20X1년 12월 31일 해당 자산의 장부금액은 얼마인가?

① 80,000원   ② 88,960원

③ 89,920원   ④ 100,000원

⑤ 112,400원

해설 (1) 20X1년 자산의 취득가액 100,000 + 20,000 × 0.62 = 112,400
      (2) 20X1년 감가상각비 112,400 ÷ 5 = 22,480
      (3) (1) − (2) = 장부금액 112,400 − 22,480 = 89,920

94 (주)삼청은 20X1년 1월 1일 기계장치를 300,000원에 취득하였다. 해당 자산의 내용연수는 5년, 잔존가치 없이 정액법으로 감가상각한다. 20X2년 12월 31일 현재 기계장치의 진부화로 인하여 공정가치는 120,000원 사용가치는 150,000원으로 판명되었다. 회사가 20X2년도에 계상할 손상차손은 얼마인가?   최신출제유형

① 0   ② 10,000원

③ 30,000원   ④ 60,000원

⑤ 90,000원

해설 (1) 20X2년 말 장부가액 300,000 − (300,000 ÷ 5) × 2년 = 180,000
      (2) 회수가능액 Max(120,000, 150,000) = 150,000
      (3) (1) − (2) = 손상차손 180,000 − 150,000 = 30,000

95 다음 중 지출의 성격이 다른 것은?

① 생산능력 증대를 위한 지출

② 내용연수 연장을 위한 지출

③ 수선유지를 위한 지출

④ 상당한 원가절감을 가져오는 지출

⑤ 상당한 품질향상을 가져오는 지출

> 해설 ③은 수익적 지출이고, 나머지는 모두 자본적 지출이다.

96 일반기업회계기준에서 규정한 차입원가의 자본화에 대한 서술이다. 옳지 않은 것은?

① 차입원가는 기간비용으로 처리함을 원칙으로 한다.

② 유형자산, 무형자산 및 투자부동산과 제조, 매입, 건설 또는 개발이 개시될 날부터 의도된 용도로 사용하거나 판매할 수 있는 상태가 될 때까지 1년 이상의 기간이 소요되는 재고자산의 취득을 위한 자금에 차입금이 포함된다면 이러한 차입원가는 적격자산의 취득에 소요되는 원가로 회계처리하여야 한다.

③ 차입원가의 회계처리방법은 모든 적격자산에 대하여 매기 계속하여 적용하고 정당한 사유없이 변경하지 아니한다.

④ 자본화할 수 있는 차입원가는 적격자산을 취득할 목적으로 직접 차입한 자금에 대한 차입원가와 일반적인 목적으로 차입한 자금 중 적격자산의 취득에 소요되었다고 볼 수 있는 자금에 대한 차입원가로 나누어 산정한다.

⑤ 일반차입금에 대하여 자본화할 차입원가는 자본화이자율 산정에 포함된 차입금으로부터 회계기간 동안 발생한 차입원가를 한도로 하여 자본화하고 자금의 일시적 운용에서 생긴 수익은 차감하지 않는다.

> 해설 차입원가는 적격자산의 취득에 소요되는 원가로 회계처리할 수 있다(선택사항임).

97 감가상각과 관련된 다음 설명 중 잘못된 것은?

① 새로 취득한 유형자산에 대한 감가상각방법도 동종의 기존 유형자산에 대한 감가상각방법과 일치시켜야 한다.

② 감가상각은 유형자산의 가치감소분을 인식하는 것이 아니라 내용연수에 걸친 취득원가의 비용배분과정이다.

③ 동일한 상황에 처해 있는 기업이라도 감가상각방법을 어떻게 선택하는가에 따라 당기순이익이 달라질 수 있다.

④ 다른 요건이 동일하다면 유형자산 취득 초기에는 정액법에 의한 감가상각비가 정률법에 의한 상각비보다 많다.

⑤ 유형자산의 감가상각방법에는 정액법, 체감잔액법, 연수합계법, 생산량비례법 등이 있으며 감가상각방법은 매기 계속하여 적용하고 정당한 사유 없이 변경하지 않는다.

> 해설 다른 요건이 동일하다면 취득 초기의 정률법의 감가상각비는 정액법보다 크다.

98 유형자산의 감가상각과 관련한 다음 설명 중 가장 옳지 않은 것은?

① 연수합계법은 내용연수 동안 감가상각비가 매 기간 일정한 방법이다.

② 감가상각의 주목적은 자산의 내용연수 동안 원가의 합리적인 배분에 있다.

③ 제조공정에서 사용된 유형자산의 감가상각액은 재고자산의 원가를 구성한다.

④ 유형자산의 잔존가치가 유의적이고, 새로운 추정치가 종전의 추정치와 다르다면 그 차이는 회계 추정의 변경으로 회계처리한다.

⑤ 건물이 위치한 토지의 가치가 증가하더라도 건물의 내용연수에는 영향을 미치지 않는다.

> **해설** 연수합계법은 감가상각비가 매 기간 감소하는 방법이다. 감가상각대상금액은 원가 또는 원가를 대체하는 다른 금액에서 잔존가치를 차감하여 결정하지만 실무상 잔존가치가 경미한 경우가 많다. 그러나 유형자산의 잔존가 치가 유의적인 경우 매 보고기간 말에 재검토하여, 재검토 결과 새로운 추정치가 종전의 추정치와 다르다면 그 차이는 회계추정의 변경으로 회계처리한다.

99 다음 중 유형자산의 재평가에 대한 설명으로 틀린 것은? 최신출제유형

① 유형자산에 대하여 재평가일 현재의 공정가치로 재평가한 이후에는 더 이상 감가상각은 수행하지 아니한다.

② 특정 유형자산을 재평가할 때에는 해당 자산이 포함되는 유형자산 분류 전체를 재평가하여야 한다.

③ 재평가된 자산의 공정가치가 장부금액과 중요하게 차이가 나는 경우에는 추가적인 재평가가 필요 하다.

④ 유형자산의 장부금액이 재평가로 인하여 감소되는 경우 재평가로 인한 기타포괄손익을 먼저 차감 한 후 당기손익으로 인식하여야 한다.

⑤ 유형자산의 재평가와 관련하여 인식한 기타포괄손익누계액의 잔액이 있다면, 그 유형자산을 폐 기하거나 처분할 때 당기손익으로 인식한다.

> **해설** 재평가모형의 경우 유형자산은 재평가일의 공정가치에서 이후의 감가상각누계액과 손상차손누계액을 차감한 재평가금액을 장부금액으로 한다.

100 20x4년 1월 1일에 취득한 700,000원의 기계장치에 대하여 결산일인 20x6년 12월 31일에 연수합 계법에 의한 감가상각비는? (단, 결산은 연 1회 잔존가치는 취득원가의 10%, 내용연수 4년)

① 252,000원   ② 210,000원

③ 189,000원   ④ 126,000원

⑤ 63,000원

> **해설** $(700,000 - 70,000) \times 2/(1 + 2 + 3 + 4) = 126,000$

101 20x1년 1월 1일 신형 기계장치를 구입했는데 취득원가 5,000,000원, 내용연수 5년, 감가상각방법은 연수합계법, 잔존가치 500,000원이다. 이 기계장치를 20x2년 12월 31일에 2,000,000원에 처분한 경우 기계장치의 처분손익은 얼마인가? [최신출제유형]

① 200,000원 이익

② 300,000원 이익

③ 200,000원 손실

④ 300,000원 손실

⑤ 0원

> [해설] 2년간의 감가상각비 (5,000,000 − 500,000) × (5 + 4)/(1 + 2 + 3 + 4 + 5) = 2,700,000
> 처분손익 2,000,000 − (취득가액 5,000,000 − 감가상각누계액 2,700,000) = −300,000

102 (주)한국은 20X6년 1월 1일 3,000,000원을 주고 설비를 구입하였다. 설비의 내용연수는 10년, 잔존가치는 없는 것으로 추정하였다. 회사는 이 설비취득에 대해 상환의무가 없고 유형자산 취득으로 사용이 제한된 정부보조금 1,500,000원을 수령하였다. 감가상각은 정액법을 이용한다. 20X6년 말 설비의 장부금액과 20X6년도 감가상각비는 얼마인가? [최신출제유형]

	20X6년 말 설비의 장부금액	20X6년도 감가상각비
①	1,400,000	300,000
②	1,400,000	150,000
③	1,385,000	300,000
④	1,350,000	300,000
⑤	1,350,000	150,000

> [해설] 기말장부금액 1,350,000, 감가상각비 150,000
>
> 20X6년 1월 1일
>
> | 기계장치 | 3,000,000 | |
> |---|---|---|
> | 정부보조금 | (1,500,000) | |
> | | 1,500,000 | |
>
> 20X6년 12월 31일
>
> | 기계장치 | 3,000,000 | |
> |---|---|---|
> | 정부보조금 | (1,350,000) | |
> | 감가상각누계액 | (300,000) | |
> | | 1,350,000 | |
>
> 〈회계처리〉
>
> | 12/31 | (차) 감가상각비 | 300,000 | (대) 감가상각누계액 | 300,000 |
> |---|---|---|---|---|
> | | (차) 정부보조금 | 150,000 | (대) 감가상각비 | 150,000 |
>
> → 비용(감가상각비) 150,000, 수익 0

103 일반기업회계기준에서 규정한 무형자산에 대한 서술이다. 옳지 않은 것은?

① 사업결합으로 인식하는 영업권은 사업결합에서 획득하였지만 개별적으로 식별하여 별도로 인식하는 것이 불가능한 그 밖의 자산에서 발생하는 미래 경제적 효익을 나타내는 자산이다.

② 제조설비를 제조공정에 대한 특허권과 함께 일괄취득한 경우에는 그 특허권은 분리가능하지는 않지만 식별가능하다.

③ 어떤 자산이 다른 자산과 결합해야만 미래 경제적 효익을 창출하는 경우에도 그 자산으로부터 유입되는 미래 경제적 효익을 확인할 수 있다면 그 자산은 식별가능한 것이다.

④ 무형자산의 미래 경제적 효익에 대한 통제는 일반적으로 법적 권리로부터 나오며, 법적 권리가 없는 경우에는 통제를 입증하기 어렵다. 그러나 권리의 법적 집행가능성이 통제의 필요조건은 아니다.

⑤ 자산의 사용에서 발생하는 미래 경제적 효익의 유입에 대한 확실성 정도에 대한 평가는 무형자산을 최초로 인식하는 시점에서 이용 가능한 증거에 근거하며, 내부 증거에 비중을 더 크게 둔다.

해설 외부 증거에 비중을 더 크게 둔다.

104 무형자산의 인식요건에 대한 설명으로 옳지 않은 것은?

① 무형자산의 미래 경제적 효익을 확보할 수 있고 그 효익에 대한 제3자의 접근을 제한할 수 있다면 자산을 통제하고 있는 것이다.

② 무형자산의 미래 경제적 효익에 대한 통제는 일반적으로 법적 권리로부터 나오며, 법적 권리가 없는 경우에는 통제를 입증하기 어렵다. 그러나 권리의 법적 집행가능성이 통제의 필요조건은 아니다.

③ 무형자산의 미래 경제적 효익은 재화의 매출이나 용역수익, 원가절감, 또는 자산의 사용에 따른 기타 효익의 형태로 발생한다.

④ 자산에서 발생하는 미래 경제적 효익이 기업에 유입될 가능성이 거의 확실하고 자산의 원가를 신뢰성 있게 측정할 수 있는 경우에만 무형자산을 인식한다.

⑤ 미래 경제적 효익이 기업에 유입될 가능성은 무형자산의 내용연수 동안의 경제적 상황에 대한 경영자의 최선의 추정치를 반영하는 합리적이고 객관적인 가정에 근거하여 평가하여야 한다.

해설 자산에서 발생하는 미래 경제적 효익이 기업에 유입될 가능성이 매우 높고 자산의 원가를 신뢰성 있게 측정할 수 있는 경우에만 무형자산을 인식한다.

105 내부적으로 창출한 무형자산에 관한 설명이다. 옳지 않은 것은?

① 내부적으로 창출한 영업권은 원가를 신뢰성 있게 측정할 수 없을 뿐만 아니라 기업이 통제하고 있는 식별가능한 자원도 아니기 때문에 자산으로 인식하지 않는다.

② 프로젝트의 연구단계에서는 미래 경제적 효익을 창출할 무형자산이 존재한다는 것을 입증할 수 없기 때문에 연구단계에서 발생한 지출은 무형자산으로 인식할 수 없고 발생한 기간의 비용으로 인식한다. 연구활동은 새로운 과학적 또는 기술적 지식을 얻기 위해 수행하는 독창적이고 계획적인 탐구활동이다.

③ 개발단계에서 발생한 지출은 기준서에서 정하는 조건을 모두 충족하는 경우에만 무형자산으로 인식하고, 그 외의 경우에는 발생한 기간의 비용으로 인식한다.

④ 무형자산을 창출하기 위한 내부 프로젝트를 연구단계와 개발단계로 구분할 수 없는 경우에는 그 프로젝트에서 발생한 지출은 모두 개발단계에서 발생한 것으로 본다.

⑤ 무형자산에 대한 지출로서 과거 회계연도의 재무제표나 중간재무제표에서 비용으로 인식한 지출은 그 후의 기간에 무형자산의 원가로 인식할 수 없다.

> **해설** 무형자산을 창출하기 위한 내부 프로젝트를 연구단계와 개발단계로 구분할 수 없는 경우에는 그 프로젝트에서 발생한 지출은 모두 연구단계에서 발생한 것으로 본다.

106 무형자산의 상각에 대한 설명이다. 옳지 않은 것은?

① 상각방법에는 정액법, 체감잔액법(정률법 등), 연수합계법, 생산량비례법 등이 있다. 다만, 합리적인 상각방법을 정할 수 없는 경우에는 정률법을 사용한다.

② 일정기간 동안 보장된 법적 권리를 통해 무형자산의 미래 경제적 효익에 대한 통제가 획득된 경우에는 법적 권리가 갱신될 수 있고 갱신이 실질적으로 거의 확실한 경우를 제외하고는 내용연수가 그 법적 권리의 기간을 초과할 수 없다.

③ 무형자산의 내용연수는 경제적 요인과 법적 요인의 영향을 받는다. 경제적 요인은 자산의 미래 경제적 효익이 획득되는 기간을 결정하고, 법적 요인은 기업이 그 효익에 대한 제3자의 접근을 통제할 수 있는 기간을 제한한다. 내용연수는 이러한 요인에 의해 결정된 기간 중 짧은 기간으로 한다.

④ 무형자산의 잔존가치는 없는 것을 원칙으로 한다. 다만, 경제적 내용연수보다 짧은 상각기간을 정한 경우에 상각기간이 종료될 때 제3자가 자산을 구입하는 약정이 있거나, 그 자산에 대한 활성시장이 존재하여 상각기간이 종료되는 시점에 자산의 잔존가치가 활성시장에서 결정될 가능성이 매우 높다면 잔존가치를 인식할 수 있다.

⑤ 상각은 자산이 사용가능한 때부터 시작한다.

> **해설** 합리적인 상각방법을 정할 수 없는 경우에는 정액법을 사용한다.

107 다음에 열거된 것 중 무형자산에 해당하지 않는 계정의 개수는? 최신출제유형

> (a) 산업재산권
> (b) 라이선스
> (c) 경상개발비
> (d) 개발비
> (e) 영업권
> (f) 광업권
> (g) 연구비

① 1개   ② 2개

③ 3개   ④ 4개

⑤ 5개

해설 경상개발비와 연구비는 판매비와관리비에 해당한다.

108 무형자산에 대한 다음 설명 중 틀린 것은?

① 무형자산을 다른 비화폐성자산과 교환하여 취득하는 경우 제공한 자산의 공정가치를 취득원가로 한다.

② 무형자산의 인식은 취득시점에 검토되어야 하며, 취득 또는 완성 후에 증가·대체·수선을 위해 발생한 원가는 고려하지 않는다.

③ 국고보조금에 의해 무형자산을 공정가액보다 낮은 대가로 취득하는 경우에는 취득일의 공정가액을 취득원가로 한다.

④ 사용을 중지하고 처분을 위해 보유하는 무형자산은 상각 중단하고 손상차손 여부를 검토한다.

⑤ 내부적으로 창출한 영업권은 무형자산으로 인식하지 않는다.

해설 취득 또는 완성 후에 증가·대체·수선을 위해 발생한 원가에도 적용함

109 다음은 당기 중에 (주)미래자동차가 차세대 친환경엔진 개발프로젝트와 관련하여 발생시킨 지출이다. 단, 기타항목은 연구단계에서 발생하였는지 개발단계에서 발생하였는지 구분이 곤란한 항목이다. 회사가 무형자산으로 인식해야 할 금액을 계산하시오. (단, 개발단계에서 발생한 지출은 무형자산의 인식조건을 충족한다고 가정하며 무형자산의 상각은 고려하지 않는다)

연구단계	개발단계	기 타
100,000	230,000	90,000

① 100,000

② 230,000

③ 90,000

④ 330,000

⑤ 310,000

해설 프로젝트의 연구단계에서는 미래 경제적 효익을 창출할 무형자산이 존재한다는 것을 입증할 수 없기 때문에 연구단계에서 발생한 지출은 무형자산으로 인식할 수 없고 발생한 기간의 비용으로 인식한다. 무형자산을 창출하기 위한 내부 프로젝트를 연구단계와 개발단계로 구분할 수 없는 경우에는 그 프로젝트에서 발생한 지출은 모두 연구단계에서 발생한 것으로 본다. 따라서 개발단계의 지출만 무형자산으로 계상한다.

110 다음은 제약회사인 (주)갑의 20x1년도 독감 치료용 신약을 위한 연구, 개발 및 생산과 관련된 자료이다. (단, 모든 지출은 20x1년 12월 31일에 이루어졌다)

- 독감의 원인이 되는 새로운 바이러스를 찾기 위한 지출 : ₩300,000
- 바이러스 규명에 필요한 동물실험을 위한 지출 : ₩10,000
- 상업용 신약 생산에 필요한 설비 취득을 위한 지출 : ₩400,000
- 신약을 개발하는 시험공장 건설을 위한 지출 : ₩500,000(상업적 생산목적으로 실현가능한 경제적 규모가 아님)
- 신약의 상업화 전 최종 임상실험을 위한 지출 : ₩60,000
- 신약 생산 전 시제품을 시험하기 위한 지출 : ₩20,000
- 바이러스 동물실험결과의 평가를 위한 지출 : ₩30,000

(주)갑이 20x1년에 당기손익으로 인식할 연구비와 자산으로 인식할 개발비는 각각 얼마인가? (단, 개발비로 분류되는 지출의 경우 20x1년 말 시점에 개발비 자산인식요건을 충족한다고 가정한다)

	연구비	개발비		연구비	개발비
①	₩340,000	₩580,000	②	₩340,000	₩980,000
③	₩740,000	₩580,000	④	₩740,000	₩80,000
⑤	₩840,000	₩80,000			

해설 1, 2, 7번째 항목 연구비 / 4, 5, 6번째 항목 개발비 / 3번째 항목 유형자산

111 무형자산의 특징에 대한 다음의 설명 중 올바르지 않은 것은?

① 일반적으로 물리적 실체가 없다.

② 미래 경제적 효익에 대한 불확실성의 정도가 매우 높다.

③ 일반적으로 불완전경쟁에서 나타나는 자산으로 미래 효익은 경쟁적 이점에 근거하여 나타난다.

④ 대체적 가치로 나타내기가 비교적 간편하다.

⑤ 일반적으로 독점적 배타적으로 사용할 수 있는 법률상의 권리 또는 경제적 권리를 나타낸다.

해설 무형자산은 대체적 가치로 나타내기 어려운 자산이다.

제 09 장 | 금융부채

112 다음 계정과목 중 성격이 다른 것은?

① 미지급금   ② 매입채무

③ 선수금   ④ 단기차입금

⑤ 사 채

해설 선수금은 확정된 금액이 아니라 재화나 용역의 제공에 따라 소멸되므로 화폐성부채에 해당하지 않는다.

113 (주)삼청의 기말 수정후시산표상의 잔액이다. 재무상태표에 유동부채로 공시될 금액은 얼마인가?

> 단기차입금 : 100,000원
> 유동성장기부채 : 200,000원
> 미지급비용 : 300,000원
> 선급비용 : 100,000원
> 퇴직급여충당부채 : 500,000원
> 장기차입금 : 400,000원

① 100,000원   ② 400,000원

③ 600,000원   ④ 700,000원

⑤ 1,500,000원

해설 단기차입금 100,000 + 유동성장기부채 200,000 + 미지급비용 300,000 = 600,000
선급비용은 자산항목이며 장기차입금과 퇴직급여충당부채는 비유동부채에 해당한다.

114 다음 중 결제시기와 금액이 불확실한 부채는?

① 제품보증충당부채

② 미지급금

③ 사 채

④ 매입채무

⑤ 선수금

> **해설** 제품보증충당부채는 충당부채로서 결제시기와 금액이 불확실하다.

115 다음의 부채 중 재무상태표에 계상될 수 없는 부채는?

① 미지급법인세

② 예수금

③ 선수수익

④ 가수금

⑤ 임대보증금

> **해설** 가수금은 부채이지만 정확하게 처리할 계정을 찾지 못해 임시적으로 기록한 계정이므로 결산 시 가수금 계정을 적절한 계정으로 대체하여야 한다. 따라서 재무상태표에 계상할 수 없는 부채이다.

116 (주)삼청은 20x1년 10월 1일 고려은행으로부터 ₩5,000,000을 차입하였다. 회사는 해당 차입금 이외의 차입금은 없다. 이 차입금의 상환기일은 20x4년 9월 30일에 ₩3,000,000을, 20x5년 9월 30일에 ₩1,000,000을, 20x6년 9월 30일에 ₩1,000,000을 상환하는 조건이다. 차입금이 예정대로 정상상환되었을 경우 20x3년 12월 31일에 회사가 재무상태표에 계상할 유동성장기차입금의 잔액은 얼마인가?

① ₩1,000,000

② ₩2,000,000

③ ₩3,000,000

④ ₩4,000,000

⑤ ₩5,000,000

> **해설** 20x3년 12월 31일 현재 1년 이내 만기가 도래하는 장기차입금 ₩3,000,000을 유동성장기차입금으로 재분류 한다.

117 (주)삼청은 종로은행으로부터 20x1년 10월 1일에 1,000,000원을 차입하였으며 이자율은 연 12%이다. 차입금의 만기는 1년이며 만기일인 20x2년 9월 30일에 원리금을 일시상환하는 조건이다. 회사가 결산일인 20x1년 12월 31일에 기말수정사항으로 계상하여야 할 부채의 금액과 계정과목은 어떠한가? (단, 회사의 이자비용은 월할계산한다)

① 미지급금 30,000원

② 미지급비용 30,000원

③ 미지급금 90,000원

④ 미지급비용 90,000원

⑤ 선수수익 90,000원

> **해설** 1,000,000 × 12% × 3/12 = 30,000
> 미지급비용이란 결산조정사항으로서 기중에 용역을 공급받고도 현금을 지급하지 않아서 아직 비용을 장부에 기록하지 않은 미지급분이다. 미지급금은 결산일 현재 일반적 상거래 이외의 거래에서 확정된 채무 중에서 지급이 완료되지 않은 것이다.
>
> 〈회계처리〉
>
> | | | | | |
> |---|---|---|---|---|
> | 20x1년 12월 31일 | (차) 이자비용 | 30,000 | (대) 미지급비용 | 30,000 |
> | 20x2년 9월 30일 | (차) 미지급비용 | 30,000 | (대) 현 금 | 120,000 |
> | | 이자비용 | 90,000 | | |

118 일반기업회계기준에서 규정된 이연법인세부채의 유동성분류에 대한 설명으로 올바른 것은?

① 기업회계기준에 규정이 없다.

② 일시적 차이의 발생원천에 따라 유동부채와 비유동부채로 구분한다.

③ 일시적 차이의 예상 소멸시기에 따라 유동부채와 비유동부채로 구분한다.

④ 유동성분류를 하지 않고 전체를 비유동부채로 구분한다.

⑤ 유동성분류를 하지 않고 전체를 유동부채로 구분한다.

> **해설** 일반기업회계기준에 따르면 이연법인세부채는 일시적 차이의 발생원천에 따라 유동부채와 비유동부채로 구분한다.

119 일반기업회계기준에 따른 사채발행차금과 사채발행비에 대한 설명 중 올바른 것은?

① 사채발행차금을 유효이자율법으로 상각(환입)하는 경우 할인발행되면 이자비용은 매년 감소하고 할증발행되면 이자비용은 매년 증가한다.

② 사채발행차금을 정액법으로 상각(환입)하는 경우 장부금액에 대한 이자비용의 비율은 매년 동일하다.

③ 사채발행차금을 유효이자율법으로 상각하는 경우 할인발행 또는 할증발행에 따른 사채발행차금의 상각(환입)액은 매년 증가한다.

④ 사채발행차금을 사채기간에 걸쳐 정액법으로 상각(환입)하는 것이 원칙이다.

⑤ 사채발행비를 사채기간에 걸쳐 정액법으로 상각하는 것이 원칙이다.

> **해설** ① 사채가 할인발행되면 사채의 장부금액이 매년 증가하여 액면가액에 수렴하므로 이자비용도 매년 증가한다. 반면 사채가 할증발행되면 사채의 장부금액이 매년 감소하여 액면가액에 수렴하므로 이자비용도 매년 감소한다.
> ② 사채의 장부금액은 변동되지만 정액법에 의한 이자비용은 매년 일정하기 때문에 이자율은 매년 변동한다. 할인발행의 경우에는 사채의 장부금액이 매년 감소하므로 이자율은 매년 증가한다.
> ③ 유효이자율법으로 사채발행차금을 상각하면 상각액은 매년 증가한다. 사채할증발행차금도 상각표상은 음수로서 감소지만 회계처리상 사채할증발행차금의 환입액은 절대값이므로 증가하게 되는 것이다.
> ④ 일반기업회계기준에 따르면 사채발행차금을 사채기간에 걸쳐 유효이자율법으로 상각(환입)하는 것이 원칙이다.
> ⑤ 사채발행비는 사채할인발행차금에 가산하거나 사채할증발행차금에 차감하여 이를 유효이자율법으로 상각하는 것이 원칙이므로 정액법 상각은 잘못된 설명이다.

120 사채발행 시 발행가액과 액면금액의 차이인 사채할인발행차금에 대한 설명으로 옳은 것은?

① 사채할인발행차금은 유효이자율법으로 상각할 경우 할인차금을 초기에 과도하게 상각하는 문제가 있다.

② 사채할인발행차금을 정액법으로 상각하는 것은 이론상 우수하다.

③ 사채할인발행차금상각액은 사채의 차감으로 기록하여야 한다.

④ 사채할인발행차금은 자산계정에 해당한다.

⑤ 사채할인발행차금은 사채의 액면이자율이 시장이자율보다 낮을 때 발생하는 것으로 선급이자의 성격이다.

> **해설** ① 사채할인발행차금은 유효이자율법으로 상각할 경우 할인차금상각액은 초기에 적게 설정되고 갈수록 증가하게 된다.
> ② 사채할인발행차금은 유효이자율법으로 상각하는 것이 이론상 우수하다(매 기간 일정한 이자율을 유지하므로).
> ③ 사채할인발행차금상각액은 사채할인발행차금에서 차감하는 것으로서 이자비용에 가산한다.
> ④ 사채할인발행차금은 부채의 차감계정이다.

121 사채에 대한 다음의 설명 중 옳지 않은 것은?

① 액면이자는 사채의 발행가액 결정에 영향을 미친다.

② 전환사채를 주식으로 전환할 경우 추가적인 현금 납입은 하지 않는다.

③ 사채의 발행형태와 상관없이 사채발행 시 사채의 금액은 항상 액면금액으로 계상되고 사채할인발행차금은 사채의 금액에서 차감하는 형식으로 사채할증발행차금은 사채의 금액에서 가산하는 형식으로 보고된다.

④ 사채를 조기상환할 경우 상환시점의 사채의 장부금액이 상환금액보다 클 경우 사채상환이익이 발생된다.

⑤ 전환권의 가치가 있어도 액면금액, 액면이자, 만기가 같으면 일반사채의 발행가액과 전환사채의 발행가액은 차이가 없어야 한다. 다만 액면이자율은 시장이자율보다 낮다.

> **해설** 전환권의 가치가 있으면 일반사채의 발행가액과 전환사채의 발행가액에는 차이가 있다.

122 (주)삼청은 20x1년 1월 1일 4년 만기의 액면금액 10,000원인 사채를 액면이자율 10%로 발행하였다. 이자를 매년 말에 지급하고 발행일의 유효이자율은 8%이다. 이 사채의 20x1년 1월 1일 발행가액을 구하시오.

이자율	₩1의 현재가치(4년)	연금 ₩1의 현재가치(4년)
8%	0.7350	3.3121
10%	0.6830	3.1699

① 10,662원   ② 10,573원

③ 10,520원   ④ 10,142원

④ 10,000원

해설
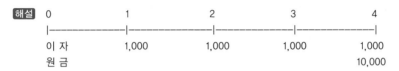

$1,000/1.08 + 1,000/1.08^2 + 1,000/1.08^3 + 1,000/1.08^4 + 10,000/1.08^4$

$= 1,000 \times (1/1.08 + 1/1.08^2 + 1/1.08^3 + 1/1.08^4) + 10,000 \times 1/1.08^4$

≒ (문제에 제시된 현가계수 사용) $1,000 \times 3.3121 + 10,000 \times 0.7350 = 10,662$

---

123 다음에서 20x1년도 사채할인발행차금 상각액은?

(1) 20x1년 1월 1일 : 액면 2,000,000원을 1,898,486원에 현금발행
　　　만기 20x6년 12월 31일, 액면이자율 4%, 유효이자율 5%
　　　이자지급 매년 12월 31일, 결산일 12월 31일
(2) 20x1년 12월 31일 : 이자 현금지급하고 사채할인발행차금을 상각함

① 24,925원   ② 20,925원

③ 16,925원   ④ 14,924원

⑤ 16,925원

해설

구 분	장부가액 × 유효이자율(5%)	액면가액 × 액면이자율(4%)	차 이	장부가액
20x1 1/1				1,898,486①
20x1 12/31	94,924 (=①1,898,486 × 5%)	80,000 (=2,000,000 × 4%)	14,924②	1,913,420 (③=①+②)

참고 발행가액은 굳이 문제에서 제시하지 않아도 풀이할 수 있다.
$80,000/1.05 + 80,000/1.05^2 + \cdots + 80,000/1.05^6 + 2,000,000/1.05^6 = 1,898,486$

계산기 조작 1.05 ÷ ÷ 1 = = = = = = GT × 80,000 M+ 1.05 ÷ ÷ 1
= = = = = = × 2,000,000 M+ MR

124 (주)삼청은 20x2년 1월 1일에 다음과 같은 사채를 발행하고 현금 550,000원을 조달하였다.

액면금액 500,000원   만기 4년
이자지급일 매년 말   액면이자율 연 10%

(주)미래는 사채발행차금의 상각에 유효이자율법을 사용한다. 이 사채의 발행으로 인하여 (주)미래가 앞으로 5년간의 손익계산서에 기록하게 되는 이자비용 합계액은 총 얼마인가?

① 150,000원

② 200,000원

③ 250,000원

④ 300,000원

⑤ 350,000원

해설 할인발행차금상각액은 이자비용에 가산되고, 할증발행차금환입액은 이자비용에서 차감된다.
액면이자 500,000 × 10% × 4년 − 할증발행액 50,000 = 150,000

125 (주)삼청은 20x4년 1월 1일 액면금액 1,000,000원의 사채(유효이자율 10%, 표시이자율 9% 상환기간 5년, 이자 매년 말 1회 지급)를 962,092원에 발행하였다. 유효이자율법에 의해 회계처리하는 경우 20x5년 손익계산서에 보고되는 이자비용을 계산하면 얼마인가?

① 90,000원

② 96,209원

③ 96,830원

④ 97,200원

⑤ 98,105원

해설

구 분	장부가액 × 유효이자율(10%)	액면가액 × 액면이자율(9%)	차 이	장부가액
20x4 1/1				962,092①
20x4 12/31	96,209 (= ①962,092 × 10%)	90,000 (= 1,000,000 × 9%)	6,209②	968,301 (③ = ① + ②)

참고 발행가액은 제시되지 않아도 풀 수 있다.
$90,000/1.1 + 90,000/1.1^2 + \cdots + 90,000/1.1^5 + 1,000,000/1.1^5 = 962,092$(단수차이 있음)

계산기 조작 1.1 ÷ ÷ 1 = = = = = GT × 90,000 M+ 1.1 ÷ ÷ 1 = =
= = = × 1,000,000 M+ MR

126 (주)삼청은 20x1년 1월 1일 1,000,000원의 사채를 975,000원에 할인발행하였다. 그 후 이 사채와 관련된 분개의 내역은 아래와 같다. 만약 이 사채 전액을 20X2년 1월 1일 950,000원에 상환하였다면 사채상환이익(또는 손실)은?

20x1 1/1	(차) 현 금	975,000	(대) 사 채		1,000,000
	사채할인발행차금	25,000			
20x1 12/31	(차) 이자비용	107,000	(대) 현 금		100,000
				사채할인발행차금	7,000

① 32,000원(손실)

② 25,000원(이익)

③ 25,000원(손실)

④ 32,000원(이익)

⑤ 0원

해설 20x1 1/1 장부가액 975,000(=1,000,000 − 25,000)
20x1 12/31 장부가액 7,000만큼 증가(사채할인발행차금의 감소 = 사채의 장부가액 증가)
따라서 20x1 12/31 사채의 장부금액 975,000 + 7,000 = 982,000
사채의 상환가액 950,000
사채상환이익 982,000 − 950,000 = 32,000

127 다음은 (주)삼청의 20x5년 초에 사채를 상환하기 직전의 사채 관련 자료이다. 사채상환 시점에 인식할 사채상환손익은 얼마인가? 최신출제유형

액면금액 1,000,000원 사채할증발행차금 100,000원
상환가액 1,200,000원 액면이자율 10%

① 사채상환이익 100,000원

② 사채상환손실 100,000원

③ 사채상환이익 200,000원

④ 사채상환손실 200,000원

⑤ 0원

해설 사채의 장부금액 1,000,000 + 100,000 = 1,100,000
사채의 상환가액 1,200,000
장부가액보다 더 많이 지급하여 상환했으므로 차이만큼은 사채상환손실이다.

128 (주)서울은 20x4년 1월 1일에 액면 1,000,000원의 사채(표시이자율 10% 매년 말 이자지급, 만기 3년)를 950,000원에 발행하였다. 회사가 이 사채로 인하여 만기까지 부담해야 할 총 이자비용은 얼마인가? [최신출제유형]

① 300,000원　　　　　　　　　　　② 320,000원
③ 350,000원　　　　　　　　　　　④ 450,000원
⑤ 250,000원

[해설] 액면이자 3년분(1,000,000 × 10% × 3년) + 사채할인발행차금(1,000,000 − 950,000) = 350,000

129 (주)동양은 20x4년 1월 1일 액면가액 1,000,000원의 전환사채(액면이자율 연 4%, 만기 3년)를 950,000원에 발행하였다. 동 전환사채의 액면가액 40,000원당 액면 5,000원의 보통주 1주가 전환될 수 있으며 전환청구는 발행일로부터 1년 경과한 후 가능하다. 시장이자율이 연 12%이며 보장수익률이 연 8%라고 할 때 전환권대가로 가장 적절한 금액은 얼마인가? (단, 전환권대가의 소수점 이하는 절사한다)

이자율	₩1의 현가계수(기간 3)	정상연금의 현재가치(기간 3)	정상연금의 미래가치(기간 3)
8%	0.7938	2.5771	3.2464
12%	0.7118	2.4018	3.3744

① 49,718원　　　　　　　　　　　② 46,054원
③ 49,697원　　　　　　　　　　　④ 26,314원
⑤ 25,314원

[해설]

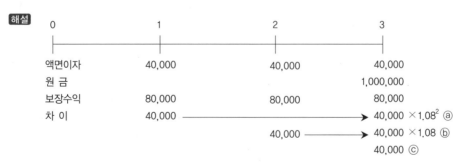

상환할증금 = 1,000,000 × (8% − 4%) × 3.2464 = ⓐ + ⓑ + ⓒ = 129,856
일반사채로서의 가치 40,000 × 2.4018 + 1,129,856 × 0.7118 = 900,303
발행가액이 950,000이므로 전환권대가는 49,697
주의사항 : 계산기를 조작해서 현가계수를 구하면 1번이 해답이 된다. 그러나 현가계수를 문제에서 제시했으므로 1번이 답안이 될 수 없다.

130 (주)제주는 20x1년 1월 1일 액면 1,000,000원의 전환사채를 발행하였다. 전환사채의 표시이자율은 5% 시장이자율은 12%이고 이자는 매년 말 지급되며 만기일은 20x3년 12월 31일이다. 이 전환사채는 20x1년 1월 1일부터 주식으로의 전환이 가능하며 전환사채의 전환권을 행사하지 않을 경우 상환할증금이 지급된다. 보장수익률은 10%이며 20x3년 1월 1일에 전체의 60%에 해당하는 전환사채 600,000원의 청구를 받아 전환이 이루어졌고 나머지는 만기에 상환하게 되었다. 만기에 지급하게 되는 총금액(표시이자 지급액은 제외)은 얼마인가? (단, 원단위 미만은 절사한다)

이자율	₩1의 현가계수(기간 3)	정상연금의 현재가치(기간 3)
10%	0.7513	2.4868
12%	0.7118	2.4018

① 400,000원

② 426,490원

③ 438,974원

④ 439,720원

⑤ 466,200원

 해설

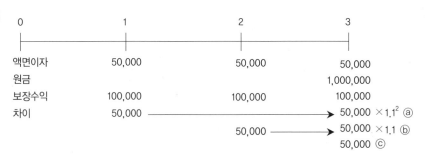

상환할증금 = ⓐ + ⓑ + ⓒ = 50,000 × 1.21 + 50,000 × 1.1 + 50,000 = 165,500
일반사채로서의 가치 50,000 × 2.4018 + 1,165,500 × 0.7118 = 949,693
전환권이 행사되지 않는다면 만기에 지급금액은 1,165,500이나 60%가 전환되었으므로 만기에 지급하는 금액은
1,165,500 × 40% = 466,200

131 (주)제주는 20x6년 1월 1일에 액면가액 10,000,000원인 신주인수권부사채를 다음 조건으로 액면 발행하였다.

> 표시이자율 : 연 5%(매년 말 후급), 일반사채 시장수익률 : 연 10%, 만기상환일 : 20x8년 12월 31일
> 상환할증금 : 신주인수권을 행사하지 않을 경우 상환일에 액면가액의 110%로 일시에 상환함

단일 금액 ₩1의 현가계수(3년 10%)와 정상연금 ₩1의 현가계수(3년 10%)는 각각 0.751과 2.486 이다. 동 신주인수권부사채의 액면가액 중 75%의 신주인수권이 사채 만기일 전에 행사되었다면 만기상환 시 회사가 지급해야 할 현금 총액(이자 지급액 제외)은 얼마인가?

① 2,750,000원   ② 2,500,000원

③ 10,150,000원   ④ 10,250,000원

⑤ 10,750,000원

> **해설** 신주인수권이 100% 행사되었다면 상환할증금을 지급하지 않으므로 만기 상환가액은 10,000,000원이고 신주 인수권이 전혀 행사되지 않았다면 상환할증금을 지급해야 하므로 만기 상환가액은 11,000,000원이다. 75%가 행사되었으므로 25%는 행사되지 않았다.
> 10,000,000 × 75% + 11,000,000 × 25% = 10,250,000

제 11 장 | 채권채무조정

132 채권채무조정 시점과 유형에 대한 설명이다. 틀린 것은?

① 합의에 의한 경우는 합의일이 채권채무조정 시점에 해당한다.

② 법원의 인가에 의한 조정의 경우에는 회사정리계획인가일이 채권채무조정 시점에 해당한다.

③ 합의일 또는 법원의 인가일로부터 자산 또는 지분증권의 이전일, 새로운 계약조건의 시행일 또는 채권 채무조정이 완성되는 다른 사건의 발생시점까지 상당한 시간이 소요되는 경우에는 실질적으로 채권채무조정이 완료되는 시점이 채권채무조정 시점에 해당한다.

④ 채무변제의 유형에는 채무를 일부 또는 전부를 변제하기 위하여 채무자가 제3자에 대한 채권, 부동산 또는 기타의 자산을 채권자에게 이전하거나 지분증권을 발행(원래 조건에 따라 채무를 지분증권으로 전환하기로 한 경우 포함)하는 경우에 해당된다.

⑤ 조건변경의 유형에는 이자율의 인하, 유사한 위험을 가진 새로운 부채보다 낮은 이자율로 만기를 연장하거나 원리금의 감면 및 발생이자의 감면이 해당된다.

> **해설** 채무변제의 유형에는 채무를 일부 또는 전부를 변제하기 위하여 채무자가 제3자에 대한 채권, 부동산 또는 기타의 자산을 채권자에게 이전하거나 지분증권을 발행하는 경우에 해당된다. 단 원래 조건에 따라 채무를 지분증권으로 전환하기로 한 경우는 제외한다.

133 일반기업회계기준에서 규정하는 채권채무조정에 대한 서술이다. 옳지 않은 것은?

① 유가증권으로 보유하고 있는 채권에 대한 투자자의 채권·채무조정회계도 적용대상이다.

② '채권·채무조정'은 채무자의 현재 또는 장래의 채무변제능력이 크게 저하된 경우에 채권자와 채무자 간의 합의 또는 법원의 결정 등의 방법으로 채무자의 부담완화를 공식화하는 것을 말한다.

③ 채권·채무조정은 채무의 만기일 이전 또는 이후에 이루어질 수 있으며, 자산 또는 지분증권을 이전하거나 새로운 계약조건이 확정되는 시점에서 채권·채무조정이 완성된다.

④ 채권자와 채무자 간에 약정한 조건이 충족되지 않아서 합의일 또는 법원의 인가일에 자산 또는 지분증권의 이전, 새로운 계약조건의 시행 등의 사건이 이루어지지 않는 경우에는 그 조건이 충족되어 실질적으로 채권·채무조정이 완성되는 시점이 채권·채무조정시점이다.

⑤ 일반적으로 합의에 의한 채권·채무조정의 경우에는 합의일, 법원의 인가에 의한 채권·채무조정의 경우에는 법원의 인가일이 채권·채무조정시점이 된다.

> **해설** 유가증권으로 보유하고 있는 채권에 대한 투자자의 채권·채무조정회계는 적용대상이 아니며, '유가증권'의 회계처리에 따른다.

134 종로은행은 20x1년 초 (주)부실에게 1,000,000(만기 3년, 연 이자율 10%, 매년 말 이자지급)을 대출하였다. 20x2년 초 (주)부실의 재무상태가 악화되어 채무이행능력을 평가할 때 전액 회수가 어려울 것으로 판단되어 다음과 같은 채권채무조정에 합의하였다. 종로은행은 해당 채권에 대해 10%의 대손충당금을 설정하고 있었다.

> (주)부실은 차입금 1,000,000의 상환을 면제받는 대가로 회사의 주식 100주(액면가액 @5,000, 공정가치 @7,000)를 발행

상기의 채권채무조정에 따른 종로은행의 대손상각비와 (주)부실의 채무조정이익은 각각 얼마인가?

최신출제유형

	종로은행	(주)부실
①	300,000	300,000
②	300,000	500,000
③	200,000	300,000
④	200,000	500,000
⑤	200,000	0

> **해설** 〈종로은행의 회계처리〉
>
> | (차) 매도가능증권 | 700,000 | (대) 대출채권 | 1,000,000 |
> |---|---|---|---|
> | 대손충당금 | 100,000 | | |
> | 대손상각비 | 200,000 plug | | |
>
> 〈(주)부실의 회계처리〉
>
> | (차) 차입금 | 1,000,000 | (대) 자본금 | 500,000(= 100주 × @5,000) |
> |---|---|---|---|
> | | | 주식발행초과금 | 200,000(= 100주 × (@7,000 - @5,000) |
> | | | 채무조정이익 | 300,000 |

135 (주)강북은 (주)강남에 500,000을 연 10% 이자율로 대여하였다. 20x2년 12월 31일자로 만기가 도래하였으나 (주)강남이 원리금을 상환하지 못하게 되었다. 두 회사는 채권채무조정을 하기로 20x2년 말 합의하였는데 그 내용은 미수이자 50,000을 감면해주고 원금에 대한 이자는 매년 말 연 6%를 받기로 하며 만기를 2년 연장하기로 하는 것이었다. 강북회사는 이미 동 대여금에 대하여 원금의 2%만큼 대손충당금을 설정해 놓은 상태이다. 채권채무조정 시점의 유효이자율은 8%이다. 채권채무조정 시점에서 강북회사가 인식할 기타의대손상각비는 얼마인가? (기간 2년 이자율 10%에 대한 현재가치계수는 0.8264 연금현가계수는 1.7355이고, 이자율 8%에 대한 현재가치계수는 0.8573 연금현가계수는 1.7825이다)

① 55,556

② 65,467

③ 74,735

④ 84,245

⑤ 57,875

> **해설** 조건변경으로 채무가 조정되는 경우에는 채권채무조정에 따른 약정상 정해진 미래 현금흐름을 채무 발생시점의 유효이자율로 할인하여 계산된 현재가치와 채무의 장부금액과의 차이를 채무에 대한 현재가치할인차금과 채무 조정이익으로 인식한다(기업회계기준서 제6호 문단90). 따라서 채무발생 시의 유효이자율을 적용한다.
> 조정된 채권의 현재가치 = 원금 + 이자 = 500,000 × 0.8264 + 500,000 × 6% × 1.7355 = 465,265
> 따라서 회사가 계상해야 할 현재가치할인차금은 500,000 − 465,265 = 34,735
>
> | (차) 대손충당금 | 10,000(=500,000×2%) | (대) 미수이자 | 50,000 |
> |---|---|---|---|
> | 기타의대손상각비 | 74,735 plug | 현재가치할인차금 | 34,735 |

136 (주)삼청은 20x1년 1월 1일에 한경은행과 다음과 같은 내용의 채권채무조정을 합의하였다.

> (주)삼청은 차입금 1,000원에 대한 상환을 면제받는 대가로 회사 소유의 주식 5주를 발행해 주기로 하였다. 주식의 액면가액은 100원이며 공정가치는 120원이다. 한경은행은 당해 채권 채무조정 전에 해당 채권에 대해서 20%의 대손충당금을 설정하고 있었다.

다음 중 틀린 지문은?

① 채무자가 인식하는 채무조정이익은 400원이다.

② 출자전환 형식에 의한 채권채무조정으로 인하여 증가되는 자본금은 500원이다.

③ 출자전환 형식에 의한 채권채무조정으로 인하여 증가되는 주식발행초과금은 100원이다.

④ 출자전환 형식에 의한 채권채무조정으로 인하여 채권자가 추가로 설정되어야 할 대손상각비는 300원이다.

⑤ 출자전환 형식에 의한 채무조정으로 인하여 채권자가 대출채권과 상계하여 제거할 대손충당금은 200원이다.

> **해설** 채권자의 회계처리는 다음과 같다.
>
> | (차) 매도가능증권 | 600 | (대) 대출채권 | 1,000 |
> |---|---|---|---|
> | 대손충당금 | 200 | | |
> | 대손상각비 | 200 | | |
>
> 따라서 추가로 설정할 대손상각비는 200원이다.

137 다음은 일반기업회계기준에 따른 충당부채의 측정에 관한 서술이다. 옳지 않은 것은?

① 충당부채로 인식하는 금액은 현재의무의 이행에 소요되는 지출에 대한 보고기간 말 현재 최선의 추정치이어야 한다.

② 충당부채의 명목금액과 현재가치의 차이가 중요한 경우에는 의무를 이행하기 위하여 예상되는 지출액의 현재가치로 평가한다.

③ 현재가치 평가에 사용하는 할인율은 그 부채의 고유한 위험과 화폐의 시간가치에 대한 현행 시장의 평가를 반영한 세전 이율이다. 이 경우, 만기까지의 기간이 유사한 국공채이자율에 기업의 신용위험을 반영한 조정 금리를 가산하여 산출한 이자율을 할인율로 사용할 수 있다.

④ 이 할인율에 반영되는 위험에는 미래 현금흐름을 추정할 때 고려된 현금흐름 자체의 변동위험은 포함되지 아니한다.

⑤ 충당부채를 발생시킨 사건과 밀접하게 관련된 자산의 처분차익이 예상되는 경우에 당해 처분차익은 충당부채 금액을 측정 시 고려한다.

> **해설** 충당부채를 발생시킨 사건과 밀접하게 관련된 자산의 처분차익이 예상되는 경우에 당해 처분차익은 충당부채 금액을 측정하면서 고려하지 아니한다.

138 다음은 일반기업회계기준에 따른 충당부채의 변제, 변동과 사용에 관한 서술이다. 옳지 않은 것은?

① 대부분의 경우 기업은 전체 의무 금액에 대하여 책임이 있으므로 제3자가 변제할 수 없게 되면 기업은 그 전체금액을 이행할 책임을 진다. 이 경우 기업은 의무금액을 부채로 인식하고, 제3자가 변제할 것이 확실한 경우에 한하여 그 금액을 자산으로 인식한다. 이때 자산으로 인식하는 금액은 관련 충당부채 금액을 초과할 수 있다.

② 충당부채는 보고기간 말마다 그 잔액을 검토하고, 보고기간 말 현재 최선의 추정치를 반영하여 증감조정한다. 이 경우 당해 충당부채의 현재가치 평가에 사용한 할인율은 변동되지 않는 것으로 보고 당초에 사용한 할인율이나 매 보고기간 말 현재 최선의 추정치를 반영한 할인율 중 한 가지를 선택하여 계속 적용하도록 한다.

③ 상황변동으로 인하여 더 이상 충당부채의 인식요건을 충족하지 아니하게 되면, 관련 충당부채는 환입하여 당기손익에 반영한다.

④ 충당부채는 최초의 인식시점에서 의도한 목적과 용도에만 사용하여야 한다.

⑤ 충당부채를 현재가치로 평가하여 표시하는 경우에는 장부금액을 기간 경과에 따라 증가시키고 해당 증가 금액은 당기비용으로 인식한다.

> **해설** 자산으로 인식하는 금액은 관련 충당부채 금액을 초과할 수 없다.

139 다음 중 충당부채 및 우발부채, 우발자산에 관한 설명 중 가장 옳지 않은 것은?

① 충당부채의 명목금액과 현재가치의 차이가 중요하더라도 명목가치로 평가한다.

② 우발부채는 부채로 인식하지 아니하고, 주석으로 기재한다.

③ 판매를 촉진하기 위해 포인트 또는 마일리지제도를 시행하는 경우 충당부채를 인식할 수 있다.

④ 충당부채는 최초의 인식시점에서 의도한 목적과 용도에만 사용하여야 한다.

⑤ 자원의 유입 가능성이 매우 높은 우발자산은 그 성격을 주석에 설명하고, 가능하면 우발자산의 추정금액도 포함하여 주석에 기재한다.

> **해설** • 충당부채는 다음의 요건을 모두 충족하는 경우에 인식한다.
>   1) 과거사건이나 거래의 결과로 현재의무가 존재한다.
>   2) 당해 의무를 이행하기 위하여 자원이 유출될 가능성이 매우 높다.
>   3) 그 의무의 이행에 소요되는 금액을 신뢰성 있게 추정할 수 있다.
> • 우발부채는 부채로 인식하지 아니한다. 의무를 이행하기 위하여 자원이 유출될 가능성이 아주 낮지 않는 한, 우발부채를 주석에 기재한다.
> • 충당부채의 명목금액과 현재가치의 차이가 중요한 경우에는 의무를 이행하기 위하여 예상되는 지출액의 현재가치로 평가한다.

140 (주)갑은 20x1년 초에 한정 생산판매한 제품에 대하여 3년 동안 품질을 보증하기로 하였다. 20x1년 중 실제 발생한 품질보증비는 ₩210이다. (주)갑은 기대가치를 계산하는 방식으로 최선의 추정치 개념을 사용하여 충당부채를 인식한다. (주)갑은 이 제품의 품질보증과 관련하여 20x1년 말에 20x2년 및 20x3년에 발생할 것으로 예상되는 품질보증비 및 예상 확률을 다음과 같이 추정하였다.

20x2년		20x3년	
품질보증비	예상확률	품질보증비	예상확률
₩144	10%	₩220	40%
₩296	60%	₩300	50%
₩640	30%	₩500	10%

(주)갑은 20x2년 및 20x3년에 발생할 것으로 예상되는 품질보증비에 대해 설정하는 충당부채를 20%의 할인율을 적용하여 현재가치로 측정하기로 하였다. (주)갑의 20x1년 말 재무상태표에 보고 될 제품보증충당부채는 얼마인가? (단, 20x2년과 20x3년에 발생할 것으로 예상되는 품질보증비 는 각 회계연도말에 발생한다고 가정한다)

① ₩310 ② ₩320

③ ₩520 ④ ₩560

⑤ ₩730

> **해설** 20x2년 말 기대가치 144 × 10% + 296 × 60% + 640 × 30% = 384
> 20x3년 말 기대가치 220 × 40% + 300 × 50% + 500 × 10% = 288
> 20x1년 말 품질보증비의 현재가치
> $384/1.2 + 288/1.2^2 = 520$

기업회계기준

141 일반기업회계기준에 따른 보고기간 후 사건에 대한 서술이다. 옳지 않은 것은?

① '보고기간 후 사건'은 보고기간 말과 재무제표가 사실상 확정된 날 사이에 발생한 기업의 재무상태에 영향을 미치는 사건이다.

② '재무제표가 사실상 확정된 날'은 정기주주총회 제출용 재무제표가 이사회에서 최종 승인된 날을 말하며, 다만, 주주총회에 제출된 재무제표가 주주총회에서 수정·승인된 경우에는 주주총회일을 말한다.

③ 보고기간 후에 기업의 청산이 확정되거나 청산 이외의 다른 현실적인 대안이 없다고 판단되는 경우에는 계속기업의 전제에 기초하여 재무제표를 작성하여서는 아니 된다.

④ 보고기간 후에 배당을 선언한 경우 주주총회일 직후에 배당금을 지급해야 하므로 해당 보고기간 말에 부채로 인식한다.

⑤ 전기 또는 그 이전기간에 발생한 회계적 오류를 보고기간 후에 발견하는 경우 재무제표에 이미 인식한 추정치는 그 금액을 수정하고, 재무제표에 인식하지 아니한 항목은 이를 새로이 인식한다.

해설 보고기간 후에 배당을 선언한 경우(즉, 적절히 승인되어 더 이상 기업의 재량이 없는 경우), 해당 보고기간 말에는 어떠한 의무도 존재하지 않으므로 해당 보고기간 말에 부채로 인식하지 아니한다.

142 다음 중 '수정을 요하는 보고기간 후 사건'이 아닌 것은?

① 보고기간 말 현재 이미 자산의 가치가 하락하였음을 나타내는 정보를 보고기간 말 이후에 입수하는 경우

② 보고기간 말 이전에 존재하였던 소송사건의 결과가 보고기간 말 이후에 확정되어 이미 인식한 손실금액을 수정하여야 하는 경우

③ 유가증권의 시장가격이 보고기간 말과 재무제표가 사실상 확정된 날 사이에 하락한 것

④ 보고기간 말 현재 지급하여야 할 의무가 있는 종업원에 대한 이익분배 또는 상여금 지급금액을 보고기간 말 이후에 확정하는 경우

⑤ 보고기간 말 이전에 구입한 자산의 취득원가 또는 매각한 자산의 금액을 보고기간 말 이후에 결정하는 경우

해설 ③ 유가증권의 보고기간 후 시장가격의 하락은 보고기간 말 현재의 상황과 관련된 것이 아니라 보고기간 이후에 발생한 상황이 반영된 것으로 본다.
④ 옳은 내용이다. 참고로 이에 반해 보고기간 후에 배당을 선언한 경우 해당 보고기간 말에는 어떠한 의무도 존재하지 않으므로 해당 보고기간 말에 부채로 인식하지 아니한다.

143 다음은 (주)삼청의 보고기간 후 사건내역이다. 회사의 결산일은 12월 31일이며 20x1년의 재무제표가 사실상 확정된 날은 20x2년 2월 10일이다. 회사의 20x1년 재무제표에 수정을 요하는 사건이 아닌 것은? [최신출제유형]

① 매출액 중 큰 비중을 차지하고 있는 (주)종로에 20x1년 12월 20일 화재가 발생하였으며 결국 20x2년 1월 10일 파산하였다. 결산일 현재 (주)종로에 대한 매출채권 잔액은 10,000,000이고 대손충당금 잔액은 없다.

② 결산일 현재 보유 중인 취득가액 10,000,000(결산일 현재 공정가치와 동일)의 매도가능증권이 지속적으로 하락하여 20x1년 2월 10일 현재 공정가치는 6,000,000이다.

③ 결산일에 보유 중인 취득가액 10,000,000의 재고자산이 진부화로 인해 가치가 7,000,000인 것으로 평가하였다. 그러나 해당 재고자산은 20x2년 1월 20일에 5,000,000에 처분되었다.

④ 회사는 20x1년 11월에 기계장치를 10,000,000에 구입하여 사용하던 중 기계장치의 중대한 결함을 발견하고 판매회사에 클레임을 제기하였는데 20x2년 2월 3일자로 판매회사로부터 3,000,000을 환급해 준다는 통보를 받았다.

⑤ 회사는 20x1년의 연말 상여금 분배와 관련하여 노조와 협상을 벌이고 있는데 20x2년 1월 20일에 총액 5,000,000의 상여금을 배분하기로 합의하였다.

해설 유가증권의 시장가격이 보고기간 말과 재무제표가 사실상 확정된 날 사이에 하락한 것은 수정을 요하지 않는 보고기간 후 사건의 예이다.

144 A기업은 20X5년부터 배출권 할당 및 거래 제도에 참여하고 있다. 20X5년부터 20X7년까지가 하나의 계획기간이며, A기업의 회계연도는 1월 1일에 시작되어 12월 31일에 종료된다.

> A기업은 20X4년 10월에 계획기간의 이행연도별로 각각 10,000톤의 이산화탄소 배출량에 해당하는 배출권 10,000개를 무상으로 할당받는다고 통보받았다. 20X5년 1월 1일부터 해당 배출권을 사용할 수 있다. 배출권거래소에서는 각 이행연도별로 구분되어 배출권이 거래되는데 20X5년 초 단위당 배출권의 시장가격은 20X5년물은 12원, 20X6년물은 11원, 20X7년물은 10원이다.

20X7년 말 회사가 자산으로 인식할 배출권의 장부가액은?

① 0

② 330,000

③ 360,000

④ 300,000

⑤ 100,000

해설 〈회계처리〉

(20X5년 1월 1일)

• 20X5 이행연도 분

| (차) 배출권 | 0 | (대) 정부보조금 | 0 |

• 20X6 이행연도 분

| (차) 배출권 | 0 | (대) 정부보조금 | 0 |

• 20X7 이행연도 분

| (차) 배출권 | 0 | (대) 정부보조금 | 0 |

*무상할당 배출권의 원가 : 10,000 × 0 = 0

145 A기업은 20X5년부터 배출권 할당 및 거래 제도에 참여하고 있다. 20X5년부터 20X7년까지가 하나의 계획기간이며, A기업의 회계연도는 1월 1일에 시작되어 12월 31일에 종료된다.

> • A기업은 20X4년 10월에 계획기간의 이행연도별로 각각 10,000톤의 이산화탄소 배출량에 해당하는 배출권 10,000개를 무상으로 할당받는다고 통보받았다. 20X5년 1월 1일부터 해당 배출권을 사용할 수 있다. 배출권거래소에서는 각 이행연도별로 구분되어 배출권이 거래되는데 20X5년 초 단위당 배출권의 시장가격은 20X5년물은 12원, 20X6년물은 11원, 20X7년물은 10원이다.
> • 20X5년 6월 30일에 A기업은 20X5년물 배출권 1,000개를 단위당 12원에 매입하였다.
> • 20X5년 12월 31일에 A기업은 20X5년에 이산화탄소를 총 11,000톤 배출한 것으로 추정하였다.
> • 20X6년 5월 30일에 A기업은 20X5년에 이산화탄소를 총 11,000톤 배출한 것으로 인증을 받았고, 20X6년 6월 30일에 A기업은 배출권 11,000개를 정부에 제출하였다.

20X5년 말 회사가 인식할 배출원가는?

① 0
② 12,000
③ 120,000
④ 110,000
⑤ 132,000

해설 〈회계처리〉
(20X5년 6월 30일)

(차) 배출권	12,000	(대) 현 금	12,000

*매입배출권의 원가 : 1,000 × 12 = 12,000
(20X5년 12월 31일)

(차) 배출원가	12,000	(대) 배출부채	12,000

*20X5 이행연도의 배출원가, 배출부채 : 10,000 × 0 + 1,000 × 12 = 12,000
(20X6년 6월 30일)

(차) 배출부채	12,000	(대) 배출권	12,000

146 A기업은 20X5년부터 배출권 할당 및 거래 제도에 참여하고 있다. 20X5년부터 20X7년까지가 하나의 계획기간이며, A기업의 회계연도는 1월 1일에 시작되어 12월 31일에 종료된다.

> A기업은 20X4년 10월에 계획기간의 이행연도별로 각각 10,000톤의 이산화탄소 배출량에 해당하는 배출권 10,000개를 무상으로 할당받는다고 통보받았다. 20X5년 1월 1일부터 해당 배출권을 사용할 수 있다. 배출권거래소에서는 각 이행연도별로 구분되어 배출권이 거래되는데 20X5년 초 단위당 배출권의 시장가격은 20X5년물은 12원, 20X6년물은 11원, 20X7년물은 10원이다.
> • 20X6년 9월 30일에 A기업은 20X7년물 배출권 1,000개를 단위당 12원에 매각하였다.
> • 20X6년 12월 31일에 A기업은 20X6년에 이산화탄소를 총 11,000톤 배출한 것으로 추정하였다. 부족한 배출권은 다음 이행연도 분에서 차입하기로 하였다. 같은 날 20X6년물 배출권의 시장가격은 단위당 11원이다.
> • 20X7년 5월 30일에 A기업은 20X6년 이산화탄소를 총 11,000톤 배출한 것으로 인증을 받았고, 20X7년 6월 20일에 배출권 차입을 승인받았다. 20X7년 6월 30일에 A기업은 배출권 11,000개를 정부에 제출하였다. 같은 날 20X6년물 배출권의 시장가격은 단위당 11원이다.

20X6년 중 배출권 관련 거래가 손익에 미치는 영향은?

① 0
② 이익 1,000
③ 손실 11,000
④ 이익 12,000
⑤ 손실 12,000

해설 〈회계처리〉
(20X6년 9월 30일)

(차) 현 금	12,000	(대) 이연수익		12,000*

*1,000 × 12 = 12,000
(20X6년 12월 31일)

(차) 배출원가	11,000	(대) 배출부채		11,000

*20X6 이행연도의 배출원가, 배출부채 : 10,000 × 0 + 1,000 × 11 = 11,000
(20X7년 6월 30일)

(차) 배출부채	11,000	(대) 이연수익		11,000

147 일반기업회계기준상 종업원급여의 개념 및 적용 범위에 대한 설명이다. 옳지 않은 것은?

① 기업과 종업원(종업원단체 또는 그 대표자 포함) 사이에 합의된 공식적인 제도나 그 밖의 공식적인 협약에 따라 제공하는 급여

② 기업이 공공제도, 산업별제도 등에 기여금을 납부하도록 강제하는 법률이나 산업별협약에 따라 제공되는 급여

③ 의제의무를 발생시키는 비공식적 관행에 따라 제공하는 급여

④ 종업원급여는 퇴직급여 외의 종업원급여와 퇴직급여로 구분한다. 퇴직급여 외의 종업원급여는 임금, 사회보장분담금(예 국민연금), 이익분배금, 상여금, 현직종업원을 위한 비화폐성급여(예 의료, 주택, 자동차, 무상 또는 일부 보조로 제공되는 재화나 용역), 해고급여 등을 말한다.

⑤ 주식기준보상

해설 주식기준보상은 별도의 기준서에서 다룬다.

148 일반기업회계기준상 퇴직급여에 대한 설명으로 잘못된 것은?

① 퇴직급여충당부채는 보고기간 말 현재 전종업원이 일시에 퇴직할 경우 지급해야 할 퇴직금에 상당하는 금액으로 한다.

② 급여규정의 개정으로 퇴직금소요액이 증가되었을 경우 전기 이전분의 퇴직금은 전진법을 적용하여 균등하게 비용으로 인식한다.

③ 확정급여형 퇴직연금제도에서 운용되는 자산은 기업이 직접 보유하고 있는 것으로 보아 회계처리한다.

④ 확정급여형 퇴직연금제도에서 퇴직연금운용자산이 퇴직급여충당부채와 퇴직연금미지급금의 합계액을 초과하는 경우에는 그 초과액을 투자자산의 과목으로 표시한다.

⑤ 확정기여제도를 설정한 경우에는 당해 회계기간에 대하여 기업이 납부하여야 할 부담금(기여금)을 퇴직급여(비용)로 인식하고, 퇴직연금운용자산, 퇴직급여충당부채 및 퇴직연금미지급금은 인식하지 아니한다.

해설 급여규정의 개정으로 퇴직금소요액이 증가되었을 경우 전기 이전분의 퇴직금은 일괄하여 당기비용으로 인식한다.

149 제조업을 영위하는 (주)삼청의 다음 자료에 의하여 판매비와관리비에 인식될 퇴직급여는 얼마인가?

구 분	퇴직급여 금액
개발부서(개발비의 요건을 충족하지 않음)에 근무하는 종업원	500,000원
연구부서에 근무하는 종업원	400,000원
생산라인에 근무하는 종업원	250,000원
관리직에 근무하는 종업원	600,000원
합 계	1,750,000원

① 1,750,000원   ② 1,250,000원

③ 1,500,000원   ④ 1,000,000원

⑤ 400,000원

해설 개발부서(개발비의 요건을 충족하지 않음)에 근무하는 종업원의 퇴직급여는 경상개발비로서 판매비와관리비에 해당한다. 개발비의 요건을 충족하면 개발비로서 자산으로 계상된다. 생산라인에 근무하는 종업원의 퇴직급여는 제조원가로서 매출원가에 계상된다.
500,000 + 400,000 + 600,000 = 1,500,000

150 근로자퇴직급여보장법에 의한 퇴직연금에는 확정급여형(DB형)과 확정기여형(DC형)이 있다. 일반 기업회계기준에 따른 확정급여형(DB형)의 회계처리 중 틀린 설명은 무엇인가?

① 회사가 퇴직연금의 부담금 1,000,000원을 납부하면서 수수료 40,000원을 퇴직연금운용사업자에게 보통예금에서 계좌이체하였다.

    (차) 퇴직연금운용자산   1,040,000   (대) 보통예금   1,040,000

② 회사가 연금운용사업자로부터 퇴직연금운용수익을 100,000원 수령하였다.

    (차) 퇴직연금운용자산   100,000   (대) 퇴직연금운용수익   100,000

③ 보고기간종료일 현재 종업원이 퇴직하면서 퇴직일시금의 수령을 선택한다고 가정하고 이때 지급하여야 할 퇴직일시금에 상당하는 금액을 측정하여 퇴직급여충당부채로 5,000,000원 인식하였다.

    (차) 퇴직급여   5,000,000   (대) 퇴직급여충당부채   5,000,000

④ 종업원이 퇴직연금에 대한 수급요건 중 가입기간 요건을 갖추고 퇴사하였으며, 일시금 1,000,000원을 선택하였다. 일시금 1,000,000원 중 퇴직연금운용사업자가 지급한 금액은 600,000원이고 회사가 지급할 금액 400,000원을 계좌이체 하였다.

    (차) 퇴직급여충당부채   1,000,000   (대) 퇴직연금운용자산   600,000
                                                              보통예금   400,000

해설 퇴직연금운용사업자에게 지급하는 지급수수료는 부담금 납입 시 운용관리회사에 납부하는 운용관리수수료이므로 당기비용으로 회계처리한다.

151 (주)삼청은 20x1년에 도입한 확정기여제도에 따라 종업원의 근무용역에 대한 퇴직급여를 지급한다. 회사가 20x1년에 종업원 근무용역과 교환하여 확정기여제도에 납부해야 할 기여금은 1,000,000원이며 회사는 20x1년 중 400,000원의 기여금을 이미 납부하였다. 확정기여제도에 대한 기여금의 납부기일이 20x2년 3월 말이라면 회사가 20x1년 결산 시 퇴직급여와 관련하여 해야 할 회계처리는?

① (차) 퇴직급여   600,000   (대) 미지급비용   600,000
② (차) 퇴직급여   1,000,000   (대) 미지급비용   1,000,000
③ (차) 퇴직급여   600,000   (대) 확정급여채무   600,000
④ (차) 퇴직급여   1,000,000   (대) 확정급여채무   1,000,000
⑤ (차) 퇴직급여   600,000   (대) 현 금   600,000

> **해설** 확정기여제도에서는 일정기간 종업원이 근무용역을 제공하였을 때 기업은 그 근무용역과 교환하여 확정기여제도에 납부해야 할 기여금에서 이미 납부한 기여금을 차감한 후 부채(미지급비용)로 인식한다.

152 다음은 (주)한국이 채택하고 있는 퇴직급여제도와 관련한 20x1년도 자료이다.

> 가. 20x1년 초 확정급여채무의 현재가치와 사외적립자산의 공정가치는 각각 ₩4,500,000과 ₩4,200,000이다.
> 나. 20x1년 말 확정급여채무의 현재가치와 사외적립자산의 공정가치는 각각 ₩5,000,000과 ₩3,800,000이다.
> 다. 20x1년 말 일부 종업원의 퇴직으로 퇴직금 ₩1,000,000을 사외적립자산에서 지급하였으며, 20x1년 말에 추가로 적립한 기여금 납부액은 ₩200,000이다.
> 라. 20x1년에 종업원이 근무용역을 제공함에 따라 증가하는 예상미래퇴직급여지급액의 현재가치는 ₩500,000이다.
> 마. 20x1년 말 확정급여제도의 일부 개정으로 종업원의 과거근무기간의 근무용역에 대한 확정급여채무의 현재가치가 ₩300,000 증가하였다.
> 바. 20x1년 초와 20x1년 말 현재 우량회사채의 연 시장수익률은 각각 8%, 10%이며, 퇴직급여채무의 할인율로 사용한다.

(주)한국의 확정급여제도로 인한 20x1년도 손익계산서의 당기순이익과 기타포괄이익에 미치는 영향은 각각 얼마인가? (단, 법인세 효과는 고려하지 않는다)

	당기순이익에 미치는 영향	기타포괄이익에 미치는 영향
①	₩548,000 감소	₩52,000 감소
②	₩600,000 감소	₩300,000 감소
③	₩830,000 감소	₩270,000 감소
④	₩830,000 감소	₩276,000 증가
⑤	₩824,000 감소	₩276,000 감소

① 퇴직금 지급　　　　(차) 확정급여채무　　1,000,000　(대) 사외적립자산　　1,000,000
② 사외적립자산의 적립 (차) 사외적립자산　　　200,000　(대) 현 금　　　　　200,000
③ 당기근무원가　　　(차) 퇴직급여　　　　500,000　(대) 확정급여채무　　　500,000
④ 과거근무원가　　　(차) 퇴직급여　　　　300,000　(대) 확정급여채무　　　300,000
⑤ 이자비용　　　　　(차) 퇴직급여　　　　360,000　(대) 확정급여채무　　　360,000
　　　　　　　　　　　　　　　　(= 4,500,000 × 8%)
⑥ 이자수익　　　　　(차) 사외적립자산　　　336,000　(대) 퇴직급여　　　　336,000
　　　　　　　　　　　　　　　　　　　　　　　　　　　　　(= 4,200,000 × 8%)

따라서 당기손익에 미치는 영향은 500,000 + 300,000 + 360,000 - 336,000 = 824,000(감소)

확정급여채무				사외적립자산			
	① 1,000,000	기초 4,500,000		기초 4,200,000			① 1,000,000
		③ 500,000		② 200,000			
		④ 300,000		⑥ 336,000			기말(평가 전) 3,736,000 plug
기말(평가 전) 4,660,000 plug		⑤ 360,000					
	5,660,000	5,660,000		4,736,000			4,736,000

확정급여채무의 공정가치는 5,000,000이므로 340,000(기타포괄손실) (= 5,000,000 - 4,660,000)
사외적립자산의 공정가치는 3,800,000이므로 64,000(기타포괄이익) (= 3,800,000 - 3,736,000)
따라서 기타포괄손실 276,000[= 340,000 + (-64,000)]이 된다.

153 (주)신라는 퇴직급여제도로 확정급여제도를 채택하고 있다. 20x1년 초 순확정급여부채는 ₩2,000
이다. 20x1년에 확정급여제도와 관련된 확정급여채무 및 사외적립자산에서 기타포괄손실(재측정
요소)이 각각 발생하였으며, 그 결과 (주)신라가 20x1년 포괄손익계산서에 인식한 퇴직급여관련
기타포괄손실은 ₩1,040이다. (주)신라가 20x1년 초 확정급여채무의 현재가치 측정에 적용한 할인
율은 얼마인가? (단, 자산인식 상한은 고려하지 않는다)

(1) 20x1년 확정급여채무의 당기근무원가는 ₩4,000이다.
(2) 20x1년 말 퇴직한 종업원에게 ₩3,000의 현금이 사외적립자산에서 지급되었다.
(3) 20x1년 말 사외적립자산에 추가로 ₩2,000을 적립하였다.
(4) 20x1년 말 재무상태표에 표시되는 순확정급여부채는 ₩5,180이다.

① 6%　　　　　　　　　　　　　② 7%
③ 8%　　　　　　　　　　　　　④ 9%
⑤ 10%

(1) (차) 퇴직급여　　　　　4,000　(대) 확정급여채무　　　4,000
(2) (차) 확정급여채무　　　3,000　(대) 사외적립자산　　　3,000
(3) (차) 사외적립자산　　　2,000　(대) 현 금　　　　　2,000
(4) (차) 퇴직급여(이자비용)　 ?　　(대) 확정급여채무　　　 ?
(5) (차) 사외적립자산　　　 ?　　(대) 퇴직급여(이자수익)　 ?

순확정급여부채(= 확정급여채무 - 사외적립자산)			
(2) 3,000		기초 2,000	
(3) 2,000		(1) 4,000	
		(2) 3,000	
		(4) + (5) 140 plug	
기말 5,180		기타포괄손실 1,040	
10,180		10,180	

따라서 140/2,000 = 7%

제 14 장 | 자 본

154 주식을 발행할 때 액면금액을 초과한 금액을 무엇이라고 하는가?

① 자본금

② 주식할인발행차금

③ 주식발행초과금

④ 이익잉여금

⑤ 주식할증발행차금

해설 주식을 발행할 때 발행가액이 액면금액보다 큰 경우 주식발행초과금이 발생하고 발행가액이 액면금액보다 작은 경우 주식할인발행차금이 발생한다.

155 액면금액 5,000원인 주식 1주를 주당 4,000원에 발행하였을 때 이것이 재무제표에 미치는 영향으로 맞는 설명은?

① 자산총액이 5,000원 증가한다.

② 자본총액이 5,000원 증가한다.

③ 자본금이 5,000원 증가한다.

④ 순이익이 1,000원 증가한다.

⑤ 자산총액이 5,000원 증가하고 부채가 1,000원 증가한다.

해설 ① 자산총액이 4,000원 증가한다.
② 자본총액이 4,000원 증가한다.
④ 순이익에는 영향이 없다.

〈회계처리〉

(차) 현 금 4,000 (대) 자본금 5,000 (자산의 증가 + (-)자본의 증가 - 자본의 증가)
　　　주식할인발행차금(자본) 1,000

156 다음 중 자본금 계정이 변동되지 않는 경우는?

① 주식배당　　　　　　　　　② 무상증자

③ 형식적 감자　　　　　　　　④ 주식분할

⑤ 현물출자에 의한 유상증자

해설 주식분할은 발행주식수가 증가하나 주당 액면금액이 감소하므로 자본금은 불변이다.
가령 자본금이 10,000주 × @5,000 = 50,000,000이었던 회사가 1주를 10주로 분할하게 되면 100,000주가
되지만 액면금액이 1/10으로 감소하여 @500이 되는데 자본금은 100,000주 × @500 = 50,000,000이므로
변동이 없다.

157 다음 중 자본총계의 변동이 없는 경우는 모두 몇 가지인가?

(a) 주식배당　　　　　　　　　(b) 무상증자
(c) 형식적 감자　　　　　　　(d) 주식분할
(e) 현물출자에 의한 유상증자

① 1개　　　　　　　　　　　② 2개

③ 3개　　　　　　　　　　　④ 4개

⑤ 5개

해설 (a) 미교부주식배당금(자본)이 감소하고 자본금이 증가하므로 자본총계에는 영향이 없다.
(b) 자본잉여금 또는 이익잉여금 중 법정적립금이 감소하고 자본금이 증가하므로 자본총계에는 영향이 없다.
(c) 자본금이 감소하고 감자차익이 증가하므로 자본총계에는 영향이 없다.
(d) 자본금과 자본총계에 영향이 없다.
(e) 자본금과 자본총계가 모두 증가한다.

158 다음 중 ⓐ, ⓑ에 들어갈 말로 각 알맞은 것은?

이익준비금은 법정적립금으로서 매기마다 주주에게 배당하는 이익배당(주식배당 제외)액의 (ⓐ)
이상을 자본금의 (ⓑ) 이상에 달할 때까지 적립한다.

① 1/20, 1/2　　　　　　　　② 1/10, 1/2

③ 1/10, 1/4　　　　　　　　④ 1/20, 1/4

⑤ 1/20, 1/5

해설 이익준비금은 매 결산기마다 이익배당(주식배당 제외)액의 1/10 이상을 자본금의 1/2 이상에 달할 때까지 적립
하여야 하는 법정적립금이다.

159 다음 자료에 의하여 계산된 이익준비금의 법정최소적립액은? (단, 회사의 현재 이익준비금 잔액은 0이다)

> 발행주식수 10,000주
> 1주당 액면 5,000
> 결산 연 1회 배당금 연 10% 지급(금전배당 5%, 주식배당 5%)

① 1,000,000   ② 500,000

③ 250,000   ④ 150,000

⑤ 25,000,000

해설 (1) 자본금 10,000주 × @5,000 = 50,000,000
(2) 이익배당(주식배당 제외)액 = 자본금 × 현금배당률 = 50,000,000 × 5% = 2,500,000
(3) 이익준비금 = 이익배당액 2,500,000 × 10% = 250,000

160~161

(주)A의 제21기 이익잉여금처분계산서는 다음과 같다.

이익잉여금처분계산서 제21기 (20X1년 1월 1일 ~ 20X1년 12월 31일) 처분확정일 20X2년 3월 2일		
Ⅰ. 미처분이익잉여금		121,000,000
1. 전기이월미처분이익잉여금	20,000,000	
2. 회계정책변경누적효과	1,000,000	
3. 당기순이익	100,000,000	
Ⅱ. 임의적립금등의 이입액		30,000,000
1. 사업확장적립금	30,000,000	
Ⅲ. 이익잉여금처분액		82,000,000
1. 사업확장적립금	50,000,000	
2. 배당금	30,000,000	
① 현금배당	20,000,000	
② 주식배당	10,000,000	
3. 이익준비금	2,000,000	
Ⅳ. 차기이월미처분이익잉여금		?

160 차기이월미처분이익잉여금은 얼마인가?

① 69,000,000   ② 79,000,000

③ 173,000,000   ④ 75,000,000

⑤ 9,000,000

해설 121,000,000 + 30,000,000 − 82,000,000 = 69,000,000

161 다음의 설명 중 올바른 지문은?

① 이익준비금은 상법에 의한 매 결산기의 금전에 의한 이익배당액의 10% 이상을 항상 의무적으로 적립하는 것이다.

② 주식배당의 경우에도 이익준비금의 적립이 의무화되어 있다.

③ 회계변경의 누적효과는 중요한 오류의 수정으로 인해 이익잉여금의 증가로 회계처리한 것이다.

④ 재무상태표상의 이익잉여금은 상기의 이익잉여금 처분 후의 금액이다.

⑤ 사업확장적립금은 임의적립금에 해당한다.

해설 ①, ② 이익준비금은 상법에 의한 매 결산기의 금전에 의한 이익배당액의 10% 이상을 자본금의 50%에 달할 때까지 적립하는 것이다.
③ 중요한 오류가 아니라 중대한 오류이다.
④ 재무상태표상의 이익잉여금은 상기의 이익잉여금 처분 전의 금액이다.

162 해당 거래가 발생했을 때 차변에 기록되는 계정과목이 아닌 것은?

① 미교부주식배당금

② 주식할인발행차금

③ 매도가능증권평가손실

④ 자기주식

⑤ 감자차손

해설 미교부주식배당금만 발생 시 대변에 기록되는 계정과목이다.

163 자본거래에 대한 다음 설명 중 옳은 것은?

① 무상증자는 발행주식수가 증가하고 주식병합은 그 수가 감소하나, 모두 총 자본에 영향은 없다.

② 자기주식을 처분 시 발생하는 자기주식처분손익은 영업외손익으로 처리한다.

③ 주식분할은 총 자본에 영향을 주지 않지만, 주식배당은 총 자본을 증가시킨다.

④ 주식을 할인발행하는 경우에는 실질적으로 자본이 감소한다.

⑤ 감자차익은 감소하는 주식의 발행가액보다 지급하는 대가가 더 적은 경우에 발생한다.

해설 ② 자기주식처분이익은 자본잉여금, 자기주식처분손실은 자본조정으로 처리한다.
③ 주식배당으로 인한 총 자본의 변동은 없다.
④ 주식을 할인발행하는 경우에도 자본은 증가한다.
⑤ 감자차익은 감소하는 주식의 액면가액보다 지급하는 대가가 더 적은 경우에 발생한다.

164 자기주식(1,000주, 액면가액 5,000원, 발행가액 5,000원, 취득가액 6,000,000원)을 소각한 경우 재무상태표상의 자본과 자본금의 변동내역을 정확하게 정리한 것은? 최신출제유형

	자본	자본금			자본	자본금
①	감소	감소		②	불변	불변
③	불변	감소		④	감소	불변
⑤	불변	증가				

> **해설** 자기주식은 자본조정항목으로서 자본의 (−)항목이므로 소각하는 경우 자본항목 간의 이동은 있으나 전체금액은 변동이 없으며, 자본금은 '액면가액 × 발행주식수'이므로 주식을 소각하는 경우 발행주식수가 감소하게 되어 자본금 역시 감소한다. 회사가 보유 중인 자기주식을 소각하는 경우 회계처리는 다음과 같다.
>
> | (차) 자본금 | 5,000,000 | (대) 자기주식 | 6,000,000 |
> |---|---|---|---|
> | 감자차손 | 1,000,000 | | |

165 (주)대구는 2015년 5월 1일에 자기주식 1,000주를 주당 7,000원에 전액 보통예금으로 취득하여 이 중 400주를 소각하였다. 이러한 거래 직전의 자본총계는 50,000,000원이고, 그 내역은 보통주 자본금 50,000,000원(10,000주, 액면금액 주당 5,000원)이 전부인 경우에 2015년 5월 1일의 회계처리결과 세무(주)의 자본총계는 얼마인가?

① 41,000,000원

② 43,000,000원

③ 45,000,000원

④ 48,000,000원

⑤ 51,000,000원

> **해설**
>
> | (차) 자기주식 | 7,000,000원 | (대) 보통예금 | 7,000,000원 |
> |---|---|---|---|
> | 자본금 | 2,000,000원 | 자기주식 | 2,800,000원 |
> | 감자차손 | 800,000원 | | |
>
> • 자본총계 : 50,000,000원 − 7,000,000원 − 2,000,000원 + 2,800,000원 − 800,000원 = 43,000,000원
> • 기업이 이미 발행한 주식을 유상으로 재취득하여 소각하는 경우에 주식의 취득원가가 액면금액보다 크다면 그 차액을 감자차익의 범위 내에서 상계처리하고, 미상계된 잔액이 있는 경우에는 자본조정의 감자차손으로 회계처리한다.

166 당기순손익과 총포괄손익 간의 차이를 발생시키는 항목을 모두 고른 것은?

> ㄱ. 매도가능증권평가이익
> ㄴ. 단기매매증권평가이익
> ㄷ. 재평가손실
> ㄹ. 해외사업장외화환산손익
> ㅁ. 자기주식처분이익
> ㅂ. 현금흐름위험회피 파생상품평가손익

① ㄱ, ㄴ, ㄹ   ② ㄱ, ㄹ, ㅂ

③ ㄴ, ㄷ, ㅁ   ④ ㄹ, ㅁ, ㅂ

⑤ ㄱ, ㄷ, ㅁ

해설 기타포괄손익 해당 항목이 정답이다.

167 다음 중 자본항목에 대한 설명으로 옳지 않은 것은?

① 일반기업회계기준의 자본은 자본금, 자본잉여금, 자본조정, 기타포괄손익누계액, 이익잉여금으로 구성된다.

② 자본잉여금은 증자나 감자 등 주주와의 거래에서 발생하여 자본을 증가시키는 잉여금으로, 여기에는 주식발행초과금, 자기주식처분이익, 감자차익뿐만 아니라 감자차손도 포함된다.

③ 주식할인발행차금은 주식발행가액이 액면금액보다 작은 경우 그 미달하는 금액을 말하는데 주식발행초과금의 범위 내에서 상계처리하고, 미상계된 잔액이 있는 경우에는 자본조정의 주식할인발행차금으로 회계처리한다.

④ 발행기업이 매입 등을 통하여 취득하는 자기주식은 취득원가를 자기주식의 과목으로 하여 자본조정으로 회계처리한다.

⑤ 결손금의 처리에 대해 임의적립금, 이익준비금, 자본잉여금 이입액 순으로 처리해야 한다는 규정은 폐지되어 현재는 상법상 제한이 없다.

해설 ② 자본잉여금은 증자나 감자 등 주주와의 거래에서 발생하여 자본을 증가시키는 잉여금을 말한다. 예를 들면, 주식발행초과금, 자기주식처분이익, 감자차익 등이 포함된다. 감자차손은 자본조정 항목에 속한다.

168 일반기업회계기준 중 자본조정에 대한 설명이다. A, B, C, D에 알맞은 것으로 묶인 것은?

> 자본조정 중 (A)는(은) 별도 항목으로 구분하여 표시한다. (B), (C), (D) 등은 기타자본조정으로 통합하여 표시할 수 있다.

	A	B	C	D
①	주식할인발행차금	자기주식	감자차손	자기주식처분손실
②	자기주식	주식할인발행차금	감자차손	자기주식처분손실
③	감자차손	자기주식	주식할인발행차금	자기주식처분손실
④	자기주식처분손실	자기주식	감자차손	자기주식처분손실
⑤	자기주식	주식발행초과금	감자차익	자기주식처분손실

해설 (A)는 자기주식, (B), (C), (D)는 주식할인발행차금, 감자차손, 자기주식처분손실이다.

169 자본조정 중 반드시 별도 항목으로 구분표시 하여야 하는 것은?

① 자기주식   ② 감자차손

③ 출자전환채무   ④ 주식할인발행차금

⑤ 주식선택권

해설 자본조정 중 자기주식은 별도 항목으로 구분하여 표시한다. 주식할인발행차금, 주식선택권, 출자전환채무, 감자차손 및 자기주식처분손실 등은 기타자본조정으로 통합하여 표시할 수 있다.

170 다음 재무제표상 자본조정의 합계는 얼마인가?

> | | |
> |---|---|
> | 자기주식 | 10,000 |
> | 주식할인발행차금 | 2,000 |
> | 감자차손 | 3,000 |
> | 자기주식처분이익 | 1,000 |
> | 매도가능증권평가손실 | 4,000 |

① 10,000   ② 12,000

③ 13,000   ④ 15,000

⑤ 20,000

해설 자기주식 10,000 + 주식할인발행차금 2,000 + 감자차손 3,000 = 15,000
자기주식처분이익 : 자본잉여금
매도가능증권평가손실 : 기타포괄손익누계액

171 다음은 (주)한국의 기초 및 기말 재무제표 자료 중 일부이다.

구 분	기 초	기 말
자산총계	11,000,000	15,000,000
부채총계	5,000,000	6,000,000

당기 중 무상증자 1,000,000이 있었으며 현금배당 500,000 및 주식배당 300,000이 결의 및 지급되고 매도가능증권평가이익 100,000이 있었다면 당기순이익은? (단, 매도가능증권은 당기에 처음 취득하였다)

① 2,400,000   ② 2,800,000

③ 3,000,000   ④ 3,400,000

⑤ 3,600,000

> **해설** 기초자본 6,000,000 − 현금배당 500,000 + 매도가능증권평가이익 100,000 + 당기순이익
> = 기말자본 9,000,000
> 무상증자, 주식배당은 자본총계에 영향이 없다.

제 15 장 | 수 익

172 일반기업회계기준에서는 용역의 제공으로 인한 수익은 용역제공거래의 성과를 신뢰성 있게 추정할 수 있을 때 진행기준에 따라 인식한다. 이에 대한 조건으로 제시된 것에 해당하지 않는 것은?

① 용역 제공에 따른 유의적인 위험과 보상이 구매자에게 이전된다.
② 거래 전체의 수익금액을 신뢰성 있게 측정할 수 있다.
③ 경제적 효익의 유입 가능성이 매우 높다.
④ 진행률을 신뢰성 있게 측정할 수 있다.
⑤ 이미 발생한 원가 및 거래의 완료를 위하여 투입하여야 할 원가를 신뢰성 있게 측정할 수 있다.

> **해설** 용역의 제공은 특성상 위험과 보상의 이전이 의미가 없다. 해당 조건은 재화의 판매로 인한 수익인식 요건이다.

173 수익의 인식에 대한 설명이다. 가장 잘못된 것은?

① 시용판매 : 고객이 일정기간 시험적으로 사용한 후 구매의사를 표시하는 시점에 수익을 인식한다.
② 할부판매 : 재화인도시점에 수익을 인식한다.
③ 정기구독신청에 의한 판매 : 구독기간에 걸쳐 정액법으로 수익을 인식한다.
④ 위탁판매 : 위탁자가 수탁자에게 재화를 인도하는 시점에 수익을 인식한다.
⑤ 입장수익 : 행사가 개최되는 시점에 인식한다.

> **해설** 위탁매출수익을 인식하는 시점은 수탁자가 고객에게 제품을 판매하는 시점이다.

174 일반기업회계기준에서 규정한 수익의 인식과 측정에 관한 서술이다. 옳지 않은 것은?

① 수익은 재화의 판매, 용역의 제공이나 자산의 사용에 대하여 받았거나 또는 받을 대가의 공정가치로 측정한다. 매출에누리와 할인 및 환입은 수익에서 차감한다.

② 성격과 가치가 유사한 재화나 용역 간의 교환은 수익을 발생시키는 거래로 보지 않는다.

③ 성격과 가치가 상이한 재화나 용역 간의 교환은 수익을 발생시키는 거래로 본다. 이때 수익은 교환으로 제공한 재화나 용역의 공정가치로 측정하되, 현금 또는 현금성자산의 이전이 수반되면 이를 반영하여 조정한다.

④ 판매대가가 재화의 판매 또는 용역의 제공 이후 장기간에 걸쳐 유입되는 경우에는 그 공정가치가 명목금액보다 작을 수 있다. 이때 공정가치는 명목금액의 현재가치로 측정하며, 공정가치와 명목금액과의 차액은 현금회수기간에 걸쳐 이자수익으로 인식한다.

⑤ 현재가치의 측정에 사용되는 할인율은 신용도가 비슷한 기업이 발행한 유사한 금융상품(예 회사채)에 적용되는 일반적인 이자율과 명목금액의 현재가치와 제공되는 재화나 용역의 현금판매금액을 일치시키는 유효이자율 중 보다 명확히 결정될 수 있는 것으로 한다.

해설 성격과 가치가 상이한 재화나 용역 간의 교환은 수익을 발생시키는 거래로 본다. 이때 수익은 교환으로 취득한 재화나 용역의 공정가치로 측정하되, 현금 또는 현금성자산의 이전이 수반되면 이를 반영하여 조정한다.

175 일반기업회계기준에서 언급하고 있는 수익인식의 적용사례에 대한 설명이다. 옳지 않은 것은?

① 설치 및 검사 조건부 판매의 경우에는 구매자에게 재화가 인도되어 설치와 검사가 완료되었을 때 수익을 인식한다.

② 입회비 및 연회비로서 회원가입과 자격유지를 위한 경우에는 회비회수가 가능한 시점에 인식한다.

③ 상품권의 발행과 관련된 수익은 상품권을 회수한 시점에 인식한다. 상품권을 판매한 때는 선수금으로 회계처리한다.

④ 방송사 등의 광고수익과 광고제작사의 광고제작용역수익은 해당 광고를 대중에게 전달하는 시점에 수익으로 인식한다.

⑤ 수강료는 강의기간 동안 발생기준에 따라 수익으로 인식한다.

해설 방송사 등의 광고수익은 해당 광고를 대중에게 전달하는 시점에 수익으로 인식하고, 광고제작사의 광고제작용역수익은 진행기준에 따라 수익으로 인식한다.

176 20x1년도 수익인식과 관련한 다음의 사례 중 옳지 않은 것은?

① 보험대리업을 영위하고 있는 (주)우리는 20x1년 10월 1일 (주)나라보험의 보험상품 중 하나에 대하여 (주)평창과 계약을 체결하였다. 보험기간은 20x1년 10월 1일부터 1년이며, (주)우리가 보험계약기간에 추가로 용역을 제공할 가능성은 높다. (주)우리는 20x1년 12월 1일 (주)나라보험으로부터 동 보험계약에 대한 대리수수료 ₩1,000,000을 수령하고 전액 20x1년도 수익으로 인식하였다.

② (주)한국은 20x1년 12월 1일에 설치에 대한 용역이 재화의 판매에 부수되지 않는 섬유기계장치를 판매하고, 별도의 설치수수료 ₩500,000을 수령하였다. (주)한국은 일정상 20x1년 말까지 동 기계장치에 대한 설치를 시작하지 못하여, 수령한 설치수수료를 20x1년도 수익으로 인식하지 않았다.

③ 20x1년 11월 1일 (주)대한휘트니스에 연회원으로 50명이 가입하였다. 연회원가입비(환급되지 않음)는 1인당 ₩45,000이며, 연회원은 가입 후 1년 동안만 휘트니스 이용료를 할인받을 수 있다. (주)대한휘트니스는 20x1년 11월 1일에 가입한 회원으로부터 수령한 연회원가입비 중 ₩375,000(= 50명 × ₩45,000 × 2/12)을 20x1년도 수익으로 인식하였다.

④ 광고제작사인 (주)소백기획은 20x1년 9월 1일에 (주)섬진으로부터 총금액 ₩6,000,000의 광고제작을 의뢰받고, 이를 6개월 안에 완성하기로 하였다. 20x1년 말 현재 광고제작이 50% 완성되어 (주)소백기획은 ₩3,000,000을 20x1년도 수익으로 인식하였다.

⑤ (주)팔공은 20x1년 12월 1일에 ₩5,000,000의 상품을 판매하였다. 판매계약에 명시된 이유를 들어 구매자는 구매취소를 할 수 있다. 20x1년 말 현재 반품가능성을 예측하기 힘들어 (주)팔공은 20x1년도에 수익을 인식하지 않았다.

> **해설** 보험대리수수료는 보험대리인이 보험계약기간에 추가로 용역을 제공할 가능성이 높은 경우에는 수수료의 일부 또는 전부를 이연하여 보험계약기간에 걸쳐 수익으로 인식한다.

177 일반기업회계기준의 수익인식기준에 대한 설명이다. 이 중 잘못된 수익인식기준은?

① 배당금수익은 받을 권리와 금액이 확정되는 시점에 인식한다.
② 예술공연 등에서 발생하는 입장료수익은 행사가 개최되는 시점에 인식한다.
③ 상품권을 판매하는 경우 판매하는 때에 매출을 인식한다.
④ 이자수익은 원칙적으로 유효이자율을 적용하여 발생기준에 따라 인식한다.
⑤ 컴퓨터바이러스에 대한 백신프로그램을 개발하여 외부에 판매할 때 동 백신프로그램의 구입자가 새롭게 발생하는 컴퓨터바이러스를 치료할 수 있는 백신프로그램을 일정기간(대부분 1년)동안 매주 제공받을 수 있는 경우 백신프로그램의 매매금액에는 제품대가와 업그레이드에 따른 추가용역대가가 포함되어 있는 것으로 보아 수익을 인식한다.

> **해설** 상품권을 판매하는 경우 판매 시에는 선수금의 계정으로 처리하고, 물품 등을 판매하여 상품권을 회수하는 때에 매출을 인식한다.

178 (주)대경은 20x1년 1월 1일에 상품을 ₩4,000,000에 판매하고 대금은 20x1년부터 매년 12월 31일에 ₩1,000,000씩 4회에 분할수령하기로 하였다. 장기할부판매대금의 명목가액과 현재가치의 차이는 중요하고 유효이자율은 연 10%이다. 할부판매로 인하여 발생한 장기매출채권에 대하여 20x2년 말 현재 대손 추산액은 ₩300,000이다. 장기매출채권의 20x2년 말 현재 장부금액(순액)은 얼마인가? (계산과정에서 소수점 이하는 첫째 자리에서 반올림한다. 그러나 계산방식에 따라 단수차이로 인해 오차가 있는 경우, 가장 근사치를 선택한다. 또한 유동성대체는 하지 않는다)

할인율	단일금액 ₩1의 현재가치				정상연금 ₩1의 현재가치			
	1년	2년	3년	4년	1년	2년	3년	4년
10%	0.9091	0.8265	0.7513	0.6830	0.9091	1.7355	2.4869	3.1699

① ₩1,435,580 ② ₩1,735,580
③ ₩2,086,857 ④ ₩2,869,900
⑤ ₩3,535,580

해설 20x1년 초 매출채권 1,000,000 × 3.1699 = 3,169,900

구 분	장부가액 × 유효이자율(10%)	상환금액	차 이	장부가액
20x1 1/1				3,169,900①
20x1 12/31	316,990(= ① 3,169,900 × 10%)	1,000,000	−683,010②	2,486,890(③ = ① + ②)
20x2 12/31	248,690(= ③ 2,486,890 × 10%)	1,000,000	−751,310④	1,735,580(⑤ = ③ + ④)
20x3 12/31		(후략)		
20x4 12/31				

1,735,580 − 300,000 (대손충당금) = 1,435,580

179 갑회사의 기초 유통보통주식수는 10,000주이다. 유통보통주식수는 몇 주인가? (단, 가중평균은 월수로 계산한다)

> 4월 1일 무상증자 20%(2,000주)
> 9월 1일 유상증자 10%(1,200주, 공정가치발행)

① 11,000주   ② 12,000주

③ 12,400주   ④ 12,900주

⑤ 13,500주

| 해설 | 유상증자는 증자일부터 기산하고, 무상증자는 기초부터 가중평균한다. |

1월 1일	12,000 (= 10,000 × 1.2 × 12/12)
9월 1일	400 (= 1,200 × 4/12)
(합 계)	12,400

180 갑회사의 기초 유통보통주식수는 10,000주이다. 유통보통주식수는 몇 주인가? (단, 가중평균은 월수로 계산한다)

> 4월 1일 유상증자 10%(1,000주 공정가치발행)
> 11월 1일 무상증자 20%(2,200주)

① 11,000주   ② 2,000주

③ 12,400주   ④ 12,900주

⑤ 13,500주

| 해설 | 유상증자 후에 무상증자가 발생했으므로 4월 1일의 발행주식에도 무상증자비율을 반영한다. |

1월 1일	12,000 (= 10,000 × 1.2 × 12/12)
4월 1일	900 (= 1,000 × 1.2 × 9/12)
(합 계)	12,900

181 결산일이 12월 31일인 (주)서울의 20x6년도 기초유통보통주식수와 기초유통우선주식수는 각각 10,000주(액면가액 @1,000)와 4,000주(비누적적 및 비참가적 우선주, 액면가액 @1,000, 연배당률 8%)이며 기중 자본거래는 없었다. (주)서울의 20x6년도 당기순이익이 12,000,000일 때 기본주당이익은 각각 얼마인가? (단, 자본거래는 없으며 소수점 이하는 반올림한다)

① 1,168

② 1,184

③ 1,200

④ 912

⑤ 1,053

해설 우선주자본금 4,000주 × @1,000 = 4,000,000
우선주배당금 4,000,000 × 8% = 320,000
기본주당이익 = (당기순이익 − 우선주배당금)/유통보통주식수 = (12,000,000 − 320,000)/10,000주 = 1,168

기업회계기준

182 (주)세무의 20x1년 초 유통보통주식수는 15,000주였다. 20x1년 중 보통주식수의 변동내역이 다음과 같다면, 20x1년도 기본주당이익 계산을 위한 가중평균유통보통주식수는? (단, 가중평균유통보통주식수는 월할계산한다)

- 2월 1일 : 유상증자(발행가격 : 공정가치) 20%
- 7월 1일 : 주식배당 10%
- 9월 1일 : 자기주식 취득 1,800주
- 10월 1일 : 자기주식 소각 600주
- 11월 1일 : 자기주식 재발행 900주

① 17,750주

② 18,050주

③ 18,200주

④ 18,925주

⑤ 19,075주

해설 1월 1일 15,000 × 1.1 × 12/12
2월 1일 3,000 × 1.1 × 11/12
9월 1일 −1,800 × 4/12
11월 1일 900 × 2/12
(합계) 19,075

183 일반기업회계기준에서 규정하고 있는 주당이익에 대한 설명이다. 옳지 않은 것은?

① 자본의 실질적 변동을 유발하지 않으면서 유통보통주식수의 변동을 가져오는 무상증자, 주식배당, 주식분할, 주식병합 등과 같은 사건이 발생한 경우에는, 당기 기초에 그러한 사건이 발생한 것으로 보며 전기의 유통보통주식수를 조정하지는 않는다.

② 기중에 유상증자로 발행된 신주에 대하여 무상증자 등이 실시된 경우에는 당해 유상증자의 납입기일 익일에 무상증자 등이 실시된 것으로 보아 유통보통주식수를 조정한다.

③ 기본주당이익 정보의 목적은 특정 회계기간의 경영성과에 대한 보통주 1주당 지분의 측정치를 제공하는 것이다.

④ 기본주당이익을 계속사업이익과 당기순이익에 대하여 계산하고 손익계산서 본문에 표시한다.

⑤ 기본주당이익이 부의 금액(즉, 손실)인 경우에도 손익계산서 본문에 표시한다.

> **해설** 자본의 실질적 변동을 유발하지 않으면서 유통보통주식수의 변동을 가져오는 무상증자, 주식배당, 주식분할, 주식병합 등과 같은 사건이 발생한 경우에는, 재무제표에 보고되는 회계기간 중 최초 회계기간의 기초에 그러한 사건이 발생한 것으로 보아 각 회계기간의 유통보통주식수를 비례적으로 조정한다.

제 17 장 | 회계변경과 오류수정

184 회계변경에 대한 설명이다. 옳지 않은 것은?

① 회계변경은 회계정책의 변경과 회계추정의 변경 및 오류수정을 말한다.

② 매기 동일한 회계정책 또는 회계추정을 사용하면 비교가능성이 증대되어 재무제표의 유용성이 향상된다. 따라서 재무제표를 작성할 때 일단 채택한 회계정책이나 회계추정은 유사한 종류의 사건이나 거래의 회계처리에 그대로 적용하여야 한다.

③ 기업은 회계정책의 변경을 반영한 재무제표가 거래, 기타 사건 또는 상황이 재무상태, 재무성과 또는 현금흐름에 미치는 영향에 대하여 신뢰성 있고 더 목적적합한 정보를 제공하는 경우에 회계정책을 변경할 수 있다.

④ 일반기업회계기준 제10장 '유형자산'에 따라 자산을 재평가하는 회계정책을 최초로 적용하는 경우의 회계정책 변경은 이 장을 적용하지 아니하고 전진법으로 처리한다.

⑤ 회계정책의 변경에 따른 누적효과를 합리적으로 결정하기 어려운 경우에는 회계변경을 전진적으로 처리하여 그 효과가 당기와 당기 이후의 기간에 반영되도록 한다.

> **해설** 회계변경은 회계정책의 변경과 회계추정의 변경을 말한다.

185 일반기업회계기준을 따르는 경우 다음 중 회계정책의 변경에 해당하지 않는 것은?

① 유형자산의 감가상각방법을 정률법에서 정액법으로 변경

② 재고자산의 평가방법을 선입선출법에서 평균법으로 변경

③ 유형자산의 평가방법을 원가모형에서 재평가모형으로 변경

④ 차입원가의 자본화를 자본화하지 않는 정책에서 자본화하는 것으로 변경

⑤ 장기건설공사의 수익인식을 완성기준에서 진행기준으로 변경

> **해설** ① 감가상각방법을 변경하는 것은 회계추정의 변경이다.
> ⑤ 기업회계기준을 위배한 회계처리를 올바른 회계처리로 변경하는 것은 오류수정에 해당한다.

186 일반기업회계기준을 따르는 경우 회계정책의 변경에 해당하는 것은?

① 감가상각방법의 변경

② 감가상각 시 내용연수의 변경

③ 감가상각 시 잔존가치의 변경

④ 재고자산의 평가방법을 평균법에서 선입선출법으로 변경

⑤ 재고자산의 평가방법을 매출총이익률법에서 후입선출법으로 변경

> **해설** ①, ②, ③은 회계추정의 변경
> ⑤는 기업회계기준을 위배한 회계처리를 기업회계기준에서 인정하는 회계처리로 수정한 것이므로 오류수정에
> 해당한다.

187 다음 중 정당한 사유에 의한 회계정책 및 회계추정 변경의 예로 볼 수 없는 것의 개수는?

(a) 합병, 사업부 신설, 대규모 투자, 사업의 양수도 등 기업환경의 중대한 변화에 의하여 총자산이
나 매출액, 제품의 구성 등이 현저히 변동됨으로써 종전의 회계정책을 적용할 경우 재무제표가
왜곡되는 경우
(b) 동종산업에 속한 대부분의 기업이 채택한 회계정책 또는 추정방법으로 변경함에 있어서 새로
운 회계정책 또는 추정방법이 종전보다 더 합리적이라고 판단되는 경우
(c) 일반기업회계기준의 제정, 개정 또는 기존의 일반기업회계기준에 대한 새로운 해석에 따라 회
계변경을 하는 경우
(d) 단순히 세법의 규정을 따르기 위한 회계변경을 하는 경우
(e) 이익조정을 주된 목적으로 한 회계변경을 하는 경우

---

① 1개   ② 2개

③ 3개   ④ 4개

⑤ 5개

> **해설** (d) 단순히 세법의 규정을 따르기 위한 회계변경은 정당한 회계변경으로 보지 아니한다. 그 이유는 세무보고의
> 목적과 재무보고의 목적이 서로 달라 세법에 따른 회계변경이 반드시 재무회계정보의 유용성을 향상시키는
> 것은 아니기 때문이다.
> (e) 이익조정을 주된 목적으로 한 회계변경은 정당한 회계변경으로 보지 아니한다.

188 (주)태양은 20x3년 1월 1일에 기계장치를 ₩90,000,000에 구입하였다. 구입 당시 기계장치의 내용연수는 5년이고 잔존가치는 ₩9,000,000으로 추정되었다. (주)태양은 감가상각방법으로 연수합계법을 사용하여 왔다. 20x6년 초에 (주)태양은 기계장치의 내용연수를 당초 5년에서 6년으로 변경하고 잔존가치는 ₩6,000,000으로 변경하였다. 이 경우 회사가 20x6년에 기계장치에 대한 감가상각비로 기록해야 하는 금액은 얼마인가?

① ₩2,560,000

② ₩6,400,000

③ ₩9,000,000

④ ₩9,600,000

⑤ ₩6,000,000

해설 추정의 변경에 해당되므로 전진법을 적용한다.
20x6년 초 기계장치 감가상각누계액 = (90,000,000 − 9,000,000) × (5/15 + 4/15 + 3/15)
= 64,800,000
20x6년 초 기계장치 장부금액 = 90,000,000 − 64,800,000 = 25,200,000
20x6년도 감가상각비 = (25,200,000 − 6,000,000) × 0.5 = 9,600,000
20x6년 초 기준 잔존내용연수는 3년이므로 20x6년 상각률은 0.5(= 3/(3 + 2 + 1))이다.

189 (주)부산이 제3기 1월 1일에 기계장치를 2,500,000원에 취득하여 내용연수 5년, 잔존가치 없이 정액법으로 감가상각하다가 제5기 1월 1일에 기계장치에 대한 자본적 지출 300,000원을 지출하여 기계장치에 대한 내용연수가 잔존가치 없이 제8기 12월 31일까지로 연장되었다. 제5기 기계장치에 대한 감가상각비는 얼마인가? (회계기간은 매년 1월 1일부터 12월 31일까지로 한다)

① 380,000원

② 400,000원

③ 430,000원

④ 450,000원

⑤ 500,000원

해설 제3기 ~ 제4기 감가상각비 = 2,500,000원/5년 × 2년 = 1,000,000원
제5기 감가상각비 = (2,500,000원 − 1,000,000원 + 300,000원)/4년 = 450,000원
회계추정의 변경(내용연수의 변경)은 전진적으로 처리하여 그 효과를 당기와 당기 이후의 기간에 반영한다.

190 다음 중 회계변경에 관한 설명으로 가장 옳지 않은 것은 어느 것인가?

① 회계정책을 변경하는 경우 회계변경의 효과는 원칙적으로 전진적으로 처리하여 그 변경의 효과를 당해 회계연도 개시일부터 적용한다.

② 회계추정의 변경은 기업환경의 변화, 새로운 정보의 획득 또는 경험의 축적에 따라 지금까지 사용해오던 회계적 추정치의 근거와 방법 등을 바꾸는 것을 말한다.

③ 회계변경의 속성상 그 효과를 회계정책의 변경효과와 회계추정의 변경효과로 구분하기가 불가능한 경우에는 이를 회계추정의 변경으로 본다.

④ 회계정책의 변경은 재무제표의 작성과 보고에 적용하던 회계정책을 다른 회계정책으로 바꾸는 것을 말한다.

⑤ 회계정책의 변경과 회계추정의 변경이 동시에 이루어지는 경우에는 회계정책의 변경에 의한 누적효과를 먼저 계산하여 소급적용한 후, 회계추정의 변경효과를 전진적으로 적용한다.

해설 변경된 새로운 회계정책은 소급하여 적용한다. 전기 또는 그 이전의 재무제표를 비교목적으로 공시할 경우에는 소급적용에 따른 수정사항을 반영하여 재작성한다. 비교재무제표상의 최초 회계기간 전의 회계기간에 대한 수정사항은 비교재무제표상 최초 회계기간의 자산, 부채 및 자본의 기초금액에 반영한다. 또한 전기 또는 그 이전 기간과 관련된 기타재무정보도 재작성한다.
위에서 규정한 회계정책의 변경에 따른 누적효과를 합리적으로 결정하기 어려운 경우에는 회계변경을 전진적으로 처리하여 그 효과가 당기와 당기 이후의 기간에 반영되도록 한다.

191 다음은 회계변경 및 오류수정과 관련한 사례들이다. 적용방법상 성격이 다른 하나는?

① 산업재산권의 효익제공기간을 10년에서 8년으로 단축적용하기로 하였다.

② 매출채권에 대한 대손설정율을 2%에서 1%로 변경하기로 하였다.

③ 전기의 중요한 오류를 후속기간에 발견하여 수정하여 바로 잡았다.

④ 기계장치의 내용연수를 5년에서 8년으로 변경하였다.

⑤ 차량운반구의 감가상각방법을 정률법에서 정액법으로 변경하기로 하였다.

해설 오류수정은 소급법이며 다른 사항은 전진법으로 처리한다.

192 (주)삼청은 상품을 외상판매하고 다음과 같이 회계처리하였다. 다음과 같이 장부에 기록한 사실을 결산 시점에 발견하고 수정하려고 한다. 수정분개로 옳은 것은?

(차) 미수금	1,000,000	(대) 매 출	1,000,000

①	(차) 매출채권	1,000,000	(대) 미수금	1,000,000
②	(차) 미지급금	1,000,000	(대) 미수금	1,000,000
③	(차) 선급금	1,000,000	(대) 미수금	1,000,000
④	(차) 매출채권	1,000,000	(대) 상 품	1,000,000
⑤	(차) 미지급금	1,000,000	(대) 상 품	1,000,000

해설 올바른 회계처리

(차) 매출채권	1,000,000	(대) 매 출	1,000,000

따라서 수정분개를 통해 미수금을 제거하고 매출채권을 계상한다.

(차) 매출채권	1,000,000	(대) 미수금	1,000,000

193 20x1년 초에 설립된 (주)백제는 설립일 이후 재고자산 단위원가 결정방법으로 선입선출법을 사용하여 왔다. 그러나 영업환경의 변화로 가중평균법이 보다 더 신뢰성 있고 목적적합한 정보를 제공하는 것으로 판단되어 20x3년 초에 재고자산 단위원가 결정방법을 가중평균법으로 변경하였으며, 이와 관련된 자료는 다음과 같다. 선입선출법을 적용한 20x2년도의 포괄손익계산서상 매출원가는 ₩8,000,000이다. (주)백제가 20x3년도에 가중평균법을 소급적용하는 경우, 20x3년도 포괄손익계산서에 비교정보로 공시되는 20x2년도 매출원가는 ₩8,200,000이다. (주)백제가 선입선출법으로 인식한 20x2년 초 재고자산은 얼마인가?

	20x2년 초 재고자산	20x2년 말 재고자산
선입선출법	?	₩4,000,000
가중평균법	₩3,600,000	₩4,300,000

① ₩3,100,000   ② ₩3,400,000

③ ₩3,500,000   ④ ₩3,700,000

⑤ ₩4,100,000

해설

재고자산(평균법)

기 초	3,600,000	매출원가	8,200,000
매 입	8,900,000 plug	기 말	4,300,000
	12,500,000		12,500,000

재고자산(선입선출법)

기 초	3,100,000 plug	매출원가	8,000,000
매 입	8,900,000	기 말	4,000,000
	12,000,000		12,000,000

194 20x2년 말 (주)대한의 외부감사인은 수리비의 회계처리 오류를 발견하였다. 20x1년 1월 1일 본사 건물 수리비 ₩500,000이 발생하였고, (주)대한은 이를 건물의 장부금액에 가산하였으나 동 수리비는 발생연도의 비용으로 회계처리하는 것이 타당하다. 20x1년 1월 1일 현재 건물의 잔존내용연수는 10년, 잔존가치는 ₩0이며, 정액법으로 감가상각한다. (주)대한의 오류수정 전 부분재무상태표는 다음과 같다.

구 분	20x0년 말	20x1년 말	20x2년 말
건 물	₩5,000,000	5,500,000	5,500,000
감가상각누계액	(2,500,000)	(2,800,000)	(3,100,000)
장부금액	2,500,000	2,700,000	2,400,000

상기 오류수정으로 인해 (주)대한의 20x2년 말 순자산 장부금액은 얼마나 변동되는가?

[최신출제유형]

① ₩400,000 감소

② ₩450,000 감소

③ ₩500,000 감소

④ ₩420,000 감소

⑤ ₩50,000 증가

해설			
구 분	20X1	20X2
자본적 지출	−500,000	
감가상각비	+50,000	+50,000
계 (당기순이익)	−450,000	+50,000
기말 이익잉여금 증가	−450,000	−400,000

195 회계감사의 의의에 대한 설명이다. 옳지 않은 것은?

① 회계감사는 자질을 갖춘 독립적인 제3자가 실시하는 것으로 제3자는 공인회계사이다.

② 감사의 대상은 수량적 정보로서 주로 화폐적 정보를 의미한다.

③ 회계감사는 미리 결정된 기준과의 일치 정도에 대하여 검토하는 과정, 즉 기업의 회계처리가 기업회계기준을 준수하였는지에 대하여 검토하는 것이다.

④ 회계감사는 증거를 수집하고 평가하는 과정이며, 감사증거는 경영자의 주장과 기업회계기준과 일치하는지에 대한 증거를 기록하여 감사의견을 형성하는데 필요한 기초를 제공한다.

⑤ 회계감사 시 공인회계사는 반드시 적격성을 갖추어야 하지만 독립성을 갖출 필요는 없다.

해설 회계감사 시 공인회계사는 적격성과 독립성 모두를 갖추어야 한다.

196 감사보고서에 감사의견을 위한 근거가 다음과 같이 표시되어 있다. 감사의견으로 옳은 것은?

> 본 감사인은 감사계약이 20x1년 12월 31일 이후에 이루어졌기 때문에 20x1년 12월 31일자로 ○○○백만원으로 기록된 재고자산의 실사에 입회할 수 없었습니다. 본 감사인은 기타의 감사절차에 의해서도 20x1년 12월 31일의 재고자산에 대해 만족할 만한 결과를 얻을 수 없었습니다.
> 본 감사인의 의견으로는 재고자산의 기초잔액에 대한 실사에 입회하였으면 발견할 수도 있었던 수정사항의 영향을 제외하고는 상기 재무제표는 주식회사 ○○○의 20x2년 12월 31일 현재의 재무상태와 동일로 종료되는 회계연도의 재무성과 및 현금흐름의 내용을 대한민국에서 일반적으로 인정된 회계처리기준에 따라 중요성의 관점에서 공정하게 표시하고 있습니다.

① 적정의견

② 감사범위 제한에 따른 한정의견

③ 기업회계기준 위배에 따른 한정의견

④ 부적정의견

⑤ 의견거절

해설 감사인이 기초재고자산에 대한 충분하고 적합한 감사증거를 얻지 못해서 매출원가에 대한 확신을 갖지 못한 상황이므로 한정의견이 표명된 경우이다. 일반적으로 처음 회계감사를 받는 경우에 종종 발생한다.

197 다음에 제시된 내용을 무엇이라고 부르는가?

> 감사의견에 영향을 미치지 않는 사항으로서 재무제표에 대한 주석 ××에서 설명하고 있는 바와 같이 회사의 재무제표는 회사가 계속기업으로서 존속할 것이라는 가정을 전제로 작성되었으므로 회사의 자산과 부채가 정상적인 사업활동과정을 통하여 장부금액으로 회수되거나 상환될 수 있다는 가정하에 회계처리되었습니다. 그러나 회사는 20x2년 12월 31일 현재로 유동부채가 유동자산보다 797,168백만원 많으며, 동일로 종료되는 회계기간에 금융원가가 영업이익을 39,332백만원 초과하였습니다. 이러한 상황은 회사의 계속기업으로서의 존속능력에 중대한 의문을 제기하고 있습니다. 따라서 회사의 계속기업으로서의 존속여부는 동 주석에서 설명하고 있는 회사의 부채상환과 기타 자금수요를 위해 필요한 차기 자금조달계획과 안정적인 영업이익 달성을 위한 재무 및 경영개선계획의 성패에 따라 결정되므로 중요한 불확실성이 존재하고 있습니다. 만일, 이러한 회사의 계획에 차질이 있는 경우에는 계속기업으로서의 존속이 어려우므로 회사의 자산과 부채를 정상적인 사업활동과정을 통하여 장부금액으로 회수하거나 상환하지 못할 수도 있습니다. 이와 같이 불확실성의 최종 결과로 계속기업가정이 타당하지 않을 경우에 발생될 수도 있는 자산과 부채의 금액 및 분류표시와 관련 손익항목에 대한 수정사항은 위 재무제표에 반영되어 있지 않습니다.

① 의견문단　　　　　　　　　　② 범위문단
③ 강조사항　　　　　　　　　　④ 주 석
⑤ 감리지적사항

해설 감사인은 재무제표에 표시되거나 또는 공시된 사항이 이용자가 재무제표를 이해하는 데 근본이 될 정도로 중요하다고 판단되어 이용자의 주의를 환기시켜야 할 필요가 있다고 고려하는 경우, 감사보고서에 강조사항문단을 포함시켜야 한다(재무제표에 동 사항이 중요하게 왜곡 표시되지 않았다는 것에 대해 충분하고 적합한 감사증거를 입수하였다고 가정한다). 강조사항문단에서는 재무제표에 표시되거나 공시된 정보만이 언급되어야 한다.

198 감사보고서에 대한 서술이다. 틀린 것은?

① 강조사항은 주석사항을 특히 강조한 것으로 그 기재여부는 회계감사기준에 명시되어 있다. 따라서 주석사항을 기재하지 않았다면 특기사항에 기재할 수 없고 감사의견에 반영하여야 한다.
② 회계감사의 목적은 재무제표를 통한 경영자의 주장이 기업회계기준과 일치하는 지 여부에 대하여 의견을 표명하는 것이다.
③ 감사인의 의견은 회사의 재무상태 또는 경영성과의 양호 여부를 평가하거나 장래전망을 보장하는 것은 아니다.
④ 기업회계기준 위배로 인한 한정의견이 표명된 경우 수정재무제표가 첨부되지 않는다.
⑤ 감사보고서의 첨부서류에는 회사의 재무제표와 부속명세서가 있다. 이때 재무제표에는 주석과 부속명세서가 반드시 포함되어야 한다.

해설 부속명세서는 제조원가명세서, 공사원가명세서 등을 말한다. 부속명세서는 회사가 특히 요청하는 경우에 한하여 감사보고서에 첨부되므로 일반적인 경우 첨부되지 않는 경우가 많다.

199 다음은 적정의견의 감사보고서에 나오는 표준 문구이다. 올바른 것은?

① 우리(감사인)의 책임은 우리가 수행한 감사를 근거로 해당 재무제표를 작성하는 데 있습니다.

② 우리(감사인)는 대한민국의 회계감사기준에 따라 감사를 수행하였습니다. 이 기준은 우리가 윤리적 요구사항을 준수하며 재무제표에 중요한 왜곡표시가 없는지에 대한 절대적인 확신을 얻도록 감사를 계획하고 수행할 것을 요구하고 있습니다.

③ 감사는 재무제표의 금액과 공시에 대한 감사증거를 입수하기 위한 절차의 수행을 포함합니다. 절차의 선택은 부정이나 오류로 인한 재무제표의 중요한 왜곡표시 위험에 대한 평가 등 감사인의 판단에 따라 달라집니다.

④ 감사인은 이러한 위험을 평가할 때 상황에 적합한 감사절차를 설계하기 위하여 기업의 재무제표 작성 및 공정한 표시와 관련된 내부통제를 고려하여 내부통제의 효과성에 대한 의견을 표명합니다.

⑤ 감사는 또한 재무제표의 전반적 표시에 대한 평가뿐 아니라 재무제표를 작성하기 위하여 경영진이 적용한 회계정책의 적합성에 대한 평가를 포함하나 경영진이 도출한 회계추정치의 합리성에 대한 평가는 포함하지 않습니다.

해설 ① 우리(감사인)의 책임은 우리가 수행한 감사를 근거로 해당 재무제표에 대하여 의견을 표명하는 데 있습니다.
② 우리는 대한민국의 회계감사 기준에 따라 감사를 수행하였습니다. 이 기준은 우리가 윤리적 요구사항을 준수하며 재무제표에 중요한 왜곡표시가 없는지에 대한 합리적인 확신을 얻도록 감사를 계획하고 수행할 것을 요구하고 있습니다.
④ 감사인은 이러한 위험을 평가할 때 상황에 적합한 감사절차를 설계하기 위하여 기업의 재무제표 작성 및 공정한 표시와 관련된 내부통제를 고려합니다. 그러나 이는 내부통제의 효과성에 대한 의견을 표명하기 위한 것이 아닙니다.
⑤ 감사는 또한 재무제표의 전반적 표시에 대한 평가뿐 아니라 재무제표를 작성하기 위하여 경영진이 적용한 회계정책의 적합성과 경영진이 도출한 회계추정치의 합리성에 대한 평가를 포함합니다.

200 회계감사 결과 발견된 오류금액이 중요성의 기준금액을 초과하고 있다. 해당 오류는 중요하지만 전반적이지 아니하다. 어떤 감사의견이 부여되는가?

① 적정의견

② 한정의견

③ 부적정의견

④ 의견거절

⑤ 부적정의견과 의견거절

해설 재무제표가 중요하게 왜곡 표시되는 경우 해당 오류가 중요하지만 전반적이지 아니하면 한정의견이 표명된다.

PART2 기업결합회계

핵심개념문제

출제예상문제

아이들이 답이 있는 질문을 하기 시작하면
그들이 성장하고 있음을 알 수 있다.

- 존 J. 플롬프 -

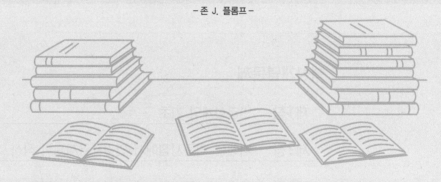

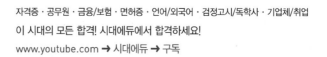

제01장 연결회계의 기초

학습전략

기업결합회계편은 주제가 연결되므로 순서대로 학습해야 한다. 1장은 제목 그대로 기초과정이므로 서술형 문제의 출제가 예상된다.

01 외부감사 대상회사 　　　　　　　　　　　핵심개념문제

우리나라 외부감사법(주식회사 등의 외부감사에 관한 법률)에서 규정한 외부감사 대상회사에 속하지 않는 회사는? (단, 매출액은 직전 사업연도가 12개월 미만인 경우에는 12개월로 환산한 금액을 의미한다)

① 직전 사업연도 말의 자산총액이 125억원이고, 종업원수가 130명인 주식회사

② 주권상장법인

③ 직전 사업연도 말의 매출액이 120억원이고, 부채총액이 80억원인 주식회사

④ 직전 사업연도 말 자산총액이 520억원이고, 매출액은 70억원, 부채총액이 60억원, 종업원수가 90명인 주식회사

⑤ 직전 사업연도 말 자산총액이 매출액이 400억원이고, 자산총액은 100억원, 부채총액은 60억원, 종업원수는 80명인 주식회사

해설 직전 사업연도 말의 자산총액 120억 미만, 부채총액 70억 미만, 매출액 100억원 미만, 종업원 100명 미만 중 3가지 이상을 충족하면 외부감사대상에서 제외된다. 따라서 ⑤번 지문의 경우는 자산요건 외에 나머지 3가지 요건을 충족하므로 외부감사대상에서 제외되는 것이다. 단, 상기 조건과 관계없이 매출액 또는 자산총액이 500억원 이상이면 외부감사대상이 된다.

정답 ⑤

더 알아보기

외부감사대상(외감법 제4조 제1항, 동법 시행령 제5조 제1항)
- 주권상장법인 및 해당 또는 다음 사업연도에 주권상장법인이 되려는 주식회사
- 직전 사업연도 말의 자산총액이 500억원 이상인 회사
- 직전 사업연도 말의 매출액이 500억원 이상인 회사
- 다음의 사항 중 3개 이상에 해당하지 아니하는 회사
  - 직전 사업연도 말의 자산총액이 120억원 미만
  - 직전 사업연도 말의 부채총액이 70억원 미만
  - 직전 사업연도의 매출액이 100억원 미만
  - 직전 사업연도 말의 종업원이 100명 미만

참고 舊외감법상 외부감사대상
◆ 외부감사대상(舊 외감법 제2조, 동법 시행령 제2조 제1항)
  - 주권상장법인 및 해당 또는 다음 사업연도에 주권상장법인이 되려는 주식회사
  - 직전 사업연도 말의 자산총액이 120억원 이상인 주식회사
  - 직전 사업연도 말의 부채총액이 70억원 이상이고 자산총액이 70억원 이상인 주식회사
  - 직전 사업연도 말의 종업원수가 300명 이상이고 자산총액이 70억원 이상인 주식회사

02 연결재무제표 작성기업

일반기업회계기준에 따른 연결재무제표 작성기업에 대한 내용으로 옳지 않은 것은?

① 지배기업 자체가 종속기업이고 지배기업의 최상위 지배기업이 기업회계기준을 적용하여 일반목적으로 이용가능한 연결재무제표를 작성하는 경우 지배기업이라 하더라도 연결재무제표 작성이 면제된다.

② 금융보험업을 영위하는 법인이 중간지배종속기업인 경우에는 그 기업도 연결재무제표를 작성한다.

③ 최상위 지배기업이 외국법인인 경우 내국법인 중 최상위 지배기업이 연결재무제표를 작성한다.

④ 지배종속관계가 순환적으로 발생하는 경우에는 직전 사업연도 말 자본총액이 최대인 기업이 연결재무제표를 작성한다.

⑤ 한국채택국제회계기준을 적용하는 기업은 외감법 및 동법 시행령을 따를 필요가 없으므로 한국채택국제회계기준에서 정한 내용만 준용하면 된다.

해설 지배종속관계가 순환적으로 발생하는 경우에는 직전 사업연도 말 자산총액이 최대인 기업이 연결재무제표를 작성한다.

정답 ④

더 알아보기

지배기업은 다음의 조건을 모두 충족하는 경우 연결재무제표를 작성하지 아니할 수 있다.
(1) 지배기업 자체가 종속기업이다.
(2) 지배기업의 최상위 지배기업(또는 중간 지배기업)이 한국채택국제회계기준이나 일반기업회계기준을 적용하여 일반 목적으로 이용 가능한 연결재무제표를 작성한다. 다만, 주식회사의 외부감사에 관한 법률 및 동법 시행령에서 연결재무제표 작성기업을 규정한 경우에는 그 법령에 따른다.

일반기업회계기준에서 언급하는 실질지배력기준에 대한 내용이다. 실질지배력기준에 따르면 지배기업이 다른 기업 의결권의 절반 또는 그 미만을 소유하더라도 그 기업을 지배하는 것으로 규정하고 있다. 실질지배력기준에 해당하지 않는 것은? 최신출제유형

① 다른 투자자와의 약정으로 과반수의 의결권을 행사할 수 있는 능력이 있는 경우

② 법규나 약정에 따라 기업의 재무정책과 영업정책을 결정할 수 있는 능력이 있는 경우로서 재무정책과 영업정책을 결정할 때 다른 경제주체의 동의가 필요한 경우

③ 이사회나 이에 준하는 의사결정기구가 기업을 지배한다면 그 이사회나 이에 준하는 의사결정기구 구성원의 과반수를 임명하거나 해임할 능력이 있는 경우

④ 이사회나 이에 준하는 의사결정기구가 기업을 지배한다면 그 이사회나 이에 준하는 의사결정기구의 의사결정에서 과반수의 의결권을 행사할 수 있는 능력이 있는 경우

⑤ ① ~ ④가 모두 맞는 지문이다.

해설 법규나 약정에 따라 기업의 재무정책과 영업정책을 결정할 수 있는 능력은 배타적이어야 하며 다른 경제주체들의 동의가 필요하다면 지배 종속관계는 존재하지 않는다.

정답 ②

더 알아보기
기업이 특수목적기업을 지배하고 있는 상황의 예는 다음과 같다.
• 실질적으로 기업의 특정 사업의 필요에 따라 그 기업을 위하여 특수목적기업의 활동이 수행되고 그 기업은 특수목적기업의 운영에서 효익을 얻을 경우
• 실질적으로 기업이 특수목적기업의 활동에서 발생하는 효익의 과반을 얻을 수 있는 의사결정능력을 가지고 있거나 '자동조종' 절차를 수립하여 이러한 의사결정능력을 위임하여 온 경우
• 실질적으로 기업이 특수목적기업의 효익의 과반을 얻을 수 있는 권리를 가지고 있어 그 특수목적기업의 활동에 흔히 있는 위험에 노출될 수 있는 경우
• 실질적으로 특수목적기업의 활동에서 효익을 얻기 위하여 기업이 특수목적기업이나 특수목적기업의 자산과 관련된 잔여위험이나 소유위험의 과반을 가지고 있는 경우

다음은 외감법 및 동 시행령에서 언급하는 연결대상 제외법인이다. 제외법인에 해당하지 않는 것으로 알맞게 연결된 것은?

(a) 지방자치단체가 자본금의 1/2 이상을 출자한 주식회사
(b) 자본시장과 금융투자업에 관한 법률에 따른 투자회사
(c) 청산 중이거나 2년 이상 휴업 중인 주식회사
(d) 기업구조조정투자회사법에 따른 기업구조조정 투자회사
(e) 직전 사업연도 말의 자산총액, 부채총액 및 종업원수가 외감법 시행령의 외부감사 대상기준에 미달하는 회사
(f) 전쟁, 천재지변, 기타 불가항력적인 사유로 연결재무제표의 작성에 포함시키기 곤란한 회사
(g) 계약 등에 의하여 다음 사업연도 말까지 처분이 예정된 종속기업

---

① (c), (e)
② (a), (b), (g)
③ (d), (f), (g)
④ (b), (c), (d)
⑤ (d), (e), (f)

> 해설 '청산 중이거나 1년 이상 휴업 중인 주식회사'는 연결대상 제외법인에 해당한다. 종전에는 '직전 사업연도 말의 자산총액, 부채총액 및 종업원수가 외감법 시행령의 외부감사 대상기준에 미달하는 회사 중 주권상장법인이 아닌 회사'는 연결대상 제외법인에 해당했으나 외감법 시행령 개정에 따라 향후 연결대상에 포함된다. 단, 2020년 12월 일반기업회계기준 연차개선에 따라 2021년 12월 31일까지 해당 조항은 적용을 중지할 수 있다(코로나19의 대유행으로 인해 해외종속기업에 대한 물리적 접근이 어렵고 비용이 증가하는 등 정보획득에 과다한 어려움이 발생한 점을 감안하여 업계의 요구를 한국회계기준원에서 수용한 것임).

정답 ①

기업경영회계

> **더 알아보기**
> 상기의 지문 외에도 연결재무제표 작성대상에서 제외되는 회사는 다음과 같다.
> (1) 상법에 따라 합병절차가 진행 중인 회사로서 해당 사업연도 내에 소멸될 주식회사
> (2) 당해 사업연도 말로부터 3월 이내에 해산을 결의하고 다음 사업연도 말까지 청산이 예정된 종속기업

연결재무제표의 종류와 양식에 대한 설명이다. 옳지 않은 지문은?

① 연결재무제표에는 연결재무상태표, 연결손익계산서, 연결자본변동표 및 연결현금흐름표가 포함된다.

② 지배기업이 종속기업의 의결권 100%를 소유하고 있지 않은 경우 종속기업의 주주는 지배기업과 비지배주주로 구성된다. 따라서 연결재무상태표의 자본을 지배기업지분과 비지배지분으로 구분표시한다.

③ '영업권'이라는 무형자산이 연결재무제표 작성과정에서 발생할 수 있는데 이때는 지배기업이 종속기업 투자주식을 취득할 때 지급한 대가가 종속기업 순자산의 장부가치에 지배기업 지분율을 곱한 금액보다 더 클 경우 발생한다.

④ 비지배지분이 있는 경우 연결손익계산서의 당기순손익 하단에 지배기업지분순손익과 비지배지분순손익을 추가로 표시한다.

⑤ 연결자본변동표의 자본에 비지배지분이 표시되므로 연결자본변동표에도 비지배지분의 당기변동 내역을 별도로 표시한다.

> 해설 '영업권'이라는 무형자산이 연결재무제표 작성과정에서 발생할 수 있는데 이때는 지배기업이 종속기업 투자주식을 취득할 때 지급한 대가가 종속기업 순자산의 공정가치에 지배기업 지분율을 곱한 금액보다 더 클 경우 발생한다.

정답 ③

연결재무제표 및 연결현금흐름표에 대한 설명이다. 옳지 않은 것은?

① 연결현금흐름표는 개별현금흐름표와 마찬가지로 직접법과 간접법 중 한 가지 방법을 선택할 수 있다.

② 실무적으로는 대부분 간접법으로 작성하고 있다.

③ 종속기업이 연결실체에 새로 포함되거나 연결실체에서 제외되는 경우 그 종속기업과 관련된 현금흐름은 영업, 투자, 재무활동 중 어느 활동으로 인한 현금흐름으로 구분해야 하는지가 모호하므로 '연결실체의 변동으로 인한 현금의 증감'으로 하여 별도로 구분표시한다.

④ 지배기업이 종속기업의 주식을 추가로 취득 처분한 후에도 계속하여 지배종속관계가 유지되는 경우 이러한 취득 처분거래는 투자활동 현금흐름에 해당한다.

⑤ 개별재무제표와 연결재무제표의 종류는 동일하다.

> 해설 지배기업이 종속기업의 주식을 추가로 취득 처분한 후에도 계속하여 지배종속관계가 유지되는 경우 이러한 취득 처분거래는 연결실체의 관점에서 볼 때 자본거래에 해당된다. 따라서 연결현금흐름표에는 투자활동이 아니라 재무활동으로 인한 현금흐름으로 분류하여 표시한다.

정답 ④

제02장 지배력 취득시점에서 연결재무제표의 작성

학습전략

본격적으로 연결회계를 학습하는 장이다. 1장에서 배운 지분취득을 통해 '지배력'을 획득한 경우에 해당한다. 문제를 가장 간단한 유형부터 출발하여 여러 가지 변형한 형태를 제시하였으므로 본서의 계산문제만 풀이하면 시험대비로 충분하리라 생각한다.

---

01 | 100% 지분 취득, 종속기업의 순자산 공정가치가 장부금액과 일치 | 핵심개념문제

01 ~ 02

20x1년 초 (주)서울은 (주)서초의 보통주 100%를 ₩2,700에 취득하고 지배력을 획득하였다. 주식 취득일 현재 양 회사의 요약 재무상태표는 다음과 같다.

구 분	(주)서울	(주)서초	구 분	(주)서울	(주)서초
제자산	₩7,300	₩3,000	제부채	₩5,000	₩500
투자주식	2,700	–	자본금	2,500	1,000
			자본잉여금	500	300
			이익잉여금	2,000	1,200
합 계	10,000	3,000	합 계	10,000	3,000

취득 당시 (주)서초의 순자산의 공정가치는 장부금액과 같다.

01

20x1년 초 연결재무상태표에 표시될 영업권은 얼마인가?

① ₩0
② ₩200
③ ₩500
④ ₩1,000
⑤ ₩1,500

해설 (1단계)

(차) 자본금	1,000	(대) 투자주식	2,700
자본잉여금	300		
이익잉여금	1,200		
제거차액	200 plug		

순자산의 공정가치가 장부금액과 일치하므로 제거차액(차변) 전체가 영업권이 된다.

(2단계) 없음

(3단계)

(차) 영업권   200 plug   (대) 제거차액   200

정답 ②

02

20x1년 초 회사의 연결재무상태표에 계상될 자산총계는 얼마인가?

① ₩7,800 ② ₩8,000

③ ₩8,300 ④ ₩10,000

⑤ ₩10,500

해설 10,000 + 3,000 − 2,700(투자주식) + 200(영업권) = 10,500

정답 ⑤

더 알아보기

문제풀이 순서

1단계
종속기업의 자본계정을 차기(借記, 차변에 기록한다는 의미)하고 투자주식의 장부금액을 대기(貸記, 대변에 기록한다는 의미)하여 제거한다. 종속기업의 순자산 장부금액에 비지배주주 지분율만큼을 곱하여 비지배지분을 대변에 계상한다. 차대변의 차이 금액만큼을 투자제거차액으로 계상한다.

2단계
종속기업의 순자산의 공정가치가 장부금액을 초과하는 금액을 차기하고, 해당 금액에 비지배주주 지분율만큼을 곱하여 대변에 비지배지분을 계상한다. 역시 차이 금액만큼을 투자제거차액으로 계상한다.

3단계
투자제거차액의 잔액이 차변에 남아 있는 경우 영업권을 계상하여 대기하고, 투자제거차액의 잔액이 대변에 남아 있는 경우 염가매수차액을 계상하여 차기한다.

20x1년 초 (주)서울은 (주)서초의 보통주 80%를 ₩2,500에 취득하고 지배력을 획득하였다. 주식 취득일 현재 양 회사의 요약 재무상태표는 다음과 같다.

구 분	(주)서울	(주)서초	구 분	(주)서울	(주)서초
제자산	₩7,500	₩3,000	제부채	₩5,000	₩500
투자주식	2,500	–	자본금	2,500	1,000
			자본잉여금	500	300
			이익잉여금	2,000	1,200
합 계	10,000	3,000	합 계	10,000	3,000

취득 당시 (주)서초의 순자산의 공정가치는 장부금액과 같다. 20x1년 초 연결재무상태표에 표시될 영업권은 얼마인가?

① ₩0
② ₩400
③ ₩500
④ ₩1,000
⑤ ₩1,500

해설　(1단계)

(차) 자본금	1,000	(대) 비지배지분	500 (= 2,500 × 20%)
자본잉여금	300	투자주식	2,500
이익잉여금	1,200		
제거차액	500 plug		

(2단계) 없음

(3단계)
순자산의 공정가치가 장부금액과 일치하므로 제거차액(차변) 전체가 영업권이 된다.

(차) 영업권	500 plug	(대) 제거차액	500

정답 ③

20x1년 초 (주)서울은 (주)서초의 보통주 80%를 ₩1,800에 취득하고 지배력을 획득하였다. 주식 취득일 현재 양 회사의 요약 재무상태표는 다음과 같다.

구 분	(주)서울	(주)서초	구 분	(주)서울	(주)서초
제자산	₩8,200	₩3,000	제부채	₩5,000	₩500
투자주식	1,800	–	자본금	2,500	1,000
			자본잉여금	500	300
			이익잉여금	2,000	1,200
합 계	10,000	3,000	합 계	10,000	3,000

취득 당시 (주)서초의 순자산의 공정가치는 장부금액과 같다. 20x1년 초 연결재무상태표에 표시될 이익잉여금은 얼마인가?

① ₩2,000
② ₩2,100
③ ₩2,200
④ ₩2,500
⑤ ₩3,200

해설 (1단계)

(차) 자본금	1,000	(대) 투자주식	1,800
자본잉여금	300	비지배지분	500
이익잉여금	1,200	제거차액	200 plug

(2단계) 없음

(3단계)
순자산의 공정가치가 장부금액과 일치하므로 제거차액(대변) 전체가 염가매수차익이 된다.

(차) 제거차액	200	(대) 염가매수차익(IS)	200

따라서 연결재무제표상 회사의 이익잉여금은 2,000 + 200 = 2,200이다.

정답 ③

제03장 종속기업 투자주식에 대한 지분법 적용

학습전략

1장에서 배운 지분취득을 통해 '지배력'을 획득하지는 못했지만 유의적인 영향력이 있는 경우에 해당한다. 유의적인 영향력에 대한 개념을 숙지하고 계산문제 풀이로 정리하면 충분할 것이다.

---

01 지분법의 회계처리   핵심개념문제

일반기업회계기준에 따른 지분법의 회계처리에 대한 서술이다. 옳지 않은 것은?

① 관계기업의 순자산금액 변동이 당기순이익 또는 당기순손실로 인하여 발생한 경우 지분변동액은 당기손익항목(예 지분법손익)으로 처리한다.

② 관계기업의 순자산금액 변동이 당기순손익과 전기이월이익잉여금을 제외한 자본의 증가 또는 감소로 인하여 발생한 경우 지분변동액은 기타포괄손익누계액(예 지분법자본변동)으로 처리한다.

③ 투자기업은 관계기업이 배당금지급을 결의한 시점에 투자기업이 수취하게 될 배당금 금액을 배당금수익으로 인식한다.

④ 관계기업이 주식을 배당하거나 자본잉여금을 결손보전에 사용한 경우에는 관계기업의 순자산금액에 변동이 없으므로 투자기업은 별도의 회계처리를 하지 아니한다.

⑤ 관계기업의 전기이월이익잉여금이 피투자기업의 회계변경에 의하여 변동하였을 경우 당해 지분변동액은 전기이월이익잉여금(예 지분법이익잉여금변동)에 반영한다.

해설 투자기업은 관계기업이 배당금지급을 결의한 시점에 투자기업이 수취하게 될 배당금 금액을 지분법적용투자주식에서 직접 차감한다.

정답 ③

더 알아보기

지분변동액은 관계기업의 순자산변동액 중 투자기업의 지분율에 해당하는 금액으로 지분법적용투자주식에 가감하고 관계기업의 순자산금액 변동의 원천에 따라 회계처리한다.

관계기업의 순자산금액 변동이 당기순이익 또는 당기순손실로 인하여 발생한 경우 지분변동액은 당기손익항목(예 지분법손익)으로 처리한다.

관계기업의 전기이월이익잉여금이 중대한 오류수정에 의하여 변동하였을 경우 투자기업의 재무제표에 미치는 영향이 중대하지 아니하면 당해 지분변동액을 당기손익으로 처리한다. 관계기업의 전기이월이익잉여금이 피투자기업의 회계변경에 의하여 변동하였을 경우 당해 지분변동액은 전기이월이익잉여금(예 지분법이익잉여금변동)에 반영한다.

관계기업의 순자산금액 변동이 당기순손익과 전기이월이익잉여금을 제외한 자본의 증가 또는 감소로 인하여 발생한 경우 지분변동액은 기타포괄손익누계액(예 지분법자본변동)으로 처리한다.

투자기업은 관계기업이 배당금지급을 결의한 시점에 투자기업이 수취하게 될 배당금 금액을 지분법적용투자주식에서 직접 차감한다. 관계기업이 주식을 배당하거나 자본잉여금을 결손보전에 사용한 경우에는 관계기업의 순자산금액에 변동이 없으므로 투자기업은 별도의 회계처리를 하지 아니한다.

① ~ **②**

20x1년 초 (주)서울은 (주)서초의 보통주 30%를 취득하고 유의적인 영향력을 행사할 수 있게 되었다. 주식 취득일 현재 (주)서초의 장부상 순자산가액은 1,000,000원(자본금 500,000원, 이익잉여금 500,000원)이었다. 식별 가능한 순자산 중 장부금액과 공정가치는 일치하였다. 20x1년 중 문제에서 언급하는 사항 외에 양 회사 간에 내부거래 및 순자산변동거래는 없었다. 20x1년 중 (주)서초는 125,000원의 당기순이익을 시현하였고, 현금배당 50,000원을 지급하였다.

①

(주)서울의 주식의 취득가액이 300,000원이라면, (주)서울이 계상할 지분법이익은 얼마인가?

① 0원
② 22,500원
③ 37,500원
④ 65,000원
⑤ 87,500원

해설 300,000 − 1,000,000 × 30% = 0이므로 영업권이나 염가매수차익은 없다.
당기순이익 125,000 × 30% = 37,500

정답 ③

②

20x1년 말 (주)서울의 지분법적용투자주식의 장부금액은 얼마인가?

① 300,000원
② 322,500원
③ 337,500원
④ 365,000원
⑤ 400,000원

해설

(차) 지분법적용투자주식	37,500	(대) 지분법이익	37,500
(차) 현 금	15,000	(대) 지분법적용투자주식	15,000

300,000 + 37,500 − 15,000 = 322,500

정답 ②

더 알아보기

문제풀이 순서

1단계
영업권이나 염가매수차익을 구한다.

2단계
지분법이익, 지분법자본변동을 구해서 투자주식의 가액에 가산한다.
배당금수익은 투자주식의 가액에서 차감한다.

3단계
기초장부금액에 2단계의 투자주식변동을 반영하여 기말장부금액을 구한다.

01 ~ 02

20x1년 초 (주)서울은 (주)서초의 보통주 30%를 취득하고 유의적인 영향력을 행사할 수 있게 되었다. 주식 취득일 현재 (주)서초의 장부상 순자산가액은 1,000,000원(자본금 500,000원, 이익잉여금 500,000원)이었다. 식별 가능한 순자산 중 장부금액과 공정가치는 일치하였다. 20x1년 중 문제에서 언급하는 사항 외에 양 회사 간에 내부거래 및 순자산변동거래는 없었다. 20x1년 중 (주)서초는 125,000원의 당기순이익과 매도가능증권평가이익(기타포괄이익) 100,000원이 발생하였고, 현금배당 50,000원을 지급하였다.

01

(주)서울의 주식의 취득가액이 300,000원이라면, (주)서울이 계상할 지분법이익은 얼마인가?

① 0원

② 22,500원

③ 37,500원

④ 65,000원

⑤ 87,500원

해설 300,000 − 1,000,000 × 30% = 0 이므로 영업권이나 염가매수차익은 없다.
당기순이익 125,000 × 30% = 37,500

정답 ③

02

20x1년 말 (주)서울의 지분법적용투자주식의 장부금액은 얼마인가?

① 300,000원

② 322,500원

③ 352,500원

④ 372,500원

⑤ 312,500원

해설 300,000 + 37,500 + 30,000 − 15,000 = 352,500

(차) 지분법적용투자주식	37,500	(대) 지분법이익		37,500
(차) 지분법적용투자주식	30,000	(대) 지분법자본변동(기타포괄손익)		30,000
(차) 현 금	15,000	(대) 지분법적용투자주식		15,000

정답 ③

① ~ **③**

20x1년 초 (주)서울은 (주)서초의 보통주 30%를 360,000원에 취득하고 유의적인 영향력을 행사할 수 있게 되었다. 주식 취득일 현재 (주)서초의 장부상 순자산가액은 1,000,000원(자본금 500,000원, 이익잉여금 500,000원)이었다. 순자산의 공정가치는 1,200,000원이다. 20x1년 중 문제에서 언급하는 사항 외에 양 회사 간에 내부거래 및 순자산변동거래는 없었다. 20x1년 중 (주)서초는 125,000원의 당기순이익을 시현하였고, 현금배당 50,000원을 지급하였다. 단 영업권은 잔존가치 없이 10년 정액법으로 상각한다. 별도의 언급이 없는 한 각 물음은 독립적이다.

①

순자산의 공정가치와 장부가치의 차이는 토지의 공정가치가 장부금액을 초과하기 때문이다. 20X1년 초 (주)서울은 (주)서초에 토지(장부금액 100,000원)를 120,000원에 매각하였다. 20X1년 말 현재 (주)서초는 해당 토지를 계속 사용 중이다. 20X1년 (주)서울의 지분법이익은 얼마인가?

① 33,500원   ② 33,900원   ③ 36,000원   ④ 37,500원   ⑤ 32,000원

해설   360,000 − 1,200,000 × 30% = 0(영업권)
　　　지분법이익 = [125,000 − 0 (토지를 계속 보유하고 있으므로 제거해야 할 미실현이익은 없다)] × 30% = 37,500

정답 ④

②

순자산의 공정가치와 장부가치의 차이는 기계장치의 공정가치가 장부금액을 초과하기 때문이다. 20X1년 초 (주)서울은 (주)서초에 기계장치(장부금액 100,000원)를 120,000원에 매각하였다. 20X1년 말 현재 (주)서초는 해당 기계장치를 계속 사용 중이다. 기계장치의 내용연수는 5년 잔존가치없이 정액법으로 상각한다. 20X1년 (주)서울의 지분법이익은 얼마인가?

① 32,700원   ② 33,900원   ③ 36,300원   ④ 37,500원   ⑤ 36,000원

해설   360,000 − 1,200,000 × 30% = 0(영업권)
　　　지분법이익 = [125,000 − (120,000 − 100,000) × 4/5(기계장치 감가상각비)] × 30% = 32,700

정답 ①

③

순자산의 공정가치와 장부가치의 차이는 재고자산의 공정가치가 장부금액을 초과하기 때문이다. 20X1년 초 (주)서울은 (주)서초에 재고자산(장부금액 100,000원)을 120,000원에 판매하였다. 20X1년 중 (주)서초는 해당 재고자산의 60%를 외부에 매각하여 20X1년 말 현재 40%를 보유하고 있다. 20X1년 (주)서울의 지분법이익은 얼마인가?

① 33,500원   ② 33,900원   ③ 36,000원   ④ 37,500원   ⑤ 35,100원

해설   360,000 − 1,200,000 × 30% = 0(영업권)
　　　지분법이익 = [125,000 − (120,000 − 100,000) × 40%] × 30% = 35,100

정답 ⑤

01 ~ **04**

20x1년 초 (주)서울은 (주)서초의 보통주 30%를 360,000원에 취득하고 유의적인 영향력을 행사할 수 있게 되었다. 주식 취득일 현재 (주)서초의 장부상 순자산가액은 1,000,000원(자본금 500,000원, 이익잉여금 500,000원)이었다. 순자산의 공정가치는 1,200,000원이다. 20x1년 중 문제에서 언급하는 사항 외에 양 회사 간에 내부거래 및 순자산변동거래는 없었다. 20x1년과 20x2년 중에 (주)서초는 각각 125,000원과 100,000원의 당기순이익을 실현하였다. 단 영업권은 잔존가치 없이 10년 정액법으로 상각한다. 별도의 언급이 없는 한 각 물음은 독립적이다.

01

(주)서초가 (주)서울에게 상품 20,000원을 판매하였으며 매출이익률은 30%이다. 20x1년 말 현재 (주)서울은 해당 재고자산 중 40%를 보유하고 있으며 해당 재고는 20x2년 중에 전액 판매되었다. 20x1년 (주)서울의 지분법이익은 얼마인가?

① 30,720원

② 35,100원

③ 36,780원

④ 37,500원

⑤ 32,000원

해설　360,000 − 1,200,000 × 30% = 0(영업권)
　　　내부미실현이익 = 20,000 × 30%(매출이익률) × 40%(미판매비율) = 2,400
　　　지분법이익 = (125,000 − 2,400) × 30% = 36,780
　　　상향판매 미실현이익은 지배기업의 지분에 해당하는 금액이 제거된다.

정답 ③

02

01의 경우로서 20x2년 중 (주)서울의 지분법이익은 얼마인가?

① 30,720원

② 29,280원

③ 27,600원

④ 32,400원

⑤ 30,000원

해설　지분법이익 = (100,000 + 2,400) × 30% = 30,720
　　　전기에 제거한 미실현이익이 실현되었으므로 당기순이익에 가산한다.

정답 ①

03

(주)서울이 (주)서초에게 상품 20,000원을 판매하였으며 매출이익률은 30%이다. 20x1년 말 현재 (주)서초는 해당 재고자산 중 40%를 보유하고 있다. 20x1년 (주)서울의 지분법이익은 얼마인가?

① 33,500원   ② 35,100원

③ 36,780원   ④ 37,500원

⑤ 32,000원

해설   360,000 − 1,200,000 × 30% = 0(영업권)
내부미실현이익 = 20,000 × 30%(매출이익률) × 40%(미판매비율) = 2,400
지분법이익 = 125,000 × 30% − 2,400 = 35,100
하향판매 미실현이익은 전액 제거된다.

정답 ②

04

03의 경우로서 20x2년 중 (주)서울의 지분법이익은 얼마인가?

① 30,720원   ② 29,280원

③ 27,600원   ④ 32,400원

⑤ 30,000원

해설   지분법이익 = 100,000 × 30% + 2,400 = 32,400
전기에 제거한 미실현이익이 실현되었으므로 당기순이익에 가산한다.

정답 ④

더 알아보기

하향판매에서 발생한 미실현손익은 전액 제거하고, 상향판매에서 발생한 미실현손익은 투자지분에 비례해서 제거된다. 그 이유는 하향판매에 따른 미실현손익은 피투자회사에 전액 남아있지만, 상향판매에 따른 미실현손익은 투자지분만 투자회사에 귀속되기 때문이다.

제04장 지배력 취득 이후 연결재무제표의 작성

학습전략

제2장에 이어지는 내용이다. 제2장에서는 지배력 취득 시점에 대해서만 살펴보았으나 본 장에서는 지배력 취득 이후 시점을 다룬다. 제2장의 학습이 반드시 선행되어야 한다.

01 100% 지분 취득, 영업권이나 염가매수차익이 없는 경우 [핵심개념문제]

01 ~ 02

20x1년 초 (주)서울은 (주)강남의 보통주 100%를 ₩100,000에 취득하여 지배력을 확보하였다. 주식 취득일 현재 (주)강남의 요약재무상태표는 다음과 같다.

재무상태표 20x1년 1월 1일			
유동자산	₩50,000	제부채	₩70,000
토 지	60,000	자본금	60,000
기타유형자산(순액)	40,000	이익잉여금	20,000
자산총계	150,000	부채와 자본총계	150,000

주식 취득일 현재 (주)강남의 자산 부채 가운데 장부금액과 공정가치가 다른 것은 다음과 같다.

구 분	장부금액	공정가치
재고자산	₩30,000	₩36,000
토 지	60,000	70,000
건 물	10,000	14,000

재고자산은 20x1년 중 모두 외부로 판매되었고, 토지와 건물은 계속 보유 중이다. 건물의 잔여내용연수는 8년이며 잔존가치 없이, 정액법으로 상각한다. 영업권은 내용연수 20년 잔존가치 없이 정액법으로 상각한다. (주)서울과 (주)강남의 20x1년 당기순이익은 각각 ₩120,000(지분법 적용 전), ₩30,000이다.

01

(주)서울의 20x1년 지분법손익을 반영한 후 손익계산서에 표시될 당기순이익은 얼마인가?

① ₩120,000

② ₩140,500

③ ₩143,500

④ ₩144,000

⑤ ₩150,000

 100,000 − (80,000 + 20,000) × 100% = 0(영업권)
지분법이익 = (30,000 − 6,000 − 4,000/8) × 100% = 23,500
120,000 + 23,500 = 143,500

정답 ③

02

(주)서울의 20x1년 연결손익계산서에 표시될 당기순이익은 얼마인가?

① ₩120,000

② ₩140,500

③ ₩143,500

④ ₩144,000

⑤ ₩150,000

 연결손익계산서 당기순이익 = 지배기업 당기순이익 + 비지배지분 순이익
비지배지분 순이익 = 0이므로
∴ 143,500 + 0 = 143,500

정답 ③

① ~ **③**

20x1년 초 (주)서울은 (주)강남의 보통주 60%를 ₩75,000에 취득하여 지배력을 확보하였다. 주식 취득일 현재 (주)강남의 요약재무상태표는 다음과 같다.

재무상태표 20x1년 1월 1일			
유동자산	₩50,000	제부채	₩70,000
토지	60,000	자본금	60,000
기타유형자산(순액)	40,000	이익잉여금	20,000
자산총계	150,000	부채와 자본총계	150,000

주식 취득일 현재 (주)강남의 자산, 부채 가운데 장부금액과 공정가치가 다른 것은 다음과 같다.

구 분	장부금액	공정가치
재고자산	₩30,000	₩36,000
토 지	60,000	70,000
건 물	10,000	14,000

재고자산은 20x1년 중 모두 외부로 판매되었고, 토지와 건물은 계속 보유 중이다. 건물의 잔여내용연수는 8년이며 잔존가치 없이, 정액법으로 상각한다. 영업권은 내용연수 20년 잔존가치 없이 정액법으로 상각한다. (주)서울과 (주)강남의 20x1년 당기순이익은 각각 ₩120,000(지분법 적용 전), ₩30,000이다.

①

(주)서울의 20x1년 지분법손익을 반영한 후 손익계산서에 표시될 당기순이익은 얼마인가?

① ₩132,000

② ₩133,350

③ ₩135,500

④ ₩138,000

⑤ ₩142,750

해설 75,000 − (80,000 + 20,000) × 60% = 15,000(영업권)
지분법이익 = (30,000 − 6,000 − 4,000/8) × 60% − 15,000/20 = 13,350
(주)서울 당기순이익 = 120,000 + 13,350 = 133,350

정답 ②

02

(주)서울의 20x1년 연결손익계산서에 표시될 당기순이익은 얼마인가?

① ₩132,000

② ₩133,350

③ ₩135,500

④ ₩138,000

⑤ ₩142,750

해설 연결손익계산서 당기순이익 = 지배기업 당기순이익 + 비지배지분 순이익
비지배지분 순이익 = (30,000 − 6,000 − 4,000/8) × 40% = 9,400
따라서 133,350 + 9,400 = 142,750

정답 ⑤

03

(주)서울의 20x1년 말 연결재무상태표에 표시될 비지배지분은 얼마인가?

① ₩36,000

② ₩40,000

③ ₩45,400

④ ₩49,400

⑤ ₩60,000

해설 기초 비지배지분 (80,000 + 20,000) × 40% = 40,000
당기증가분 (30,000 − 6,000 − 500) × 40% = 9,400
따라서 기말 비지배지분은 49,400이 된다.
(주)강남의 기말순자산을 이용하여 다음과 같이 계산할 수도 있다.
(80,000 + 10,000(토지) + 4,000 × 7/8(건물) + 30,000(당기순이익)) × 40% = 49,400

정답 ④

> **더 알아보기**
>
> 문제풀이 순서
>
> 1단계(투자와 자본계정의 상계제거)
> 종속기업의 자본계정과 지배기업의 투자주식의 상계제거를 통해 영업권이나 염가매수차익을 구한다.
>
> 2단계(미실현이익 및 실현이익의 반영)
> 제거차액을 상각 및 미실현이익(실현이익)을 제거(반영)한다.
>
> 3단계(종속기업 이익의 배분)
> 비지배지분 순이익을 계산하고 이익잉여금의 차감으로 대체한다.

20x1년 1월 1일 (주)가람은 현금 ₩200,000에 장부상 순자산가액이 ₩190,000인 (주)나람의 주식 90%를 취득하였다. 취득일 현재 (주)나람의 자산 및 부채에 대한 장부금액과 공정가치는 건물을 제외하고 모두 일치하였다. 건물(잔존내용연수는 10년)은 정액법으로 상각하며, 장부금액과 공정가치는 각각 ₩100,000 과 ₩110,000이다.

한편, (주)나람은 20x1년도 당기순이익으로 ₩10,000을 보고하였다. 이를 제외하면 20x1년 중 자본의 변동은 없다. (주)가람과 (주)나람의 20x1년도 연결재무제표에 계상될 비지배지분과 비지배지분 순이익은 각각 얼마인가?   최신출제유형

	비지배지분	비지배지분순이익
①	₩20,900	₩900
②	20,900	1,000
③	20,000	900
④	21,000	1,000
⑤	21,000	900

해설 영업권 = 200,000 − (190,000 + 10,000) × 90% = 20,000
비지배지분 순이익 = (10,000 − 10,000/10) × 10% = 900
비지배지분 기말잔액 = 190,000(취득 시 장부금액) × 10% + 10,000(공정가치 자산초과액) × 10% + 900(비지배지분 순이익) = 20,900

정답 ①

더 알아보기

별 해

종속기업의 순자산 공정가치 × 비지배주주지분율
(190,000 + 10,000 × 9/10 + 10,000) × 10% = 20,900

제05장 내부거래가 있는 경우의 연결 및 연결재무제표의 분석

학습전략

내부거래에 따른 손익이 연결실체에 남아 있는 경우에는 이를 연결재무제표에 반영해야 한다. 상향판매와 하향판매의 미실현손익의 처리가 가장 중요한 주제라고 볼 수 있다. 다소 어려운 내용이나 계산문제 위주로 정리하면 충분할 것이다.

---

01 내부거래에 따른 매출, 매출원가 조정 　　　　　　　　핵심개념문제

❶ ~ ❸

(주)서울은 (주)송파의 발행주식 80%를 소유하고 있는 지배기업이다. 20x1년도의 두 기업의 개별 손익계산서에 표시된 금액은 다음과 같다.

구 분	(주)서울	(주)송파
매출액	63,000원	47,000원
매출원가	38,000원	35,000원
매출총이익	25,000원	12,000원

20x1년 말 현재 각 회사의 기말재고자산은 없다. 각 물음은 독립적이다.

❶

(주)서울은 (주)송파에게 원가 8,000원인 상품을 15,000원에 판매하였고 (주)송파는 이를 17,000원에 판매하였다. 해당 거래 외에 내부거래는 없다. 20x1년도 연결손익계산서에 표시될 매출액과 매출원가는 각각 얼마인가?

　　　매출액　　　매출원가　　　　　　　　　매출액　　　매출원가
① 63,000원　　38,000원　　　　② 78,000원　　52,000원
③ 85,000원　　43,000원　　　　④ 95,000원　　58,000원
⑤ 110,000원　　73,000원

해설　내부거래는 각 사의 실현이익에는 아무런 영향을 미치지 않는다.

　　하향판매 내부거래의 상계　　(차) 매 출　　　　　15,000　　(대) 매출원가　　　　15,000

　　매출액 63,000 + 47,000 − 15,000 = 95,000

　　매출원가 38,000 + 35,000 − 15,000 = 58,000

정답 ④

02

(주)송파는 (주)서울에게 원가 20,000원짜리 상품을 30,000원에 판매하였으며 (주)서울은 이를 48,000원에 판매하였다. 해당 거래 외에 내부거래는 없다. 20x1년도 연결손익계산서에 표시될 매출액과 매출원가는 각각 얼마인가?

	매출액	매출원가
①	63,000원	38,000원
②	78,000원	52,000원
③	80,000원	43,000원
④	95,000원	58,000원
⑤	110,000원	73,000원

해설 상향판매 내부거래의 상계   (차) 매 출   30,000   (대) 매출원가   30,000

매출액 63,000 + 47,000 − 30,000 = 80,000

매출원가 38,000 + 35,000 − 30,000 = 43,000

정답 ③

03

20x1년 중 양 회사 간에 이루어진 상품거래는 다음과 같다.

> (주)서울은 (주)송파에게 원가 8,000원인 상품을 15,000원에 판매하였고 (주)송파는 이를 17,000원에 판매하였다.
> (주)송파는 (주)서울에게 원가 20,000원짜리 상품을 30,000원에 판매하였으며 (주)서울은 이를 48,000원에 판매하였다.

해당 거래 외에 내부거래는 없다. 20x1년도 연결손익계산서에 표시될 매출액과 매출원가는 각각 얼마인가?

	매출액	매출원가
①	65,000원	28,000원
②	78,000원	52,000원
③	85,000원	43,000원
④	95,000원	58,000원
⑤	110,000원	73,000원

해설 하향판매 내부거래의 상계   (차) 매 출   15,000   (대) 매출원가   15,000

상향판매 내부거래의 상계   (차) 매 출   30,000   (대) 매출원가   30,000

매출액 63,000 + 47,000 − 45,000 = 65,000

매출원가 38,000 + 35,000 − 45,000 = 28,000

정답 ①

01 ~ **04**

(주)서울은 (주)송파의 발행주식 80%를 소유하고 있는 지배회사이다. 20x1년도의 두 기업의 개별 재무제표에 표시된 금액은 다음과 같다.

구 분	(주)서울	(주)송파
매출액	63,000	47,000
매출원가	38,000	35,000
매출이익	25,000	12,000
재고자산	13,000	1,000

별도의 언급이 없는 한 각 물음은 독립적이다.

01

(주)서울은 (주)송파에게 원가 8,000원인 상품을 15,000원에 판매하였고 (주)송파는 이를 17,000원에 판매하였다. 해당 거래 외에 내부거래는 없다. 20x1년 말 (주)송파는 해당 상품의 10%를 재고로 보유하고 있다. 20x1년도 연결재무상태표와 연결손익계산서에 표시될 매출액, 매출원가 및 재고자산은 각각 얼마인가? `최신출제유형`

	매출액	매출원가	재고자산
①	63,000원	38,000원	13,000원
②	78,000원	52,000원	14,200원
③	95,000원	58,700원	13,300원
④	95,000원	58,000원	14,000원
⑤	110,000원	73,000원	14,000원

해설	하향판매 내부거래의 상계 (차) 매 출	15,000	(대) 매출원가	15,000
	미실현이익 (15,000 − 8,000) × 10% = 700			
	미실현이익의 제거 (차) 매출원가	700	(대) 재고자산	700

매출액 63,000 + 47,000 − 15,000 = 95,000

매출원가 38,000 + 35,000 − 15,000 + 700 = 58,700

재고자산 13,000 + 1,000 − 700 = 13,300

`정답` ③

02

01의 경우 20x1년 말 (주)송파의 개별재무상태표상 자본의 장부금액(공정가치와 동일)이 20,000원이었다면 20x1년 말 연결재무상태표에 표시될 비지배지분은 얼마인가?

① 3,960원　　　② 4,000원　　　③ 2,560원　　　④ 5,440원　　　⑤ 5,000원

> **해설**　하향판매는 미실현손익이 지배기업에 계상되므로 비지배주주와는 무관하다. 반면에 상향판매는 관련 미실현손익이 종속기업에 계상되므로 지분계산에 영향을 미친다.
> 20,000 × 20% = 4,000

정답 ②

03

(주)송파는 (주)서울에게 원가 20,000원짜리 상품을 30,000원에 판매하였으며 (주)서울은 이를 48,000원에 판매하였다. 해당 거래 외에 내부거래는 없다. 20x1년 말 (주)서울은 해당 상품의 40%를 재고로 보유하고 있다. 20x1년도 연결재무상태표와 연결손익계산서에 표시될 매출액, 매출원가 및 재고자산은 각각 얼마인가?

	매출액	매출원가	재고자산
①	63,000원	38,000원	13,000원
②	80,000원	35,800원	21,200원
③	80,000원	43,000원	13,000원
④	80,000원	47,000원	10,000원
⑤	110,000원	73,000원	14,000원

> **해설**　상향판매 내부거래의 상계　(차) 매 출　　　30,000　　(대) 매출원가　　　30,000
> 미실현이익 (30,000 − 20,000) × 40% = 4,000
> 미실현이익의 제거　　　(차) 매출원가　　　4,000　　(대) 재고자산　　　4,000
> 매출액 63,000 + 47,000 − 30,000 = 80,000
> 매출원가 38,000 + 35,000 − 30,000 + 4,000 = 47,000
> 재고자산 13,000 + 1,000 − 4,000 = 10,000

정답 ④

04

03의 경우 20x1년 말 (주)송파의 개별재무상태표상 자본의 장부금액(공정가치와 동일)이 20,000원이었다면 20x1년 말 연결재무상태표에 표시될 비지배지분은 얼마인가?

① 3,960원　　　② 4,000원　　　③ 3,200원　　　④ 5,440원　　　⑤ 5,000원

> **해설**　(20,000 − 4,000) × 20% = 3,200

정답 ③

01 ~ 02

(주)서울은 20x1년 초 (주)송파의 보통주 80%를 800,000원에 취득하여 지배력을 획득하였다. (주)송파는 20x0년 말에 자본금 1,000,000원으로 설립된 신설회사이다. 20x1년 초 (주)서울은 (주)송파에게 원가 120,000원인 토지를 210,000원에 처분하였다. (주)송파는 20x1년 말 현재 이를 계속 보유하고 있다. 20x1년 (주)송파의 당기순이익은 300,000원이다. 20x1년도 두 기업의 개별재무제표상 토지의 장부금액 및 유형자산처분이익은 다음과 같다.

구 분	토지 장부금액	유형자산처분이익
(주)서울	880,000원	190,000원
(주)송파	210,000원	–

01

20x1년 말 연결재무제표상 토지의 장부금액과 유형자산처분이익은 얼마인가?

	장부금액	유형자산처분이익		장부금액	유형자산처분이익
①	1,000,000원	100,000원	②	880,000원	190,000원
③	1,000,000원	190,000원	④	1,090,000원	100,000원
⑤	1,090,000원	190,000원			

해설　하향판매에 대한 미실현이익을 제거한다.

　　　(차) 유형자산처분이익　　　　　　90,000　　(대) 토 지　　　　　　90,000

　　　토지 : 880,000 + 210,000 − 90,000 = 1,000,000

　　　유형자산처분이익 : 190,000 + 0 − 90,000 = 100,000

정답 ①

02

20x1년 말 연결재무상태표에 표시될 비지배지분은 얼마인가?

① 200,000원　　　　　　　　　　② 242,000원

③ 260,000원　　　　　　　　　　④ 278,000원

⑤ 290,000원

해설　하향판매이므로 비지배지분에 영향을 미치지 아니한다.

　　　(1,000,000 + 300,000) × 20% = 260,000

정답 ③

01 ~ 02

(주)서울은 20x1년 초 (주)송파의 보통주 80%를 800,000원에 취득하여 지배력을 획득하였다. (주)송파는 20x0년 말에 자본금 1,000,000원으로 설립된 신설회사이다. 20x1년 초 (주)송파는 (주)서울에게 원가 120,000원인 토지를 210,000원에 처분하였다. (주)서울은 20x1년 말 현재 이를 계속 보유하고 있다. 20x1년 (주)송파의 당기순이익은 300,000원이다. 20x1년도 두 기업의 개별재무제표상 토지의 장부금액 및 유형자산처분이익은 다음과 같다.

구 분	토지 장부금액	유형자산처분이익
(주)서울	880,000원	100,000원
(주)송파	210,000원	90,000원

01

20x1년 말 연결재무제표상 토지의 장부금액과 유형자산처분이익은 얼마인가?

	토지의 장부금액	유형자산처분이익		토지의 장부금액	유형자산처분이익
①	1,000,000원	100,000원	②	880,000원	190,000원
③	1,000,000원	190,000원	④	1,090,000원	100,000원
⑤	1,090,000원	190,000원			

해설 미실현이익의 제거

(차) 유형자산처분이익　　　　　　　90,000　　(대) 토 지　　　　　　　90,000

토지 : 880,000 + 210,000 − 90,000 = 1,000,000

유형자산처분이익 : 190,000 + 0 − 90,000 = 100,000

정답 ①

02

20x1년 말 연결재무상태표에 표시될 비지배지분은 얼마인가?

① 200,000원　　　　　　　　　　　② 242,000원

③ 260,000원　　　　　　　　　　　④ 278,000원

⑤ 290,000원

해설 미실현이익을 제거하여 계산한다.

(1,000,000 + 300,000 − 90,000) × 20% = 242,000

정답 ②

① ~ ②

(주)서울은 20x1년 초 (주)송파의 보통주 80%를 800,000원에 취득하여 지배력을 획득하였다. (주)송파는 20x0년 말에 자본금 1,000,000원으로 설립된 신설회사이다. 20x1년 초 (주)서울은 (주)송파에게 원가 120,000원인 기계장치를 210,000원에 처분하였다. 이 기계장치의 잔여내용연수는 3년 잔존가치 없이 정액법으로 감가상각한다. (주)서울은 해당 기계장치를 20x0년 말에 취득하였고, (주)송파는 20x1년 말 현재 이를 계속 보유하고 있다. 20x1년 (주)송파의 당기순이익은 300,000원이다. 20x1년도 두 기업의 개별재무제표상의 장부금액 및 유형자산처분이익은 다음과 같다.

구 분	기계장치 장부금액	감가상각비	유형자산처분이익
(주)서울	880,000원	200,000원	190,000원
(주)송파	210,000원	70,000원	–

①

20x1년 말 연결재무제표상 기계장치의 장부금액과 유형자산처분이익은 얼마인가?

	기계장치의 장부금액	유형자산처분이익		기계장치의 장부금액	유형자산처분이익
①	1,090,000원	100,000원	②	1,060,000원	100,000원
③	1,000,000원	190,000원	④	1,030,000원	100,000원
⑤	1,090,000원	190,000원			

해설 미실현이익의 제거

(차) 유형자산처분이익	90,000	(대) 기계장치	90,000

미실현이익으로 인한 감가상각비 추가인식금액 제거

(차) 감가상각누계액	30,000	(대) 감가상각비	30,000

기계장치 장부금액 = 880,000 + 210,000 − 90,000 + 30,000 = 1,030,000

유형자산처분이익 = 190,000 − 90,000(미실현이익) = 100,000

정답 ④

②

20x1년 말 연결재무상태표에 표시될 비지배지분은 얼마인가?

① 200,000원   ② 242,000원

③ 260,000원   ④ 278,000원

⑤ 290,000원

해설 하향판매이므로 비지배지분에 영향을 미치지 아니한다.

(1,000,000 + 300,000) × 20% = 260,000

정답 ③

01 ~ 02

(주)서울은 20x1년 초 (주)송파의 보통주 80%를 800,000원에 취득하여 지배력을 획득하였다. (주)송파는 20x0년 말에 자본금 1,000,000원으로 설립된 신설회사이다. 20x1년 초 (주)송파는 (주)서울에게 원가 120,000원인 기계장치를 210,000원에 처분하였다. 이 기계장치의 잔여내용연수는 3년 잔존가치 없이 정액법으로 감가상각한다. (주)송파는 해당 기계장치를 20x0년 말에 취득하였고, (주)서울은 20x1년 말 현재 이를 계속 보유하고 있다. 20x1년 (주)송파의 당기순이익은 300,000원이다. 20x1년도 두 기업의 개별재무제표상의 장부금액 및 유형자산처분이익은 다음과 같다.

구 분	기계장치 장부금액	감가상각비	유형자산처분이익
(주)서울	1,090,000원	270,000원	100,000원
(주)송파	–	–	90,000원

01

20x1년 말 연결재무제표상 기계장치의 장부금액과 유형자산처분이익은 얼마인가?

	장부금액	유형자산처분이익			장부금액	유형자산처분이익
①	1,090,000원	100,000원		②	1,060,000원	100,000원
③	1,000,000원	190,000원		④	1,030,000원	100,000원
⑤	1,090,000원	190,000원				

해설　미실현이익의 제거

(차) 유형자산처분이익　　　　　90,000　　(대) 기계장치　　　　　　　　90,000

미실현이익으로 인한 감가상각비 추가인식금액 제거

(차) 감가상각누계액　　　　　　30,000　　(대) 감가상각비　　　　　　　30,000

기계장치 장부금액 = 880,000 + 210,000 − 90,000 + 30,000 = 1,030,000

유형자산처분이익 = 100,000 + 90,000 − 90,000 = 100,000

정답 ④

02

20x1년 말 연결재무상태표에 표시될 비지배지분은 얼마인가?

① 242,000원　　　　　　　　　　　　　② 248,000원

③ 260,000원　　　　　　　　　　　　　④ 278,000원

⑤ 290,000원

해설　상향판매이므로 미실현이익을 반영하여 비지배지분을 계산한다.

(1,000,000 + 300,000 − 90,000 + 30,000) × 20% = 248,000

정답 ②

제**06**장

합병의 사업결합

학습전략

지배종속관계를 형성하여 경제적 단일실체가 되는 것이 연결이라면 결합회사 당사자 간에 합병계약을 통해 법적 단일실체로 통합하는 것이 합병이다. 합병회계는 기업결합일의 회계가 중심과제가 되므로 연결회계에 비해 상대적으로 단순한 편이다. 합병일의 회계처리를 중심으로 학습하는 것을 권장한다.

01 취득자 및 취득자산과 인수부채의 인식과 측정   핵심개념문제

일반기업회계기준 제12장 사업결합에서 서술하고 있는 취득자 및 취득자산과 인수부채의 인식과 측정에 대한 내용이다. 옳지 않은 것은?

① 취득자는 취득일을 식별하며, 취득일은 피취득자에 대한 지배력을 획득한 날이다. 일반적으로 취득자가 피취득자에 대한 지배력을 획득한 날은 취득자가 법적으로 대가를 이전하여, 피취득자의 자산을 취득하고 부채를 인수한 날인 종료일을 말한다.
② 취득관련원가는 당기비용으로 인식하고 채무증권 또는 지분증권의 발행원가는 발행가액에서 차감한다.
③ 취득자가 인식의 원칙과 조건을 적용할 경우에 피취득자의 이전 재무제표에 자산과 부채로 인식되지 않았던 자산과 부채가 일부 인식될 수도 있다.
④ 피취득자가 리스이용자인 경우 각 운용리스의 조건이 유리한지 불리한지를 결정한다. 취득자는 운용리스의 조건이 시장 조건에 비해 유리하다면 무형자산으로 인식하고, 시장조건에 비해 불리하다면 부채로 인식한다.
⑤ 취득자산과 인수부채에 대해서 식별 가능해야 한다는 인식원칙을 항상 적용한다.

해설 취득자산과 인수부채에 대해서 식별 가능해야 한다는 인식원칙을 항상 적용하는 것은 아니다.

정답 ⑤

> **더 알아보기**
> 일반기업회계기준 제14장 '충당부채, 우발부채 및 우발자산'에서 정한 것과는 달리 당해 의무를 이행하기 위하여 경제적효익을 갖는 자원이 유출될 가능성이 매우 높지가 않더라도 취득자는 취득일에 사업결합으로 인수한 우발부채를 인식한다. 사업결합에서 인식한 우발부채는 최초 인식 이후 정산, 취소 또는 소멸되기 전까지 다음 중 큰 금액으로 측정한다.
> (1) 일반기업회계기준 제14장에 따라 인식되어야 할 금액
> (2) 최초 인식금액에서, 적절하다면 일반기업회계기준 제16장 '수익'에 따라 인식한 상각누계액을 차감한 금액

합병 시 취득자의 식별과 관련한 설명이다. 옳지 않은 것은?

① 기업이 셋 이상 포함된 사업결합에서는 결합참여기업의 상대적 크기뿐만 아니라 결합참여기업 중 어느 기업이 결합을 제안하였는지도 고려하여 결정한다.

② 자산, 수익 또는 이익 등의 상대적 크기가 유의적으로 큰 결합참여기업을 취득자로 볼 수 있다.

③ 사업결합을 추진하기 위하여 새로운 기업이 지분을 발행하여 설립된 경우는 사업결합 전에 존재하였던 결합참여기업 중 한 기업을 기업회계기준상의 지침을 적용하여 취득자로 식별한다. 만일 새로운 기업이 현금이나 그 밖의 자산을 이전하거나 부채를 부담할 경우 취득자가 될 수 있다.

④ 현금이나 그 밖의 자산을 이전하거나 부채를 부담하여 이루어지는 사업결합은 현금이나 그 밖의 자산을 이전한 기업 또는 부채를 부담하는 기업이 취득자가 된다.

⑤ 법적 취득자가 항상 회계상 취득자가 된다.

해설 역합병의 경우에는 법적 취득자가 아닌 법적 피취득자를 회계상 취득자로 하여 합병에 대한 회계처리를 한다.

정답 ⑤

일반기업회계기준에 따른 사업결합의 회계처리에 대한 설명이다. 올바른 서술은?

① 피취득자의 영업활동을 종료하거나 피취득자의 고용관계를 종료하거나 재배치하는 것과 같은 계획의 실행에 의해 미래에 발생할 것으로 예상되지만 의무가 아닌 원가도 취득일의 부채에 해당한다.

② 취득자가 인식의 원칙과 조건을 적용할 경우에 피취득자의 이전 재무제표에 자산과 부채로 인식되지 않았던 자산과 부채가 일부 인식될 수도 있다.

③ 취득자는 운용리스의 조건이 시장 조건에 비하여 유리하다면 자산으로 인식하지 않고, 시장조건에 비하여 불리하다면 부채로 인식한다.

④ 취득자는 식별가능한 취득자산과 인수부채를 취득일의 장부가치로 측정한다.

⑤ 과거사건에서 발생한 현재의무이고 그 공정가치를 신뢰성 있게 측정할 수 있지만, 당해 의무를 이행하기 위하여 경제적 효익을 갖는 자원이 유출될 가능성이 매우 높지가 않다면 취득자는 취득일에 사업결합으로 인수한 우발부채에 해당하므로 장부상 부채로 인식할 수 없다.

해설
① 피취득자의 영업활동을 종료하거나 피취득자의 고용관계를 종료하거나 재배치하는 것과 같은 계획의 실행에 의해 미래에 발생할 것으로 예상되지만 의무가 아닌 원가는 취득일의 부채가 아니다. 그러므로 취득자는 취득법을 적용하면서 그러한 원가는 인식하지 않는다.

③ 취득자는 운용리스의 조건이 시장 조건에 비하여 유리하다면 무형자산으로 인식하고, 시장조건에 비하여 불리하다면 부채로 인식한다.

④ 취득자는 식별가능한 취득자산과 인수부채를 취득일의 공정가치로 측정한다.

⑤ 과거사건에서 발생한 현재의무이고 그 공정가치를 신뢰성 있게 측정할 수 있다면, 취득자는 취득일 현재 사업결합에서 인수한 우발부채를 인식한다. 그러므로 제14장 '충당부채, 우발부채 및 우발자산'과는 달리 당해 의무를 이행하기 위하여 경제적 효익을 갖는 자원이 유출될 가능성이 매우 높지가 않더라도 취득자는 취득일에 사업결합으로 인수한 우발부채를 인식한다.

정답 ②

제 07 장 동일지배거래

학습전략

최근 추가된 내용으로 분량이 많지 않다. 분할의 회계처리가 가장 중요한 내용이 될 것이다.

---

01 동일지배거래의 사례

핵심개념문제

동일지배하에 있는 기업 간 거래의 사례에 해당하지 않는 것은?

① 합 병
② 동일지배하에서 지배 종속관계가 변경되는 사업인수도
③ 인적분할
④ 사업에 해당하는 순자산의 이전
⑤ 사업에 해당하지 않는 순자산의 이전

해설 사업에 해당하는 순자산의 이전은 동일지배하에 있는 기업 간 거래에 속하지 않는다.

정답 ④

더 알아보기

동일지배란 둘 이상의 기업에 대한 지배가 동일기업에 귀속되는 경우를 말한다. 지배·종속기업의 범위는 '연결재무제표'에 따른다. 다만, 투자기업이 피투자기업에 대하여 지배력이 있음에도 해당 피투자기업이 법령 등에 의하여 자산, 부채, 종업원수 등에 따라 종속기업에서 제외되어 관계기업에 대한 지분법을 적용하는 경우에는 지배·종속기업의 범위에 포함한다.

동일지배하에 있는 기업 간 합병·주식인수도는 다음의 예를 포함하며 이에 한정하지 않는다.

• 지배기업이 지분의 100%를 소유하고 있는 종속기업(이하 '전부소유종속기업'이라 한다)의 사업을 자신에게 이전하고 전부소유종속기업을 합병하고 해산하는 거래
• 지배기업이 종속기업의 지분을 새로 설립되는 종속기업에 이전하는 거래
• 지배기업이 종속기업의 지분을 다른 종속기업에게 이전하고 그 결과 그 종속기업에 대한 지배기업 지분이 증가하는 거래

물적분할에 대한 다음의 설명 중 올바르지 않은 것은?

① 분할회사는 감소된 자산과 부채를 장부금액으로 평가하여 처분손익을 인식하여야 한다.

② 분할신설회사가 발행한 주식을 분할회사가 직접 소유하는 경우 동 주식은 감소된 자산과 부채의 장부금액으로 한다.

③ 분할신설회사가 발행한 주식을 분할회사가 원하는 주주들에게 배분하는 경우 그 배분방법에 따라 적절하게 회계처리한다.

④ 분할신설회사는 분할회사로부터 인수하는 순자산의 장부금액과 분할대가의 차액을 영업권 또는 염가매수차익으로 계상한다.

⑤ 물적분할의 경우 분할회사가 분할신설회사에게 현물출자한 것으로 간주한다.

해설 분할신설회사는 인수하는 순자산의 장부금액과 분할대가의 차액은 주식발행초과금 또는 주식할인발행차금으로 처리한다.

정답 ④

인적분할과 분할합병에 대한 다음의 설명 중 올바르지 않은 것은?

① 분할신설회사는 분할회사로부터 인수한 자산과 부채를 공정가치로 회계처리한다.

② 분할신설회사는 분할회사의 자본항목 중 자산과 부채와 직접적으로 관련된 매도가능증권평가손익 등은 승계하여야 한다.

③ 분할합병은 합병회사가 취득법으로 회계처리해야 하므로 영업권이나 염가매수차익이 발생할 수 있다.

④ 인적분할의 경우 분할회사의 주주가 주주의 변동없이 분할회사에 존재하던 위험과 효익을 분할 후에도 계속적으로 부담하게 된다.

⑤ 인적분할의 경우 영업권이나 염가매수차익은 발생하지 않는다.

해설 　분할신설회사는 분할회사로부터 인수한 자산과 부채를 장부가액으로 회계처리한다.

정답 ①

출제예상문제

제 01 장 | 연결회계의 기초

01 일반기업회계기준 제4장 연결재무제표에서 규정하고 있는 용어에 대한 설명이다. 틀린 것은?

① 지배기업이란 하나 이상의 종속기업을 가지고 있는 기업이다.

② 종속기업이란 다른 기업(지배기업)의 지배를 받고 있는 기업이다.

③ 종속기업에는 법인격이 없는 실체는 제외된다.

④ 지배력이란 경제활동에서 효익을 얻기 위하여 재무정책과 영업정책을 결정할 수 있는 능력을 말한다.

⑤ 특수목적기업이란 한정된 특수목적(예 리스, 연구개발 활동 또는 금융자산의 증권화)을 수행하기 위해 설립된 기업이다.

해설 종속기업에는 파트너십과 같은 법인격이 없는 실체와 특수목적기업을 포함한다.

02 일반기업회계기준에 따른 사업결합과 관련한 회계처리의 결정에 대한 설명이다. 올바른 것은?

〔최신출제유형〕

① 자산부채의 취득 및 인수로서 사업취득에 해당하고 지배력을 획득한 경우 합병으로 회계처리한다.

② 자산부채의 취득 및 인수로서 사업취득에 해당하고 지배력을 획득한 경우에 해당하지는 않는다면 지분법으로 회계처리한다.

③ 지분취득의 경우로서 지분획득으로 지배력을 획득하였다면 합병으로 회계처리한다.

④ 지분취득의 경우로서 지분획득으로 지배력을 획득하였다면 지분법으로 회계처리한다.

⑤ 지분취득의 경우로서 지분획득으로 지배력을 획득하지는 못했다면 일반적인 금융자산의 취득으로 회계처리한다.

해설 ② 자산부채의 취득 및 인수로서 사업취득에 해당하고 지배력을 획득한 경우에 해당하지 않는다면 일반적인 자산취득 또는 부채발생으로 회계처리한다.

③ · ④ 지분취득의 경우로서 지분획득으로 지배력을 획득하였다면 연결재무제표를 작성한다.

⑤ 지분취득의 경우로서 지분획득으로 지배력을 획득하지 못했다면 일반적인 금융자산의 취득으로 회계처리하거나 지분법으로 회계처리한다.

03 일반기업회계기준에 따른 연결재무제표에 대한 설명이다. 가장 거리가 먼 것은?

① 연결재무제표는 지배 종속관계에 있는 연결실체의 재무상태와 경영성과를 한눈에 파악할 수 있다.

② 연결재무제표를 작성하는 과정에서 내부거래 및 상호 채권채무가 제거되어 연결재무제표는 이익 조정의 왜곡 정도가 낮다고 할 수 있다.

③ 지배기업의 경영자가 연결실체를 전체적으로 관리 통제하기 위해서 연결재무제표가 필요하다.

④ 지배 종속관계가 복잡한 경우 연결실체의 재무정보의 유용성이 낮아질 수 있다.

⑤ 연결실체에 포함되는 개별기업의 업종이 상이한 경우 정보의 유용성이 높아질 수 있다.

> **해설** 연결실체에 포함되는 개별기업의 업종이 상이한 경우 정보의 유용성이 낮아질 수 있다.

기업결합회계

04 일반기업회계기준에 따른 연결재무제표에서 종속기업의 판단기준에 대한 설명이다. 옳지 않은 것은?

① 연결재무제표에 포함되는 종속기업의 여부를 결정하는 판단기준은 지배력의 유무이다.

② 원칙적으로 지배기업이 직접적 또는 종속기업을 통하여 간접으로 의결권 과반수를 소유하는 경우 지배기업이 그 기업을 지배하는 것으로 규정한다.

③ 지배기업이 다른 기업 의결권의 절반 또는 그 미만을 소유하더라도 그 기업을 지배하는 것으로 보는 경우가 있다.

④ 갑회사가 을회사의 지분 40%를 소유하고 병회사(갑회사의 병회사에 대한 지분 80%)를 통해 20%를 간접소유하고 있다면 을회사는 연결대상에 포함된다.

⑤ 지배력이란 경제활동에서 효익을 얻기 위하여 재무정책과 영업정책을 결정할 수 있는 능력을 말한다. 그러한 능력을 실제로 사용할 의도가 있는지 또는 행사하였는지 여부에 따라 지배력 유무가 판단된다.

> **해설** 지배력이란 경제활동에서 효익을 얻기 위하여 재무정책과 영업정책을 결정할 수 있는 능력을 말한다. 그러한 능력을 실제로 사용할 의도가 있는지 또는 행사하였는지 여부는 지배력 유무를 판단하는 데 영향을 주지 않는다.

05 일반기업회계기준에서 언급하는 지배력 유무에 대한 판단에 대한 설명이다. 올바른 것은?

① 개인 甲이 A회사와 B회사를 각각 지배할 경우 개인 갑이 연결재무제표를 작성하여야 한다.

② 조인트벤처의 경우 하나의 기업에 대해 공동지배기업이 존재하므로 두 기업이 각각 연결재무제표를 작성한다.

③ 다른 기업에 대해서 현재 45%의 의결권을 소유하고 있으나 그 기업에 대한 주식선택권을 미래의 특정일에 행사할 수 있으며 이를 행사할 경우 50%를 초과한다면 그 기업에 대해 지배력이 있다고 본다.

④ 지배기업은 제조업을 영위하고 종속기업은 비제조업을 영위하는 경우 연결재무제표 작성 시 유용성이 저하되므로 업종이 다른 경우에는 연결대상에서 제외된다.

⑤ 벤처캐피탈, 뮤추얼펀드, 단위신탁 또는 이와 유사한 기업이라는 이유만으로 종속기업을 연결대상에서 제외하지는 않는다.

해설 ① 개인은 연결재무제표를 작성하지 않는다.
② 조인트벤처의 경우 어느 기업도 조인트벤처를 지배하지 못하므로 연결재무제표를 작성하지 않는다.
③ 미래의 특정일이 아닌 현재시점에서 행사할 수 있고 이를 행사할 경우 50%를 초과한다면 그 기업에 대한 지배력이 있다고 본다.
④ 연결실체 내의 다른 기업들과 사업의 종류가 다르다는 이유로 종속기업을 연결대상에서 제외하지 않는다.

06 일반기업회계기준에 따른 연결재무제표의 보고일과 회계정책에 대한 서술이다. 옳지 않은 것은?

① 지배기업과 종속기업의 회계정책이 다른 경우 종속기업의 회계정책을 지배기업의 회계정책과 일치하도록 수정하여 연결재무제표를 작성하는 것이 원칙이다.

② 지배기업의 보고기간종료일이 12월 말이고 종속기업의 보고기간종료일이 3월 말이라면 종속기업은 12월 말을 기준일로 재무제표를 추가작성해야 한다.

③ 연결재무제표는 동일한 보고기간종료일에 작성된 지배기업의 재무제표와 종속기업의 재무제표를 사용하여 작성하는 것이 원칙이다.

④ 보고기간의 차이가 있는 경우 보고기간종료일 사이에 발생한 유의적 거래나 사건의 영향을 반영하여야 한다.

⑤ 해외에 있는 종속기업이 소재국의 회계기준에 따라 재무제표를 적성하는 경우 그 재무제표가 일반기업회계기준에 따라 작성된 재무제표와 유의적인 차이가 없다면 이를 이용하여 연결재무제표를 작성할 수 있다.

해설 보고기간종료일의 차이가 3개월을 초과하지 않는다면 종속기업의 보고기간종료일에 작성된 재무제표를 이용하여 연결재무제표를 작성한다.

07 일반기업회계기준에서 규정하는 연결재무제표의 종류에 포함되지 않는 것은?

① 연결재무상태표

② 연결손익계산서

③ 연결자본변동표

④ 연결이익잉여금처분계산서(또는 연결결손금처리계산서)

⑤ 연결현금흐름표

해설 연결재무제표에는 연결재무상태표, 연결손익계산서, 연결자본변동표 및 연결현금흐름표가 포함된다.

08 일반기업회계기준에서 규정하고 있는 연결자본변동표와 연결현금흐름표에 대한 설명으로 옳지 않은 것은?

① 연결현금흐름표 작성 시 직접법 또는 간접법 중 한 가지 방법을 선택할 수 있다.

② 연결현금흐름표에서 종속기업이 연결실체에 포함되거나 제외되는 경우 현금흐름의 구분이 모호하므로 '연결실체의 변동으로 인한 현금의 증감'으로 구분하여 표시한다.

③ 지배기업이 종속기업의 주식을 추가로 취득 처분한 후에도 계속하여 지배 종속관계가 유지되는 경우 투자활동으로 분류하여 표시한다.

④ 연결자본변동표에 비지배지분이 표시되며 비지배지분의 당기변동내역을 별도로 표시한다.

⑤ 지배기업이 종속기업의 의결권을 100% 갖고 있다면 비지배지분은 표시되지 않는다.

해설 지배기업이 종속기업의 주식을 추가로 취득 처분한 후에도 계속하여 지배 종속관계가 유지되는 경우 자본거래에 해당하므로, 재무활동으로 분류하여 표시한다.

09~10

20x1년 초 (주)서울은 (주)서초의 보통주 100%를 ₩3,000에 취득하고 지배력을 획득하였다. 주식 취득일 현재 양 회사의 요약 재무상태표는 다음과 같다.

구 분	(주)서울	(주)서초	구 분	(주)서울	(주)서초
제자산	₩7,000	₩3,000	제부채	₩5,000	₩500
투자주식	3,000	–	자본금	2,500	1,000
			자본잉여금	500	300
			이익잉여금	2,000	1,200
합 계	10,000	3,000	합 계	10,000	3,000

취득 당시 (주)서초의 순자산의 공정가치는 ₩2,600이었다.

09 20x1년 초 연결재무상태표에 표시될 영업권은 얼마인가? [최신출제유형]

① ₩200   ② ₩300

③ ₩500   ④ ₩400

⑤ ₩1,000

해설 (1단계)

(차) 자본금	1,000	(대) 투자주식	3,000
자본잉여금	300		
이익잉여금	1,200		
제거차액	500		

제거차액 중 순자산의 공정가치가 장부금액을 초과하는 만큼 자산계상하고 나머지 제거차액(차변)은 영업권이 된다.

(2단계)

(차) 제자산	100	(대) 제거차액	100

(3단계)

(차) 영업권	400 plug	(대) 제거차액	400

10 20x1년 초 회사의 연결재무상태표에 계상될 자산총계는 얼마인가?

① ₩7,000   ② ₩10,500

③ ₩8,000   ④ ₩8,500

⑤ ₩10,000

해설 10,000 + 3,000 - 3,000(투자주식) + 100(순자산 공정가치 - 순자산 장부금액) + 400(영업권) = 10,500

11 20x1년 초 (주)서울은 (주)서초의 보통주 100%를 ₩2,400에 취득하고 지배력을 획득하였다. 주식 취득일 현재 양 회사의 요약 재무상태표는 다음과 같다.

구 분	(주)서울	(주)서초	구 분	(주)서울	(주)서초
제자산	₩7,600	₩3,000	제부채	₩5,000	₩500
투자주식	2,400	–	자본금	2,500	1,000
			자본잉여금	500	300
			이익잉여금	2,000	1,200
합 계	10,000	3,000	합 계	10,000	3,000

취득 당시 (주)서초의 순자산의 공정가치는 장부금액과 같다. 20x1년 초 연결재무상태표에 표시될 이익잉여금은 얼마인가?

① ₩2,000

② ₩2,100

③ ₩2,500

④ ₩2,700

⑤ ₩3,200

해설 (1단계)

(차) 자본금	1,000	(대) 투자주식	2,400
자본잉여금	300	제거차액	100 plug
이익잉여금	1,200		

(2단계) 없음

(3단계)

순자산의 공정가치가 장부금액과 일치하므로 제거차액(대변) 전체가 염가매수차익이 된다.

(차) 제거차액	100	(대) 염가매수차익	100

따라서 연결재무제표상 회사의 이익잉여금은 2,000(서울의 이익잉여금) + 100(염가매수차익) = 2,100이다.

12 20x1년 초 (주)서울은 (주)서초의 보통주 100%를 ₩2,600에 취득하고 지배력을 획득하였다. 주식 취득일 현재 양 회사의 요약 재무상태표는 다음과 같다.

구 분	(주)서울	(주)서초	구 분	(주)서울	(주)서초
제자산	₩7,400	₩3,000	제부채	₩5,000	₩500
투자주식	2,600	–	자본금	2,500	1,000
			자본잉여금	500	300
			이익잉여금	2,000	1,200
합 계	10,000	3,000	합 계	10,000	3,000

취득 당시 (주)서초의 순자산의 공정가치는 ₩2,700이었다. 20x1년 초 연결재무상태표에 표시될 이익잉여금은 얼마인가?

① ₩2,000 ② ₩2,100
③ ₩2,500 ④ ₩2,700
⑤ ₩3,200

해설 (1단계)

(차) 자본금	1,000	(대) 투자주식	2,600
자본잉여금	300		
이익잉여금	1,200		
제거차액	100 plug		

(2단계)
제거차액 중 순자산의 공정가치가 장부금액을 초과하는 만큼 자산계상하고 제거차액(대변)은 염가매수차익이 된다.

(차) 제자산	200	(대) 제거차액	200

(3단계)

(차) 제거차액	100	(대) 염가매수차익(IS)	100 plug

따라서 연결재무제표상 회사의 이익잉여금은 2,000 + 100 = 2,100이다.

13~14

20x1년 초 (주)서울은 (주)서초의 보통주 80%를 ₩2,500에 취득하고 지배력을 획득하였다. 주식 취득일 현재 양 회사의 요약 재무상태표는 다음과 같다.

구 분	(주)서울	(주)서초	구 분	(주)서울	(주)서초
제자산	₩7,500	₩3,000	제부채	₩5,000	₩500
투자주식	2,500	–	자본금	2,500	1,000
			자본잉여금	500	300
			이익잉여금	2,000	1,200
합 계	10,000	3,000	합 계	10,000	3,000

취득 당시 (주)서초의 순자산의 공정가치는 ₩2,800이었다.

13 20x1년 초 연결재무상태표에 표시될 영업권은 얼마인가?

① ₩0   ② ₩260
③ ₩400   ④ ₩500
⑤ ₩560

해설   (1단계)

(차) 자본금	1,000	(대) 비지배지분	500 (= 2,500 × 20%)
자본잉여금	300	투자주식	2,500
이익잉여금	1,200		
제거차액	500 plug		

(2단계)
순자산의 공정가치가 장부금액을 초과하는 금액만큼 자산으로 계상한다. 이때 비지배지분에 해당하는 금액만큼은 비지배지분으로 계상한다.

(차) 제자산	300	(대) 비지배지분	60 (= 300 × 20%)
		제거차액	240

(3단계)
나머지 제거차액(차변)은 영업권으로 대체한다.

(차) 영업권	260 plug	(대) 제거차액	260

14 20x1년 초 연결재무상태표상 회사의 비지배지분과 자본총계는 각각 얼마인가?

	비지배지분	자본총계			비지배지분	자본총계
①	₩500	₩5,000		②	₩560	₩5,560
③	₩600	₩5,000		④	₩600	₩5,560
⑤	₩1,000	₩6,000				

> **해설** 비지배지분 = 500 + 60 = 560
> 자본총계 = 5,000(지배기업 자본총계) + 560(비지배지분) = 5,560

15 20x1년 초 (주)서울은 (주)서초의 보통주 80%를 ₩1,900에 취득하고 지배력을 획득하였다. 주식 취득일 현재 양 회사의 요약 재무상태표는 다음과 같다.

구 분	(주)서울	(주)서초	구 분	(주)서울	(주)서초
제자산	₩8,100	₩3,000	제부채	₩5,000	₩500
투자주식	1,900	–	자본금	2,500	1,000
			자본잉여금	500	300
			이익잉여금	2,000	1,200
합 계	10,000	3,000	합 계	10,000	3,000

취득 당시 (주)서초의 순자산의 공정가치는 ₩3,000이었다. 20x1년 초 연결재무상태표에 표시될 이익잉여금은 얼마인가?

① ₩2,000   ② ₩2,100
③ ₩2,200   ④ ₩2,500
⑤ ₩3,200

> **해설** (1단계)
>
> | (차) 자본금 | 1,000 | (대) 투자주식 | 1,900 |
> |---|---|---|---|
> | 자본잉여금 | 300 | 비지배지분 | 500 |
> | 이익잉여금 | 1,200 | 제거차액 | 100 plug |
>
> (2단계)
> 순자산의 공정가치(3,000)가 장부금액(2,500)을 초과하는 금액만큼 자산으로 계상한다. 이때 비지배지분에 해당하는 금액만큼은 비지배비분으로 계상한다.
>
> | (차) 제자산 | 500 | (대) 비지배지분 | 100 (= 500 × 20%) |
> |---|---|---|---|
> | | | 제거차액 | 400 |
>
> (3단계)
> 나머지 제거차액(차변)은 영업권으로 대체한다.
>
> | (차) 제거차액 | 500 | (대) 염가매수차익(IS) | 500 plug |
> |---|---|---|---|
>
> 따라서 연결재무제표상 회사의 이익잉여금은 2,000 + 500 = 2,500이다.

16 12월 말 결산법인인 (주)공덕은 20x8년 1월 1일에 12월말 결산법인인 (주)대한의 의결권 있는 보통주 60%를 ₩950,000에 취득하였다. 취득일 현재 (주)대한의 자본계정은 자본금 ₩500,000, 자본잉여금 ₩300,000, 이익잉여금 ₩200,000이었다. 취득 당시 (주)대한의 토지와 건물의 공정가치는 장부금액보다 각각 ₩100,000과 ₩200,000이 높았으며 나머지 자산과 부채의 공정가치는 장부금액과 동일하였다. 건물의 잔여내용연수는 10년이며 영업권은 5년에 걸쳐 상각한다. (주)대한의 20x8년도 당기순이익은 ₩400,000이며 (주)공덕과 (주)대한 사이에 내부거래는 없었다. 20x8년 12월 31일 (주)공덕의 연결재무상태표에 보고될 비지배지분은 얼마인가?

① ₩520,000　　　　　　　　　　　② ₩552,000

③ ₩649,360　　　　　　　　　　　④ ₩658,400

⑤ ₩672,000

[해설] (1단계)

(차) 자본금	500,000	(대) 투자주식	950,000
자본잉여금	300,000	비지배지분	400,000
이익잉여금	200,000		
제거차액	350,000 plug		

(2단계)

(차) 토 지	100,000	(대) 비지배지분	120,000 (= 300,000×40%)
건 물	200,000	제거차액	180,000

(3단계)

(차) 영업권	170,000	(대) 제거차액	170,000

지분법이익 = (400,000 − 200,000/10) × 60% − 170,000/5 = 194,000
비지배지분이익 = (400,000 − 200,000/10) × 40% = 152,000
비지배지분 기말가액 = 400,000 + 120,000 + 152,000 = 672,000

※ 다음과 같이 풀이할 수도 있다.
(자본금 500,000 + 자본잉여금 300,000 + 이익잉여금 200,000 + 토지 100,000 + 건물 200,000 × 9/10 + 당기순이익 400,000) × 40% = 672,000

하단 우측 세로 텍스트

17 일반기업회계기준에 따른 지분법에 대한 설명이다. 틀린 서술을 고르시오.

① 투자기업이 직접 또는 종속기업을 통하여 간접적으로 피투자기업의 의결권 있는 주식의 20% 이상을 보유하고 있다면 항상 유의적인 영향력이 있는 것으로 본다.

② 투자기업이 직접 또는 종속기업을 통하여 간접적으로 보유하고 있는 피투자기업에 대한 의결권 있는 주식이 20%에 미달하는 경우에는 일반적으로 피투자기업에 대하여 유의적인 영향력이 없는 것으로 본다.

③ 피투자기업에 대한 의결권 있는 주식의 대부분을 특정 지배기업이 보유함으로써 투자기업이 보유한 의결권으로는 사실상 영향력을 행사할 수 없는 경우 유의적인 영향력이 없다고 본다.

④ 투자기업이 피투자기업의 재무정책과 영업정책에 관한 의사결정과정에 참여할 수 있는 임원선임에 상당한 영향력을 행사할 수 있는 경우 피투자기업에 대하여 유의적인 영향력이 있다고 본다.

⑤ '유의적인 영향력'은 투자기업이 피투자기업의 재무정책과 영업정책에 관한 의사결정에 참여할 수 있는 능력을 말한다.

> [해설] 투자기업이 직접 또는 종속기업을 통하여 간접적으로 피투자기업의 의결권 있는 주식의 20% 이상을 보유하고 있다면 명백한 반증이 있는 경우를 제외하고는 유의적인 영향력이 있는 것으로 본다.

18 (주)종로는 상장법인 (주)삼청의 보통주 20%를 취득하고 유의적인 영향력을 행사하게 되었다. (주)삼청 주식의 회계처리에 대한 설명으로 옳지 않은 것은? (단, 투자 시 발생한 투자차액과 내부거래는 없는 것으로 가정한다)

① (주)삼청으로부터 수령한 현금배당금은 지분법적용투자주식의 감소로 인식한다.

② (주)삼청의 당기순이익 중 20%를 지분법이익으로 인식한다.

③ (주)삼청의 주식은 재무상태표에 공정가치로 표시한다.

④ (주)삼청으로부터 수령한 무상주는 인식하지 아니한다.

⑤ (주)삼청으로부터 수령한 주식배당은 인식하지 아니한다.

> [해설] (주)삼청 주식은 지분법적용투자주식이므로 공정가치가 아닌 지분법에 의한 평가액을 재무상태표에 표시하여야 한다.

19~20

20x1년 초 (주)서울은 (주)서초의 보통주 30%를 취득하고 유의적인 영향력을 행사할 수 있게 되었다. 주식 취득일 현재 (주)서초의 장부상 순자산가액은 1,000,000원(자본금 500,000원, 이익잉여금 500,000원)이었다. 식별 가능한 순자산 중 장부금액과 공정가치는 일치하였다. 20x1년 중 문제에서 언급하는 사항 외에 양 회사 간에 내부거래 및 순자산변동거래는 없었다. 20x1년 중 (주)서초는 125,000원의 당기순이익을 시현하였고, 현금배당 50,000원을 지급하였다.

19 (주)서울의 주식의 취득가액이 400,000원이라면, (주)서울이 계상할 지분법이익은 얼마인가? (단, 영업권은 잔존가치 없이 10년 정액법으로 상각한다) 최신출제유형

① 0원

② 22,500원

③ 27,500원

④ 37,500원

⑤ 87,500원

해설 주식의 취득가액 400,000 − 피투자회사 순자산의 공정가치 1,000,000 × 지분율 30% = 100,000
영업권 100,000
당기순이익 125,000 × 30% − 100,000/10 = 27,500

20 20x1년 말 (주)서울의 지분법적용투자주식의 장부금액은 얼마인가?

① 400,000원

② 422,500원

③ 427,500원

④ 372,500원

⑤ 412,500원

해설

당기순이익	(차) 지분법적용투자주식	27,500	(대) 지분법이익	27,500
배 당	(차) 현 금	15,000	(대) 지분법적용투자주식	15,000

400,000 + 27,500 − 15,000 = 412,500

21~22

20x1년 초 (주)서울은 (주)서초의 보통주 30%를 취득하고 유의적인 영향력을 행사할 수 있게 되었다. 주식 취득일 현재 (주)서초의 장부상 순자산가액은 1,000,000원(자본금 500,000원, 이익잉여금 500,000원)이었다. 식별 가능한 순자산 중 장부금액과 공정가치는 일치하였다. 20x1년 중 문제에서 언급하는 사항 외에 양 회사 간에 내부거래 및 순자산변동거래는 없었다. 20x1년 중 (주)서초는 125,000원의 당기순이익을 시현하였고, 현금배당 50,000원을 지급하였다.

21 (주)서울의 주식의 취득가액이 250,000원이라면, (주)서울이 계상할 지분법이익은 얼마인가? (단, 영업권은 잔존가치 없이 10년 정액법으로 상각한다)

① 42,500원

② 22,500원

③ 27,500원

④ 37,500원

⑤ 87,500원

> 해설 주식의 취득가액 250,000 − 피투자회사 순자산의 공정가치 1,000,000 × 지분율 30% = −50,000
> 회사가 계상해야 할 염가매수차익은 50,000이며 당기손익으로 반영한다.
> 당기순이익 125,000 × 30% + 50,000 = 87,500

22 20x1년 말 (주)서울의 지분법적용투자주식의 장부금액은 얼마인가?

① 300,000원

② 322,500원

③ 337,500원

④ 372,500원

⑤ 312,500원

> 해설
>
> | | | | | |
> |---|---|---|---|---|
> | (차) 지분법적용투자주식 | 87,500 | (대) 지분법이익 | 87,500 |
> | (차) 현 금 | 15,000 | (대) 지분법적용투자주식 | 15,000 |
>
> 250,000 + 87,500 − 15,000 = 322,500

23~25

20x1년 초 (주)서울은 (주)서초의 보통주 30%를 400,000원에 취득하고 유의적인 영향력을 행사할 수 있게 되었다. 주식 취득일 현재 (주)서초의 장부상 순자산가액은 1,000,000원(자본금 500,000원, 이익잉여금 500,000원)이었다. 순자산의 공정가치는 1,200,000원이다. 20x1년 중 문제에서 언급하는 사항 외에 양 회사 간에 내부거래 및 순자산변동거래는 없었다. 20x1년 중 (주)서초는 125,000원의 당기순이익을 시현하였고, 현금배당 50,000원을 지급하였다. 단 영업권은 잔존가치 없이 10년 정액법으로 상각한다. 별도의 언급이 없는 한 각 물음은 독립적이다.

23 순자산의 공정가치와 장부가치의 차이는 토지의 공정가치가 장부금액을 초과하기 때문이며, 20x1년 말 현재 토지를 계속 사용 중인 경우 (주)서울의 지분법이익은 얼마인가?

① 33,500원　　　　　　　　　　② 33,900원
③ 36,000원　　　　　　　　　　④ 37,500원
⑤ 32,000원

해설　400,000 − 1,200,000 × 30% = 40,000(영업권)
지분법이익 = (125,000 − 0) × 30% − 40,000/10 = 33,500

24 순자산의 공정가치와 장부가치의 차이는 기계장치의 공정가치가 장부금액을 초과하기 때문이며, 기계장치의 내용연수가 5년, 잔존가치 없이 정액법으로 상각한다. 20x1년 말 현재 기계장치를 계속 사용 중인 경우 (주)서울의 지분법이익은 얼마인가?

① 33,500원　　　　　　　　　　② 33,900원
③ 36,000원　　　　　　　　　　④ 37,500원
⑤ 21,500원

해설　400,000 − 1,200,000 × 30% = 40,000 (영업권)
지분법이익 = [125,000 − 200,000/5(기계장치 감가상각비)] × 30% − 40,000/10 = 21,500

25 순자산의 공정가치와 장부가치의 차이는 재고자산의 공정가치가 장부금액을 초과하기 때문이며, 20x1년 말 현재 재고자산의 40%가 매각된 경우 (주)서울의 지분법이익은 얼마인가?

① 33,500　　　　　　　　　　　② 33,900
③ 36,000　　　　　　　　　　　④ 9,500
⑤ 22,500

해설　400,000 − 1,200,000 × 30% = 40,000(영업권)
지분법이익 = (125,000 − 200,000 × 40%) × 30% − 40,000/10 = 9,500

정답　23 ①　24 ⑤　25 ④

26~28

20x1년 초 (주)서울은 (주)서초의 보통주 30%를 350,000원에 취득하고 유의적인 영향력을 행사할 수 있게 되었다. 주식 취득일 현재 (주)서초의 장부상 순자산가액은 1,000,000원(자본금 500,000원, 이익잉여금 500,000원)이었다. 순자산의 공정가치는 1,200,000원이다. 20x1년 중 문제에서 언급하는 사항 외에 양 회사 간에 내부거래 및 순자산변동거래는 없었다. 20x1년 중 (주)서초는 125,000원의 당기순이익을 시현하였고, 현금배당 50,000원을 지급하였다. 단 영업권은 잔존가치 없이 10년 정액법으로 상각한다. 별도의 언급이 없는 한 각 물음은 독립적이다.

26 순자산의 공정가치와 장부가치의 차이는 토지의 공정가치가 장부금액을 초과하기 때문이며, 20x1년 말 현재 토지를 계속 사용 중인 경우 (주)서울의 지분법이익은 얼마인가?

① 33,500원   ② 36,500원
③ 37,500원   ④ 47,500원
⑤ 52,000원

> **해설** 350,000 − 1,200,000 × 30% = −10,000 → 염가매수차익 10,000
> 염가매수차익은 지분법이익으로 즉시 인식한다.
> 지분법이익 = (125,000 − 0) × 30% + 10,000 = 47,500

27 순자산의 공정가치와 장부가치의 차이는 기계장치의 공정가치가 장부금액을 초과하기 때문이며, 기계장치의 내용연수가 5년이고 잔존가치 없이 정액법으로 상각한다. 20x1년 말 현재 기계장치를 계속 사용 중인 경우 (주)서울의 지분법이익은 얼마인가?

① 33,500원   ② 37,500원
③ 35,500원   ④ 42,500원
⑤ 47,500원

> **해설** 350,000 − 1,200,000 × 30% = −10,000 → 염가매수차익 10,000
> 지분법이익 = [125,000 − 200,000/5(기계장치 감가상각비)] × 30% + 10,000 = 35,500

28 순자산의 공정가치와 장부가치의 차이는 재고자산의 공정가치가 장부금액을 초과하기 때문이며, 20x1년 말 현재 재고자산의 60%가 매각된 경우 (주)서울의 지분법이익은 얼마인가?

① 29,900원   ② 33,900원
③ 36,000원   ④ 42,000원
⑤ 11,500원

> **해설** 350,000 − 1,200,000 × 30% = −10,000 → 염가매수차익 10,000
> 지분법이익 = (125,000 − 200,000 × 60%) × 30% + 10,000 = 11,500

29 12월 말 결산법인인 (주)국세는 20x7년 1월 1일에 (주)대한의 보통주식 30%를 ₩1,300,000에 취득하여 유의적인 영향력을 행사하였다. 그러나 (주)대한은 연결대상 종속기업은 아니다. (주)대한의 순자산 장부금액의 변동내역은 다음과 같다.

> 20x7년 1월 1일 현재 순자산 장부금액 ₩3,000,000
> (+) 20x7년 당기순이익 100,000
> 20x7년 12월 31일 현재 순자산 장부금액 ₩3,100,000

20x7년 1월 1일 현재 (주)대한이 보유하는 건물 A의 공정가치는 장부금액을 ₩1,000,000 초과하며, 그 이외의 자산 및 부채는 공정가치와 장부금액이 동일하다. 20x7년 1월 1일 현재 (주)대한이 보유하는 건물 A의 잔존내용연수는 10년이고 잔존가치는 없으며 정액법으로 감가상각한다. 한편 영업권의 내용연수는 5년으로 하고 정액법으로 상각한다. (주)국세가 20x7년에 인식해야 할 지분법손익과 20x7년 말 현재 지분법적용투자주식의 장부금액으로 옳은 것은?

	지분법손익	지분법적용투자주식
①	이익 ₩20,000	₩1,210,000
②	손실 ₩20,000	₩1,280,000
③	이익 ₩30,000	₩1,240,000
④	손실 ₩30,000	₩1,180,000
⑤	손실 ₩10,000	₩1,300,000

해설 1,300,000 − (3,000,000 + 1,000,000) × 30% = 100,000(영업권)
지분법이익 = (100,000 − 1,000,000/10) × 30% − 100,000/5 = −20,000

(차) 지분법손실　　　　　　　　　　20,000　　(대) 지분법적용투자주식　　　　　　20,000

따라서 1,300,000(취득가액) − 20,000(지분법손실) = 1,280,000

30 일반기업회계기준에 따른 지분법 적용 시 고려해야 할 사항에 대한 서술이다. 틀린 것은?

최신출제유형

① 지분법은 투자기업의 보고기간종료일을 기준으로 작성된 관계기업의 신뢰성 있는 재무제표를 사용하여 적용한다.

② 투자기업과 관계기업의 보고기간종료일이 다르고 그 차이가 2개월 이내인 경우에는 지분법 적용 시 관계기업의 보고기간종료일 기준으로 작성한 신뢰성 있는 재무제표를 사용할 수 있다. 이 경우 관계기업의 보고기간종료일과 투자기업의 보고기간종료일 사이에 발생한 유의적인 거래나 사건은 적절히 반영하여 회계처리한다.

③ 유사한 상황에서 발생한 동일한 거래나 사건에 대하여는 관계기업의 회계정책을 투자기업의 회계정책으로 일치하도록 적절히 수정하여 지분법을 적용한다.

④ 투자기업이 지분법을 적용할 때 관계기업의 손실 등을 반영함으로 인하여 지분법적용투자주식의 장부금액이 영(0) 이하가 될 경우에는 더 이상의 지분변동액에 대한 인식을 중지하고 지분법적용투자주식을 영(0)으로 처리한다.

⑤ 지분법적용투자주식으로부터 회수할 수 있을 것으로 추정되는 금액(회수가능액)이 장부금액보다 작은 경우에는 손상차손을 인식할 것을 고려하여야 한다. 회수가능액은 지분법적용투자주식을 매각한다면 예상되는 순현금유입액과 사용가치 중 큰 금액으로 한다. 손상차손금액은 당기손실로 인식한다.

해설 투자기업과 관계기업의 보고기간종료일이 다르고 그 차이가 3개월 이내인 경우에는 지분법 적용 시 관계기업의 보고기간종료일 기준으로 작성한 신뢰성 있는 재무제표를 사용할 수 있다.

31~34

20x1년 초 (주)서울은 (주)강남의 보통주 80%를 ₩300,000에 취득하여 지배권을 확보하였다. 주식 취득일 현재 (주)강남의 토지와 건물의 공정가치는 각각 ₩100,000과 ₩200,000이고 나머지 자산, 부채의 공정가치는 장부금액과 동일하다. 이 건물의 잔여내용연수는 5년이며 잔존가치없이 정액법으로 감가상각한다. 영업권은 10년에 걸쳐 상각한다. (주)강남의 요약재무상태표는 다음과 같다.

구 분	20x1년 초	20x1년 말	구 분	20x1년 초	20x1년 말
여러자산	₩250,000	₩520,000	여러부채	₩210,000	₩300,000
토 지	80,000	80,000	자본금	200,000	200,000
건 물	300,000	300,000	자본잉여금	50,000	50,000
감가상각누계액	(150,000)	(180,000)	이익잉여금	20,000	170,000
합 계	480,000	720,000	합 계	480,000	720,000

20x1년도 (주)서울의 당기순이익(지분법 적용 전)은 ₩400,000이고 (주)강남의 당기순이익은 ₩150,000이다. 두 회사 모두 20x1년도 이익잉여금처분사항은 없다. 20x1년 초 (주)서울의 이익잉여금은 ₩360,000이다.

31 20x1년 말 지분법이익과 지분법적용투자주식의 가액은 각각 얼마인가?

	지분법이익	지분법적용투자주식
①	109,200	409,200
②	117,200	417,200
③	112,000	412,000
④	120,000	420,000
⑤	150,000	450,000

해설 영업권은 다음과 같이 계산된다.
300,000 − (자본금 200,000 + 자본잉여금 50,000 + 이익잉여금 20,000 + 토지 20,000 + 건물 50,000) × 80% = 28,000
지분법이익 = (150,000 − 50,000 × 1/5) × 80% − 28,000/10 = 109,200
투자주식가액 = 300,000 + 109,200 − 0(배당금 없음) = 409,200

32 20x1년 말 연결손익계산서상의 당기순이익과 비지배지분 순이익은 각각 얼마인가?

	당기순이익	비지배지분 순이익
①	509,200	28,000
②	537,200	28,000
③	517,200	28,000
④	509,200	30,000
⑤	537,200	30,000

해설 (1) 연결당기순이익 = 지배기업 당기순이익 400,000 + (150,000 − 50,000 × 1/5) − 28,000/10
= 537,200

(2) 비지배지분 순이익 = (150,000 − 50,000 × 1/5) × 20% = 28,000

(1) − (2) = 509,200 지배기업의 당기순이익(지분법 반영 후)이다.

〈회계처리〉
(1단계)

(차) 지분법이익	109,200		(대) 지분법적용투자주식		109,200
(차) 자본금	200,000		(대) 비지배지분		54,000
				[= (200,000 + 50,000 + 20,000) × 20%]	
자본잉여금	50,000		지분법적용투자주식		300,000
이익잉여금	20,000				
제거차액	84,000	plug			
(차) 토 지	20,000		(대) 비지배지분		14,000
				[= (20,000 + 50,000) × 20%]	
건 물	50,000		제거차액		56,000
(차) 영업권	28,000		(대) 제거차액		28,000

(2단계)

(차) 감가상각비	10,000		(대) 감가상각누계액(건물)	10,000
(차) 무형자산상각비	2,800		(대) 영업권	2,800

(3단계)

(차) 이익잉여금	28,000		(대) 비지배지분	28,000
			[= (150,000 − 50,000 × 1/5) × 20%]	

참고로, 비지배지분의 20x1년 말 장부가액은 다음과 같이 계산된다.

(200,000 + 50,000 + 20,000 + 토지 20,000 + 건물 50,000 × 4/5 + 당기순이익 150,000) × 20% = 96,000

33 20x2년도 (주)서울의 당기순이익(지분법 적용 전)은 ₩250,000이고 (주)강남의 당기순이익은 ₩100,000이다. 두 회사 모두 20x2년도 이익잉여금처분사항은 없다. 20x2년 말 (주)강남의 자본계정은 자본금 ₩200,000, 자본잉여금 ₩50,000, 이익잉여금 ₩270,000으로 구성되어 있다. 20x2년 초 (주)서울의 이익잉여금은 ₩869,200이다. 상기의 문제와 관계없이 20x2년 초 지분법적용투자주식의 가액은 ₩409,200으로 가정한다. 20x2년 말 지분법이익과 지분법적용투자주식의 가액은 각각 얼마인가?

	지분법이익	지분법적용투자주식
①	69,200	478,400
②	69,760	478,960
③	77,200	486,400
④	80,000	489,200
⑤	100,000	509,200

해설 지분법이익 = $(100,000 - 50,000 \times 1/5) \times 80\% - 28,000/10 = 69,200$
투자주식가액 = $409,200 + 69,200 - 0(\text{배당금 없음}) = 478,400$

34 20x2년 말 연결손익계산서상의 당기순이익과 비지배지분 순이익은 각각 얼마인가?

	당기순이익	비지배지분 순이익
①	337,200	20,000
②	319,200	18,000
③	319,200	17,440
④	337,200	18,000
⑤	350,000	17,440

해설 (1) 연결당기순이익 = 지배기업 당기순이익 250,000 + $(100,000 - 50,000 \times 1/5) - 28,000/10$
= 337,200
(2) 비지배지분 순이익 = $(100,000 - 50,000 \times 1/5) \times 20\% = 18,000$
(1) − (2) = 319,200 지배기업의 당기순이익(지분법 반영 후)이다.

〈회계처리〉

(1단계)

(차) 지분법이익	69,200	(대) 지분법적용투자주식	69,200
(차) 자본금	200,000	(대) 비지배지분	84,000
		[=(200,000 + 50,000 + 170,000) × 20%]	
자본잉여금	50,000	지분법적용투자주식	409,200
이익잉여금(기초)	170,000		
제거차액	73,200 plug		
(차) 토 지	20,000	(대) 감가상각누계액(건물)	10,000
건 물	50,000	비지배지분	12,000
		[=(20,000 + 50,000 − 10,000) × 20%]	
		제거차액	48,000 plug
(차) 영업권	25,200	(대) 제거차액	25,200

(2단계)

(차) 감가상각비	10,000	(대) 감가상각누계액(건물)	10,000
(차) 무형자산상각비	2,800	(대) 영업권	2,800

(3단계)

(차) 이익잉여금	18,000	(대) 비지배지분	18,000
		[=(100,000 − 50,000 × 1/5) × 20%]	

35 지배력 취득 이후 연결재무제표에 대한 설명이다. 옳지 않은 것은?

① 연결당기순이익은 지분법을 적용한 지배기업의 당기순손익과 일치한다.

② 종속기업의 당기순손실이 지속된다면 비지배지분의 잔액은 결국 0보다 작게 되는 경우도 발생할 수 있다.

③ 종속기업의 자본은 투자주식과 상계되거나 비지배지분으로 대체되기 때문에 연결재무상태표에 표시되지 않는다.

④ 연결재무상태표에 표시되어 있는 영업권은 결산일 현재 잔여내용연수 동안 상각되어야 할 금액을 의미한다. 따라서 영업권의 잔여내용연수가 경과된 경우에는 연결재무상태표에 영업권이 표시되지 않는다.

⑤ 지배력 취득 이후에 연결재무제표를 작성할 때에도 투자주식과 종속기업 자본 간의 상계제거는 이루어져야 한다. 단, 상계제거는 연결재무제표를 작성하는 당해 연도 기초시점(종속기업 취득연도에는 지배력 취득 시점)을 기준으로 이루어져야 하므로 지분법을 적용한 투자주식의 장부금액을 기초시점으로 환원시키는 연결조정이 선행되어야 한다.

해설 연결당기순이익은 지분법을 적용한 지배기업의 당기순손익에 비지배지분 순이익을 포함한 금액으로 결정된다. ②번 지문은 올바른 지문이다. 지분법의 경우 지분법적용투자주식의 장부금액이 영(0) 이하가 될 경우에는 더 이상의 지분변동액에 대한 인식을 중지하고 지분법적용투자주식을 영(0)으로 처리하게 되는데 이것과 혼동하기 쉬우니 주의를 요한다.

35 ① 정답

36 (주)서울은 (주)강남의 지분 100%를 20x1년 4월 1일 취득하여 지배력을 확보하였다. 20x1년 말 연결재무제표에 표시될 손익이 포함되어야 할 기간은? (단, 양 회사의 결산은 연 1회이며 결산일은 12월 31일이다)

	(주)서울	(주)강남
①	20x1년 1월 1일 ~ 12월 31일	20x1년 1월 1일 ~ 12월 31일
②	20x1년 4월 1일 ~ 12월 31일	20x1년 1월 1일 ~ 12월 31일
③	20x1년 1월 1일 ~ 12월 31일	20x1년 4월 1일 ~ 12월 31일
④	20x1년 4월 1일 ~ 12월 31일	20x1년 4월 1일 ~ 12월 31일

⑤ 회사에서 결산기간을 임의로 선택할 수 있다.

> **해설** 회계연도 중 지배기업이 종속기업을 취득했을 경우 취득일 전에 발생한 종속기업의 손익은 당해 연도 연결손익계산서에 포함되어서는 안 된다.

37 (주)서울은 (주)서초에 대해 20X1년 6월 30일 지분 100%를 취득하여 지배력을 획득하였다. (단, 양 회사의 결산은 연 1회이며, 결산일은 12월 31일이다) 양 회사 간 내부거래는 없으며, 양 회사의 개별 매출과 당기순이익은 다음과 같다.

구 분		20X1년 1월 1일 ~ 6월 30일	20X1년 7월 1일 ~ 12월 31일
(주)서울	매 출	1,000	1,500
	당기순이익	100	150
(주)서초	매 출	100	150
	당기순이익	10	15

연결실체의 매출과 손익은 각각 얼마인가?

	매 출	당기순이익
①	1,650	165
②	2,650	250
③	2,650	265
④	2,750	260
⑤	2,750	275

> **해설** 지배력 획득 이전인 (주)서초의 20X1년 1월 1일 ~ 6월 30일의 매출과 당기순이익은 연결손익에서 제외된다.
> 매출 : 1,000 + 1,500 + 150 = 2,650
> 당기순이익 : 100 + 150 + 15 = 265

38 (주)국세는 20x1년 1월 1일에 (주)종속의 주식 70%를 1,000,000원에 취득하여 지배권을 획득하였다. 주식 취득 당시 (주)종속의 자본은 자본금 700,000원과 이익잉여금 300,000원으로 구성되어 있었으며 자산과 부채의 장부금액과 공정가치는 차이가 없었다. (주)종속은 20x1년에 1,800,000원의 당기순손실을 보고하였으나 20x2년에는 1,000,000원의 당기순이익을 보고하였다. 20x1년 말과 20x2년 말 연결재무상태표에 표시될 비지배지분은 얼마인가? (단, 비지배지분은 (주)종속의 식별가능한 순자산 중 비지배지분의 비례적 배분으로 계산하며 (주)종속의 기타포괄손익은 없다고 가정한다)

	20x1년	20x2년
①	−240,000원	60,000원
②	−240,000원	300,000원
③	0원	60,000원
④	0원	300,000원
⑤	300,000원	600,000원

해설 20x1년 말 (주)종속의 자본총계 = 700,000 + 300,000 − 1,800,000 = −800,000
20x1년 말 비지배지분 −800,000 × 30% = −240,000(비지배지분이 (−)로 표시됨에 유의해야 한다)
20x2년 말 (주)종속의 자본총계 = −800,000 + 1,000,000 = 200,000
20x2년 말 비지배지분 200,000 × 30% = 60,000

39~40

(주)서울은 (주)송파의 발행주식 80%를 소유하고 있는 지배회사이다. 20x1년도의 두 기업의 개별 재무제표에 표시된 금액은 다음과 같다.

구분	㈜서울	㈜송파
매출액	63,000	47,000
매출원가	38,000	35,000
매출이익	25,000	12,000
재고자산	13,000	1,000

20x1년 중 두 회사 간에 이루어진 상품거래는 다음과 같다.

(주)서울은 (주)송파에게 원가 8,000원인 상품을 15,000원에 판매하였고 (주)송파는 이를 17,000원에 판매하였다.
(주)송파는 (주)서울에게 원가 20,000원짜리 상품을 30,000원에 판매하였으며 (주)서울은 이를 48,000원에 판매하였다.

해당 거래 외에 내부거래는 없다. 20x1년 말 (주)송파는 해당 상품의 10%를 재고로 보유하고 있고, (주)서울은 해당 상품의 40%를 재고로 보유하고 있다. 20x1년 말 (주)서울과 (주)송파의 개별재무제표에 표시된 재고자산은 각각 13,000원과 1,000원이다.

39 20x1년도 연결재무상태표와 연결손익계산서에 표시될 매출액, 매출원가 및 재고자산은 각각 얼마인가? 최신출제유형

	매출액	매출원가	재고자산
①	65,000원	28,000원	14,000원
②	65,000원	32,700원	9,300원
③	85,000원	43,000원	13,000원
④	85,000원	50,200원	6,800원
⑤	110,000원	73,000원	14,000원

해설 하향판매 내부거래의 상계 : (차) 매 출   15,000   (대) 매출원가   15,000
상향판매 내부거래의 상계 : (차) 매 출   30,000   (대) 매출원가   30,000
하향판매 미실현이익 (15,000 - 8,000) × 10% = 700
상향판매 미실현이익 (30,000 - 20,000) × 40% = 4,000
미실현이익(하향판매)의 제거 : (차) 매출원가   700   (대) 재고자산   700
미실현이익(상향판매)의 제거 : (차) 매출원가   4,000   (대) 재고자산   4,000

매출액 63,000 + 47,000 - 45,000 = 65,000
매출원가 38,000 + 35,000 - 45,000 + 4,700 = 32,700
재고자산 13,000 + 1,000 - 4,700 = 9,300

40 39번 문제의 경우 20x1년 말 (주)송파의 개별재무상태표상 자본의 장부금액(공정가치와 동일)이 20,000원이었다면 20x1년 말 연결재무상태표에 표시될 비지배지분은 얼마인가?

① 3,960원
② 4,000원
③ 3,200원
④ 5,480원
⑤ 2,520원

> **해설** 상향판매 미실현이익만 반영한다.
> $(20,000 - 4,000) \times 20\% = 3,200$

41 연결회계에서 배당금(현금배당)에 관한 설명이다. 옳지 않은 것은?

① 지배기업의 배당금은 지배기업 주주에게 지급되므로 연결실체의 배당금으로 보고된다.
② 지배기업 배당금은 중간배당, 연차배당이든 상관없이 연결조정분개를 요하지 않는다.
③ 종속기업의 배당금은 지배기업에 대한 부분은 연결조정분개에서 모두 제거해야 한다.
④ 지배종속기업 간에 주고받은 현금은 연결조정분개의 대상이다.
⑤ 연결실체의 배당금은 결국 지배기업의 배당금과 종속기업의 비지배주주에 대한 배당금으로 구성되며, 전자는 연결이익잉여금의 감소로 보고되고 후자는 비지배지분의 감소로 보고된다.

> **해설** 지배종속기업 간에 주고받은 현금은 연결실체 외부로 유출되지 않았으므로 연결조정분개의 대상이 아니다.

42 연결재무제표 분석 시 고려할 점에 대한 서술이다. 옳지 않은 것은?

① 연결대상 종속기업을 결정하기 위해서 지분율기준과 실질지배력기준의 두 가지 모두를 적용한다. 그런데 피투자회사에 대해 50% 이하의 지분율 소유할 경우 지배기업에 유리한 방향으로 연결대상여부를 판단할 가능성이 있다.
② 이질적인 다양한 사업을 영위하는 개별 기업들이 하나의 연결실체로 합쳐지면 재무분석이 어렵다는 주장이 제기될 수 있지만 이러한 문제는 2개 이상의 사업부를 운영하는 회사의 개별재무제표를 분석할 때에도 발생할 수 있다.
③ 우리나라의 경우 상장기업 등이 연결재무제표를 주재무제표로 작성하는 한국채택국제회계기준을 적용하더라도 개별재무제표에 대한 이용자의 수요가 많기 때문에 개별재무제표의 공시를 의무화하고 있다.
④ 재무제표 비율을 비교분석할 경우 개별재무제표에 기초하여 계산한 비율과 연결재무제표에 기초한 계산비율을 비교하면 의미있는 결과를 도출할 수 있다.
⑤ 재무제표 비율을 계산하면 비교할 기준(benchmark)이 필요한데 일반적으로 그 기업의 과년도 비율, 경쟁기업의 비율, 동종업계의 평균비율 등을 사용한다.

> **해설** 어떠한 경우에도 개별재무제표에 기초하여 계산한 비율과 연결재무제표에 기초하여 계산한 비율을 비교하지 않아야 한다. 왜냐하면 법적실체와 연결실체는 경제적 실질이 동일하지 않기 때문이다. 따라서 두 실체를 비교한다면 비교분석의 결과는 아무런 의미를 갖지 않으며 오히려 의사결정을 오도할 수 있다.

43 20X1년도에 (주)서울은 연결실체 외부로부터 1,000에 취득한 자산을 (주)서초에게 1,300에 판매하였으며 (주)서초는 동 재고자산을 20X1년 중에 다시 연결실체 외부의 회사에게 1,500에 판매하였다. 이 결과만을 반영할 경우 연결재무제표에 표시될 매출액, 매출원가, 매출총이익은 얼마인가?

	매출액	매출원가	매출총이익
①	1,300	(1,000)	300
②	1,500	(1,300)	200
③	1,500	(1,000)	500
④	2,800	(2,300)	500
⑤	2,800	(1,300)	1,500

해설

과 목	(주)서울	(주)서초	단순합산결과	연결재무제표 표시금액
매 출	1,300	1,500	2,800	1,500
매출원가	(1,000)	(1,300)	(2,300)	(1,000)
매출총이익	300	200	500	500

44 내부거래 및 미실현손익의 제거와 관련된 설명이다. 옳지 않은 것은?

① 재고자산의 판매와 관련된 내부미실현이익은 거래유형에 관계없이 전액 제거한다.

② 지배기업과 종속기업 간의 채권채무의 상계제거는 연결당기순이익에 영향을 미치지 않는다.

③ 지배기업과 종속기업 간의 매출매입의 상계제거는 연결당기순이익에 영향을 미치지 않는다.

④ 하향거래는 지배기업이 종속기업에 판매하는 거래이므로 하향거래 미실현이익은 지배기업의 재무제표에 포함된다. 지배기업은 개별재무제표를 작성할 때 하향거래 미실현이익을 차감한 금액으로 지분법이익을 인식하므로 지배기업의 개별당기순이익은 정확한 금액으로 표시된다.

⑤ 상향거래는 종속기업이 지배기업에 판매하는 거래이므로 상향거래 미실현이익은 종속기업의 재무제표에 포함된다. 지배기업은 개별재무제표를 작성할 때 상향거래 미실현이익을 차감한 금액으로 지분법이익을 인식하므로 지배기업의 개별당기순이익은 정확한 금액으로 표시된다.

해설 상향거래는 종속기업이 지배기업에 판매하는 거래이므로 상향거래 미실현이익은 종속기업의 재무제표에 포함된다. 따라서 그만큼 종속기업 당기순이익이 왜곡된다. 상향거래 미실현이익이 있는 경우에는 이를 제외한 종속기업의 당기순이익과 이익잉여금 기말잔액에 기초하여 비지배분 순이익과 비지배분 기말잔액이 연결재무제표에 표시되도록 연결조정분개를 하여야 한다.

45 합병에 관한 설명이다. 올바른 것은?

① 합병이란 취득기업이 피취득기업의 지분을 취득하는 것을 말한다.

② 합병으로 인해 피취득기업의 법적실체가 소멸되지는 않는다.

③ 갑회사가 을회사의 자산과 부채를 취득인수하고 을회사 주주에게 이전대가를 지급하고 갑회사만 존속한다면 신설합병에 해당한다.

④ 사업에 해당한다면 당해 자산의 공정가치에 비례하여 일괄취득금액을 배분하는 회계처리를 한다.

⑤ 사업결합으로 회계처리하기 위해서는 취득자산과 인수부채가 사업결합의 정의를 충족해야 한다.

> **해설** ① 합병이란 취득기업이 피취득기업의 지분을 취득하는 것이 아니라 자산과 부채를 취득 인수하는 것을 말한다.
> ② 합병으로 인해 피취득기업의 법적실체가 소멸한다.
> ③ 갑회사가 을회사의 자산과 부채를 취득인수하고 을회사 주주에게 이전대가를 지급하고 갑회사만 존속한다면 흡수합병에 해당한다.
> ④ 사업에 해당되지 않는다면 당해 자산의 공정가치에 비례하여 일괄취득금액을 배분하는 회계처리한다.

46 합병의 회계처리에 대한 설명이다. 옳은 설명은?

① 합병의 회계처리방법에는 취득법과 지분통합법이 있다.

② 취득자산과 인수부채의 순액보다 지급한 대가가 더 많은 경우에는 초과지급액을 영업권으로 인식한다.

③ 인수부채의 순액보다 지급한 대가가 더 적은 경우에는 그 차이 금액을 합병차익으로 인식한다.

④ 취득법에 따르면 결합 대상 기업들의 소유주 지분이 통합된다고 본다.

⑤ 합병과 연결은 모두 사업결합에 해당되므로 합병과 연결의 회계처리는 동일하다. 다만, 합병의 경우 취득자가 피취득자의 발행주식을 취득하는 거래만 취득자의 재무제표에 반영하는 반면, 연결의 경우 취득자는 피취득자로부터 자산부채를 취득 인수하며 이전 대가를 지급하는 거래를 취득자의 개별재무제표에 반영한다.

> **해설** ① 일반기업회계기준과 한국채택국제회계기준 모두 합병의 회계처리는 취득법만을 인정한다.
> ③ 인수부채의 순액보다 지급한 대가가 더 적은 경우에는 그 차이 금액을 염가매수차익으로 인식한다.
> ④ 지분통합법에 따르면 결합 대상 기업들의 소유주 지분이 통합된다고 본다.
> ⑤ 합병과 연결은 모두 사업결합에 해당되므로 합병과 연결의 회계처리는 동일하다. 다만, 연결의 경우 취득자가 피취득자의 발행주식을 취득하는 거래만 취득자의 재무제표에 반영하는 반면, 합병의 경우 취득자는 피취득자로부터 자산부채를 취득 인수하며 이전 대가를 지급하는 거래를 취득자의 개별재무제표에 반영한다.

47 20x7년 1월 1일 (주)낙원은 (주)한라를 흡수합병하고, 이 합병거래를 취득법으로 회계처리하였다. 흡수합병과 관련된 자료는 다음과 같다.

- 합병시점에 (주)한라의 식별가능한 자산과 부채에 의한 순자산 장부금액과 공정가치는 각각 ₩100,000과 ₩150,000이다.
- 합병시점에 (주)낙원은 자사 보통주 30주(주당 액면가액 ₩5,000, 주당 공정가치 ₩8,000)를 발행하여 (주)한라의 기존 주주에게 교부하였다.

위의 자료를 이용하여 20x7년 1월 1일 합병일에 (주)낙원이 인식해야 할 영업권은 얼마인가? (단, 법인세효과는 없는 것으로 가정한다)

① ₩10,000

② ₩80,000

③ ₩90,000

④ ₩92,000

⑤ ₩150,000

해설	(차) 순자산	150,000	(대) 자본금	150,000
	영업권	90,000	주식발행초과금	90,000

48 (주)한강은 20x3년 초 (주)동해를 흡수합병하였으며, 이 합병은 사업결합에 해당된다. 합병 당시 합병회사의 발행주식은 2,000주이고 피합병회사의 발행주식은 1,200주이며, 피합병회사 주식 1.5주당 합병회사 주식 1주를 교부하였다. 합병 당시 합병회사 주식의 공정가치는 주당 ₩400(액면가액 @₩100)이다. 또한 합병과 직접 관련된 비용 ₩50,000을 현금으로 지급하였다. 합병회사와 피합병회사의 재무상태가 아래와 같을 때 이 매수합병에서 영업권 또는 염가매수차익은 얼마인가?

구 분	(주)한강	(주)동해	
	장부금액	장부금액	공정가치
당좌자산	50,000	36,000	32,000
재고자산	46,000	24,000	22,000
토 지	190,000	40,000	96,000
건물(순액)	100,000	100,000	118,000
자산총계	386,000	200,000	268,000
유동부채	40,000	26,000	26,000
비유동부채	70,000	24,000	20,000
자본금	200,000	120,000	
자본잉여금	44,000	22,000	
이익잉여금	32,000	8,000	
부채와 자본총계	386,000	200,000	

① 영업권 ₩48,000

② 염가매수차익 ₩98,000

③ 영업권 ₩148,000

④ 염가매수차익 ₩148,000

⑤ 영업권 ₩98,000

해설

(차) 당좌자산	32,000	(대) 유동부채	26,000
재고자산	22,000	비유동부채	20,000
토 지	96,000	자본금	80,000 (= 800주 × @100)
건 물	118,000	주식발행초과금	240,000 (= 800주 × @300)
영업권	98,000 plug		
(차) 지급수수료	50,000	(대) 현 금	50,000

※ 참고사항

취득관련원가는 취득자가 사업결합을 하기 위해 발생시킨 원가로서 중개수수료이다. 즉, 자문, 법률, 회계, 가치평가 및 그 밖의 전문가 또는 컨설팅 수수료, 내부 취득 부서의 유지 원가를 포함한 일반관리원가, 채무증권과 지분증권의 등록·발행 원가를 포함한다. 취득자는 취득관련원가에 대하여 원가가 발생하고 용역을 제공받은 기간에 비용으로 회계처리한다. 다만, 채무증권과 지분증권의 발행원가는 발행가액에서 차감한다.

49 20x7년 1월 1일 (주)낙원은 (주)한라를 흡수합병하고, 이 합병거래를 취득법으로 회계처리하였다. 흡수합병과 관련된 자료는 다음과 같다.

- 합병시점에 (주)한라의 식별가능한 자산과 부채에 의한 순자산 장부금액과 공정가치는 각각 ₩200,000과 ₩250,000이다.
- 합병시점에 (주)낙원은 자사 보통주 30주(주당 액면가액 ₩5,000, 주당 공정가치 ₩8,000)를 발행하여 (주)한라의 기존 주주에게 교부하였다.

위의 자료를 이용하여 20x7년 1월 1일 합병일에 (주)낙원이 인식해야 할 영업권 또는 염가매수차익은 얼마인가? (단, 법인세효과는 없는 것으로 가정한다)

① 염가매수차익 ₩10,000　　　　② 영업권 ₩10,000

③ 염가매수차액 ₩30,000　　　　④ 영업권 ₩30,000

⑤ 염가매수차익 ₩6,000

해설 (차) 순자산　　　　250,000　　　(대) 자본금　　　　　　150,000
　　　　　　　　　　　　　　　　　　　　주식발행초과금　　90,000
　　　　　　　　　　　　　　　　　　　　염가매수차익　　　10,000 plug

50 20x7년 1월 1일 (주)낙원은 (주)한라를 흡수합병하고, 이 합병거래를 취득법으로 회계처리하였다. 흡수합병과 관련된 자료는 다음과 같다.

- 합병시점에 (주)한라의 식별가능한 자산과 부채에 의한 순자산 장부금액과 공정가치는 각각 ₩100,000과 ₩150,000이다.
- 합병시점에 (주)낙원은 자사 보통주 30주(주당 액면가액 ₩5,000, 주당 공정가치 ₩8,000)를 발행하여 (주)한라의 기존 주주에게 교부하였다.
- (주)낙원은 합병과 관련하여 회계사에게 ₩2,000의 수수료를 지급하였고 주식발행비용으로 ₩1,000을 지출하였다.

위의 자료를 이용하여 20x7년 1월 1일 합병일에 (주)낙원이 인식해야 할 영업권은 얼마인가? (단, 법인세효과는 없는 것으로 가정한다)

① ₩10,000　　　　　　　② ₩80,000

③ ₩90,000　　　　　　　④ ₩92,000

⑤ ₩152,000

해설 〈회계처리〉
　　　(차) 순자산　　　　150,000　　　(대) 자본금　　　　　　150,000
　　　　　 영업권　　　　90,000 plug　　　주식발행초과금　　90,000
　　　(차) 지급수수료　　2,000　　　(대) 현 금　　　　　　　3,000
　　　　　 주식발행초과금　1,000

51 20x3년 초 (주)대한은 (주)세종의 보통주식 100%를 취득하여 흡수합병하면서 합병대가로 ₩200,000을 지급하였으며 합병관련 자문수수료로 ₩20,000이 지출되었다. 합병 시 (주)세종의 재무상태표는 다음과 같다.

재무상태표 20x1년 1월 1일			
매출채권	₩46,000	매입채무	₩92,000
상 품	50,000	납입자본	60,000
토 지	78,000	이익잉여금	22,000
자산총계	174,000	부채와 자본총계	174,000

20x3년 초 (주)대한이 (주)세종의 자산부채에 대하여 공정가치로 평가한 결과 매출채권과 매입채무는 장부금액과 동일하며 상품은 장부금액 대비 20% 더 높고, 토지는 장부금액 대비 40% 더 높았다. (주)대한이 흡수합병과 관련하여 인식할 영업권은 얼마인가?

① 76,800
② 86,800
③ 96,800
④ 118,000
⑤ 138,000

해설 (차) 매출채권 46,000 (대) 매입채무 92,000
상 품 60,000 현 금 200,000
토 지 109,200
영업권 76,800 plug

제 07 장 | 동일지배거래

52 분할에 대한 회계처리에 대한 설명이다. 올바른 지문의 개수는?

(a) 분할이란 한 회사(분할회사)가 자신의 사업 전부 또는 일부를 분할하여 새로운 기업에게 이전하고 새로운 기업(분할신설회사)이 발행한 주식을 수령하는 거래를 말한다.
(b) 분할신설회사가 발행한 주식을 분할회사가 수령하여 보유하는 경우를 물적분할이라고 한다.
(c) 분할신설회사가 발행한 주식을 분할회사가 수령한 후 이를 자신의 주주에게 지분율에 비례하여 배분하는 경우를 인적분할이라고 한다.
(d) 인적분할의 경우 분할회사의 주주의 지분율에 비례하여 배분하는지의 여부에 관계없이 인적분할의 회계처리를 적용한다.

① 1개
② 2개
③ 3개
④ 4개
⑤ 0개

해설 (d) 인적분할의 경우 분할회사의 주주의 지분율에 비례하여 배분하지 않는 경우 물적분할의 회계처리를 적용한다.

53~55

(주)서울은 A사업부와 B사업부를 구분하여 사업을 영위하다가 이 중 B사업부를 신설법인인 (주)강북에게 이전하고 이전 대가로 발행주식 액면가액(1주 @₩500)을 수령하였다. (주)서울이 (주)강북에게 이전한 B사업부의 순자산의 장부금액과 공정가치는 각각 ₩1,100, ₩1,400이다.

53 (주)서울이 (주)강북으로부터 수령한 주식을 보유하는 경우 (주)강북이 계상할 주식발행초과금은 얼마인가?

① ₩600　　　　　　　　　　　　　　② ₩800

③ ₩900　　　　　　　　　　　　　　④ ₩1,200

⑤ ₩1,400

> **해설** 물적분할에 해당하므로 인수한 자산과 부채를 공정가치로 계상한다.
>
> | (차) 순자산 | 1,400 | (대) 자본금 | 500 |
> |---|---|---|---|
> | | | 주식발행초과금 | 900 |

54 (주)서울이 (주)강북으로부터 수령한 주식을 (주)서울의 주주에게 지분율에 비례하여 배분한 경우 (주)강북이 계상할 주식발행초과금은 얼마인가?

① ₩600　　　　　　　　　　　　　　② ₩800

③ ₩900　　　　　　　　　　　　　　④ ₩1,200

⑤ ₩1,400

> **해설** 인적분할에 해당하므로 인수한 자산과 부채를 장부금액으로 계상한다.
>
> | (차) 순자산 | 1,100 | (대) 자본금 | 500 |
> |---|---|---|---|
> | | | 주식발행초과금 | 600 |

55 53번문제와 54번문제의 경우에 (주)서울이 인식할 자산처분이익은 각각 얼마인가?

	53번문제	54번문제		53번문제	54번문제
①	₩0	₩0	②	₩300	₩300
③	₩0	₩300	④	₩300	₩0
⑤	−₩300	₩0			

> **해설** 53번 문제는 물적분할에 해당하므로 이전하는 자산의 장부금액(1,100)과 공정가치(1,400)의 차이를 처분손익으로 인식한다.
> 54번 문제는 인적분할에 해당하여 인수한 자산과 부채를 장부금액으로 계상하므로 처분손익이 발생하지 않는다.

정답 53 ③　54 ①　55 ④

시대에듀

"오늘 당신의 노력은 아름다운 꽃의 물이 될 것입니다."

그러나, 이 꽃을 볼 때 사람들은 이 꽃의 아름다움과 향기만을 사랑하고 칭찬하였지, 이 꽃을 그렇게 아름답게 어여쁘게 만들어 주는 병 속의 물은 조금도 생각지 않는 것이 보통입니다.

아무리 아름답고 어여쁜 꽃이기로서니 단 한 송이의 꽃을 피울 수 있으며, 단 한 번이라도 꽃 향기를 날릴 수 있겠는가? 우리는 여기서 아무리 본바탕이 좋고 아름다운 꽃이라도 보이지 않는 물의 숨은 힘이 없으면 도저히 그 빛과 향기를 자랑할 수 없는 것을 알았습니다.

– 방정환의 우리 뒤에 숨은 힘 중

PART3 특수회계

많이 보고 많이 겪고 많이 공부하는 것은 배움의 세 기둥이다.

– 벤자민 디즈라엘리 –

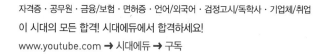

제01장 리스회계

학습전략

리스의 개념을 이해하는 것이 선행되어야 하지만 그 전에 반드시 현재가치와 그 회계처리에 대한 연습이 필요하다. '일반기업회계기준' 제10장 사채와 복합금융상품을 반드시 먼저 공부하기 바란다.*

본 장의 이론적 배경

여러분들이 친구나 가족들과 관광지에서 잠깐 차량을 렌트해서 이용하고 사용료를 지급했다고 하자. 이때 빌린 차를 차량이용자의 소유라고 생각하지는 않을 것이다. 이에 비해 가령 경제적 내용연수가 10년인 차량을 9년 11개월간 빌려쓰는 내용의 계약을 했다고 하자. 그렇다면 법적 형식은 임대차로 차량 이용자의 소유인 것은 아니지만 사실상 차량이용자가 할부로 매입한 것과 같고 차량의 법적 소유자는 차량이용자에게 채권만 가진 셈이 된다. 그러므로 법적인 형식이 임대차이지만 전자와 후자는 실질적인 내용이 판이하게 다르기 때문에 회계학에서는 전자를 운용리스, 후자를 금융리스라고 한다.

일반적으로 기업들은 회사의 자산부채가 동시에 계상되는 것을 달갑게 생각하지 않는다. 그 이유는 부채비율이 증가하게 되고, 자산증가에 따른 각종 규제(예컨데 회계감사와 같은)를 회피하고 싶어 하기 때문이다. 그러다 보니 전자뿐만 아니라 후자의 경우에도 법적인 소유권이 없다는 이유로 차량의 이용자가 해당 차량을 자산, 부채를 계상하지 않고 사용료에 대한 비용처리만 하는 형태의 회계처리를 선호해 왔다.

운용리스에서는 리스이용자는 리스료만 지급하면 되는 것이고 리스제공자가 보유자산에 대해 감가상각을 해야 할 것이다. 이에 비해 금융리스에서는 리스이용자가 자산(금융리스자산)과 부채(금융리스부채)를 인식하고 리스료 상환 시에 원금과 이자를 구분하여 원금은 리스부채의 상환으로, 이자는 이자비용으로 처리해야 한다. 아울러 해당 차량의 위험과 효익이 사실상 리스이용자에게 있으므로 해당자산의 감가상각도 리스이용자의 몫이 되는 것이다. 리스제공자는 제공한 자산은 장부에서 제거하고, 대신에 금융리스채권을 계상한다.

---

*특수회계 주교재의 제1장 회계이론과 개념체계는 본서 기업회계기준편 제1장과 제2장을 참조하기 바란다.

리스는 계약의 형식보다는 거래의 실질에 따라 분류한다. 다음 중 금융리스로 분류되는 예에 해당하지 않는 것은?

① 리스기간 종료 시 또는 그 이전에 리스자산의 소유권이 리스이용자에게 이전되는 경우

② 리스실행일 현재 리스이용자가 염가매수선택권을 가지고 있고, 이를 행사할 것이 확실시 되는 경우

③ 리스자산의 소유권이 이전되지 않을지라도 리스기간이 리스자산 내용연수의 상당부분을 차지하는 경우

④ 리스실행일 현재 최소리스료를 내재이자율로 할인한 현재가치가 리스자산 공정가치의 대부분을 차지하는 경우

⑤ 사실상 리스계약이 해지불능인 경우

해설 해지불능 여부는 리스의 분류에 영향을 주지 않는다.

정답 ⑤

더 알아보기

다음에 예시한 경우 중 하나 또는 그 이상에 해당하면 일반적으로 금융리스로 분류한다.

(1) 리스기간 종료 시 또는 그 이전에 리스자산의 소유권이 리스이용자에게 이전되는 경우(소유권이전약정)

(2) 리스실행일 현재 리스이용자가 염가매수선택권을 가지고 있고, 이를 행사할 것이 확실시 되는 경우(염가매수선택권)

(3) 리스자산의 소유권이 이전되지 않을지라도 리스기간이 리스자산 내용연수의 상당부분을 차지하는 경우(리스기간 vs 리스자산 내용연수, 75% 기준)

(4) 리스실행일 현재 최소리스료를 내재이자율로 할인한 현재가치가 리스자산 공정가치의 대부분을 차지하는 경우(최소리스료의 현재가치 vs 리스자산의 공정가치, 90% 기준)

(5) 리스이용자만이 중요한 변경 없이 사용할 수 있는 특수한 용도의 리스자산인 경우(범용성 없는 리스자산)

상기의 예에 해당되지 않을지라도, 다음 경우 중 하나 또는 그 이상에 해당하면 금융리스로 분류될 가능성이 있다.

(1) 리스이용자가 리스를 해지할 경우 해지로 인한 리스제공자의 손실을 리스이용자가 부담하는 경우

(2) 리스이용자가 잔존가치의 공정가치 변동에 따른 이익과 손실을 부담하는 경우(예를 들어 리스종료 시점에 리스자산을 매각할 경우 얻을 수 있는 수익을 보장하도록 리스료가 조정되는 경우)

(3) 리스이용자가 염가갱신선택권을 가지고 있는 경우

운용리스의 회계처리에 대한 설명이다. 옳지 않은 것은?

① 리스제공자의 운용리스자산은 리스자산의 성격에 따라 비유동자산 중 유형자산 또는 무형자산의 한 항목으로 표시하고 그 항목의 구체적인 내역은 주석으로 기재한다.

② 리스제공자의 운용리스자산에 대해서 보증잔존가치를 제외한 최소리스료는 리스자산의 기간적 효익의 형태를 보다 잘 나타내는 다른 체계적인 인식기준이 없다면 리스기간에 걸쳐 균등하게 배분된 금액을 손익계산서에 수익으로 인식한다.

③ 운용리스자산의 감가상각은 리스제공자가 소유한 다른 유사자산의 감가상각과 일관성 있게 회계처리한다.

④ 운용리스로 빌린 리스자산에 대해 리스이용자가 자본적 지출성격의 수선비를 지급한 경우 리스개량자산으로 계상하고 리스개량자산의 내용연수와 리스기간 중 짧은 기간 동안 감가상각한다.

⑤ 운용리스의 리스이용자는 각 기간별 운용리스에 따른 미래 최소리스료의 합계를 5년 이내분과 5년 초과분 두 가지로 구분하여 주석으로 공시하여야 한다.

해설 운용리스의 리스이용자는 각 기간별 운용리스에 따른 미래 최소리스료의 합계를 1년 이내, 1년 초과 5년 이내, 5년 초과로 구분하여 주석으로 공시하여야 한다.

정답 ⑤

① ~ ③

(주)삼청은 한국리스와 다음과 같은 조건의 금융리스계약을 체결하였다.

- 리스기간 20x1년 1월 1일 ~ 20x3년 12월 31일(3년)
- 리스기간 종료 후 리스자산은 리스제공자인 리스회사에 반환한다.
- 리스대상 자산의 공정가치는 ₩134,287이다.
- 리스료는 매년 말 ₩50,000씩 3회 지급된다.
- 리스이용자는 리스회사에 리스자산의 잔존가치 ₩10,000을 전액 보증하였다. 그러나 리스기간 종료 시점인 20x3년 12월 31일에 리스자산의 실제 잔존가치는 ₩1,000이다.
- 동 리스계약에 적용될 내재이자율은 10%이다.
- 리스자산의 내용연수는 3년이며 (주)삼청은 정액법으로 감가상각한다.
- 현재가치 계수 3년은 0.7513이고 연금현가계수는 2.4869이다.

①

(주)삼청이 리스기간 개시 시점에서 인식해야 할 금융리스부채의 가액은 얼마인가?

① ₩131,858　　　　　　　　　② ₩125,096

③ ₩134,287　　　　　　　　　④ ₩150,000

⑤ ₩140,000

> 해설　리스이용자는 리스실행일에 최소리스료의 현재가치와 리스자산의 공정가치 중 작은 금액을 금융리스자산과 금융리스부채로 각각 인식한다. 이 경우 최소리스료의 현재가치를 계산할 때 적용해야 할 할인율은 리스제공자의 내재이자율이며, 만약 이를 알 수 없다면 리스이용자의 증분차입이자율을 적용한다.
> 최소리스료의 현재가치 = 정기리스료의 현재가치 + 보증잔존가치의 현재가치
> → ₩50,000 × 2.4869 + ₩10,000 × 0.7513 = ₩131,858
> 금융리스부채 = min(₩131,858, ₩134,287) = ₩131,858
>
> 정답 ①

②

(주)삼청이 20x1년 말 손익계산서에 반영하여야 할 관련 비용의 합계는 얼마인가?

① ₩13,186　　　　　　　　　② ₩53,805

③ ₩40,619　　　　　　　　　④ ₩50,000

⑤ ₩50,123

> 해설　감가상각비 = (₩131,858 − ₩10,000)/3 = ₩40,619
> 이자비용 = ₩131,858 × 10% = ₩13,186
> 감가상각비 + 이자비용 = ₩53,805
>
> 정답 ②

03

(주)삼청이 20x3년 말 리스계약 종료 시에 인식해야 할 리스보증손실은 얼마인가?

① ₩0   ② ₩1,000

③ ₩5,000   ④ ₩9,000

⑤ ₩10,000

해설 ₩10,000(보증잔존가치) − ₩1,000(실제 잔존가치) = ₩9,000

정답 ④

> **더 알아보기**
>
> (1) 최소리스료란 리스이용자 입장에서 리스제공자에게 지출해야 할 경제적 효익의 합계액이다. 최소리스료는 금융리스로 분류된 원인에 따라서 그 범위가 달라지게 된다.
>   ① 소유권이전약정 → 정기리스료 + 소유권이전 양도가액
>   ② 염가매수선택권 → 정기리스료 + 염가매수선택권 행사가격
>   ③ 75% 기준, ④ 90% 기준 → 정기리스료 + 보증잔존가치
>
> (2) 리스자산의 소유권이 이전되지 않는 금융리스계약의 경우 리스제공자 입장에서는 리스기간 종료 시점에서 반환되는 자산이 일반적인 경우보다 가치가 더 크게 감소될 위험이 있다. 왜냐하면 리스이용자가 자가소유 자산에 비해 상대적으로 주의를 소홀히 하여 사용했을 가능성이 더 크기 때문이다. 따라서 반환되는 리스자산의 가치 중 일부 또는 전부를 리스이용자에게 보증하도록 요구하고 있다. 이를 보증잔존가치라고 한다.

리스제공자가 해당 리스자산의 제조자 또는 판매자로 취득 또는 제조한 자산을 금융리스방식으로 리스하는 경우를 지칭하는 것은?

① 벤더(vendor) 리스

② 판매후리스

③ 판매형리스

④ 전대(轉貸) 리스(sub-lease)

⑤ 신디케이티드 리스(syndicated-lease)

해설   리스제공자가 해당 리스자산의 제조자 또는 판매자로 취득 또는 제조한 자산을 금융리스방식으로 리스하는 경우를 판매형 리스 또는 제조 판매자가 리스제공자인 금융리스라고 한다. 가령 자동차 제조회사에서 해당 차량의 금융리스까지 제공하는 경우가 대표적 사례가 될 것이다.

정답 ③

▶ 더 알아보기

판매후리스(sales and leaseback)란 리스이용자가 리스제공자에게 자산을 판매하고 다시 그 자산을 리스하는 거래를 말한다. 판매후리스는 자금이 부족한 기업이 사용하던 자산을 매각하여 자금을 확보하면서 동 자산을 계속 사용하기 위해 흔히 사용된다.

리스회계에서 사용하는 용어의 정의로 옳지 않은 것은?

① 리스는 리스제공자가 특정자산의 사용권을 일정기간 동안 리스이용자에게 이전하고 리스이용자는 그 대가로 사용료를 리스제공자에게 지급하는 계약을 말한다.

② 리스총투자는 금융리스에서 리스제공자가 수령하는 최소리스료와 무보증잔존가치의 합계액을 말한다.

③ 무보증잔존가치는 리스제공자가 실현할 수 있을지 확실하지 않거나 리스제공자의 특수관계자만이 보증하는 리스자산의 잔존가치 부분을 말한다.

④ 내재이자율은 리스실행일 현재 리스제공자가 수령하는 최소리스료와 무보증잔존가치의 합계액을 리스자산의 공정가치와 일치시키는 할인율을 말한다.

⑤ 염가갱신선택권은 리스이용자의 선택에 따라 리스이용자가 당해 자산에 대한 리스계약을 갱신선택권 행사가능일 현재의 공정가치보다 현저하게 낮은 리스료로 갱신할 수 있는 권리를 말한다.

해설 내재이자율은 리스실행일 현재 리스제공자가 수령하는 최소리스료와 무보증잔존가치의 합계액을 리스자산의 공정가치와 리스개설직접원가의 합계액과 일치시키는 할인율을 말한다.

정답 ④

더 알아보기

최소리스료는 리스기간에 리스이용자 입장에서 리스이용자가 리스제공자에게 지급해야 하는 금액(반환되는 리스자산 포함)을 말한다.

최소리스료는 다음의 금액으로 구성된다.
① 정기리스료
② 소유권이전 양도가액
③ 염가매수선택권 행사가격
④ 보증잔존가치

여기서 주의할 것은 무작정 4가지의 합으로 기억해서는 안되고 금융리스로 분류되는 원인을 따져서 기억해야 한다.
(1) 소유권이전약정 있는 경우 : 정기리스료 + 소유권이전 양도가액(리스자산의 반환이 없으므로 잔존가치는 포함될 수 없음)
(2) 염가매수선택권 있는 경우 : 정기리스료 + 염가매수선택권 행사가격(리스자산의 반환이 없으므로 잔존가치는 포함될 수 없음)
(3) 75% test 또는 90% test에 해당하는 경우 : 정기리스료 + 보증잔존가치(리스자산이 반환되므로 소유권이전 양도가액이나 염가매수선택권 행사가격이 포함될 여지가 없음)

다음과 같은 금융리스계약에서 각각의 경우 20x1년에 회사가 계상할 리스자산의 감가상각비를 계산하라.

- 리스기간 20x1년 1월 1일 ~ 20x3년 12월 31일(3년)
- 리스자산의 공정가치는 ₩100,000이고 내용연수 5년 잔존가치 ₩5,000
- 최소리스료의 현재가치 ₩100,000
- 연간리스료는 매년 말 지급
- 리스이용자의 유사자산 감가상각방법은 정액법이다.

〈상황 1〉 리스이용자에게 염가매수선택권 ₩10,000이 부여되어 있으며 선택권의 행사가 확실한 경우

〈상황 2〉 리스이용자가 리스자산의 예상잔존가치 ₩10,000 중 ₩7,000을 보증한 경우(단, 리스종료 시 리스자산의 공정가치는 ₩10,000으로 예상된다)

	상황 1	상황 2
①	₩31,667	₩31,000
②	₩20,000	₩30,000
③	₩19,000	₩31,000
④	₩31,667	₩31,000
⑤	₩19,000	₩31,000

해설　〈상황 1〉 (100,000 − 5,000)/5 = 19,000
　　　〈상황 2〉 (100,000 − 7,000)/3 = 31,000

정답 ③

더 알아보기

금융리스자산의 감가상각기간
리스자산의 소유권을 획득할 것이 확실한 경우(소유권이전약정, 염가매수선택권 있는 경우) : 자산의 내용연수
리스자산의 소유권을 획득할 것이 확실하지 않은 경우 : 자산의 내용연수와 리스기간 중 짧은 기간

(주)한국은 20x1년 1월 1일 서울리스와 다음과 같이 새로운 기계를 금융리스하였다.

> • 리스기계의 공정가치는 ₩5,000,000이며, 내용연수는 20년, 잔존가치는 없음
> • 리스기간은 20Y0년 말까지 10년이며, 리스료는 매년 말 ₩700,000씩 후급임

(주)한국의 감가상각은 정액법을 사용하고 있으며 잔존가치는 없다. 리스 당시 리스회사의 내재이자율은 8%임을 알았으며, 리스기간 10년의 연금 현가계수는 6.7101이다. 이러한 리스와 관련하여 20x1년에 (주)한국이 계상할 총비용은 얼마인가?

① ₩610,620

② ₩630,620

③ ₩700,000

④ ₩845,473

⑤ ₩865,473

해설 최소리스료 700,000 × 6.7101 = 4,697,070
 (1) 이자비용 4,697,070 × 8% = 375,766
 (2) 감가상각비 (4,697,070 − 0)/10 = 469,707
 (1) + (2) = 845,473

정답 ④

더 알아보기

금융리스에서는 매 회계기간에 이자비용뿐만 아니라 금융리스자산의 감가상각비가 발생한다. 금융리스자산의 감가상각은 리스이용자가 소유한 다른 유사자산의 감가상각과 일관성 있게 회계처리한다. 만약 리스이용자가 리스기간 종료 시 또는 그 이전에 자산의 소유권을 획득할 것이 확실시 된다면 자산의 내용연수에 걸쳐 감가상각하며, 그러하지 않은 경우에는 리스기간과 내용연수 중 짧은 기간에 걸쳐 감가상각한다. 이 경우 감가상각대상금액은 금융리스자산의 취득금액에서 추정잔존가치 또는 보증잔존가치를 차감한 금액으로 한다.

(주)대한은 20x1년 1월 1일 (주)한국리스로부터 기계장치를 리스하기로 하고, 동 일자에 개시하여 20x3년 12월 31일에 종료하는 금융리스계약을 체결하였다. 연간 정기리스료는 매년 말 ₩1,000,000을 후급하며, 내재이자율은 연 10%이다. 리스기간 종료 시 예상 잔존가치는 ₩1,000,000이다. 리스개설과 관련한 법률비용으로 (주)대한은 ₩100,000을 지급하였다. 리스기간 종료 시점에 (주)대한은 염가매수선택권을 ₩500,000에 행사할 것이 리스약정일 현재 거의 확실하다. 기계장치의 내용연수는 5년이고, 내용연수 종료 시점의 잔존가치는 없으며, 기계장치는 정액법으로 감가상각한다. (주)대한이 동 리스거래와 관련하여 20x1년도에 인식할 이자비용과 감가상각비의 합계는 얼마인가? (단, 계산방식에 따라 단수차이로 인해 오차가 있는 경우, 가장 근사치를 선택한다)

기 간	단일금액 ₩1의 현재가치(할인율 = 10%)	정상연금 ₩1의 현재가치(할인율 = 10%)
1	0.9091	0.9091
2	0.8265	1.7355
3	0.7513	2.4869
4	0.6830	3.1699
5	0.6209	3.7908

① ₩746,070
② ₩766,070
③ ₩858,765
④ ₩878,765
⑤ ₩888,765

해설 (1) 리스이용자 회계처리

〈20x1년 1월 1일〉

(차) 금융리스자산	2,962,550	(대) 금융리스부채	2,862,550*
		현 금	100,000

*1,000,000 × 2.4869 + 500,000 × 0.7513 = 2,862,550

〈20x1년 12월 31일〉

(차) 이자비용	286,255*	(대) 현 금	1,000,000
금융리스부채	713,745		

*2,862,550 × 10% = 286,255

(차) 감가상각비	592,510	(대) 감가상각누계액	592,510

염가매수선택권의 행사가 거의 확실한 상황이므로 내용연수는 경제적 내용연수 5년이며 잔존가치는 내용연수 종료시점의 자산가치는 0이다. 따라서 감가상각비는 다음과 같이 계산된다.

감가상각비 = (2,962,550 − 0) / 5 = 592,510

(2) 20x1년 비용의 합계 286,255 + 592,510 = 878,765

정답 ④

리스업을 영위하는 A회사는 B회사와 다음과 같은 조건하에 리스계약을 체결하였다. 당해 리스는 금융리스로 분류된다. 이때 리스실행일에 A회사가 인식할 금융리스채권과 B회사가 인식할 금융리스부채는 각각 얼마인가? (단, 소수점 이하는 반올림한다)

- B회사가 A회사에게 계약상 매 연도 말(12월 31일)에 지급하기로 명시한 연간리스료 : ₩2,000,000
- 리스실행일 현재 리스자산의 예상잔존가치 : ₩300,000
- 리스계약 종료 시 보증잔존가치 : ₩200,000
- 리스기간 : 20x2년 1월 1일부터 3년간
- 내재이자율 : 연간 10%

단일금액 1의 현가계수(3년, 10%) = 0.7513, 정상연금 1의 현가계수(3년, 10%) = 2.4869임.

	A회사가 인식할 금융리스채권	B회사가 인식할 금융리스부채
①	₩5,199,190	₩5,199,190
②	₩5,199,190	₩5,124,060
③	₩5,123,967	₩5,124,060
④	₩5,123,967	₩5,199,190
⑤	₩5,123,967	₩4,973,704

해설 리스제공자의 금융리스채권 = 리스자산의 공정가치 → 2,000,000 × 2.4869 + 300,000 × 0.7513 = 5,199,190
리스이용자의 금융리스부채 = min(리스자산의 공정가치, 최소리스료의 현재가치)
최소리스료의 현재가치 2,000,000 × 2.4869 + 200,000 × 0.7513 = 5,124,060

정답 ②

더 알아보기
리스이용자는 리스실행일에 최소리스료의 현재가치와 리스자산의 공정가치 중 작은 금액을 금융리스자산과 금융리스부채로 각각 인식한다. 이 경우 최소리스료의 현재가치를 계산할 때 적용해야 할 할인율은 리스제공자의 내재이자율이며, 만약 이를 알 수 없다면 리스이용자의 증분차입이자율을 적용한다. 리스이용자의 리스개설직접원가는 금융리스자산으로 인식될 금액에 포함한다.
리스제공자는 금융리스의 리스순투자와 동일한 금액을 금융리스채권으로 인식한다. 리스제공자는 금융리스에서 리스료는 리스제공자의 투자와 용역에 대한 회수와 보상으로서 채권의 원금회수액과 이자수익으로 구분하여 회계처리한다.

전자계측장비를 제조·판매하는 12월 말 결산법인인 (주)백승은 (주)기송에게 전자계측장비를 금융리스형식으로 판매하였다. 이와 관련된 자료는 다음과 같다.

---

(1) 리스계약일은 20x6년 1월 1일이고, 리스기간은 향후 3년간이다.
(2) 리스료는 매년 말 ₩100,000을 받는다.
(3) 리스제공자의 내재이자율은 시장이자율과 같으며 연 10%이다. 리스이용자는 리스회사의 내재이자율을 알고 있다. 증분차입이자율은 연 11%이다.
(4) 판매 당시 전자계측장비의 공정가치는 ₩260,000이다.
(5) 리스기간 종료 시 잔존가치는 ₩30,000으로 추정되며, 이 중 리스이용자가 보증한 금액은 ₩10,000이다.
(6) 이 전자계측장비의 생산원가는 ₩200,000이다.

(주)백승이 20x6년의 손익계산서상에서 인식할 리스 관련 이익의 근사치는 얼마인가? 현가요소는 다음과 같다.

구 분	기간 3년	
	이자율 10%	이자율 11%
단일금액 ₩1의 현재가치	0.7513	0.7312
정상연금 ₩1의 현재가치	2.4869	2.4437

① ₩61,534   ② ₩56,203

③ ₩86,255   ④ ₩96,849

⑤ ₩71,229

해설 최소리스료의 현재가치 100,000 × 2.4869 + 10,000 × 0.7513 = 256,203
매출액 = min(공정가치, 최소리스료의 현재가치) → min(260,000, 256,203)
매출원가 = 취득가액 − 무보증잔존가치의 현재가치 → 200,000 − 20,000 × 0.7513 = 184,974
(1) 매출이익 = 256,203 − 184,974 = 71,229
(2) 이자수익 = 256,203 × 10% = 25,620
(1) + (2) = 96,849

정답 ④

더 알아보기

제조자 또는 판매자인 리스제공자는 일반판매에 대하여 채택하고 있는 회계정책에 따라 매출손익을 인식한다. 인위적으로 낮은 이자율이 적용된 경우라면 시장이자율을 적용하여 매출이익을 인식한다. 제조자 또는 판매자인 리스제공자에 의하여 리스의 협상 및 계약단계에서 발생한 원가는 리스실행일에 당기비용으로 인식한다.

제02장 외화환산회계

학습전략

이 장은 외화환산과 파생상품의 두 가지 내용으로 구성되어 있다. 외화환산은 환율변동이 회사에 미치는 영향을 이해하면서 풀이하는 것이 무작정 계산문제풀이에 매달리거나 암기하는 것보다 더 수월하게 학습할 수 있을 것이다. 파생상품은 재무관리 교재에 나오는 복잡한 내용이 아니므로 교재의 연습문제 풀이로 충분할 것으로 생각한다.

본 장의 이론적 배경

〈화폐성항목과 비화폐성항목〉

화폐성항목은 확정되었거나 결정가능할 수 있는 화폐단위를 받을 권리나 지급할 의무라는 특징을 갖는다. 현금으로 확정된 금액을 수령 또는 지급하는 매출채권, 매입채무 등이 이에 해당한다.

비화폐성항목은 확정되었거나 결정가능할 수 있는 화폐단위의 수량으로 받을 권리나 지급할 의무가 없다는 특징을 갖는다. 유형자산, 재고자산 등이 이에 해당한다.

결산일 현재 회수 또는 결제되지 않은 화폐성 항목에 대해서는 마감환율로 환산해야 하고 환산 전 장부금액과의 차이를 당기손익(외화환산손익)으로 인식한다.

비화폐성항목을 역사적원가로 측정하는 경우 거래일의 환율로 환산하므로 외화환산손익이 발생하지 않으나 공정가치로 측정하는 경우에는 평가손익을 인식한다. 이때 공정가치평가손익을 당기손익으로 인식하는 경우에는 외화환산손익도 당기손익으로 공정가치평가손익을 기타포괄손익으로 인식하는 경우에는 외화환산손익도 기타포괄손익으로 인식한다.

기능통화를 결정할 때 고려해야 할 사항이 아닌 것은?

① 회사의 본사가 소재한 국가의 통화

② 재화와 용역의 공급가격을 주로 결정하는 경쟁요인과 법규가 있는 국가의 통화

③ 재화를 공급하거나 용역을 제공하는 데 드는 노무원가, 재료원가 및 그 밖의 원가에 주로 영향을 미치는 통화

④ 재무활동(즉, 채무상품이나 지분상품의 발행)으로 조달되는 통화

⑤ 영업활동에서 유입되어 통상적으로 보유하는 통화

해설 회사의 본사가 소재한 국가의 통화는 기능통화 결정 시 고려해야 할 사항이 아니다.

정답 ①

더 알아보기

영업활동이 이루어지는 주된 경제 환경은 일반적으로 현금을 주요하게 창출하고 사용하는 환경을 말한다.
이에 따라 기능통화를 결정할 때는 다음의 사항을 고려한다.
(1) 재화와 용역의 공급가격에 주로 영향을 미치는 통화(흔히 재화와 용역의 공급가격을 표시하고 결제하는 통화)
    및 재화와 용역의 공급가격을 주로 결정하는 경쟁요인과 법규가 있는 국가의 통화
(2) 재화를 공급하거나 용역을 제공하는 데 드는 노무원가, 재료원가 및 그 밖의 원가에 주로 영향을 미치는 통화
    (흔히 이러한 원가를 표시하고 결제하는 통화)

다음 사항도 기능통화의 증거가 될 수 있다.
(1) 재무활동(즉, 채무상품이나 지분상품의 발행)으로 조달되는 통화
(2) 영업활동에서 유입되어 통상적으로 보유하는 통화

❶ ~ ❷

20x4년 11월 10일 (주)삼청무역(결산일 12월 31일)은 미국소재 (주)다저스로부터 상품 US$10,000을 30일 후 결제조건으로 매입하였다. 수입 당일 적용환율은 US$1 = ₩1,000이다. 회사의 기능통화와 표시통화는 원화이다(단, 회사는 일반기업회계기준을 적용하며 결산일은 12월 31일이다).

❶

결제시점인 20x4년 12월 10일의 환율이 US$1 = ₩1,010이라면, 회사가 결제일에 인식할 외환차손(또는 외환차익)을 계산하시오.

① 외환차익 100,000

② 외환차익 200,000

③ 외환차손 100,000

④ 외환차손 200,000

⑤ 0

해설　실제지급액 − 장부금액 = US$10,000 × ₩1,010 − US$10,000 × ₩1,000 = 100,000
　　　채무가 있는 상태에서 환율이 상승하면 상환해야 할 금액이 커지므로 기업 입장에서는 손해가 된다.

정답 ③

❷

결제시점인 20x4년 12월 10일의 환율이 US$1 = ₩980이라면, 회사가 결제일에 인식할 외환차손(또는 외환차익)을 계산하시오.

① 외환차익 100,000

② 외환차익 200,000

③ 외환차손 100,000

④ 외환차손 200,000

⑤ 0

해설　실제지급액 − 장부금액 = US$10,000 × ₩980 − US$10,000 × ₩1,000 = −200,000
　　　채무가 있는 상태에서 환율이 하락하면 상환해야 할 금액이 감소하므로 기업 입장에서는 이익이 된다.

정답 ②

01 ~ 02

20x4년 12월 10일 (주)삼청무역(결산일 12월 31일)은 미국소재 (주)다저스로부터 상품 US$10,000을 1개월 후 결제조건으로 매입하였다. 수입당일 적용환율은 US$1 = ₩1,000이다. 회사의 기능통화와 표시통화는 원화이다. 단, 회사는 일반기업회계기준을 적용한다.

01

결제시점인 20x5년 1월 10일의 환율이 US$1 = ₩1,010이라면, 회사가 결제일에 인식할 외환차손(또는 외환차익)을 계산하시오(단, 결산일의 환율은 US$1 = ₩970이다).

① 외환차손 400,000   ② 외환차손 300,000
③ 외환차손 200,000   ④ 외환차손 100,000
⑤ 외환차익 100,000

해설 〈20x4년 12월 31일〉

(차) 매입채무	300,000	(대) 외화환산이익	300,000

US$10,000 × (₩1,000 − ₩970) = 300,000

〈20x5년 1월 10일〉

(차) 매입채무	9,700,000	(대) 현 금	10,100,000 (= US$10,000 × ₩1,010)
외환차손	400,000 plug		

정답 ①

02

결제시점인 20x5년 1월 10일의 환율이 US$1 = ₩980이라면, 회사가 결제일에 인식할 외환차손(또는 외환차익)을 계산하시오(단, 결산일의 환율은 US$1 = ₩970이다).

① 외환차손 400,000   ② 외환차손 300,000
③ 외환차손 200,000   ④ 외환차손 100,000
⑤ 외환차익 100,000

해설 〈20x4년 12월 31일〉

(차) 매입채무	300,000	(대) 외화환산이익	300,000

US$10,000 × (₩1,000 − ₩970) = 300,000

〈20x5년 1월 10일〉

(차) 매입채무	9,700,000	(대) 현 금	9,800,000 (= US$10,000 × ₩980)
외환차손	100,000 plug		

정답 ④

더 알아보기

화폐성항목의 결제시점에 발생하는 외환차손익 또는 화폐성항목의 환산에 사용한 환율이 회계기간 중 최초로 인식한 시점이나 전기의 재무제표 환산시점의 환율과 다르기 때문에 발생하는 외화환산손익은 그 외환차이가 발생하는 회계기간의 손익으로 인식한다. 단, 외화표시 매도가능채무증권의 경우 동 금액을 기타포괄손익에 인식한다.

비화폐성항목에서 발생한 손익을 기타포괄손익으로 인식하는 경우에 그 손익에 포함된 환율변동효과도 기타포괄손익으로 인식한다. 그러나 비화폐성항목에서 발생한 손익을 당기손익으로 인식하는 경우에는 그 손익에 포함된 환율변동효과도 당기손익으로 인식한다.

01 ~ 02

(주)삼청은 20x4년 5월 1일 미국에 소재하는 토지를 US$10,000에 취득하였다. 그러나 사업확장계획을 취소함에 따라 20x5년 4월 1일 동 토지 전체를 US$13,000에 매각처분하였다. 20x4년 결산일 (12월 31일) 현재의 토지의 공정가치(감정가액)은 US$11,000이다. 이 회사의 기능통화와 표시통화는 원화이며 환율은 다음과 같다.

> 20x4년 5월 1일 US$1 = 1,000원
> 20x4년 12월 31일 US$1 = 970원
> 20x5년 4월 1일 US$1 = 980원

회사는 유형자산에 대해 원가모형을 적용한다.

01

20x4년 결산일에 회사가 계상할 기타포괄손익은 얼마인가?

① 0원
② +700,000원
③ −700,000원
④ +1,000,000원
⑤ −1,000,000원

해설　토지는 비화폐성자산이므로 외화환산을 하지 않는다. 다만 공정가치로 기말에 평가하는 경우는 예외인데 원가모형을 적용하는 경우에는 기말에 공정가치로 평가하지 않으므로 외환차이는 발생하지 않는다.

정답 ①

02

20x5년 토지의 처분일에 계상할 유형자산처분이익은 얼마인가?

① 2,000,000원
② 1,740,000원
③ 2,070,000원
④ 2,740,000원
⑤ 3,000,000원

해설　〈취득일 20x4년 5월 1일〉

(차) 토 지	10,000,000	(대) 현 금	10,000,000

〈결산일 20x4년 12월 31일〉
회계처리 없음

〈처분일 20x5년 4월 1일〉

(차) 현 금	12,740,000 (= US$13,000 × ₩980)	(대) 토 지	10,000,000
		유형자산처분이익	2,740,000

정답 ④

① ~ ②

(주)삼청은 20x4년 5월 1일 미국에 소재하는 토지를 US$10,000에 취득하였다. 그러나 사업확장계획을 취소함에 따라 20x5년 4월 1일 동 토지 전체를 US$13,000에 매각처분하였다. 20x4년 결산일(12월 31일) 현재의 토지의 공정가치(감정가액)는 US$11,000이다. 이 회사의 기능통화와 표시통화는 원화이며 환율은 다음과 같다.

> 20x4년 5월 1일 US$1 = 1,000원
> 20x4년 12월 31일 US$1 = 970원
> 20x5년 4월 1일 US$1 = 980원

회사는 유형자산에 대해 재평가모형을 적용한다.

①

재평가모형을 적용할 경우 20x4년 결산일에 회사가 계상할 기타포괄손익은 얼마인가?

① 0원 　　　　　　　　　　　　　　　② +670,000원
③ −670,000원 　　　　　　　　　　　④ +1,000,000원
⑤ −1,000,000원

해설 US$11,000 × 970(기말 평가액) − US$10,000 × 1,000(취득 시점 장부가액) = 670,000

정답 ②

②

재평가모형을 적용할 경우 20x5년 토지의 처분일에 계상할 유형자산처분이익은 얼마인가?

① 2,000,000원 　　　　　　　　　　　② 1,740,000원
③ 2,070,000원 　　　　　　　　　　　④ 2,740,000원
⑤ 3,000,000원

해설 〈취득일 20x4년 5월 1일〉

(차) 토 지	10,000,000	(대) 현 금	10,000,000

〈결산일 20x4년 12월 31일〉
기말토지 평가액 US$11,000 × ₩970 = 10,670,000
평가 전 장부가액 ₩10,000,000과의 차이 ₩670,000만큼을 재평가잉여금(기타포괄손익)으로 계상한다.

(차) 토 지	670,000	(대) 재평가잉여금	670,000

〈처분일 20x5년 4월 1일〉

(차) 현 금	12,740,000 (= US$13,000 × ₩980)	(대) 토 지	10,670,000
		유형자산처분이익	2,070,000

정답 ③

01 ~ 02

(주)삼청은 한국에 소재한 기업으로 기능통화와 표시통화가 원화이다. 최근 이 회사는 미국 소재 자회사인 삼청USA(주)로부터 20x1년 중의 영업결과를 다음과 같이 보고받았다. 자회사의 기능통화는 미국달러화이다.

재무상태표 (20x1년 12월 31일 현재)			
현 금	$15,300	유동부채	$105,300
매출채권	257,000	장기차입금	195,000
재고자산	144,000	자본금	200,000
기 계	140,000	당기순이익	86,000
토 지	30,000		
자산합계	586,300	부채 및 자본합계	586,300

손익계산서	
매 출	$610,000
매출원가	423,000
매출총이익	187,000
판매비와관리비	67,000
감가상각비	34,000
당기순이익	86,000

〈추가정보〉

1. 삼청USA(주)는 20x1년 1월 1일 설립되었다.
2. 기계, 토지는 설립일에 취득하였으며 자본금도 전액 설립 시에 출자된 것이다.
3. 장기차입금은 20x1년 3월 1일 조달한 것이다.
4. 매출, 판매비와관리비는 연중 고르게 발생하였다.
5. 재고자산은 선입선출법으로 평가한다. 현재 재고는 10~12월 중 평균적으로 매입된 것이다.
6. 환율은 다음과 같다.

기 초	₩1,000
기 말	1,100
연평균	1,040
20x1년 3월 1일	1,020
4분기 평균	1,070
1~3분기 평균	1,030

화폐성·비화폐성법을 적용할 경우 회사의 20x1년 말 환산재무제표에 계상될 해외사업환산손익을 계산하시오.

① 이익 1,750,000원

② 손실 1,750,000원

③ 이익 25,160,000원

④ 손실 25,160,000원

⑤ 0원

해설

	화폐성·비화폐성법		
	US$	환 율	원 화
매 출	610,000	₩1,040	₩634,400,000
매출원가	423,000	1,030	435,690,000
매출총이익	187,000		198,710,000
판매비와관리비	67,000	1,040	69,680,000
감가상각비	34,000	1,000	34,000,000
당기순이익	86,000		95,030,000
현 금	15,300	1,100	16,830,000
매출채권	257,000	1,100	282,700,000
재고자산	144,000	1,070	154,080,000
기 계	140,000	1,000	140,000,000
토 지	30,000	1,000	30,000,000
자산합계	586,300		623,610,000
유동부채	105,300	1,100	115,830,000
장기차입금	195,000	1,100	214,500,000
자본금	200,000	1,000	200,000,000
당기순이익	86,000		95,030,000
부채및자본합계	586,300		625,360,000
차 이			1,750,000

정답 ②

현행환율법을 적용할 경우 회사의 20x1년 말 환산재무제표에 계상될 해외사업환산손익을 계산하시오.

① 이익 1,750,000원

② 손실 1,750,000원

③ 이익 25,160,000원

④ 손실 25,160,000원

⑤ 0원

해설 (1) 재무상태표(비교표시하는 재무상태표 포함)의 자산과 부채는 해당 보고기간 말의 마감환율로 환산한다.
(2) 손익계산서(비교표시하는 손익계산서 포함)의 수익과 비용은 해당 거래일의 환율 또는 평균환율로 환산한다.
(3) 위 (1)과 (2)의 환산에서 생기는 외환차이는 기타포괄손익으로 인식한다.

	현행환율법		
	US$	환 율	원 화
매 출	610,000	1,040	634,400,000
매출원가	423,000	1,040	439,920,000
매출총이익	187,000		194,480,000
판매비와관리비	67,000	1,040	69,680,000
감가상각비	34,000	1,040	35,360,000
당기순이익	86,000		89,440,000
현 금	15,300	1,100	16,830,000
매출채권	257,000	1,100	282,700,000
재고자산	144,000	1,100	158,400,000
기 계	140,000	1,100	154,000,000
토 지	30,000	1,100	33,000,000
자산합계	586,300		644,930,000
유동부채	105,300	1,100	115,830,000
장기차입금	195,000	1,100	214,500,000
자본금	200,000	1,000	200,000,000
당기순이익	86,000		89,440,000
부채및자본합계	586,300		619,770,000
차 이			25,160,000

정답 ③

파생상품의 요건으로 짝지어진 것은?

> (a) 기초자산의 변수에 따라 그 가치가 변동한다.
> (b) 최초 계약 시 순투자금액을 필요하지 않거나 시장가격변동에 유사한 영향을 받는 다른 유형의 거래보다 적은 순투자금액을 필요로 한다.
> (c) 미래에 결제된다.
> (d) 거래당사자는 파생상품의 계약단위의 수량을 직접 인도할 의무가 있어야 한다.

① (a), (b)

② (a), (b), (d)

③ (b), (c), (d)

④ (b), (c)

⑤ (a), (b), (c)

해설 거래당사자가 파생상품의 계약단위 수량을 직접 인도할 의무는 요구되지 않는다.

정답 ⑤

더 알아보기

파생상품은 다음의 요건을 모두 충족하는 금융상품 또는 이와 유사한 계약을 말한다.
(1) 기초변수 및 계약단위의 수량(또는 지급규정)이 있어야 한다. 다만, 기초변수가 물리적 변수(예 온도, 강우량 등)인 경우로서 해당 금융상품 등이 거래소에서 거래되지 않는 경우는 제외되며 비금융변수인 경우에는 계약의 당사자에게 특정되지 아니하여야 한다.
(2) 최초 계약 시 순투자금액을 필요로 하지 않거나 시장가격변동에 유사한 영향을 받는 다른 유형의 거래보다 적은 순투자금액을 필요로 해야 한다.
(3) 차액결제가 가능해야 한다.

파생상품 등에 대한 기업회계기준 및 관련 해석에 대한 다음 설명 중 타당하지 않은 것은?

① 현금흐름위험회피회계에서 파생상품평가손익 중 위험회피에 효과적인 부분은 당기손익으로 계상하며, 위험회피에 효과적이지 못한 부분은 자본항목으로 처리한다.

② 모든 파생상품은 공정가치로 평가한다. 한편, 파생상품은 결산 시뿐만 아니라 최초 계약 시에도 공정가치로 평가하여 인식해야 한다.

③ 위험회피수단으로 지정되지 않고 매매목적 등으로 보유하고 있는 파생상품의 평가손익은 당기손익으로 계상한다.

④ 공정가치위험회피회계에서 특정위험으로 인한 위험회피 대상항목의 평가손익은 전액을 해당 회계연도에 당기손익으로 처리한다.

⑤ 투자채권처럼 평가손익을 자본항목으로 계상하는 위험회피대상항목에 대하여 공정가치위험회피회계를 적용하는 경우 자본항목으로 계상되어 있는 특정위험에 대한 평가손익은 당기손익으로 인식한다.

해설 현금흐름위험회피회계에서 파생상품평가손익 중 위험회피에 효과적인 부분은 자본항목으로 계상하며, 위험회피에 효과적이지 못한 부분은 당기손익으로 처리한다.

정답 ①

더 알아보기

위험회피는 공정가치위험회피, 현금흐름위험회피 및 해외사업장순투자의 위험회피로 구분할 수 있다.
(1) 공정가치위험회피는 특정위험으로 인한 자산, 부채 및 확정계약의 공정가치변동위험을 상계하기 위하여 파생상품 등을 이용하는 것이다.
(2) 현금흐름위험회피는 특정위험으로 인한 자산, 부채 및 예상거래의 미래현금흐름변동위험을 상계하기 위하여 파생상품 등을 이용하는 것이다.
(3) 해외사업장순투자의 위험회피는 해외사업장의 순자산에 대한 회사의 지분 해당 금액에 대하여 위험을 회피하고자 파생상품 등을 이용하는 것이다.

12월 결산법인인 (주)삼청은 20x1년 10월 1일에 상품을 수출하고 대금 US$3,000을 20x2년 3월 31일에 수령하기로 하였다. (주)갑은 수출대금에 대한 환율변동위험을 회피하기 위하여 다음과 같은 통화선도계약을 체결하였다.

- 계약기간 : 20x1년 10월 1일 ~ 20x2년 3월 31일(6개월)
- 계약조건 : US$3,000을 통화선도환율 ₩1,100/US$으로 매도하기로 함

환율자료는 다음과 같다. (단, 현재가치평가는 생략한다)

일 자	현물환율(₩/US$)	통화선도환율(₩/US$)
20x1년 10월 1일	1,000	1,100
20x1년 12월 31일	1,050	1,120
20x2년 3월 31일	1,150	–

회사가 20x1년 말에 계상할 외화환산이익(손실)과 통화선도평가이익(손실)은 각각 얼마인가?

	외화환산이익(손실)	통화선도평가이익(손실)
①	+150,000	−60,000
②	+150,000	+60,000
③	+300,000	−90,000
④	−300,000	+90,000
⑤	+300,000	0

해설 매출채권 외화환산이익 US$3,000 × (₩1,050 − ₩1,000) = 150,000
통화선도평가손실 US$3,000 × (₩1,120 − ₩1,100) = 60,000

정답 ①

12월 결산법인인 (주)한강은 위험회피목적으로 파생상품을 운용하고 있으며 20x3년과 20x4년의 2개 연도에 대한 파생상품관련 자료는 다음과 같다.

파생상품보유목적	예상매출에 대한 현금흐름 위험회피
위험회피수단으로 최초 지정된 연도	20x3년
파생상품의 공정가치 변동 및 위험회피대상의 현금흐름 변동액	• 20x3년 파생상품평가이익 ₩220,000 • 20x3년 위험회피대상의 현금흐름 변동으로 인한 손실 ₩200,000 • 20x4년 파생상품평가이익 ₩140,000 • 20x4년 위험회피대상의 현금흐름 변동으로 인한 손실 ₩150,000

위의 자료를 기초로 하여 (주)한강의 20x4년 손익계산서에 반영되는 파생상품관련 손익효과와 20x4년 말 재무상태표상 기타포괄손익으로 표시되는 파생상품평가이익을 산정하면 각각 얼마인가?

	손익계산서에 반영되는 금액	재무상태표 기타포괄손익에 표시되는 금액
①	₩0	₩340,000
②	₩0	₩360,000
③	₩10,000 손실	₩350,000
④	₩10,000 이익	₩340,000
⑤	₩140,000 이익	₩0

해설 〈20x3년 12월 31일〉

(차) 파생상품	220,000	(대) 파생상품평가이익(기타포괄손익)	200,000
		파생상품평가이익(IS)	20,000

〈20x4년 12월 31일〉

(차) 파생상품	140,000	(대) 파생상품평가이익(기타포괄손익)	150,000
파생상품평가손실(IS)	10,000		

파생상품평가이익을 초과하는 손실 10,000이 당기손익으로 반영된다.

정답 ③

제03장 법인세회계

학습전략

이 장의 제목을 보면 회계학이 아닌 세법의 내용으로 오해할 수도 있을 것이다. 하지만 이 장과 관련하여 여러분들이 숙지해야 할 세법지식은 별로 많지 않다. 이 장의 내용은 교재를 숙독하기 전에 다음에 서술하는 이론적 배경을 이해하는 것이 관련 내용을 더 쉽게 파악할 수 있는 지름길이다.

본 장의 이론적 배경

예를 들어, 단기매매증권평가이익(또는 미수수익, 이미 경과한 기간에 대한 이자수익을 인식하면서 계상한 것)은 기업회계기준에 따른 당기이익(기타포괄이익이 아닌)이고 당연히 그만큼 법인세차감전순이익(세전이익)을 증가시킨다. 그런데 만약 이러한 이익에 대해 과세가 이루어진다면 세금납부를 위해 해당 유가증권을 처분해야 하는(미수수익이라면 예금을 조기해약 해야 하는) 문제가 발생한다. 따라서, 법인세법에서는 일반적인 경우 유가증권의 평가이익(또는 미수수익)에 대해서 과세소득으로(세법상으로는 '익금'이라고 한다) 인정하지 않고, 처분이익만(미수수익의 경우에는 현금을 수령한 이자수익만) 인정한다.

결국 유가증권이 처분되는 시점(미수수익의 경우에는 현금으로 이자를 수취하는 시점)에서 과세된다. 결국 회사입장에서 평가이익이 발생한 시점(미수수익을 계상한 시점)에서는 당장 납부의무는 없으나 추후에 법인세의 납부의무가 생긴다. 이를 회계상 인식하는 것이 이 장에서의 핵심이다.

법인세 부담액은 회계상 이익에 직접 세율을 적용하는 것이 아니라 회계상 이익을 세무조정과정을 통해 과세소득으로 전환된 후에 세율을 적용하여 산출하게 된다.

단기매매증권평가이익(또는 미수수익에 해당하는 이자수익)은 회계상 이익에는 해당하나 세법상으로는 지금 당장 세금을 부담하지는 않는다. 하지만 추후에 단기매매증권의 처분(또는 이자의 현금수취 시) 시에 결국 세금을 부담해야 한다. 결국 당장은 세금을 부담하지 않지만 미래에 세금을 부담해야 하기 때문에 부채에 해당하며, 이러한 부채를 '이연법인세부채'라고 한다. 반대로 '단기매매증권평가손실'은 상기의 이유로 '이연법인세자산'을 발생시킨다.

항 목	세무조정	과세소득에		결 과	세법상
		과거/현재 (한)	미래 (할)	이연법인세	소득처분[4]
단기매매증권평가이익	익금불산입	차 감	가 산	부 채	△유보
단기매매증권평가손실	손금불산입	가 산	차 감	자 산	유보
미수수익	익금불산입	차 감	가 산	부 채	△유보
감가상각비 세법상 한도초과	손금불산입	가 산	차 감	자 산	유보
특별상각비[1]	손금산입	차 감	가 산	부 채	△유보
세법상 준비금[2]	손금산입	차 감	가 산	부 채	△유보
이월결손금[3]	–	–	차 감	자 산	–

1) 특별상각비 : 기업회계기준에 따른 감가상각비를 장부에 계상하지 않고, 세법상으로만 감가상각비를 계상한 경우를 의미한다. 우리나라에서는 경과규정으로만 남아 있다가 2011년에 IFRS도입기업에 대해서 제한적으로 허용하고 있다.

2) 세법상 준비금 : 기업회계기준에 따른 준비금 또는 충당금이 아닌 세법상의 준비금을 의미한다. 준비금을 설정하게 되면 결국 해당 금액만큼 과세소득이 차감되어 법인세부담을 줄일 수 있다. 하지만 세법상 준비금은 일정기간 이후에 환입해야 하며 이때는 과세소득에 가산되므로 결국 법인세부담을 늘리게 된다. 따라서 세법상 준비금이 설정되면 당장은 법인세부담이 줄지만 미래시점에서 법인세부담이 늘어나게 되므로 이연법인세채의 계상이 필요한 것이다.

3) 이월결손금 : 회사의 이월결손금은 차기 이후에 과세소득의 발생 시 과세소득에서 우선 차감하게 되므로 법인세부담을 줄이게 된다. 미래의 법인세부담을 줄이므로 이연법인세자산을 계상할 수 있는 것이다.

4) 소득처분 : 세무조정사항에 대하여 그 소득의 귀속을 확인하는 것을 '소득처분'이라고 한다. 소득처분 중 '유보'는 손금불산입한 세무조정금액의 효과가 사외로 유출되지 않고 사내로 남아 있는 것으로 인정하는 처분이다.
→ 자세한 내용은 세법교재를 참조하기 바란다.

이에 비해 회계이익과 과세소득의 차이가 발생하더라도 추후에 반대조정이 없는 경우를 영구적 차이라고 한다. 영구적 차이의 경우는 소득처분은 유보가 아닌 사외유출 또는 기타가 되며 일시적 차이를 발생시키지 않으므로 이연법인세자산(또는 부채)에는 영향이 없다.

01 ~ 03

A회사와 B회사는 세무정책을 제외하고는 손익면에서 동일한 회사이다. 즉 B회사는 세법상 준비금 10억원을 20x1년에 설정하였으며 동 준비금은 20x3년에 전액 환입된다. 이에 반해 A회사는 세법상 준비금을 설정하지 않았다. 법인세율은 30%이다.

(단위 : 억원)	A회사			B회사		
	20x1년	20x2년	20x3년	20x1년	20x2년	20x3년
세전이익(A)	100	100	100	100	100	100
준비금(B)				(10)		10
과세소득(C = A + B)	100	100	100	90	100	110
당기법인세(D)	30	30	30	27	30	33
세후이익(E = A − D)	70	70	70	73	70	67

상기의 표와 같이 B회사는 세법상 준비금이 설정되는 20x1년 법인세를 절감하게 되나, 20x3년에는 동액만큼의 법인세를 더 부담하게 된다.

01

B회사가 20x1년에 계상할 법인세비용은 얼마인가?

① 30억원
② 27억원
③ 33억원
④ 40억원
⑤ 0원

해설 각 일자별 회계처리이다.

20x1 12/31	(차) 법인세비용	30 plug	(대) 당기법인세부채	❶ 27
			이연법인세부채	❷ 3
20x2 12/31	(차) 법인세비용	30	(대) 당기법인세부채	30
20x3 12/31	(차) 법인세비용	30	(대) 당기법인세부채	33
	이연법인세부채	3		

※ ❶, ❷는 회계처리 순서

정답 ①

02

B회사가 20x1년 기말 재무상태표에 계상할 이연법인세자산(또는 이연법인세부채)는 얼마인가?

① 이연법인세자산 3억원
② 이연법인세부채 3억원
③ 이연법인세자산 10억원
④ 이연법인세부채 10억원
⑤ 0원

정답 ②

03

20x2년에 예기치 않게 법인세율이 20x2년부터 40%로 인상되었다. 회사가 20x2년 말 손익계산서에 인식할 법인세비용은 얼마인가?

① 30억원
② 27억원
③ 33억원
④ 40억원
⑤ 41억원

해설 20x2년의 회계처리는 다음과 같다.
예상하지 않은 세율변화를 반영하여 당기 중 이연법인세부채를 1만큼 더 계상한다.

(차) 법인세비용	41	(대) 당기법인세부채		40
		이연법인세부채		1

20x3년의 회계처리는 다음과 같다.

(차) 법인세비용	40	(대) 당기법인세부채		44
이연법인세부채	4			

정답 ⑤

더 알아보기

예상하지 않은 세율변화를 반영하는 방법을 '자산부채법'이라고 하며 반영하지 않는 방법을 '이연법'이라고 하는데 기업회계기준은 자산부채법을 따르고 있다. 자산부채법은 수익비용대응의 원칙보다는 자산과 부채의 적절한 평가를 우선하는 방법으로 이해할 수 있다.

참고로 위 문제 회사의 손익계산서는 다음과 같이 나타난다.

이연법인세 반영 전	A회사			B회사		
	20x1년	20x2년	20x3년	20x1년	20x2년	20x3년
세전이익(A)	100	100	100	100	100	100
준비금(B)				(10)		10
과세소득(C = A + B)	100	100	100	90	100	110
당기법인세(D)	30	40	40	27	40	44
세후이익(E = A − D)	70	60	60	73	60	56

이연법인세 반영 후	A회사			B회사		
	20x1년	20x2년	20x3년	20x1년	20x2년	20x3년
세전이익(A)	100	100	100	100	100	100
법인세비용(B)	30	40	40	30	41	40
세후이익(C = A − B)	70	60	60	70	59	60

(주)삼청은 매도가능증권을 ₩1,000에 취득하였다. 결산일 현재 매도가능증권의 공정가치는 ₩1,100이다. 해당 주식의 평가이익은 세법상 인정되지 않는다. 동 평가이익에 따라 회사가 계상할 이연법인세부채와 법인세비용은 각각 얼마인가? (단, 법인세율은 30%라고 가정한다)

	이연법인세부채	법인세비용
①	₩100	₩30
②	₩30	₩0
③	₩30	₩30
④	₩100	₩0
⑤	₩0	₩30

해설   기타포괄손익에 대한 이연법인세부채(또는 자산)의 계상 시 법인세비용에는 영향이 없다.

〈매도가능증권의 평가〉

(차) 매도가능증권   10   (대) 매도가능증권평가이익(기타포괄이익)   10

〈이연법인세부채의 계상〉

(차) 매도가능증권평가이익(기타포괄이익)   30   (대) 이연법인세부채   30

                                               (= 일시적 차이 100 × 30%)

정답 ②

▶ **더 알아보기**

이연법인세는 당기손익에만 적용되는 것은 아니며 기타포괄손익에도 적용될 수 있다. 가령 매도가능증권평가이익의 계상에도 불구하고 당기손익에는 영향이 없으므로 회계이익과 과세소득의 차이는 발생하지 않지만 이러한 기타포괄손익도 언젠가 실현되는 시점에 과세될 것이므로 이연법인세부채의 계상이 필요하다. 결국 이연법인세부채의 계상액만큼 매도가능증권평가이익을 감소시키는 회계처리가 필요한 것이다.

매도가능증권을 1,000에 취득했는데 기말에 공정가치가 1,200이 되었다면

'(차) 매도가능증권 200 / (대) 매도가능증권평가이익 200'의 회계처리뿐만 아니라

'(차) 매도가능증권평가이익 40 / (대) 이연법인세부채 40'의 회계처리도 필요한 것이다(세율 20% 가정).

사외유출로 소득처분된 것 중에서 소득귀속자를 지정할 필요성이 없는 경우에 해당하는 것은 무엇인가?

① 유 보
② 대표자상여
③ 배 당
④ 기타사외유출
⑤ 기 타

해설 기타사외유출이란 유출액에 해당하는 경제적 이익의 귀속자를 밝히는 것이 의미가 없거나 사실상 불가능한 경우의 소득처분이다. 접대비한도초과, 법인세비용이 기타사외유출로 소득처분되는 대표적 사례이다.

정답 ④

더 알아보기 1

소득처분은 법인세법에서 대단히 중요하지만 상당히 까다로운 개념이다. 본서의 내용을 이해하는 데 필요한 만큼만 부연설명하기로 한다.

소득처분이란 세무조정사항에 대해 그 소득의 귀속을 확인하는 절차이다.

소득처분의 유형은 상법의 이익처분과 유사하게 사외유출과 유보로 나누어진다. 세무조정 금액이 사외에 유출된 것이 분명한 때는 사외유출로 사외유출되지 않은 경우에는 유보 또는 기타로 처분한다.

구 분	외부의 자에 귀속된 경우	기업내부에 남아 있는 경우	
		재무상태표 자본 왜곡	재무상태표 자본 적정
익금산입(차감할 일시적 차이)	사외유출	유보	기타
손금산입(가산할 일시적 차이)	–	△유보	기타

사외유출이란 기업외부의 자에게 귀속된 것을 인정하는 처분이다. 이 경우 귀속자에게 납세의무(법인세 또는 소득세)가 유발된다. 귀속자가 분명한 경우에는 배당(주주인 경우), 상여(임원인 경우), 기타소득(주주, 임원 외의 자인 경우)으로 소득처분하고 소득자에 대해 과세한다. 하지만 귀속자가 불분명하거나 밝히는 것이 실익이 없는 경우가 있다. 예컨대 접대비한도초과의 경우 귀속자를 밝혀서 과세한다는 것은 사실상 불가능하다. 따라서 추가적인 납세의무를 소득처분이 있는데 그것을 '기타사외유출'이라 한다. '기타'의 소득처분은 기타포괄손익을 계상하는 경우종종 나타난다. 더 자세한 사항은 이 책의 수준을 넘으므로 생략한다.

더 알아보기 2

과세당국이 기업의 법인세 처리를 세법에 따라 수용할지가 불확실한 경우에 기업은 과세당국이 이를 수용할 가능성이 매우 높은지를 고려하고, 수용할 가능성이 매우 높다면 그 법인세 처리와 일관되게 과세소득(세무상결손금), 세무기준액, 미사용 세무상결손금, 미사용 세액공제, 세율을 산정한다. 예를 들면, 기업이 법인세 신고 · 납부 후에 국세청의 세무조사 결과로 추징세액을 고지받는 경우가 있다. 이 기업은 일단 납부기한 내 전액을 납부하고, 소송을 거쳐 해당 세액을 환급받으려고 한다. 국세청과의 소송에서 기업이 추가 납부한 금액을 환급받을 가능성이 매우 높은 경우에는 법인세로 추가 납부한 금액은 추징세액 납부 시점에 자산으로 인식한다. 그러나 과세당국이 불확실한 법인세 처리를 수용할 가능성이 매우 높지는 않은 경우에는 해당 금액 등을 산정할 때에 가능성이 가장 높은 금액과 기댓값(가능한 결과치의 범위에 있는 모든 금액에 각 확률을 곱한 금액의 합) 가운데 불확실성의 해소를 더 잘 예측할 것으로 예상하는 방법을 사용하여 불확실성의 영향을 반영한다. 이 경우에 가능한 결과치가 두 가지이거나 하나의 값에 집중되어 있다면 가능한 결과치의 범위에서 가능성이 가장 높은 금액으로 산정하고 가능한 결과치의 범위가 두 가지 값도 아니고 하나의 값에 집중되어 있지도 않다면 기댓값으로 산정한다.

(주)대성(12월 말 결산법인)의 20x4년도 법인세와 관련한 세무조정사항은 다음과 같다.

> 법인세비용차감전순이익 : ₩2,000,000
> 접대비 한도초과액 : 100,000
> 감가상각비 한도초과액 : 50,000
> 단기매매증권평가이익 : (20,000)

기업회계상 감가상각비가 세법상 감가상각비 한도를 초과한 ₩50,000 중 ₩30,000은 20x5년에, ₩20,000은 20x6년에 소멸될 것이 예상된다. 또한 단기매매증권은 20x5년 중 처분될 예정이다. 회사의 연도별 과세소득에 적용될 법인세율은 20x4년 25%, 20x5년 28%이고, 20x6년부터는 30%가 적용된다. 20x3년 12월 31일 현재 이연법인세자산(부채)잔액은 없었다. 20x4년도의 법인세비용과 당기법인세부채로 가장 적절한 것은? (단, 이연법인세자산의 실현가능성은 매우 높다고 가정한다)

	법인세비용	당기법인세부채
①	₩500,000	₩537,500
②	₩523,100	₩537,500
③	₩523,700	₩532,500
④	₩525,000	₩532,500
⑤	₩541,300	₩537,500

해설

구 분	20x4년	20x5년	20x6년	비 고
법인세차감전순이익	2,000,000			
접대비한도초과	100,000			일시적 차이 이외의 차이
감가상각비한도초과	50,000	(30,000)	(20,000)	20x4년 말 30,000 × 28% + 20,000 × 30% = 14,400 이연법인세자산
단기매매증권평가이익	(20,000)	20,000		20x4년 말 20,000 × 28% = 5,600 이연법인세부채
과세소득	2,130,000			
세 율	25%			
당기법인세부채	532,500			

(차) 이연법인세자산　　　　　　　　14,400　　　(대) 이연법인세부채　　　　　　　　5,600
　　법인세비용　　　　　　　523,700 plug　　　　　당기법인세부채　　　　　　532,500

정답 ③

제04장 건설형 공사계약의 회계처리

학습전략

'기업회계기준편 제15장 수익'의 내용 중에서 좀 특수한 상황이라 할 수 있는 건설형 공사계약에 대한 회계처리에 대한 내용이다. 진행기준으로 공사수익을 구하는 것이 가장 핵심 내용이다. 회계처리보다는 손익에 초점을 맞추어 학습하는 것이 좋다.

---

01 건설형 공사계약의 적용   핵심개념문제

일반기업회계기준에서 정한 건설형 공사계약의 적용을 받는 공사계약의 형태이다. 가장 거리가 먼 것은?

① 건물이나 교량, 댐, 파이프라인, 도로, 터널 등의 공사
② 청약을 받아 분양하는 아파트 등 예약매출
③ 규격화된 제품을 일정기간 반복적인 생산을 통하여 공급
④ 공사감리나 설계용역
⑤ 자산의 철거나 원상회복과 자산의 철거에 따른 환경의 복구에 관한 계약

> **해설** 규격화된 제품을 일정기간 반복적인 생산을 통하여 공급하거나 보유재고를 공급하는 계약은 건설형 공사계약의 적용을 받지 아니한다.

정답 ③

🔺 더 알아보기

건설형 공사계약은 일반적으로 건물이나 교량, 댐, 파이프라인, 도로, 터널 등의 건설공사계약을 의미하지만, 이외에도 선박이나 항공기, 레이더·무기·우주장비 등의 복잡한 전자장비의 제작과 같은 특별한 주문생산형 공사계약도 포함한다. 건설형 공사계약은 단일자산의 건설공사를 위해서 체결될 수 있으며, 설계, 기술, 기능 또는 그 최종적 목적이나 용도에 있어서 밀접하게 상호 관련되거나 상호의존적인 복수자산의 건설공사를 위해서도 체결될 수 있다. 이러한 건설형 공사계약의 예로는 제련소, 기타 복잡한 생산설비나 기계장치의 건설형 공사계약이 있다.

건설형 공사계약에는 다음과 같은 유형의 계약 등을 포함한다.
(1) 공사감리나 설계용역의 계약과 같이 자산의 건설공사와 직접적으로 관련된 용역제공 계약
(2) 자산의 철거나 원상회복, 그리고 자산의 철거에 따르는 환경의 복구에 관한 계약
(3) 청약을 받아 분양하는 아파트 등 예약매출에 의한 건설공사계약

건설형 공사계약을 적용하지 아니하는 계약의 예는 다음과 같다.
(1) 구매자가 규격을 정하여 주문한 제품이지만 표준화된 제조공정에서 생산한 후 정상적인 영업망을 통해 판매하고, 수익을 판매기준에 따라 인식할 수 있으며 매출원가가 재고자산의 평가를 통하여 산출될 수 있는 제품의 공급 계약
(2) 규격화된 제품을 일정기간 동안의 반복생산을 통하여 공급하거나 보유 재고를 공급하는 계약

12월 결산 법인인 (주)대한개발은 아파트와 상가를 건설하기 위해 주택공사와 20x6년 4월 1일 총도급금액 ₩16,000,000의 계약을 체결하였다. 총공사기간은 20x6년 4월 1일부터 20x7년 9월 30일까지이며 아파트와 상가건물 공사에 대해 단일계약을 체결하였지만 각각의 공사를 분리할 수 있으며 공사수익은 각각의 공사별로 인식하기로 하였다. (주)대한개발은 실제발생원가에 기초하여 공사진행률을 산정하며 아파트와 상가의 공사이익률은 각각 20%와 40%로 예상하였다. 공사와 관련된 추정공사원가와 실제발생원가는 다음과 같다.

구 분	아파트	상 가	합 계
추정공사원가	₩12,000,000	₩600,000	₩12,600,000
실제발생원가			
20x6년도	6,600,000	210,000	6,810,000
20x7년도	5,400,000	390,000	5,790,000

공사진행기준에 의해 각각의 공사별로 분할하여 공사수익을 인식할 경우에 20x6년도의 손익계산서에 보고할 공사이익은 얼마인가?

① ₩1,700,000

② ₩1,870,000

③ ₩1,118,730

④ ₩1,610,000

⑤ ₩1,790,000

해설 아파트 공사수익 12,000,000/(1 − 0.2) = 15,000,000
상가 공사수익 600,000/(1 − 0.4) = 1,000,000

구 분	아파트		상 가	
	20x6	20x7	20x6	20x7
공사원가누적액	6,600,000	12,000,000	210,000	600,000
총공사예정원가	12,000,000	12,000,000	600,000	600,000
진행률	55%	100%	35%	100%
공사수익	8,250,000	6,750,000	350,000	650,000
공사원가	6,600,000	5,400,000	210,000	390,000
공사이익	1,650,000	1,350,000	140,000	260,000

20x6년도 공사이익의 합계 : 1,650,000 + 140,000 = 1,790,000

정답 ⑤

다음 중 공사원가의 구성항목에 포함되지 않는 것은 모두 몇 가지인가? `최신출제유형`

(a) 공사재료비	(b) 공사노무비
(c) 건설장비의 감가상각비	(d) 하자보수비
(e) 일반관리원가	(f) 건설장비의 임차료

① 1개　　　　　　　　　　　　　② 2개
③ 3개　　　　　　　　　　　　　④ 4개
⑤ 0개

`해설` 일반관리원가는 공사원가의 구성항목에 포함되지 않는다.

`정답` ①

더 알아보기

공사활동과 관련이 없거나 특정공사에 귀속시킬 수 없는 다음의 비용은 공사원가에서 제외한다.
(1) 계약상 청구할 수 없는 일반관리원가
(2) 공사계약 전 지출에 해당하지 않는 판매원가
(3) 계약상 청구할 수 없는 연구개발원가
(4) 일시적이 아닌 장기적인 유휴 생산설비나 건설장비의 감가상각비

공사원가는 다음의 항목으로 구성된다.
(1) 특정공사에 관련된 공사직접원가
(2) 특정공사에 개별적으로 관련되지는 않으나 여러 공사활동에 배분될 수 있는 공사공통원가
(3) 계약조건에 따라 발주자에게 청구할 수 있는 기타 특정공사원가

특정공사에 관련된 공사직접원가의 예는 다음과 같다.
(1) 건설공사에 사용된 재료원가
(2) 현장감독을 포함한 현장인력의 노무원가
(3) 생산설비와 건설장비의 감가상각비
(4) 생산설비, 건설장비 및 재료의 건설현장으로의 또는 건설현장으로부터의 운반비
(5) 생산설비와 건설장비의 임차료
(6) 공사와 직접 관련된 설계와 기술지원비
(7) 외주비
(8) 공사종료 시점에서 추정한 하자보수와 보증비용
(9) 제3자에 대한 보상
(10) 이주대여비 관련 순이자비용
(11) 창고보관료, 보험료 등 특정공사 진행과정에서 직접적으로 발생한 기타 비용

특정공사에 배분될 수 있는 공사공통원가에는 보험료, 특정공사에 직접 관련되지 않은 설계와 기술지원비, 기타 공사간접원가 및 자본화될 금융비용 등이 있다.
계약 조건에 따라 발주자에게 청구할 수 있는 기타 특정공사원가에는 계약에 규정되어 있는 일부 일반관리원가와 연구개발비 등이 있다.

04 **보상금과 장려금** **핵심개념문제**

건설계약의 조기완료에 대하여 건설업자에게 계약상 지급하기로 정해진 금액을 지칭하는 용어는 다음 중 무엇인가?

① 공사변경   ② 공사분할
③ 보상금   ④ 장려금
⑤ 공사병합

해설 장려금은 특정 수행기준을 충족하거나 초과할 때 건설사업자가 발주자로부터 수취하는 추가금액이다. 예를 들면, 공사의 조기완료에 대해 건설사업자에게 계약상 정해진 장려금이 지급될 수 있다. 장려금은 특정 수행기준이 충족되거나 초과될 가능성이 매우 높은 정도로 공사가 충분히 진행되었으며, 그 금액을 신뢰성 있게 측정할 수 있는 경우에 한하여 공사수익에 포함한다.

정답 ④

더 알아보기

보상금은 건설사업자가 공사계약금액에 포함되어 있지 않은 비용을 발주자나 다른 당사자로부터 보전받는 금액이다. 예를 들면, 발주자에 의한 보상금은 발주자에 의하여 공사가 지체되거나 제시한 설계에 오류가 있을 때, 또는 공사내용의 변경과 관련하여 분쟁이 있을 때 발생할 수 있다. 보상금의 측정은 불확실성이 높으며 협상결과에 따라 달라질 수 있다. 따라서, 보상금은 발주자가 지급 요청을 수락하였거나 수락할 가능성이 매우 높고, 그 금액을 신뢰성 있게 측정할 수 있는 경우에 한하여 공사수익에 포함한다.

12월 말 결산법인인 (주)대한건설은 완공하는 데 3년이 소요되는 공사를 20x4년 1월 초에 수주하였다. 공사계약(도급금액)은 ₩10,000이며 각 회계연도에 발생된 공사비용과 각 회계연도 말에 공사비를 추정한 결과는 다음과 같다. 다만, 건설공사를 수주한 20x4년도 당시에는 20x5년도에 건축자재의 품귀, 노임 등의 급격한 상승으로 인하여 공사비가 많이 발생할 것을 예상하지 못하였다.

구 분	연중 실제발생 공사비	완공까지 추가로 소요될 공사비추정액
20x4년	₩2,200	₩3,300
20x5년	₩3,800	₩2,000
20x6년	₩2,000	–

공사진행기준에 의해 수익을 인식하는 경우, 20x4년도와 20x5년도에 인식하여야 할 공사손익은 각각 얼마인가?

	20x4년도		20x5년도	
①	공사이익	₩1,800	공사이익	₩1,500
②	공사이익	300	공사이익	1,200
③	공사이익	1,800	공사손실	300
④	공사이익	1,200	공사이익	300
⑤	공사이익	1,500	공사이익	0

해설

구 분	20x4년	20x5년	20x6년
누적공사원가	₩2,200	₩6,000	₩8,000
총예정공사원가	5,500	8,000	8,000
공사진행률	40%	75%	100%
공사수익	4,000(= 10,000 × 40%)	3,500(= 10,000 × 75% − 4,000)	2,500
공사원가	2,200	3,800	2,000
공사이익	1,800	−300	500

20x5년 중 공사손실이 발생하였으나 총예정공사원가(₩8,000)가 공사계약금액(₩10,000)을 초과하지 아니하므로 공사 기간 전체에서 손실이 발생하는 경우에는 해당하지 않는다. 따라서 예상손실을 추가로 계상하지 않는다.

정답 ③

출제예상문제

제 01 장 | 리스회계

01 리스의 정의와 분류에 대한 설명이다. 옳지 않은 것은?　[최신출제유형]

① '리스'는 리스제공자가 자산의 사용권을 합의된 기간 동안 리스이용자에게 이전하고 리스이용자는 그 대가로 사용료를 리스제공자에게 지급하는 계약을 말한다.

② 리스자산의 소유에 따른 위험과 보상의 대부분을 이전하는 리스는 운용리스로 분류하며, 리스자산의 소유에 따른 위험과 보상의 대부분을 이전하지 않는 리스는 금융리스로 분류한다.

③ 토지와 건물을 함께 리스하는 경우, 토지와 건물은 분리하여 리스를 분류한다.

④ 토지와 건물 모두에 대한 소유권이 리스기간 종료 시 또는 그 이전에 리스이용자에게 이전된다면, 토지와 건물은 모두 금융리스로 분류한다. 다만, 리스자산 중 하나 또는 둘 모두의 소유에 따른 위험과 보상의 대부분이 이전되지 않는다는 사실이 명백하다면 그러하지 아니하다.

⑤ 토지 요소가 운용리스 또는 금융리스인지를 결정할 때, 가장 중요한 고려사항은 일반적으로 토지의 내용연수는 한정되지 않는다는 점이다.

> **해설** 리스자산의 소유에 따른 위험과 보상의 대부분을 이전하는 리스는 금융리스로 분류하며, 리스자산의 소유에 따른 위험과 보상의 대부분을 이전하지 않는 리스는 운용리스로 분류한다.

02 (주)삼청은 한국리스와 다음과 같은 조건으로 운용리스계약을 체결하였다.

> • 리스기간 20X0년 1월 1일 ~ 20X9년 12년 31일(10년)
> • 리스료 지급은 매년 초에 선급하며 처음 5년간은 매년 ₩150,000, 후반 5년간은 매년 ₩50,000씩 지급하기로 약정하였다. 따라서 10년간의 리스료 총액은 ₩1,000,000이다.
> • 내재이자율은 10%이다.

(주)삼청이 20x2년에 계상할 지급리스료는 얼마인가?

① ₩50,000　　　　　　　　② ₩100,000

③ ₩150,000　　　　　　　 ④ ₩200,000

⑤ ₩0

> **해설** 리스료 총액 ₩1,000,000/10 = ₩100,000
> 운용리스에서 리스료는 리스자산의 리스이용자에 대한 효익의 기간별 제공 형태를 보다 잘 나타내는 다른 체계적인 인식기준이 없다면, 비록 리스료가 매기 정액으로 지급되지 않더라도 손익계산서에는 리스기간에 걸쳐 균등하게 배분된 금액을 비용으로 인식한다.

03 다음은 신용분석 시 리스와 관련하여 주의해야 할 점이다. 옳은 지문을 고르시오.

① 일반적으로 리스이용자는 금융리스로 리스계약을 체결하여 회사의 재무상태나 경영성과가 양호한 것으로 보이게 할 수 있다.

② 리스기간 초기에 수익성 지표에 있어서 금융리스가 운용리스보다 유리하다.

③ 부채비율은 리스기간 초기에만 운용리스가 금융리스보다 양호하게 나타난다.

④ 운용리스로 회계처리해야 할 것을 금융리스로 회계처리하면 재무제표에 부채가 표시되지 않는 효과를 얻을 수 있는데 이를 부외(簿外)금융이라고 한다.

⑤ 현금흐름표상 영업활동현금흐름은 금융리스가 운용리스보다 양호하게 나타난다.

> **해설** ① 운용리스로 리스계약을 체결하는 것이 회사의 재무상태나 경영성과가 양호한 것으로 보이게 할 수 있다.
> ② 리스기간 초기에 수익성 지표에 있어서 운용리스가 금융리스보다 유리하다.
> ③ 부채비율은 리스기간 종료 시점까지 운용리스가 금융리스보다 양호하게 나타난다.
> ④ 금융리스로 회계처리해야 할 것을 운용리스로 회계처리한 경우에 부채가 표시되지 않는 효과가 나타나며 이를 부외금융이라고 한다.

04 리스자산의 감가상각과 관련된 내용이다. 다음 설명 중 틀린 것은?

① 리스자산에 대한 감가상각은 리스이용자가 보유 중인 동종 또는 유사한 자산의 감가상각방법과 동일한 방법을 사용해야 한다.

② 리스자산의 취득원가는 리스실행일에 재무상태표에 계상한 리스자산가액과 리스개설직접원가의 합계액으로 한다.

③ 소유권이전약정이나 염가매수선택권이 주어진 경우 리스자산의 감가상각기간은 해당 자산의 내용연수가 된다.

④ 소유권이전약정이나 염가매수선택권이 없는 경우 리스자산의 감가상각기간은 리스기간이 된다.

⑤ 리스자산의 감가상각대상 금액에는 보증잔존가치는 제외된다.

> **해설** 소유권이전약정이나 염가매수선택권이 없는 경우 리스자산의 감가상각기간은 리스기간과 리스자산의 내용연수 중 짧은 기간으로 한다.

05 부외금융효과에 대한 설명으로 옳은 것은?

① 자산이 과대계상된다.

② 일반적으로 비유동장기적합률[= 비유동자산 / (자본 + 비유동부채)]이 높게 나타난다.

③ 부채비율은 높게 나타난다.

④ 자산대비 투자수익률은 높게 나타난다.

⑤ 부채가 과대계상된다.

> **해설** 자산과 부채가 모두 과소계상되며, 비유동장기적합률과 부채비율은 낮게 나타난다.

06 다음은 리스회계에 대한 일반적인 내용이다. 다음 설명 중 옳은 것은?

① 리스계약의 경제적 실질이 사실상 할부매입과 동일한 경우 운용리스로 분류한다.

② 금융리스는 자본리스라고도 부른다.

③ 금융리스부채의 상각은 정액법을 따른다.

④ 리스자산의 소유에 따른 위험과 보상의 대부분을 이전하지 않는 리스는 금융리스이다.

⑤ 운용리스와 금융리스의 구분에 있어서 먼저 실질적으로 계약해지가 금지되는지를 따져야 한다.

> **해설** ① 금융리스에 대한 설명이다.
> ③ 유효이자율법을 따른다.
> ④ 리스자산의 소유에 따른 위험과 보상의 대부분을 이전하지 않는 리스는 운용리스이다.
> ⑤ 과거 기업회계기준의 내용이다.

특수회계

07 금융리스 회계처리에 대한 다음 설명 중에서 기업회계기준서의 내용에 적합한 것은?

① 리스이용자가 리스를 해지할 때 해지로 인한 리스이용자의 손실을 리스제공자가 부담하는 경우 금융리스로 분류한다.

② 연간리스료, 보증잔존가치 및 염가매수선택권 행사가격을 합쳐서 최소리스료라고 한다. 다만 염가매수선택권의 행사가능성은 고려하지 않는다.

③ 리스이용자가 최소리스료의 현재가치를 계산할 때 적용할 할인율은 리스제공자의 내재이자율이며, 만약 이를 알 수 없다면 리스이용자의 증분차입이자율을 적용한다.

④ 판매후리스거래란 리스제공자가 리스이용자에게 자산을 판매하고 리스이용자가 해당 자산을 금융리스로 회계처리하는 거래이다.

⑤ 리스이용자가 염가갱신선택권을 가지고 있는 경우 항상 금융리스로 분류된다.

> **해설** ① 리스이용자가 리스를 해지할 때 해지로 인한 리스이용자의 손실을 리스이용자가 부담하는 경우 금융리스로 분류될 가능성이 있다.
> ② 염가매수선택권 행사가 확실 시 되는 경우에 최소리스료에 포함된다.
> ④ 판매형리스거래에 대한 설명이다.
> ⑤ 리스이용자가 염가갱신선택권을 가지고 있는 경우 금융리스로 분류될 가능성이 있다.

08 일반기업회계기준에서 금융리스로 분류하는 경우로서 예시하는 규정이다. 가장 거리가 먼 것은?

① 리스기간 종료 시점까지 리스자산의 소유권이 리스이용자에게 이전되는 경우

② 리스이용자가 선택권을 행사할 수 있는 시점의 공정가치보다 충분하게 낮을 것으로 예상되는 가격으로 리스자산을 매수할 수 있는 선택권을 가지고 있으며 그 선택권을 행사할 것이 확실시 되는 경우

③ 리스자산의 소유권이 이전되지 않더라도 리스기간이 리스자산의 경제적 내용연수의 상당부분(실무지침 70% 이상)을 차지하는 경우

④ 리스약정일 현재 최소리스료의 현재가치가 적어도 리스자산 공정가치의 대부분(실무지침 90%)에 상당하는 경우

⑤ 리스이용자만이 중요한 변경 없이 사용할 수 있는 특수한 성격의 리스자산인 경우

> **해설** '리스자산의 소유권이 이전되지 않더라도 리스기간이 리스자산의 경제적 내용연수에 상당부분을 차지하는 경우'란 실무지침상 75% 이상이다. 단, 한국채택국제회계기준에서는 특정한 가이드라인을 언급하지 않고 있다.

09 (주)구로의 20x1년 말 재무제표에서 얻은 운용리스에 대한 주석사항은 다음과 같다. 신용분석가가 해당 리스거래를 금융리스로 판단하였다. 향후 매년 납부할 리스료(매년 말 납부)에 대하여 리스부채 추가계상액을 추정하면 얼마인가? (단, 적용할 이자율은 10%이며 현가계수는 1년 0.9091, 2년 0.8264, 3년 0.7513이다)

연 도	운용리스(단위 : 원)
20x2	100,000
20x3	70,000
20x4	60,000
합 계	230,000

① ₩230,000

② ₩193,836

③ ₩198,948

④ ₩193,085

⑤ ₩150,000

> **해설** 100,000 × 0.9091 + 70,000 × 0.8264 + 60,000 × 0.7513 = 193,836

10 한국리스회사는 (주)삼청에 5년간 운용리스거래를 하면서 판매촉진의 일환으로 1년간 리스료를 무료로 하였다. 리스기간 개시일은 20x1년 1월 1일이며 리스료지급은 20x2년부터 매년 말 균등액을 지급하는 조건이다. 한국리스회사가 20x2년에 인식해야 할 운용리스료 수익은 얼마인가?

① ₩0
② 리스기간 중 리스료 총액의 1/60
③ 리스기간 중 리스료 총액의 1/5
④ 리스기간 중 리스료 총액의 1/4
⑤ 리스기간 중 리스료 총액의 1/60

> **해설** 리스기간에 걸쳐 정액기준으로 수익과 비용을 계상하여야 한다.

11 (주)세무리스는 (주)한국과 운용리스계약을 체결하고, 20x2년 10월 1일 생산설비(취득원가 ₩800,000, 내용연수 10년, 잔존가치 ₩0, 정액법 감가상각)를 취득과 동시에 인도하였다. 리스기간은 3년이고, 리스료는 매년 9월 30일에 수령한다. (주)세무리스가 리스료를 다음과 같이 수령한다면, 동 거래가 20x2년 (주)세무리스와 (주)한국의 당기순이익에 미치는 영향은 각각 얼마인가? (단, 리스와 관련된 효익의 기간적 형태를 더 잘 나타내는 다른 체계적인 인식기준은 없고, 리스료와 감가상각비는 월할 계산한다)

일 자	리스료
20x3년 9월 30일	₩100,000
20x4년 9월 30일	120,000
20x5년 9월 30일	140,000

	(주)세무리스	(주)한국		(주)세무리스	(주)한국
①	₩5,000 증가	₩25,000 감소	②	₩10,000 증가	₩30,000 감소
③	₩25,000 증가	₩25,000 감소	④	₩30,000 증가	₩30,000 감소
⑤	₩30,000 증가	₩50,000 감소			

> **해설** (주)세무리스 리스료수익 120,000 × 3/12 – 감가상각비 80,000 × 3/12 = 10,000
> (주)한국 리스료비용 120,000 × 3/12 = 30,000

12 다음 중 최소리스료에 포함되는 항목으로만 묶은 것은? [최신출제유형]

> (a) 보증잔존가치   (b) 무보증잔존가치   (c) 리스개설직접원가
> (d) 행사가 확실시되는 염가매수선택권 행사가액   (e) 정기리스료

① (a), (e)
② (a), (b), (e)
③ (a), (b), (d), (e)
④ (a), (d), (e)
⑤ (b), (d)

> **해설** 최소리스료에는 정기리스료, 보증잔존가치 및 행사가 확실시되는 염가매수선택권 행사가액이 포함된다.

13 신용분석가가 운용리스로 분류된 재무제표를 금융리스로 재분류하여 분석을 시도하고 있다. 이러한 재분류가 영업활동현금흐름, 투자활동현금흐름, 재무활동현금흐름에 미치는 영향은 각각 어떠한가? (단, 리스기간 초기이며 이자비용은 영업활동현금흐름으로 가정한다)

① 변동없음 / 증가 / 감소
② 증가 / 변동없음 / 감소
③ 증가 / 감소 / 감소
④ 감소 / 변동없음 / 증가
⑤ 감소 / 증가 / 변동없음

해설 금융리스로 재분류하는 경우 리스료지급액은 이자비용과 금융리스부채의 상환으로 구분되게 된다. 운용리스료는 전액 영업활동현금흐름의 (−)이지만 금융리스부채의 상환은 재무활동현금흐름의 (−)로 분류된다.

14 (주)국세는 20x1년 1월 1일 (주)대한리스로부터 공정가치 ₩2,000,000의 영업용차량을 5년간 리스하고 매년 말 리스료로 ₩428,500씩 지급하기로 하였다. 동 차량은 원가모형을 적용하고 내용연수는 7년이며 정액법으로 감가상각한다. 리스기간 종료 시 보증잔존가치는 ₩300,000이고 내용연수 종료 시 추정잔존가치는 ₩400,000이다. (주)국세는 리스기간 개시일 (주)대한리스의 내재이자율 10%를 알고 있다. 최소리스료의 현재가치는 리스자산 공정가치의 대부분을 차지한다. (주)국세가 20x2년도 손익계산서에 리스와 관련하여 인식할 비용은 얼마인가? [최신출제유형]

기 간	단일금액 ₩1의 현재가치(할인율=10%)	정상연금 ₩1의 현재가치(할인율=10%)
1	0.9091	0.9091
2	0.8265	1.7355
3	0.7513	2.4869
4	0.6830	3.1699
5	0.6209	3.7908

① ₩428,500
② ₩458,445
③ ₩483,189
④ ₩518,445
⑤ ₩574,307

해설 (1) 최소리스료의 현재가치 428,500 × 3.7908 + 300,000 × 0.6209 = 1,810,628
(2) 감가상각비 (1,810,628 − 300,000)/5 = 302,126
(3) 이자비용 20x1년 1,810,628 × 10% = 181,063 리스료 중 나머지 247,437은 부채상환
20x2년 (1,810,628 − 247,437) × 10% = 156,319
(4) 20x2년 손익계산서상 비용 302,126(감가상각비) + 156,319(이자비용) = 458,445

15 (주)세무리스는 20x1년 1월 1일에 (주)한국과 해지불능 금융리스계약을 체결하였다. 관련 자료는 다음과 같다.

> • 리스자산 : 내용연수 5년, 잔존가치 ₩100,000, 정액법 감가상각
> • 리스기간 : 리스기간개시일(20x1년 1월 1일)부터 5년
> • 연간리스료 : 매년 12월 31일 지급
> • 리스개설직접원가 : (주)세무리스와 (주)한국 모두 없음
> • 내재이자율 : 연 10%, (주)한국은 (주)세무리스의 내재이자율을 알고 있음
> • (주)세무리스는 리스기간개시일에 리스채권으로 ₩19,016,090(리스기간 개시일의 리스자산 공정가치와 동일)을 인식함
> • (주)한국은 리스기간개시일에 리스자산으로 ₩18,991,254를 인식함
> • 특약사항 : 리스기간 종료 시 반환조건이며, (주)한국은 리스기간 종료 시 예상 잔존가치 ₩100,000 중 일부를 보증함

(주)한국이 동 리스와 관련하여 보증한 잔존가치는? (단, 기간 5년, 할인율 연 10%일 때, 단위금액 ₩1의 현재가치 계수는 0.6209, 정상연금 ₩1의 현재가치 계수는 3.7908이다. 단수차이로 인한 오차는 가장 근사치를 선택한다)

① ₩18,955
② ₩40,000
③ ₩60,000
④ ₩81,045
⑤ ₩100,000

해설 정기리스료 × 3.7908 + 100,000 × 0.6209 = 19,016,090 → 정기리스료 = 5,000,000
5,000,000 × 3.7908 + 보증잔존가치 × 0.6209 = 18,991,254 → 보증잔존가치 = 60,000

제 02 장 | 외화환산회계

16 기능통화에 대한 서술이다. 옳지 않은 것은?

① '기능통화'라 함은 영업활동이 이루어지는 주된 경제 환경의 통화를 말한다. 다만, 해당 국가의 통화와 기능통화가 다른 경우에는 해당 국가의 통화를 기능통화로 간주할 수 있다.

② 기능통화는 그와 관련된 실제 거래, 사건 및 상황을 반영한다. 따라서 일단 기능통화가 결정되면 변경하지 아니한다. 다만 실제 거래, 사건 및 상황에 변화가 있다면 그러하지 아니한다.

③ 영업활동이 이루어지는 주된 경제 환경은 일반적으로 현금을 주요하게 창출하고 사용하는 환경을 말한다.

④ 기능통화가 분명하지 않은 경우에는 경영진이 판단하여 실제 거래, 사건 및 상황의 경제적 효과를 가장 충실하게 표현하는 기능통화를 결정한다.

⑤ 외화란 원화가 아닌 통화를 의미한다.

해설 외화란 원화가 아닌 통화가 아니라 '기능통화 이외의 통화'를 말한다.

17 다음 중 외화자산 및 외화부채의 환율변동 효과와 관련된 설명으로 가장 옳지 않은 것은?

① 모든 외화자산 및 외화부채는 보고기간 말의 마감환율로 환산한다.
② 외화환산손익은 결산일에 화폐성 외화자산 또는 화폐성 외화부채를 환산하는 경우 발생하는 환산손익을 말한다.
③ 외환차손익은 외화자산의 회수 또는 외화부채의 상환 시에 발생하는 차손익을 말한다.
④ 화폐성 항목의 외환차손익 또는 외화환산손익은 외환차이가 발생한 회계기간의 손익으로 인식한다.
⑤ 기능통화로 외화거래를 최초로 인식하는 경우에 거래일의 외화와 기능통화 사이의 현물환율을 외화금액에 적용하여 기록한다. 다만, 환율이 유의적으로 변동하지 않은 경우에는 일정기간의 평균환율을 사용할 수 있다.

해설 〈일반기업회계기준〉
• 화폐성 외화항목은 마감환율로 환산한다.
• 역사적원가로 측정하는 비화폐성 외화항목은 거래일의 환율로 환산한다.
• 공정가치로 측정하는 비화폐성 외화항목은 공정가치가 결정된 날의 환율로 환산한다.

18 다음 중 화폐성항목에 변동을 초래하는 사건으로만 짝지어진 것은?

> (a) 건물을 취득하며 취득대금은 2년 후에 지급하기로 하였다.
> (b) 사채할인발행차금을 유효이자율법으로 상각하였다.
> (c) 퇴직급여충당부채를 설정하였다.
> (d) 유상증자를 실시하였다.
> (e) 무형자산에 대해서 정액법으로 상각하였다.

① (a), (b)
② (c), (d)
③ (a), (b), (c)
④ (a), (b), (c), (d)
⑤ (a), (b), (c), (d), (e)

해설 (a), (b), (c)는 화폐성 부채의 증가, (d)는 화폐성 자산의 증가로 나타난다.

19 20x3년 7월 5일 (주)삼청(결산일 12월 31일)은 은행으로부터 US$10,000을 장기차입하여 기계장치를 매입하였다. 해당 차입금은 3년 후인 20x6년 7월 4일에 일시상환한다. 편의상 이자는 없다고 가정하며, 현재가치평가는 생략한다. 회사의 기능통화와 표시통화는 원화이며 각 일자별 환율은 다음과 같다. 회사가 20x4년 말 계상해야 할 외화환산이익(손실)은 얼마인가?

> 20x3년 7월 5일 US$1 = ₩1,000
> 20x3년 12월 31일 US$1 = ₩1,030
> 20x4년 12월 31일 US$1 = ₩1,010

① 외화환산손실 ₩200,000

② 외화환산이익 ₩200,000

③ 외화환산손실 ₩300,000

④ 외화환산이익 ₩300,000

⑤ 외화환산손실 ₩100,000

> **해설** 차입금은 화폐성부채이므로 결산일에 환산한다.
> 최초 인식한 외화부채 US$10,000 × ₩1,000 = 10,000,000
> 20x3년 말 평가액 US$10,000 × ₩1,030 = 10,300,000
> 20x4년 말 평가액 US$10,000 × ₩1,010 = 10,100,000
> 전년도 말에 비해 부채가 200,000 감소했으므로 외화환산이익에 해당한다.

20 환율변동의 영향에 대한 설명으로 옳은 것은?

① 회계익스포저에서 위험노출 외화자산부채는 모든 외화자산부채를 의미한다.

② 포지션이 양의 값이면 숏포지션이라고 하며 환율상승 시 손해가 된다.

③ 거래익스포저는 회계익스포저보다 좁은 의미로 사용된다.

④ 경제익스포저란 향후 환율변동으로 야기될 기업의 전반적인 미래 현금흐름의 증감가능성을 의미한다.

⑤ 회계익스포저는 기왕의 거래나 약속에서 비롯한 위험만을 측정에 포함시키는 한계점이 있다.

> **해설** ① 회계익스포저에서 위험노출 외화자산부채는 모든 외화자산부채를 의미하는 것이 아니고 새로운 환율에 의해 원화평가에 영향을 받게 될 자산과 부채를 의미한다.
> ② 포지션이 양의 값이면 롱포지션이라고 한다.
> ③ 거래익스포저는 회계익스포저보다 넓은 의미로 사용된다.
> ⑤ 거래익스포저에 대한 설명이다.

21 12월 말 결산법인인 (주)국세는 20x6년 11월 1일에 일본의 고객에게 ¥5,000,000의 상품을 판매하고, 대금은 3개월 후인 20x7년 1월 31일에 회수하였다. 이 기간 중 환율변동은 다음과 같다.

> 20x6년 11월 1일 (거래 발생일) : ¥100 = ₩830
> 20x6년 12월 31일 (회계연도 말) : ¥100 = ₩840
> 20x7년 1월 31일 (대금 결제일) : ¥100 = ₩790

(주)국세가 20x6년도에 계상할 외화환산손익과 20x7년도에 계상할 외환차손익으로 각각 옳은 것은?

	20x6년도		20x7년도	
①	외화환산이익	₩500,000	외환차익	₩1,000,000
②	외화환산이익	₩500,000	외환차손	₩2,500,000
③	외화환산손실	₩500,000	외환차익	₩2,500,000
④	외화환산손실	₩500,000	외환차손	₩2,000,000
⑤	외화환산이익	₩500,000	외환차손	₩2,000,000

[해설] 〈20x6년 12월 31일〉
(차) 매출채권 500,000 (대) 외화환산이익 500,000
(= ¥5,000,000 × (₩840/¥100 − ₩830/¥100))

〈20x7년 1월 31일〉
(차) 현 금 39,500,000 (대) 매출채권 42,000,000
(= ¥5,000,000 × (₩790/¥100)) (= ¥5,000,000 × (₩840/¥100))
외환차손 2,500,000

22 일반기업회계기준에서 기능통화가 달러인 연결대상 해외자회사의 재무제표를 국내 모기업 재무제표에 연결하기 위하여 원화표시 재무제표로 환산할 때 어떤 방법을 사용하는가? (단, 해당 자회사는 모기업으로부터 독립적이며 기능통화가 초인플레이션 경제의 통화가 아니다)

① 속성법
② 시제법
③ 현행환율법
④ 화폐성 / 비화폐성법
⑤ 유동성 / 비유동성법

[해설] 해외지사, 해외사업소, 해외소재 지분법 적용대상 회사는 원칙적으로 현행환율법을 적용한다.

23 일정한 기간이 지난 후의 환율은 두 나라의 물가상승률의 차이만큼 조정되어 나타난다는 이론은 다음 중 무엇인가?

① 구매력등가설
② 국제피셔이론
③ 이자율평가이론
④ 스톨퍼-사무엘슨 정리
⑤ 립진스키 정리

> **해설** 구매력등가설에 대한 설명이다.
> 국제피셔이론은 두 나라 사이의 금리격차와 환율의 기대변동률과의 관계를 설명하는 이론으로, 두 나라 통화 간 현물환율과 양국 간의 금리격차는 반대방향으로 변화한다는 이론이다.
> 이자율평가이론은 표시통화만 다르고 위험과 만기가 같은 두 가지 금융상품이 있는 경우 이 중 한 금융상품에 투자하고 선물환으로 헤지하는 경우의 수익률과 다른 금융상품에 투자한 경우의 수익률이 같아야 한다는 것이다.

24 일반기업회계기준에서 파생상품의 회계처리에 대한 설명이다. 옳지 않은 것은?

① 파생상품은 공정가치로 평가한다. 단, 활성시장에서 공시되는 시장가격이 없고 공정가치를 신뢰성있게 측정할 수 없는 지분상품과 연계되어 있으며 그 지분상품의 인도로 결제되어야 하는 파생상품은 원가로 측정한다.
② 파생상품의 거래로 발생하는 채권과 채무를 상계하지 않고 총액으로 표시한다.
③ 매매목적의 경우 평가손익은 당기손익으로 즉시 계상한다.
④ 공정가치위험회피목적의 경우에는 헤지 대상 항목의 평가손익과 파생상품의 평가손익을 같은 기간에 대칭적으로 인식한다.
⑤ 현금흐름위험회피목적의 경우에는 위험회피에 효과적인 파생상품의 평가손익을 즉시 당기손익으로 계상한다.

> **해설** 현금흐름위험회피목적의 경우에는 위험회피에 효과적인 파생상품의 평가손익을 기타포괄손익으로 계상하여 이연시킨 후 예상거래가 실제 발생할 때 관련 자산과 부채의 장부가액에 가감하거나 예상거래가 당기손익에 영향을 미치는 회계연도에 당기손익으로 인식한다. 그러나 위험회피에 비효과적인 부분은 즉시 당기손익으로 인식한다.

25 파생금융상품에 대한 설명이다 옳지 않은 것은?

① 약정가격으로 장래의 특정일에 대상상품을 인수도하기로 하는 장외거래를 선도거래라고 한다.

② 거래소가 정하는 기준 및 방법에 따라 표준화되어 있는 금융상품을 약정가격으로 장래의 특정일에 인수도하는 장내거래를 선물거래라고 한다.

③ 당사자 간에 약정된 시기에 약정된 환율, 이자율, 주가 등을 기준으로 하여 계산된 가액을 상호교환하기로 하는 장내거래를 스왑거래라고 한다.

④ 일정기간 동안 또는 특정일에 특정한 행사가격으로 특정금융상품을 사거나 팔 수 있는 권리를 매매하는 거래를 옵션거래라고 한다.

⑤ 선물거래가 계약내용이 표준화되어 있는 데 반해 선도거래는 계약 당사자들이 계약의 내용을 자유롭게 정할 수 있다.

> **해설** 스왑거래는 장외거래이다.

26 12월 결산법인인 (주)삼청은 6개월 후 100배럴의 원유가 필요하다. 회사는 원유가격변동에 대응하기 위하여 다음과 같은 조건으로 장외시장에서 선도거래를 체결하였다.

> - 계약체결일 : 20x1년 10월 1일
> - 계약기간 : 20x1년 10월 1일 ~ 20x2년 3월 31일(6개월)
> - 계약조건 : 결제일에 선도거래계약금과 결제일 현재 현물가격과의 차이를 현금으로 수수
> - 선도계약금액 : ₩50,000/배럴
> - 단, 현재가치평가는 생략한다.

일 자	현물가격(₩/배럴)	선도가격(₩/배럴)	공정가치
20x1 10/1	47,000	50,000	–
20x1 12/31	50,000	52,000	200,000
20x2 3/31	55,000	–	500,000

상기의 선도거래는 위험회피에 효과적이며 현재시점의 현물가격은 미래시점의 기대현물가격과 같다고 할 때 회사가 기말에 계상할 당기손익 또는 기타포괄손익은 얼마인가?

① 당기이익 200,000

② 당기이익 300,000

③ 기타포괄이익 200,000

④ 기타포괄이익 300,000

⑤ 당기이익 500,000

> **해설** 결산일의 회계처리는 다음과 같다.
>
> (차) 원유선도   200,000   (대) 원유선도평가이익(기타포괄손익)   200,000
>
> 100배럴 × (₩52,000 – ₩50,000)
>
> 만약 상기의 선도거래가 위험회피에 효과적이지 않다면 당기이익으로 회계처리한다.

27 20x1년에 설립한 (주)백호의 세전이익은 ₩1,000,000이며 법인세율은 30%이다. 그러나 20x2년 이후에는 26%로 인하될 것으로 입법예고되었다. 회사의 세무조정사항은 만기일 20x2년 6월 30일인 정기예금에 대한 20x1년도 분 미수수익 ₩80,000뿐이다. 회사가 계상할 법인세비용은 얼마인가?

① ₩296,800

② ₩276,000

③ ₩300,000

④ ₩260,000

⑤ ₩250,000

해설 (차) 법인세비용   296,800   (대) 당기법인세부채   276,000 (= 과세소득 (1,000,000 − 80,000) × 30%)
이연법인세부채   20,800 (= 80,000(일시적 차이) × 26%)

28 20x1년도에 설립한 은성기업(주)의 당기 세전이익은 ₩1,000,000이며 법인세율은 30%이다. 그러나 20x2년 이후에는 26%로 인하될 것으로 입법예고되었다. 회사의 세무조정사항은 다음과 같다.

> 회사는 보유 재고자산 중 장부금액이 ₩300,000인 상품의 순실현가능가치가 ₩200,000으로 하락하여 저가법으로 평가하였다. 회사는 세법상 재고자산평가방법을 원가법 중 총평균법으로 신고하였으며 재고자산평가손실은 세법상 인정되지 않는다. 그리고 당해 상품은 20x2년에 모두 판매되었다.

20x1년 회사가 계상할 법인세비용은 얼마인가? (단, 이연법인세자산의 실현가능성은 확실하다고 가정한다)

① ₩330,000

② ₩300,000

③ ₩304,000

④ ₩286,000

⑤ ₩270,000

해설 과세소득 = 당기순이익 1,000,000 + 재고자산평가손실 100,000 = 1,100,000
차감할 일시적 차이 100,000
(차) 이연법인세자산   26,000 (= 100,000 × 26%)   (대) 당기법인세부채   330,000 (= 1,100,000 × 30%)
법인세비용   304,000

29 갈지자(주)의 세전이익은 다음과 같다.

20x1년	20x2년
400원	−500원

20x2년 말 현재 해당 결손금을 제외한 일시적 차이는 없었으며 회사는 결손금에 대한 이월공제를 적용하고 있고, 세율은 40%라고 가정한다. 20x2년 말 추정 시 〈상황1〉 20x3년에 600원의 세전이익이 확실한 경우와, 〈상황2〉 20x3년 이후의 기간에 세전이익의 실현이 불확실한 경우 각각 회사가 계상할 이연법인세자산은 얼마인가?

	〈상황 1〉	〈상황 2〉			〈상황 1〉	〈상황 2〉
①	200원	0원		②	0원	0원
③	0원	200원		④	500원	0원
⑤	0원	500원				

해설 〈20x3년에 600원의 세전이익이 확실한 경우〉

(차) 이연법인세자산　　　　200 (= 500 × 40%)　　(대) 법인세수익　　　　　　　　　200

〈20x3년 이후 세전이익의 실현이 불확실한 경우〉
이연법인세자산을 계상할 수 없으므로 회계처리 없음

30 갑회사는 당기 중에 ₩1,000에 취득한 자기주식을 ₩1,500에 처분하고 기업회계기준에 따라 자기주식처분이익을 자본잉여금으로 회계처리하였다. 자기주식처분이익은 세법상 과세소득에 속한다. 갑회사의 세전이익은 ₩3,000이고 법인세율은 20%라고 할 때 법인세효과 반영 후 자기주식처분이익은 얼마인가?

① ₩0　　　　　　　　　　　　　　　② ₩400

③ ₩500　　　　　　　　　　　　　　④ ₩1,000

⑤ ₩3,000

해설 〈자기주식 처분〉

과세소득 = 세전이익 3,000 + 자기주식처분이익 500 = 3,500

(차) 현 금　　　　　　　　　1,500　　(대) 자기주식　　　　　　　　1,000
　　　　　　　　　　　　　　　　　　　　　자기주식처분이익(자본잉여금)　　500

〈법인세 부담액 반영〉

(차) 법인세비용　　　　　　　700　　(대) 당기법인세부채　　700 (= (3,000 + 500) × 20%)

〈자기주식처분이익 세효과 반영〉
자기주식처분이익 때문에 추가된 법인세부담액 100의 세효과를 자기주식처분이익에 반영한다.

(차) 자기주식처분이익　　　　100　　(대) 법인세비용　　　　100

결론적으로 회사가 계상할 자기주식처분이익은 500 − 100 = 400이 된다.

31 다음 중 일시적 차이에 해당하는 세법상의 소득처분의 유형은 무엇인가?

① 유 보

② 대표자상여

③ 배 당

④ 기타사외유출

⑤ 기 타

해설 세무조정금액이 사외로 유출되지 않고 회사내부에 남아 기업회계상 자산부채와 세법상 자산부채의 차이를 발생시키는 경우를 '유보'라고 하며 유보는 일시적 차이에 해당한다. 대표자상여, 배당, 기타소득, 기타사외유출은 세무조정 금액이 회사에 남아있지 않고 회사 밖으로 유출된 경우이다.

32 법인세의 기간 내 배분에 대한 서술이다. 가장 사실과 거리가 먼 것은? 최신출제유형

① 일시적 차이 이외의 차이(영구적 차이)는 법인세 기간 간 배분을 요하는 차이는 아니지만 세전이익과 당기순이익과의 비례관계를 깨뜨리는 하나의 요인이다.

② 중단사업이 있는 경우에 기간 내 배분이 필요하다.

③ 신용분석 시 장래 현금흐름 예측 시 법인세 기간 내 배분의 분석이 필요하다.

④ 법인세 기간 내 배분은 당기손익항목에 적용되는 것이며 기타포괄손익항목에 적용되지는 않는다.

⑤ 자기주식처분이익에 대한 세효과를 순액으로 표시하는 것은 기간 내 배분의 사례로 볼 수 있다.

해설 법인세 기간 내 배분은 기타포괄손익항목에도 적용된다.

33 회계상 이익과 과세소득 간의 일시적 차이를 발생시키는 원인으로 가장 거리가 먼 것은?
최신출제유형

① 자산부채의 평가방법 차이

② 수익의 인식시기에 대한 차이

③ 조세정책상 비용인식시기의 차이

④ 과세소득과 비과세대상 소득의 차이

⑤ 이월결손금, 비과세소득

해설 이월결손금과 비과세소득은 일시적 차이 이외의 차이(영구적 차이)에 해당한다.

34 A은행의 심사역 홍길동 과장은 일반기업회계기준을 적용하는 차주회사인 (주)삼청이 금년도부터 이연법인세회계처리를 도입하였음을 알게 되었다. 차주회사의 회계처리에 대한 내용으로 올바른 것은?

① 법인세비용은 당기에 회사가 납부해야 할 법인세를 의미한다.

② 가산할 일시적 차이의 경우 이연법인세자산을 발생시킨다.

③ 차감할 일시적 차이의 경우 이연법인세부채를 발생시킨다.

④ 자기주식처분이익을 기업회계기준에 의거하여 자본조정으로 처리하였다면 이연법인세자산이 계상된다.

⑤ 회사에 이월결손금(이월공제 가능기간임)이 존재하고 미래에 과세소득의 실현가능성이 거의 확실한 경우 이연법인세자산이 계상된다.

해설 ① 이연법인세회계를 도입한 경우 법인세비용은 일반적으로 납부할 법인세와 일치하지 않는다.
② 가산할 일시적 차이의 경우 미래에 법인세를 부담해야 하므로 이연법인세부채를 발생시킨다.
③ 차감할 일시적 차이의 경우 미래에 법인세를 절감하게 되므로 이연법인세자산을 발생시킨다.
④ 자기주식처분이익은 일시적 차이에 해당하지 않으므로 이연법인세자산(또는 부채)을 발생시키지 않는다.

35 다음 중 이연법인세자산의 실현가능성을 판단하기 위하여 고려할 사항으로 옳지 않은 것은?

① 미래 적절한 기간에 과세소득이 나타날 수 있는 세무정책의 가능성

② 세무상결손금 등의 이월공제가 적용되는 기간에 과세소득의 충분성

③ 차감할 일시적 차이가 소멸될 기간에 과세소득의 충분성

④ 세무상결손금 등의 이월공제가 적용되는 기간에 소멸될 것으로 예상되는 차감할 일시적 차이의 충분성

⑤ 차감할 일시적 차이가 소멸될 것으로 예상되는 기간에 소멸이 예상되는 가산할 일시적 차이의 충분성

해설 차감할 일시적 차이의 충분성은 이연법인세자산의 실현가능성을 판단하기 위한 고려대상이 되지 않는다.

36 12월 말 결산법인인 (주)국세의 20x0년의 법인세비용차감전순이익은 ₩100,000이며 법인세율은 30%이다. 차후 연도 법인세비용차감전순이익도 ₩100,000이 될 것으로 예상된다. 20x0년 중 법인세법의 개정으로 20x1 회계연도부터 적용되는 법인세율은 25%이다. (주)국세는 20x0년도에 퇴직급여충당부채(퇴직급여충당금) 한도초과액 ₩3,000이 발생하였으며, 동 한도초과액은 20x1년도에 ₩3,000이 손금추인된다. (주)국세가 20x0년도에 계상할 법인세비용은 얼마인가?

최신출제유형

① ₩30,900　　　　　　　　　　② ₩30,150

③ ₩30,000　　　　　　　　　　④ ₩31,000

⑤ ₩32,000

해설 (차) 이연법인세자산　　750 (= 3,000 × 25%)　　(대) 당기법인세부채　30,900 (= 103,000 × 30%)
　　　법인세비용　　30,150 plug

37 (주)이연은 20x6년 7월 1일에 건물을 임대하고 3년분 ₩150,000의 임대료를 선불로 받았다. 세법상 임대소득의 귀속시기를 현금주의로 한다고 가정하고, 20x6년 12월 31일 재무상태표에 계상될 이연법인세자산 또는 부채는 얼마인가? 단, 과세소득의 실현가능성은 확실하다(그 밖의 일시적 차이는 없고, 세율은 20x6년까지는 30%이었으나 20x6년 중 법인세법 개정으로 20x7년은 25%, 20x8년과 그 이후년도는 20%이다).

① ₩37,500 자산
② ₩37,500 부채
③ ₩27,500 자산
④ ₩27,500 부채
⑤ ₩31,250 자산

> **해설** 20x6년 세법상 임대소득 ₩150,000(현금주의)이지만 회계상 임대수익은 ₩25,000(= ₩150,000/3년 × 6/12)이다. 일시적 차이 125,000는 20x7년 ₩50,000, 20x8년 이후 ₩75,0000이 소멸한다.
> 미래 차감할 일시적 차이이므로 이연법인세자산에 해당하며 ₩50,000 × 25% + ₩75,000 × 20% = ₩27,500

38 20x1년 1월 1일에 영업을 시작한 (주)세풍건설은 장기건설계약으로 인한 이익을 재무보고 목적으로는 공사진행율기준을 적용하여 인식하고, 세무목적으로는 공사완성기준을 적용하여 인식한다. 각 기준하에서의 이익은 다음과 같다.

연 도	공사완성기준	공사진행기준
20x1년	–	₩300,000
20x2년	₩400,000	₩600,000
20x3년	₩700,000	₩850,000

20x1년부터 20x3년까지의 법인세율은 30%이다. 20x3년 중의 법인세율의 개정으로 인해 20x4년과 그 이후의 연도에 대한 법인세율은 25%이다. 20x3년 재무상태표에 (주)세풍건설이 보고하여야 할 이연법인세자산(부채)의 잔액은 얼마인가? [최신출제유형]

① ₩87,500 이연법인세부채
② ₩162,500 이연법인세자산
③ ₩162,500 이연법인세부채
④ ₩195,000 이연법인세자산
⑤ ₩195,000 이연법인세부채

> **해설** 가산할 일시적 차이는 미래에 법인세를 부담하게 되므로 부채에 해당한다.
> 20x1년 발생한 가산할 일시적 차이 300,000
> 20x2년 발생한 가산할 일시적 차이 200,000(누계 500,000)
> 20x3년 발생한 가산할 일시적 차이 150,000(누계 650,000)
> 일시적 차이 650,000 × 세율 25% = 162,500(이연법인세부채)

39 다음은 (주)삼청의 20x6년도 법인세비용 계산에 필요한 자료이다.

〈20x5년 말 현재 미소멸 일시적 차이〉

조특법상 준비금	(3,000,000)
20x6년 말 법인세비용차감전순이익	5,000,000

〈20x6년도 세무조정사항〉

조특법상 준비금환입	1,000,000
자기주식처분이익	300,000
접대비 한도초과	100,000

(1) 자기주식처분이익은 회계장부에 자본잉여금으로 처리하였다.
(2) 20x5년 말 현재 조특법상 준비금에 대한 일시적 차이는 20x6년부터 매년 1/3씩 환입될 예정이다.
(3) 20x5년 말 법인세부담액 계산 시 적용한 세율은 30%이며 20x6년도도 동일한 세율을 적용한다. 다만 20x6년 말 세법개정으로 인하여 20x7년도부터 적용할 세율은 25%로 인하되었다.

이연법인세회계를 적용하여 (주)삼청의 20x6년도 손익계산서에 계상할 법인세비용을 계산하면 얼마인가? [최신출제유형]

① 1,430,000   ② 1,520,000

③ 2,420,000   ④ 1,580,000

⑤ 2,330,000

해설

구 분	20x5년 (30%)	20x6년 (30%)	20x7년 (25%)	20x8년 (25%)	비 고
법인세차감전순이익		5,000,000			
조특법상 준비금	(3,000,000)	1,000,000	1,000,000	1,000,000	20x5년 말 이연법인세부채 : 3,000,000 × 30% = 900,000 20x6년 말 이연법인세부채 : 2,000,000 × 25% = 500,000
자기주식처분이익		300,000			해당 법인세는 자본의 차감으로 회계처리
접대비 한도초과		100,000			
과세소득		6,400,000			
당기법인세부채		1,920,000			

(차) 이연법인세부채   400,000   (대) 당기법인세부채   1,920,000
    자기주식처분이익   90,000
    법인세비용   1,430,000 plug

※ 20x6 세법개정으로 이연법인세부채가 변동된 효과까지 반영해야 한다.

40 일반기업회계기준에 따른 법인세회계에 관한 설명이다. 옳지 않은 것은?

① 일시적 차이는 자산과 부채의 장부금액과 세무기준액의 차이로 계산한다. 이것은 장부금액 자체가 현재가치로 평가되는 경우에도 동일하게 적용한다.

② 이연법인세자산과 부채는 현재가치로 평가한다.

③ 이연법인세자산과 부채는 보고기간 말 현재까지 확정된 세율에 기초하여 당해 자산이 회수되거나 부채가 상환될 기간에 적용될 것으로 예상되는 세율을 적용하여 측정하여야 한다.

④ 이연법인세자산의 실현가능성은 보고기간 말마다 재검토되어야 한다. 재검토 결과 이연법인세자산의 법인세절감효과가 실현되기에 충분한 과세소득이 예상되지 않는 경우, 기업회계기준서 제20장 '자산손상'에서 규정한 일반원칙에 따라 처리한다.

⑤ 회사가 자산(부채)의 장부금액을 회수(상환)하는 방식에 따라 (1) 회사가 자산(부채)의 장부금액을 회수(상환)하는 시점에 적용되는 세율 (2) 자산(부채)의 세무기준액 중 하나 또는 모두에 영향을 줄 수도 있다. 이러한 경우에는 예상되는 자산의 회수방법 또는 부채의 상환방법에 적용되는 세율과 세무기준액을 사용하여 이연법인세를 측정하여야 한다.

해설 이연법인세자산과 부채는 현재가치로 할인하지 않는다.

41 다음 자료는 (주)한국의 20X2년도 법인세와 관련된 내용이다.

• 20X1년 말 현재 일시적 차이	
– 미수이자	₩(100,000)
• 20X2년도 법인세비용차감전순이익	1,000,000
• 20X2년도 세무조정사항	
– 미수이자	(20,000)
– 접대비 한도초과	15,000
– 자기주식처분이익	100,000
• 연도별 법인세율은 20%로 일정하다.	
• 매년 말 회수이자는 그 다음 해 모두 현금수취된다.	

(주)한국의 20X2년도 포괄손익계산서에 인식할 법인세비용은 얼마인가? (단, 일시적 차이에 사용될 수 있는 과세소득의 발생가능성은 매우 높으며, 20X1년 말과 20X2년 말 각 연도의 미사용 세무상결손금과 세액공제는 없다)

① ₩199,000   ② ₩203,000

③ ₩219,000   ④ ₩223,000

⑤ ₩243,000

해설 과세소득 = 1,000,000 + 100,000 − 20,000 + 15,000 + 100,000 = 1,195,000
법인세 = 1,195,000 × 20% = 239,000
전기 가산할 일시적 차이 소멸(이연법인세부채 감소) 100,000 × 20% = 20,000
당기 가산할 일시적 차이 발생(이연법인세부채 증가) 20,000 × 20% = 4,000(소계 : 이연법인세부채 16,000 감소)

(a) (차) 이연법인세부채	② 16,000	(대) 미지급법인세	① 239,000
법인세비용	223,000 plug		

아울러 자기주식처분이익을 세후이익으로 수정하는 회계처리가 필요하다.

(b) (차) 자기주식처분이익	20,000	(대) 법인세비용	20,000

따라서 (a)와 (b)의 회계처리를 합하여 표시하면 다음과 같다.

(차) 이연법인세부채	16,000	(대) 미지급법인세	239,000
자기주식처분이익	20,000		
법인세비용	203,000		

제 04 장 | 건설형 공사계약의 회계처리

42 일반기업회계기준에 따른 공사수익의 측정치는 미래 사건의 결과와 관련된 다양한 불확실성에 의해 영향을 받는다. 따라서 공사수익의 측정치는 특정 사건이 발생하거나 측정 당시의 불확실성이 해소되면 수정되어야 한다. 이에 해당하는 특정사건에 포함되지 않는 것은?

① 원래의 계약이 합의된 회계연도 후에 발생한 공사내용의 변경이나 보상 합의
② 원래의 예상공사원가에 비해 실제공사원가의 유의적 변동이 있는 경우
③ 물가연동조항에 따른 공사계약금액의 변경
④ 건설사업자 자신이 귀책사유로 완공시기가 지연됨에 따라 위약금을 부담한 결과 계약수익금액이 감소되는 경우
⑤ 정액계약이 산출물 단위당 고정가격에 기초하여 정해진 경우, 산출량이 증가함에 따라 계약수익이 증가하는 경우

> **해설** 예상공사원가와 실제공사원가의 차이는 진행률에서 반영하며 공사원가에서 반영된다.

43 건설형 공사계약의 특징에 대한 설명이다. 옳지 않은 것은?

① 일반 제조업처럼 동일한 제품을 반복적으로 생산하는 것이 아니라 하나의 특정자산을 장기에 걸쳐 건설하는 과정을 통하여 수익을 창출한다.
② 도급계약의 형태로 유형자산을 건설하거나 개량하는 제반작업을 수행하기도 한다.
③ 도급계약의 형태로 이루어지는 경우 대부분 공사기간 중에도 수익의 합리적 측정이 가능하다.
④ 용역수행이 여러 회계기간에 걸쳐 진행되므로 제조업과는 달리 진행기준에 의한 수익인식이 요구된다.
⑤ 수익의 신뢰성 있는 측정을 위해서 가급적 완성기준으로 수익을 인식한다.

> **해설** 완성기준이 아닌 진행기준이 원칙이다.

44 건설형 공사계약의 병합과 분할에 대한 설명이다. 틀린 지문의 개수는?

> (a) 건설형 공사계약에 대한 회계처리는 공사계약별로 적용함을 원칙으로 한다. 그러나 계약내용의 경제적 실질을 올바로 반영하고 기간손익의 왜곡을 방지하기 위하여 동일 계약 내에서도 구분 가능한 부분별로 적용하거나, 또는 여러 계약을 하나의 계약으로 보아 일괄 적용해야 한다.
> (b) 여러 자산의 건설공사에 대하여 단일의 계약을 체결하였더라도 '(1) 각 자산에 대하여 별개의 공사제안서가 제출된다. (2) 각 자산에 대해 독립된 협상이 이루어졌으며, 발주자와 건설사업자는 각 자산별로 계약조건의 수락 또는 거부가 가능하다. (3) 각 자산별로 원가와 수익의 인식이 가능하다.'의 조건을 모두 충족하는 경우에는 여러 자산의 건설공사를 각각 독립된 건설공사로 본다.
> (c) '(1) 복수의 계약이 일괄적으로 협상된다. (2) 설계, 기술, 기능 또는 최종용도에서 복수의 계약이 상호 밀접하게 연관되어 사실상 단일 목표이윤을 추구하는 하나의 프로젝트가 된다. (3) 복수의 계약이 동시에 진행되거나 연쇄적으로 이행된다.'의 세 가지 조건을 모두 충족시키는 경우에는 복수계약 전체를 단일 건설형 공사계약으로 본다.
> (d) '(1) 추가되는 자산이 설계, 기술, 기능에 있어서 원래의 계약에 포함된 자산과 유의적으로 차이가 있거나, (2) 추가공사의 공사계약금액이 원래 계약상의 공사계약금액과 별도로 협상'되는 경우에는 발주자의 요구나 계약의 수정에 따라 추가되는 자산의 건설공사를 독립된 건설공사로 본다.

① 1개   ② 2개
③ 3개   ④ 4개
⑤ 0개

해설 모두 옳은 지문이다.

45 용역의 제공으로 인한 수익은 용역제공거래의 성과를 신뢰성 있게 추정할 수 있을 때 진행기준에 따라 인식한다. 다음의 조건 중 어떠한 조건이 충족되면 용역제공거래의 성과를 신뢰성 있게 추정할 수 있는가?

> (가) 거래 전체의 수익금액을 신뢰성 있게 측정할 수 있다.
> (나) 경제적 효익의 유입 가능성이 매우 높다.
> (다) 진행률을 신뢰성 있게 측정할 수 있다.
> (라) 이미 발생한 원가 및 거래의 완료를 위하여 투입하여야 할 원가를 신뢰성 있게 측정할 수 있다.

① (가), (나), (다), (라)   ② (가), (나), (다)
③ (가), (나), (라)   ④ (가), (다), (라)
⑤ (가), (나)

해설 모두 옳은 지문이다.

46 건설회사 신용조사 시 유의사항에 대한 내용이다. 올바른 것을 고르시오.

① 업종특성상 수익비용대응이 용이하다.

② 진행기준을 적용하여 수익을 인식하는 경우 합리적인 공사진행률을 추정하여야 하고 이 과정에서 주관적 요소는 개입할 여지가 적다.

③ 수익창출활동이 대부분 공사현장에서 이루어지기 때문에 내부통제시스템은 오히려 잘 갖추어져 있다.

④ 건설회사는 대부분 자체건설을 주업으로 하므로 외주가공비의 비중은 낮은 것이 보통이다.

⑤ 건설자재의 경우 품질이나 사용량의 검증에 어려움이 있어서 일반 제조업에 비하여 분식의 소지가 높다.

> **해설** ① 건설업종은 수익창출활동이 장기간에 걸쳐 이루어지므로 수익과 비용의 대응이 어렵다.
> ② 공사진행률 추정에서 주관적 요소의 개입 여지가 크다.
> ③ 일반 제조업에 비해 건설업은 내부통제시스템이 잘 갖추어지지 못한 경우가 대부분이다.
> ④ 외주가공비의 비중이 일반 제조업에 비해 높은 경우가 일반적이다.

47 공사진행률에 대한 설명이다. 올바른 것은?

① 공사진행률은 실제공사비 발생액을 토지의 취득원가와 자본화대상 금융비용을 포함한 총공사예정원가로 나눈 비율로 계산(원가법)함을 원칙으로 한다.

② 공사진행률을 추정할 때, 공사수익의 실현이 작업시간이나 작업일수 또는 기성공사의 면적이나 물량 등과 보다 밀접한 비례관계에 있고, 전체공사에서 이미 투입되었거나 완성된 부분이 차지하는 비율을 객관적으로 산정할 수 있는 경우에는 그 비율을 적용해야 하며 원가법은 배제한다.

③ 공사진행률을 발생원가 기준으로 결정할 경우에는 실제로 수행된 작업에 대한 공사원가만 발생원가에 포함한다.

④ 공사결과를 신뢰성 있게 추정하기 위해 필요한 조건을 충족시키지 못해 진행기준을 적용할 수 없는 예외적인 경우에는 공사수익은 회수가능성이 높은 발생원가의 범위 내에서만 인식하고 공사원가는 발생된 회계기간의 비용으로 인식한다.

⑤ 공사원가가 공사수익을 초과할 가능성이 높은 경우에는 추정공사손실을 공사손실충당부채전입액으로 하여 즉시 비용으로 인식한다.

> **해설** ① 공사진행률은 실제공사비 발생액을 토지의 취득원가와 자본화대상 금융비용 등을 제외한 총공사예정원가로 나눈 비율로 계산함을 원칙으로 한다.
> ② 공사진행률을 추정할 때, 공사수익의 실현이 작업시간이나 작업일수 또는 기성공사의 면적이나 물량 등과 보다 밀접한 비례관계에 있고, 전체공사에서 이미 투입되었거나 완성된 부분이 차지하는 비율을 객관적으로 산정할 수 있는 경우에는 그 비율(투하노력법)로 할 수 있다.
> ④ 공사결과를 신뢰성 있게 추정하기 위해 필요한 조건을 충족시키지 못해 진행기준을 적용할 수 없는 예외적인 경우에는 공사수익은 회수가능성이 매우 높은 발생원가의 범위 내에서만 인식하고 공사원가는 발생된 회계기간의 비용으로 인식한다.
> ⑤ 공사원가가 공사수익을 초과할 가능성이 매우 높은 경우에는 추정공사손실을 공사손실충당부채전입액으로 하여 즉시 비용으로 인식한다.
> ※ 참고 : 일반기업회계기준에서는 가능성이 '매우 높은'으로 표현하는 경우가 대부분이다. 가능성이 '높은'으로 제시된 지문은 모두 틀린 지문으로 보고 풀면 큰 실수가 없다.

48 12월 말 결산법인인 (주)대한은 20x1년 1월 1일에 공사를 수주하였으며 공사기간은 20x1년 1월 1일부터 20x4년 12월 31일까지 4년간이다. 최초 합의된 공사계약금액은 ₩1,500,000이나 20x3년도에 공사내용의 일부 변경으로 ₩200,000이 추가되었다. 다음은 공사기간 중 공사원가에 대한 자료이다.

구 분	20x1년	20x2년	20x3년
실제발생 공사원가	₩250,000	₩300,000	₩410,000
기말추정 추가공사원가	750,000	450,000	240,000

공사진행기준에 의하여 수익을 인식할 경우 20x3년에 인식할 공사수익은 얼마인가?

최신출제유형

① ₩245,000
② ₩375,000
③ ₩535,000
④ ₩675,000
⑤ ₩825,000

해설

구 분	20x1	20x2	20x3
누적공사원가	₩250,000	₩550,000	₩960,000
총예정공사원가	1,000,000	1,000,000	1,200,000
공사진행률	25%	55%	80%

20x2년까지 수익인식금액 1,500,000 × 55% = 825,000
20x3년 공사수익 1,700,000 × 80% − 825,000 = 535,000

49 (주)국세(12월 말 결산법인)는 건설형 공사계약으로 도급공사 계약금액이 ₩70,000인 댐건설공사를 20x6년 1월 1일에 수주하였다. 이 댐건설공사는 20x8년 말에 완성될 예정이며, 공사관련 자료는 다음과 같다.

구 분	20x6년	20x7년	20x8년
실제발생원가 누적액	₩13,750	₩48,960	₩72,000
완성 시까지 예상추가원가	41,250	23,040	−

(주)국세의 20x7년도 공사손실액은 얼마인가?

최신출제유형

① ₩3,000
② ₩3,200
③ ₩3,750
④ ₩5,110
⑤ ₩5,750

구 분	20x6년	20x7년	20x8년
누적공사원가	₩13,750	₩48,960	₩72,000
총예정공사원가	55,000	72,000	–
공사진행률	25%	68%	100%

〈20x6년〉
공사수익 70,000 × 25% = 17,500
공사이익 = 공사수익 17,500 − 공사원가 13,750 = 3,750

〈20x7년〉
총예정공사원가(₩72,000)가 공사계약금액(₩70,000)을 초과하므로 공사손실(₩2,000) 예상
공사손실 = 3,750(전기공사이익) + 2,000(공사손실) = 5,750

50 (주)우진건설은 2005년 초에 총계약금액 ₩20,000,000의 장기건설공사를 수주하여 공사를 개시하였다. 2005년 말 현재 공사가 계속 진행 중이며 2008년 말에 완공될 예정이다. (주)우진건설은 공사완공 후 2년간 하자보수이행 의무를 부담하기로 하였으며, 하자보수비로 ₩2,000,000이 소요될 것으로 추정하였다. 다음은 2005년도 공사관련 자료이다.

당기발생공사원가	₩4,000,000
완공 시까지 추가소요원가	₩15,000,000

(주)우진건설이 2005년에 인식해야 할 공사수익과 공사손익은 각각 얼마인가? (단, 공사진행률(%)은 소수점 이하에서 반올림하여 계산한다) [최신출제유형]

	공사수익	공사손익
①	₩4,200,000	이익 ₩210,000
②	₩4,200,000	이익 ₩100,000
③	₩4,200,000	손실 ₩1,000,000
④	₩3,800,000	손실 ₩200,000
⑤	₩3,800,000	손실 ₩1,000,000

하자보수비는 공사가 종료되는 회계연도의 공사원가에 포함시킨다.
총예상공사원가 = 4,000,000 + 15,000,000 + 2,000,000 = 21,000,000
누적공사원가 = 4,000,000
공사진행률 = 누적공사원가/총예상공사원가 → 19%
공사수익 20,000,000 × 19% = 3,800,000
공사손실이 예상되는 경우이므로 공사로 인한 예상손실 전액을 당기비용으로 계상한다.
계약금액 20,000,000 − 총예상공사원가 21,000,000 = −1,000,000

51 (주)예림건설은 20x0년 초에 4년에 걸친 항만건설계약을 체결하였다. 공사대금은 ₩10,000이고 아래는 공사기간에 걸쳐 발생한 공사원가 및 각 연도 말에서의 예상공사원가이다.

구 분	20x0년	20x1년	20x2년	20x3년
공사원가	₩2,000	₩2,500	₩2,300	₩1,800
공사원가누적액	2,000	4,500	6,800	8,600
완성에 소요될 추가원가	6,000	4,500	1,700	–

(주)예림건설이 공사진행기준에 따라 수익을 인식하였다면 20x2년에 인식한 공사이익은 얼마인가? 〔최신출제유형〕

① ₩0

② ₩500

③ ₩700

④ ₩200

⑤ ₩400

〔해설〕

구 분	20x0년	20x1년	20x2년	20x3년
공사원가누적액	2,000	4,500	6,800	8,600
총공사예정원가	8,000	9,000	8,500	8,600
진행률	25%	50%	80%	100%
공사수익	2,500	2,500	3,000	2,000
공사원가	(2,000)	(2,500)	(2,300)	(1,800)
공사이익	500	0	700	200

52 (주)백두는 20x1년 도급금액 ₩20,000,000의 장기도급공사계약을 체결하고 공사에 착수하였다. 공사와 관련된 자료는 다음과 같다.

구 분	20x1년	20x2년	20x3년
누적발생원가	₩4,000,000	₩12,000,000	₩22,000,000
추가추정원가	12,000,000	10,000,000	0

회사가 20x2년 인식할 공사손익은 얼마인가? 〔최신출제유형〕

① 공사이익 ₩3,000,000

② 공사손실 ₩3,000,000

③ 공사이익 ₩2,000,000

④ 공사손실 ₩2,000,000

⑤ 공사손익 ₩0

해설

구 분	20x1년	20x2년
공사원가누적액	4,000,000	12,000,000
총공사예정원가	16,000,000	22,000,000
진행률	25%	54.55%
공사수익	5,000,000	5,909,090
공사원가	4,000,000	8,000,000
공사손실조정		(909,090)
공사이익	1,000,000	*(3,000,000)

*공사손익누적액이 손실 2,000,000이어야 하는데 전기에 이익 1,000,000을 인식했으므로

53 ㈜국세는 20x1년 1월 1일에 서울시로부터 계약금액 ₩7,000,000인 축구경기장 건설계약을 수주하였다. 동 공사는 20x3년 말에 완공되었으며 동 건설계약과 관련된 자료는 다음과 같다.

구분	20x1	20x2	20x3
총공사예정원가	6,000,000	7,500,000	7,500,000
당기발생원가	1,500,000	4,500,000	1,500,000
계약대금청구	2,000,000	2,500,000	2,500,000
계약대금회수	1,800,000	2,500,000	2,700,000

동 건설계약과 관련하여 회사가 20x2년도 기말 재무상태표에 계상할 공사손실충당부채는 얼마인가?(단 주어진 자료에서 구할 수 있는 진행률을 사용하여 계산한다) [최신출제유형]

① ₩100,000

② ₩250,000

③ ₩500,000

④ ₩650,000

⑤ ₩750,000

해설

구 분	20x1년	20x2년
공사원가누적액	1,500,000	6,000,000
총공사예정원가	6,000,000	7,500,000
진행률	25%	80%
누적공사수익	₩1,750,000	₩5,600,000
당기공사수익	1,750,000	3,850,000
공사원가	(1,500,000)	(4,500,000)
조정전공사손익	250,000	(650,000)
공사손실추가		(100,000)
조정후공사손익	250,000	(750,000)

20x1년 말에는 공사손실이 예상되지 않았으므로 공사손실충당부채는 0이고, 20x2년 말에는 20x2년 중 발생한 공사손실만큼의 공사손실충당부채가 계상된다.

부 록

최종모의고사

정답 및 해설

배우기만 하고 생각하지 않으면 얻는 것이 없고, 생각만 하고 배우지 않으면 위태롭다.

- 공자 -

최종모의고사

기업회계기준

01 우리나라의 회계기준에 대한 설명이다. 올바른 것은?

① 현재 우리나라에서 통용되는 회계기준은 한국채택국제회계기준, 일반기업회계기준 두 가지이다.
② 비상장회사로서 외부감사대상인 경우에는 중소기업회계기준을 적용할 수 있다.
③ 비상장회사로서 외부감사대상인 경우에는 한국채택국제회계기준을 적용할 수 없다.
④ 한국채택국제회계기준을 적용하는 회사에도 중소기업회계처리 특례를 적용할 수 있다.
⑤ 비상장기업이 상장기업의 연결자회사인 경우 반드시 한국채택국제회계기준에 의해 재무제표를 작성하여야 한다.

02 다음 중 일반기업회계기준에서 정한 재무제표에 해당하지 않는 것은?

① 자본변동표
② 현금흐름표
③ 이익잉여금처분계산서
④ 손익계산서
⑤ 재무상태표

03 재무정보의 질적 특성 간의 절충의 필요에 대한 설명이다. 올바른 것은?

① 유형자산을 역사적원가로 평가하면 일반적으로 검증가능성이 높으므로 목적적합성은 제고되나 신뢰성은 저하될 수 있다.
② 시장성 없는 유가증권에 대해 역사적원가를 적용하면 자산가액 측정치의 표현의 충실성과 검증가 능성은 높으나 유가증권의 실제 가치를 나타내지 못하여 목적적합성이 저하될 수 있다.
③ 정보를 적시에 제공하기 위해 거래나 사건의 모든 내용이 확정되기 전에 보고하는 경우, 목적적합 성은 향상되나 신뢰성은 저하될 수 있다.
④ 유형자산을 재평가모형을 적용하면 일반적으로 검증가능성이 높으므로 측정의 신뢰성은 제고되 나 목적적합성은 저하된다.
⑤ 기업실체의 재무상태에 중요한 영향을 미칠 것으로 예상되는 진행 중인 손해배상소송에 대한 정보는 신뢰성 있는 정보일 수 있다. 그러나 소송결과를 확실히 예측할 수 없는 상황에서 손해배 상청구액을 재무제표에 인식하는 것은 목적적합성을 저해할 수 있다.

04 다음 중 직접대응에 해당하는 것은 무엇인가?

① 매출과 매출원가

② 광고선전비와 교육훈련비

③ 유형자산 감가상각비

④ 무형자산 상각비

⑤ 연구비와 경상개발비

05 부채는 1년을 기준으로 유동부채와 비유동부채로 분류한다. 다음의 설명 중 옳은 것은?

① 정상적인 영업주기 내에 소멸할 것으로 예상되는 매입채무와 미지급비용의 경우에도 보고기간종 료일로부터 1년 이내에 결제되는 경우에 한하여 유동부채로 분류한다.

② 장기차입약정을 위반하여 채권자가 즉시 상환을 요구할 수 있는 채무는, 보고기간종료일과 재무 제표가 사실상 확정된 날 사이에 상환을 요구하지 않기로 합의하였다면 비유동부채로 분류한다.

③ 보고기간종료일로부터 1년 이내에 상환되어야 하는 채무는, 보고기간종료일과 재무제표가 사실 상 확정된 날 사이에 보고기간종료일로부터 1년을 초과하여 상환하기로 합의하더라도 유동부채 로 분류한다.

④ 보고기간종료일로부터 1년 이내에 상환기일이 도래하는 경우, 기존의 차입약정에 따라 보고기간 종료일로부터 1년을 초과하여 상환할 수 있고 기업이 그러한 의도가 있는 경우라 하더라도 유동부 채로 분류한다.

⑤ 장기차입약정을 위반하여 채권자가 즉시 상환을 요구할 수 있는 채무인 경우 항상 비유동부채로 분류한다.

06 중소기업회계처리특례에 해당하지 않는 것은?

① 정형화된 시장에서 거래되지 않아 시가가 없는 파생상품에 대하여는 계약 시점 후 평가에 관한 회계처리를 아니할 수 있다.

② 시장성이 없는 지분증권은 취득원가로 평가할 수 있다.

③ 1년 내의 기간에 완료되는 용역매출 및 건설형 공사계약에 대하여는 용역제공을 완료하였거나 공사 등을 완성한 날에 수익으로 인식할 수 있으며, 1년 이상의 기간에 걸쳐 이루어지는 할부매출 은 할부금회수기일이 도래한 날에 실현되는 것으로 할 수 있다.

④ 토지 또는 건물 등을 장기할부조건으로 처분하는 경우에는 당해 자산의 처분이익을 할부금회수기 일이 도래한 날에 실현되는 것으로 할 수 있다.

⑤ 차입원가는 기간비용으로 처리함을 원칙으로 한다.

07 (주)삼청의 20x1년 부분재무상태표는 다음과 같다.

	재무상태표 20x1년 1월 1일	
매출채권	1,000,000	
대손충당금	(50,000)	950,000

20x1년 중의 거래는 다음과 같다(매출채권 발생 및 회수거래는 제외하였다).

4월 10일	매출채권 중 150,000이 대손확정되었다.
9월 20일	매출채권 중 100,000이 대손확정되었다.
10월 20일	4월 10일에 대손처리했던 매출채권 중 70,000원이 회수되었다.
11월 20일	전기이전에 대손처리했던 매출채권 중 60,000원이 회수되었다.
12월 30일	매출채권 중 50,000원이 대손확정되었다.
12월 31일	상기의 거래를 반영한 후 매출채권 잔액은 1,080,000원이며 이 중 미래 현금 회수할 것으로 추정된 금액은 980,000원이다.

20x1년 중 손익계산서에 인식해야 할 대손상각비는 얼마인가?

① 320,000원
② 270,000원
③ 250,000원
④ 220,000원
⑤ 200,000원

08 다음은 (주)서울의 당기 상품매입과 관련된 자료이다.

항 목	금액(취득원가 기준)	비 고
기초재고자산	100,000	
당기매입액	500,000	
기말재고자산실사액	50,000	창고 보유분
미착상품	30,000	선적지 인도조건으로 현재 운송 중
적송품	100,000	60% 판매 완료
시송품	30,000	고객이 매입의사표시를 한 금액 10,000
재구매조건부판매	40,000	재구매일 20x8년 1월 10일 재구매가격 45,000
저당상품	20,000	차입금에 대하여 담보로 제공되어 있고 기말재고자산 실사액에는 포함되어 있지 않음
반품가능판매	35,000	반품액의 합리적인 추정이 불가

위의 자료를 이용하여 (주)서울의 매출원가를 계산하면 얼마인가?

① 365,000
② 395,000
③ 435,000
④ 455,000
⑤ 490,000

09 (주)국세는 매출가격환원법(소매재고법)에 의하여 기말재고자산의 원가를 추정하고 있다. 회사는 총액법을 사용하고 있으며 매출 및 매입계정을 분할하여 장부에 기재하고 있다. 다음은 회사의 재고자산에 관한 자료이다. 회사는 평균법에 의한 저가기준을 적용하여 매출가격환원법을 사용한다. 당기의 매출총이익으로 가장 근사한 금액은 얼마인가?

항 목	원 가	판매가	항 목	판매가
기초재고	360,000	560,000	순인상액	230,000
매 입	2,520,000	3,640,000	순인하액	60,000
매입환출	150,000	280,000	총매출	2,220,000
비정상적감모손실	35,000	50,000	정상적감모손실	20,000
매입할인	30,000	–	종업원할인	80,000

① 673,000

② 682,000

③ 708,000

④ 688,000

⑤ 665,000

10 다음은 (주)한국이 보유하고 있는 단기매매증권 관련 자료이다. 회사가 20x4년 결산 시(12월 31일) 인식해야 할 단기매매증권평가손익은 얼마인가?

> 20x4년 10월 10일 주식취득 매입가 2,000,000원(매입수수료 20,000원)
> 20x4년 12월 31일 공정가치 2,100,000원
> 20x5년 12월 31일 공정가치 2,300,000원

① 평가이익 200,000원

② 평가이익 300,000원

③ 평가이익 100,000원

④ 평가이익 80,000원

⑤ 평가손실 20,000원

11 20x3년 7월 1일 매도가능증권을 980,000원에 취득하고 거래원가 20,000원을 포함하여 1,000,000원을 지급하였다. 이후 20x5년 7월 1일에 매도가능증권을 1,750,000원에 모두 처분하였고 수수료 50,000원을 차감한 1,700,000원을 현금으로 수취하였다. 매년 말 매도가능증권의 공정가치는 다음과 같다.

20x3년	1,100,000원
20x4년	1,500,000원

20x5년 7월 1일 회사가 계상할 매도가능증권처분이익은?

① 300,000원   ② 700,000원

③ 720,000원   ④ 750,000원

⑤ 780,000원

12 (주)방배는 20x1년 1월 1일 토지를 8,000,000에 취득하면서 계약금으로 2,000,000을 지급하고 잔금은 20x1년부터 20x3년까지 매년 12월 31일에 각각 2,000,000씩 3회 분할지급하기로 하였다. 토지 취득일 현재 토지의 현금가격상당액은 총지급액을 연 10% 이자율로 할인한 현재가치와 동일하다. 토지의 취득원가는 얼마인가? (단, 3년의 연금현가계수는 2.48685이다)

① 4,973,700   ② 5,973,700

③ 6,000,000   ④ 6,973,700

⑤ 8,000,000

13 (주)부산은 20x0년 4월 1일 기계장치를 취득하였는데 취득원가는 6,000,000원이다. 기계의 내용연수는 8년, 잔존가치는 400,000원으로 추정하였다. 위 기계장치의 총 생산가능량은 500,000단위로 추정되는데 20x0년도에 46,000단위, 20x1년도에 62,000단위를 생산하였다. 회사가 생산량비례법과 연수합계법에 의해 감가상각할 경우 20x1년의 감가상각비를 각각 구하시오.

	생산량비례법	연수합계법
①	386,400원	1,088,889원
②	386,400원	1,127,778원
③	515,200원	1,088,889원
④	515,200원	1,127,778원
⑤	694,400원	1,127,778원

14 대한상사는 사옥을 건설하기 위하여 20x1년 1월 1일 한국건설과 공사도급계약을 체결하였다. 대한상사는 사옥건설을 위해 다음과 같이 지출하고 20x2년 6월 30일 준공하였다. 회사는 차입원가를 자본화하는 회계정책을 적용하고 있다.

> 20x1년 1월 1일 180,000원
> 20x2년 1월 1일 70,000원
> 　(합 계)　　250,000원

회사의 차입금 중 A는 특정차입금, B, C는 일반차입금이며 20x2년도에 신규로 조달된 차입금은 없다.

차입금	차입일	차입금액	상환일	이자율
A	20x1년 1월 1일	50,000원	20x2년 3월 31일	12%
B	20x0년 1월 1일	60,000원	20x2년 12월 31일	8%
C	20x0년 1월 1일	80,000원	20x3년 12월 31일	11.5%

회사는 유형자산의 취득과 관련된 차입원가를 취득원가에 가산하고 있으며 사옥의 건설과 관련하여 20x1년도에 자본화한 차입원가가 19,000원이라고 할 때 사옥의 준공시점에 계상될 건물의 취득원가는? (단, 적격자산의 평균을 계산할 때 간편법을 사용하지 않는다)

① 281,750원

② 269,000원

③ 284,500원

④ 282,000원

⑤ 258,000원

15 (주)서초는 100,000원의 정부보조금을 수취하여 20x1년 초에 취득원가 150,000원의 기계장치를 취득하였다. 기계장치의 내용연수는 5년이며 잔존가치 없이 정액법으로 상각한다. 20x1년도 손익계산서에 인식할 기계장치의 감가상각비와 장부가액(순액)을 각각 계산하라.

	감가상각비	장부가액
①	30,000원	120,000원
②	10,000원	40,000원
③	30,000원	40,000원
④	10,000원	120,000원
⑤	20,000원	100,000원

16 무형자산에 대한 설명이다. 옳지 않은 것은?

① 무형자산의 미래 경제적 효익을 확보할 수 있고 그 효익에 대한 제3자의 접근을 제한할 수 있다면 자산을 통제하고 있는 것이다.

② 내부적으로 창출한 영업권은 원가를 신뢰성 있게 측정할 수 없을 뿐만 아니라 기업이 통제하고 있는 식별가능한 자원도 아니기 때문에 자산으로 인식하지 않는다.

③ 개발단계에서 발생한 지출은 기준서에서 정하는 조건을 모두 충족하는 경우에만 무형자산으로 인식하고, 그 외의 경우에는 발생한 기간의 비용으로 인식한다.

④ 무형자산의 내용연수는 경제적 요인과 법적 요인의 영향을 받는다. 경제적 요인은 자산의 미래경제적효익이 획득되는 기간을 결정하고, 법적 요인은 기업이 그 효익에 대한 제3자의 접근을 통제할 수 있는 기간을 제한한다. 내용연수는 이러한 요인에 의해 결정된 기간 중 긴 기간으로 한다.

⑤ 무형자산의 잔존가치는 없는 것을 원칙으로 한다. 다만, 경제적 내용연수보다 짧은 상각기간을 정한 경우에 상각기간이 종료될 때 제3자가 자산을 구입하는 약정이 있거나, 그 자산에 대한 활성시장이 존재하여 상각기간이 종료되는 시점에 자산의 잔존가치가 활성시장에서 결정될 가능성이 매우 높다면 잔존가치를 인식할 수 있다.

17 다음 중 유동부채로 분류될 수 없는 항목은?

① 퇴직급여충당부채
② 이연법인세부채
③ 유동성장기부채
④ 부가가치세예수금
⑤ 선수수익

18 (주)삼청은 3년 만기의 액면금액 10,000원 사채를 액면이자율 10%로 20x1년 1월 1일 발행하였다. 이자를 매년 말에 지급하고 발행일의 유효이자율은 8%이다. 이 사채의 20x1년 1월 1일 발행가액을 구하시오.

이자율	₩1의 현재가치(3년)	연금 ₩1의 현재가치(3년)
8%	0.7938	2.5771
10%	0.7513	2.4869

① 10,662원
② 10,573원
③ 10,515원
④ 10,142원
⑤ 10,000원

19 다음은 (주)삼청의 20x5년 초에 사채를 상환하기 직전의 사채관련자료이다. 사채 상환시점에 인식할 사채상환손익은 얼마인가?

액면금액 1,000,000	사채할인발행차금 100,000
상환가액 1,200,000	액면이자율 10%

① 사채상환이익 100,000

② 사채상환손실 100,000

③ 사채상환이익 200,000

④ 사채상환손실 200,000

⑤ 사채상환손실 300,000

20 (주)삼청은 20x1년 1월 1일 다음과 같은 조건으로 전환사채를 발행하였다. 사채발행 시 일반사채의 이자율은 10%이다. 전환사채의 발행조건은 다음과 같다.

- 액면금액 1,000,000
- 표시이자율 연 8%
- 매년 말 이자후급 만기상환일 20x3년 12월 31일 (만기 3년)
- 전환사채의 발행가액 980,000(전환사채에 별도의 보장수익률이 없음)
- 전환사채의 액면가액 40,000당 액면 5,000의 보통주 1주가 전환될 수 있으며 전환청구는 발행일로부터 1년 경과한 후 가능

전환사채 발행일에 회사가 재무상태표에 인식할 전환권대가는 얼마인가?

① 29,737

② 49,737

③ 74,755

④ 39,737

⑤ 57,799

21 다음 자료를 토대로 20x1년 12월 31일 채권·채무조정 결과 대한자동차(주)에서 인식하게 될 대손상각비와 한국상사(주)에서 인식하게 될 채무면제이익을 각각 구하면? (단, 조정된 채권의 명목가액과 현재가치의 차이는 중요한 것으로 판단되었다)

- 20x1년 12월 31일이 만기인 장기대여금의 상환기일을 3년 연장하고, 원금을 10,000,000에서 8,000,000으로 감액한다.
- 미수이자 600,000을 면제하고, 이자율도 연 12%에서 연 8%로 조정한다.
- 재조정된 시점의 유효이자율은 연 10%로 한다.
- 대한자동차(주)의 채권·채무재조정 전 대손충당금 잔액은 860,000이다.

할인율	현재가치이자요소	연금의 현재가치이자요소
기간 3년, 이자율 12%	0.7118	2.5771
기간 3년, 이자율 10%	0.7513	2.4869
기간 3년, 이자율 8%	0.7938	2.4018

	대한자동차(주)	한국상사(주)
①	대손상각비 : 2,137,984	채무조정이익 : 2,997,984
②	대손상각비 : 2,997,984	채무조정이익 : 2,997,984
③	대손상각비 : 1,852,248	채무조정이익 : 2,712,248
④	대손상각비 : 2,137,984	채무조정이익 : 2,137,984
⑤	대손상각비 : 2,997,984	채무조정이익 : 2,137,984

22 (주)거제는 퇴직급여제도로 확정급여제도를 채택하고 있으며, 20x1년 초 확정급여채무와 사외적립자산의 장부금액은 각각 1,000,000원과 900,000원이다. (주)거제의 20x1년도 확정급여제도와 관련된 자료는 다음과 같다. (주)거제의 확정급여제도와 관련하여 적용할 할인율은 연 12%이며, 모든 거래는 기말에 발생하고, 퇴직금은 사외적립자산에서 지급한다.

당기근무원가 : 100,000원
퇴직금지급액 : 150,000원
사외적립자산에 대한 기여금 납부액 : 400,000원
보험수리적가정의 변동을 고려한 20x1년 말의 확정급여채무 : 1,300,000원
20x1년 말 사외적립자산의 공정가치 : 1,350,000원

동 확정급여제도로 인하여 (주)거제의 20x1년도 손익계산서상 당기순이익과 기타포괄이익에 미치는 영향은 각각 얼마인가? (단, 법인세효과와 과거근무원가는 고려하지 않는다)

	당기순이익	기타포괄이익		당기순이익	기타포괄이익
①	+112,000원	+162,000원	②	−112,000원	−138,000원
③	−175,000원	+192,000원	④	+220,000원	+162,000원
⑤	−220,000원	−138,000원			

23 (주)갑은 20x1년에 자기주식 60주를 주당 ₩3,000에 취득하였으며, 20x2년에 이 중 30주를 주당 ₩5,000에 처분하였다. 20x1년 말 (주)갑 주식의 주당 공정가치는 ₩4,000이다. 20x2년의 자기주식 처분이 자본총계에 미치는 영향을 옳게 나타낸 것은? (단, 법인세효과는 고려하지 않는다)

① ₩30,000 감소 ② ₩60,000 증가
③ ₩150,000 감소 ④ ₩150,000 증가
⑤ ₩180,000 증가

24 (주)삼청은 다음과 같은 회계처리를 하였다. 동 회계처리는 어떤 거래에 해당하는가?

(차) 자본금	20,000,000	(대) 감자차익	15,000,000
		현 금	5,000,000

① 유상감자 ② 무상감자
③ 주식분할 ④ 주식배당
⑤ 현물출자

25 일반기업회계기준에서 언급하고 있는 수익인식의 적용사례에 대한 설명이다. 옳지 않은 것은?

① 냉장고 판매 대리점에서 재화를 판매한 후 설치까지 할 재화판매거래와 용역제공거래로 별도로 회계처리한다.
② 부품공급을 포함한 설비유지보수계약이 확정가격으로 체결되는 거래는 용역제공거래로 분류한다.
③ 상품권의 발행과 관련된 수익은 상품권을 회수한 시점에 인식한다. 상품권을 판매한 때는 선수금으로 회계처리한다.
④ 품질보증조건으로 재화를 판매하는 거래는 재화판매거래로 분류한다.
⑤ 재화와 용역의 제공의 각각 총거래가격에 영향을 미치면 이를 재화판매거래와 용역제공거래로 별도로 회계처리한다.

26 (주)삼청의 당기순이익은 125,000,000원이며 우선주배당금은 10,000,000원이다. 기초 유통보통주식수는 10,000주이다. 7월 1일에 20% 무상증자가 있었고 10월 1일에 자기주식 2,000주를 취득하였다. 주당이익을 계산하시오.

① 9,583원 ② 10,000원
③ 11,000원 ④ 11,500원
⑤ 12,500원

27 (주)삼청은 20x1년 1월 1일 기계장치를 1,200,000에 취득하였다. 동 설비의 내용연수는 5년이며 잔존가치는 200,000으로 추정하였다. 20x2년부터 회사는 기계설비의 경제적 효익의 소비형태가 바뀌어 정액법 대신 연수합계법을 적용하여 상각하는 것이 타당하다고 판단하였다. 아울러 20x2년 초 시점에서 잔존가치는 100,000으로 다시 추정하였다. 20x2년에 회사가 손익계산서에 계상할 감가상각비를 계산하라.

① 100,000원　　　　　　　　　　② 200,000원

③ 300,000원　　　　　　　　　　④ 360,000원

⑤ 400,000원

28 (주)삼청은 20x1년 1월 1일에 기계장치에 대하여 수선비 100,000원을 지출하고 이를 기계장치의 장부금액에 가산하였다. 20x2년 현재 기계장치의 잔존내용연수는 5년, 잔존가치는 없으며 정액법으로 감가상각한다. 해당 수선비는 수익적 지출에 해당하여 발생연도의 비용으로 회계처리하는 것이 타당하며 오류의 금액은 중요하다. 이러한 오류를 20x2년 결산마감 전에 수정할 경우 20x2년 손익은 어떻게 변동하는가?

① 20,000원 증가　　　　　　　　② 20,000원 감소

③ 80,000원 증가　　　　　　　　④ 80,000원 감소

⑤ 100,000원 감소

29 감사의견문단이 다음과 같이 표시된 경우 감사의견은?

> 회사의 매출채권 및 단기대여금은 회수가능성에 중요한 불확실성이 존재합니다. 회사는 이를 대체할 자금조달수단을 마련하지 못하였습니다. 이 상황은 회사의 계속기업으로서의 존속능력에 유의적 의문을 불러일으킬 수 있는 중요한 불확실성의 존재를 나타내며 따라서 정상적인 사업수행과정을 통하여 자산을 회수하거나 부채를 상환하지 못할 수 있습니다. 재무제표에 대한 주석에는 이와 같은 사실이 공시되지 않았습니다.
>
> 본 감사인의 의견으로는 앞의 문단에서 언급된 정보의 누락을 제외하고는 상기 재무제표는 OO주식회사의 20x2년 12월 31일 현재의 재무상태와 동일로 종료되는 회계연도의 경영성과, 자본변동과 현금흐름의 내용을 일반기업회계기준에 따라 중요성의 관점에서 적정하게 표시하고 있습니다.

① 적정의견

② 한정의견

③ 부적정의견

④ 의견거절

⑤ 상기 내용만으로는 알 수 없다.

01 다음 중 외감법 및 동 시행령에서 언급하는 연결대상 제외법인에 해당하지 않는 법인은?

① 직전 사업연도 말의 자산총액, 부채총액 및 종업원수가 외감법 시행령의 외부감사 대상 기준에 미달하는 회사

② 상법에 따라 합병절차가 진행 중인 회사로서 해당 사업연도 내에 소멸될 주식회사

③ 당해 사업연도 말로부터 3월 이내에 해산을 결의하고 다음 사업연도 말까지 청산이 예정된 종속 회사

④ 자본시장과 금융투자업에 관한 법률에 따른 투자회사

⑤ 계약 등에 의하여 다음 사업연도 말까지 처분이 예정된 종속회사

02 일반기업회계기준에 따른 연결재무제표 작성기업에 대한 내용으로 옳지 않은 것은?

① 지배기업 자체가 종속기업이고 지배기업의 최상위 지배기업이 기업회계기준을 적용하여 일반목적으로 이용가능한 연결재무제표를 작성하는 경우라 하더라도 해당 중간지배기업도 연결재무제표를 작성한다.

② 금융보험업을 영위하는 법인이 중간지배종속기업인 경우에는 그 기업도 연결재무제표를 작성한다.

③ 최상위 지배기업이 외국법인인 경우 내국법인 중 최상위 지배기업이 연결재무제표를 작성한다.

④ 지배종속관계가 순환적으로 발생하는 경우에는 직전 사업연도 말 자산총액이 최대인 기업이 연결재무제표를 작성한다.

⑤ 주식회사의 외부감사에 관한 법률 및 동법 시행령에서 연결재무제표 작성기업을 규정한 경우에는 그 법령에 따른다.

03~04

20x1년 초 (주)서울은 (주)서초의 보통주 80%를 3,000에 취득하고 지배력을 획득하였다. 주식취득일 현재 양 회사의 요약 재무상태표는 다음과 같다(단위 : 원).

구 분	(주)서울	(주)서초	구 분	(주)서울	(주)서초
제자산	7,000	3,000	제부채	5,000	500
투자주식	3,000	–	자본금	2,500	1,000
			자본잉여금	500	300
			이익잉여금	2,000	1,200
합 계	10,000	3,000	합 계	10,000	3,000

취득 당시 (주)서초의 순자산의 공정가치는 2,900으로 순자산의 정부가액 2,500을 400만큼 초과하는데, 이는 토지의 장부가액과 공정가치의 차이로 인한 것이다(토지 장부가액 1,000, 공정가치 1,400).

03 20x1년 초 연결재무상태표에 표시될 영업권은 얼마인가?

① 0원

② 260원

③ 400원

④ 520원

⑤ 680원

04 20x1년 초 연결재무상태표상 회사의 비지배지분과 자본총계는 각각 얼마인가?

	비지배지분	자본총계
①	500원	5,500원
②	560원	5,560원
③	600원	5,600원
④	580원	5,580원
⑤	1,000원	5,000원

05 12월 말 결산법인인 (주)삼청은 20x8년 1월 1일에 12월 말 결산법인인 (주)대한의 의결권 있는 보통주 60%를 950,000에 취득하였다. 취득일 현재 (주)대한의 자본계정은 자본금 500,000, 자본잉여금 300,000, 이익잉여금 200,000이었다. 취득 당시 (주)대한의 토지의 공정가치는 장부가액보다 각각 100,000이 높았으며 나머지 자산과 부채의 공정가치는 장부가액과 동일하였다. 영업권은 5년에 걸쳐 상각한다. (주)대한의 20x8년도 당기순이익은 400,000이며 (주)공덕과 (주)대한 사이에 내부거래는 없었다. 20x8년 12월 31일 (주)삼청의 연결재무상태표에 보고될 비지배지분은 얼마인가?

① 520,000원
② 552,000원
③ 600,000원
④ 658,400원
⑤ 672,000원

06~07

20x1년 초 (주)서울은 (주)서초의 보통주 30%를 350,000에 취득하고 유의적인 영향력을 행사할 수 있게 되었다. 주식 취득일 현재 (주)서초의 장부상 순자산가액은 1,000,000(자본금 500,000, 이익잉여금 500,000)이었다. 식별 가능한 순자산 중 장부금액과 공정가치는 일치하였다. 20x1년 중 문제에서 언급하는 사항 외에 양 회사 간에 내부거래 및 순자산변동거래는 없었다. 20x1년 중 (주)서초는 125,000의 당기순이익을 시현하였고, 현금배당 40,000을 지급하였다.

06 (주)서울이 계상할 지분법이익은 얼마인가? (단, 영업권은 잔존가치 없이 10년 정액법으로 상각한다)

① 0원
② 22,500원
③ 37,500원
④ 32,500원
⑤ 87,500원

07 20x1년 말 (주)서울의 지분법적용투자주식의 장부가액은 얼마인가?

① 300,000원
② 322,500원
③ 337,500원
④ 370,500원
⑤ 382,500원

08 20x1년 초 (주)서울은 (주)서초의 보통주 30%를 300,000원에 취득하고 유의적인 영향력을 행사할 수 있게 되었다. 주식 취득일 현재 (주)서초의 장부상 순자산가액은 1,000,000원(자본금 500,000원, 이익잉여금 500,000원)이었다. 식별 가능한 순자산 중 장부금액과 공정가치는 일치하였다. 20x1년 중 문제에서 언급하는 사항 외에 양 회사 간에 내부거래 및 순자산변동거래는 없었다. 20x1년 중 (주)서초는 100,000원의 당기순이익과 매도가능증권평가이익(기타포괄이익) 50,000원이 발생하였고, 현금배당 30,000원을 지급하였다. 20x1년 말 (주)서울의 지분법이익과 지분법적용투자주식의 장부가액은 각각 얼마인가?

	지분법이익	장부가액
①	30,000원	330,000원
②	30,000원	336,000원
③	45,000원	336,000원
④	45,000원	345,000원
⑤	36,000원	336,000원

09 (주)국세는 20x3년 초에 (주)대한의 주식 20%를 50,000에 취득하면서 유의적인 영향력을 행사할 수 있게 되었다. 추가적인 자료는 다음과 같다.

> 20x3년 초에 (주)대한의 순자산의 장부가액은 250,000이며 공정가치와 일치하였다.
> 20x3년 중에 (주)대한은 토지를 20,000에 취득하고 재평가모형을 적용하였다.
> (주)대한은 20x3년 말 당기순이익 10,000과 토지의 재평가에 따른 재평가잉여금 5,000을 기타포괄이익으로 보고하였다.
> 20x3년 중에 (주)대한은 중간배당으로 현금 3,000을 지급하였다.

(주)국세의 20x3년 말 재무상태표에 인식될 투자주식의 가액은 얼마인가?

① 51,400원

② 52,400원

③ 53,000원

④ 53,600원

⑤ 55,000원

10~11

20x1년 초 (주)서울은 (주)강남의 보통주 60%를 ₩80,000에 취득하여 지배력을 확보하였다. 주식취득일 현재 (주)강남의 요약재무상태표는 다음과 같다.

<table>
<tr><td colspan="4" align="center">재무상태표
20x1년 1월 1일</td></tr>
<tr><td>유동자산</td><td>₩50,000</td><td>제부채</td><td>₩70,000</td></tr>
<tr><td>토 지</td><td>60,000</td><td>자본금</td><td>60,000</td></tr>
<tr><td>기타유형자산(순액)</td><td>40,000</td><td>이익잉여금</td><td>20,000</td></tr>
<tr><td>자산총계</td><td>150,000</td><td>부채와 자본총계</td><td>150,000</td></tr>
</table>

주식취득일 현재 (주)강남의 자산, 부채 가운데 장부금액과 공정가치가 다른 것은 다음과 같다.

구 분	장부금액	공정가치
재고자산	₩30,000	₩34,000
토 지	60,000	70,000
건 물	10,000	16,000

재고자산은 20x1년 중 모두 외부로 판매되었고, 토지와 건물은 계속 보유 중이다. 건물의 잔여내용연수는 5년이며 잔존가치 없이, 정액법으로 상각한다. 영업권은 내용연수 20년 잔존가치 없이 정액법으로 상각한다. (주)서울과 (주)강남의 20x1년 당기순이익은 각각 ₩120,000(지분법 적용 전), ₩30,000이다.

10 (주)서울의 20x1년 연결손익계산서에 표시될 당기순이익은 얼마인가?

① ₩143,800원
② ₩133,350원
③ ₩135,500원
④ ₩138,000원
⑤ ₩142,750원

11 (주)서울의 20x1년 말 연결재무상태표에 표시될 비지배지분은 얼마인가?

① ₩36,000
② ₩40,000
③ ₩45,400
④ ₩49,400
⑤ ₩49,920

12~13

(주)서울은 (주)동작의 지분 60%를 소유하고 있는 지배기업이다. 취득 시 (주)동작의 장부금액과 공정가치는 동일하였다. 20x5년 초에 (주)동작은 (주)서울에 장부금액 6,000,000의 기계장치를 8,000,000에 처분하였다. 동 기계장치의 잔존내용연수는 5년이며 잔존가치 없이 정액법으로 감가상각한다. 20x5년도 (주)동작의 당기순이익은 5,000,000이며 (주)서울이 (주)동작을 취득할 때 영업권 또는 염가매수차익은 발생하지 않았다.

12　20x5년 말 현재 상향판매 또는 하향판매 미실현손익(순액)은 얼마인가?

① 상향판매 2,000,000원　　　　　　② 상향판매 1,600,000원

③ 상향판매 960,000원　　　　　　　④ 하향판매 800,000원

⑤ 하향판매 2,000,000원

13　20x5년 연결손익계산서에 계상해야 할 비지배지분순이익은 얼마인가?

① 1,680,000원　　　　　　　　　　② 2,000,000원

③ 1,360,000원　　　　　　　　　　④ 1,200,000원

⑤ 2,520,000원

14　20x7년 1월 1일 (주)낙원은 (주)한라를 흡수합병하고, 이 합병거래를 취득법으로 회계처리하였다. 흡수합병과 관련된 자료는 다음과 같다.

- 합병시점에 (주)한라의 식별가능한 자산과 부채에 의한 순자산 장부가액과 공정가치는 각각 ₩200,000과 ₩250,000이다.
- 합병시점에 (주)낙원은 자사 보통주 30주(주당 액면가액 ₩5,000, 주당 공정가치 ₩8,000)를 발행하여 (주)한라의 기존 주주에게 교부하였다.
- (주)낙원은 합병과 관련하여 회계사에게 ₩2,000의 수수료를 지급하였고 주식발행비용으로 ₩1,000을 지출하였다.
- (주)낙원은 합병과 관련하여 재검토 결과 추가로 인식해야 할 부채 ₩4,000이 확인되었다.

위의 자료를 이용하여 20x7년 1월 1일 합병일에 (주)낙원이 인식해야 할 영업권은 얼마인가? (단, 법인세효과는 없는 것으로 가정한다)

① 염가매수차익 ₩10,000　　　　　　② 영업권 ₩10,000

③ 염가매수차액 ₩30,000　　　　　　④ 영업권 ₩30,000

⑤ 염가매수차익 ₩6,000

15 (주)서울은 A사업부와 B사업부를 구분하여 사업을 영위하다가 이 중 B사업부를 신설법인인 (주) 도봉에게 이전하고 이전 대가로 발행주식 10주(액면가액 @₩500)를 수령하였다. (주)서울이 (주) 도봉에게 이전한 B사업부의 순자산의 장부가액과 공정가치는 각각 ₩6,000, ₩8,000이다. (주) 서울이 (주)도봉으로부터 수령한 주식을 보유하는 경우 (주)도봉이 계상할 주식발행초과금은 얼마 인가?

① ₩0   ② ₩1,000

③ ₩2,000   ④ ₩3,000

⑤ ₩4,000

특수회계

01 일반기업회계기준에 따른 금융리스로 분류될 수 있는 예시에 해당하지 않는 것은?

① 리스기간 종료 이전에 리스자산의 소유권이 리스이용자에게 이전된다.

② 리스기간은 3년이며 리스자산의 내용연수는 5년이다.

③ 리스이용자만이 중요한 변경 없이 사용할 수 있는 특수한 용도의 리스자산이다.

④ 리스실행일 현재 최소리스료의 현재가치는 ₩920,000이며 리스자산 공정가치는 ₩1,000,000 이다.

⑤ 리스실행일 현재 리스이용자가 염가매수선택권을 가지고 있고, 이를 행사할 것이 확실시된다.

02 (주)강남산업은 (주)대한리스로부터 공정가치 ₩3,248,960의 기계장치를 리스하기로 계약하였다. 이 리스는 금융리스에 해당하며, 리스기간은 20x3년 초부터 20x6년 말까지 4년간이고, 리스료는 매년 말 ₩1,000,000씩 후급하기로 하였다. (주)강남산업은 리스기간 종료 시 이 리스자산을 (주) 대한리스에 반환하는 조건이며, 추정 잔존가치 ₩120,000 중 ₩100,000을 (주)강남산업이 보증하기로 하였다. 리스자산의 경제적 내용연수는 5년이며, 정액법으로 감가상각한다. 이 리스의 내재이 자율은 10%이다. (주)강남산업이 리스와 관련하여 2003년도(결산일 12월 말)에 계상할 총 비용은 얼마인가? (소수점 이하는 소수 첫째 자리에서 반올림할 것. 단일금액 1의 현가계수(4년, 10%) = 0.6830, 정상연금 1의 현가계수(4년, 10%) = 3.1670임)

① ₩950,625   ② ₩1,000,000

③ ₩1,107,355   ④ ₩1,253,850

⑤ ₩1,325,895

03 다음은 리스제공자와 리스이용자의 금융리스계약 관련 자료이다.

> (1) 리스기간 : 10년
> (2) 리스자산의 공정가치 : 5,000,000원
> (3) 리스기간 종료시점의 추정잔존가치 : 1,000,000원
> (4) 리스제공자의 내재이자율 : 연 12%

리스료는 매년 말 지급하며 리스이용자가 리스기간 종료시점의 추정잔존가치 중 50%를 보증하였다. 리스제공자가 수령할 정기리스료는 얼마인가? (소수점 이하는 소수 첫째 자리에서 반올림 할 것. 단일금액 1의 현가계수(10년, 12%) = 0.3220, 정상연금 1의 현가계수(10년, 10%) = 5.6502임)

① 750,000원   ② 799,657원

③ 827,935원   ④ 850,000원

⑤ 856,430원

04 화폐성·비화폐성법에 의하여 자산과 부채를 원화로 환산하는 경우 이에 대한 구분으로 올바른 것은?

	화폐성항목	비화폐성항목
①	당좌자산	유형자산
②	미수수익	재고자산
③	장기차입금	퇴직급여충당부채
④	단기매매증권	보증금
⑤	자본금	무형자산

05 다음은 외화표시 자산 부채항목에 대해 원화로 표시한 금액이다. 재무상태표에 보고될 순자산가액은 원화금액으로 얼마인가? (단, 회사는 유형자산과 무형자산에 원가모형을 적용한다)

구 분	역사적 환율을 적용한 금액	현행환율을 적용한 금액
현금및현금성자산	40,000	50,000
매출채권	250,000	290,000
선급비용	50,000	30,000
미지급비용	80,000	110,000
사 채	100,000	140,000
영업권	220,000	280,000
기계장치(순액)	190,000	260,000

① 530,000   ② 540,000

③ 550,000   ④ 560,000

⑤ 570,000

06 (주)삼청은 20x5년 5월 1일 재고자산을 US$1,000에 매입하겠다는 주문을 받아 동 재고자산을 20x5년 7월 1일 거래처에 인도하며 대금을 청구하였다. 그리고 동 대금을 20x5년 11월 1일에 수령하였다. 환율 관련 자료는 다음과 같다.

> 20x5년 5월 1일 ₩1,000/US$
> 20x5년 7월 1일 ₩1,100/US$
> 20x5년 11월 1일 ₩900/US$

회사가 20x5년 12월 31일로 종료되는 회계연도의 손익계산서에 인식할 외환차이는 얼마인가?

① 외환차익 200,000

② 외환차손 200,000

③ 외환차손 100,000

④ 외환차익 100,000

⑤ 외화환산손실 200,000

07 12월 결산법인인 (주)삼청은 20x1년 10월 1일에 원화의 평가절하를 예상하고 다음과 같은 통화선도계약을 체결하였다.

> • 계약기간 : 20x1년 10월 1일 ~ 20x2년 3월 31일(6개월)
> • 계약조건 : US$100을 통화선도환율 ₩1,200/US$으로 매도하기로 함

환율자료는 다음과 같다. 단, 현재가치평가는 생략한다.

일 자	현물환율(₩/US$)	통화선도환율(₩/US$)
20x1년 10월 1일	1,180	1,200
20x1년 12월 31일	1,190	1,210

회사의 20x1년 말 손익에 미치는 영향으로 올바른 것은?

① ₩0

② ₩1,000 이익

③ ₩2,000 이익

④ ₩1,000 손실

⑤ ₩2,000 손실

08 (주)헤지는 20x6년 10월 1일 미국으로부터 원재료 US$200을 수입하고 대금은 5개월 후에 지급하기로 하였다. 현재 환율은 상승세에 있으며 현 추세가 당분간 지속될 것으로 예상되므로 5개월 후에 US$200을 ₩1,200/US$에 매입하는 통화선도계약을 체결하였다. 회사의 결산일은 12월 31일이며, 모든 거래에서 현재가치할인은 무시한다. 환율정보는 다음과 같다.

일 자	현물환율	선도환율
20x6년 10월 1일	₩1,180/US$	₩1,200/US$(5개월)
20x6년 12월 31일	₩1,210/US$	₩1,225/US$(2개월)
20x7년 2월 28일	₩1,150/US$	–

매입채무에 대한 외화환산손익과 통화선도거래가 2006년도 순이익에 미치는 영향은 얼마인가?

① ₩1,000 이익 ② ₩5,000 손실
③ ₩1,000 손실 ④ ₩5,000 이익
⑤ ₩2,000 이익

09 다음 중 법인세 기간 간 배분의 대상이 아닌 것은?

① 세법상 준비금 ② 감가상각비 한도초과
③ 접대비 한도초과 ④ 정기예금이자에 대한 미수수익
⑤ 단기매매증권평가이익

10 20x2년 초 창업한 (주)삼진의 20x2년도 법인세비용차감전순이익은 200,000원이었으며 이에 대한 세무조정 사항과 그 이유는 다음과 같다.

세무조정사항	금 액	손익(금)의 인식기준	
		재무보고목적	세무신고목적
단기매매증권평가손실	40,000원	발생기준	현금기준
미수이자	20,000원	발생기준	현금기준
벌금과 과태료	5,000원	발생시 인식	손금 불인정

위에 언급한 단기매매증권은 20x3년도에 처분되었으며 위 미수이자 중 50%가 20x3년도에 회수되었다. 20x3년도에 새로 발생한 일시적 차이와 일시적 차이 이외의 차이는 없었다. 모든 연도의 법인세율은 20%이며 법인세는 회계기말 후 3개월 이내에 납부된다. 회사가 20x3년도말에 재무상태표에 보고할 이연법인세자산 혹은 이연법인세부채의 잔액은 얼마인가?

① 이연법인세자산 6,000원 ② 이연법인세부채 6,000원
③ 이연법인세자산 2,000원 ④ 이연법인세부채 2,000원
⑤ 0원

11 아래 자료는 (주)한국의 20x1년도 법인세와 관련된 거래 내용이다.

- 20x1년 말 접대비 한도초과액은 ₩30,000이다.
- 20x1년 말 재고자산평가손실은 ₩10,000이다.
- 20x1년 말 매도가능금융자산평가손실 ₩250,000을 기타포괄손익으로 인식하였다. 동 매도가능 금융자산평가손실은 20x3년도에 소멸된다고 가정한다.
- 20x1년도 법인세비용차감전순이익은 ₩1,000,000이다.
- 20x1년까지 법인세율이 30%이었으나, 20x1년 말에 세법개정으로 인하여 20x2년 과세소득분부 터 적용할 세율은 20%로 미래에도 동일한 세율이 유지된다.

(주)한국의 20x1년도 손익계산서에 계산할 법인세비용은 얼마인가? (단, 일시적 차이에 사용될 수 있는 과세소득의 발생가능성은 높으며, 전기이월 일시적 차이는 없는 것으로 가정한다)

① ₩260,000

② ₩310,000

③ ₩335,000

④ ₩360,000

⑤ ₩385,000

12 삼청은행의 홍길동 심사역은 상장 대기업인 (주)관악의 손익계산서를 분석하던 중 다음과 같은 사항을 발견하였다. 상기회사는 20x3년 10월 법정관리를 신청하였다.

구 분	20x2년 1월 1일 ~ 12월 31일
법인세차감전순이익(손실)	(9,556,018,616)
법인세수익	18,477,350,774
당기순이익	8,921,332,158

상기의 자료를 통해 분석대상회사의 상황을 파악한 것으로 올바른 것은?

① 전기 이전에 법인세를 과다납부한 사실이 있다.

② 세전손실을 시현하였지만 특별이익을 통해 당기순이익을 시현하였다.

③ 20x2년 중 법인세를 환급받았다.

④ 이월결손금에 대한 이연법인세자산을 계상하였다.

⑤ 20x2년 말 현재 회사는 가산할 일시적 차이가 차감할 일시적 차이 금액보다 크다.

13 건설회사 신용조사 시 유의사항에 대한 내용이다. 틀린 것은?

① 건설업종은 수익창출활동이 장기간에 걸쳐 이루어지므로 수익과 비용의 대응이 어렵다.

② 공사진행률 추정에서 주관적 요소의 개입 여지가 크다.

③ 일반 제조업에 비해 건설업은 내부통제시스템이 잘 갖추어지지 못한 경우가 대부분이다.

④ 외주가공비의 비중이 일반 제조업에 비해 낮은 경우가 일반적이다.

⑤ 건설자재의 경우 품질이나 사용량의 검증에 어려움이 있어서 일반 제조업에 비하여 분식의 소지가 높다.

14 공사진행률에 대한 설명이다. 옳지 않은 것은?

① 공사진행률은 실제공사비 발생액을 토지의 취득원가와 자본화대상 금융비용 등을 제외한 총공사 예정원가로 나눈 비율로 계산함을 원칙으로 한다.

② 공사진행률을 추정할 때, 공사수익의 실현이 작업시간이나 작업일수 또는 기성공사의 면적이나 물량 등과 보다 밀접한 비례관계에 있고, 전체공사에서 이미 투입되었거나 완성된 부분이 차지하는 비율을 객관적으로 산정할 수 있는 경우에는 그 비율(투하노력법)로 할 수 있다.

③ 공사진행률을 발생원가 기준으로 결정할 경우에는 실제로 수행된 작업에 대한 공사원가만 발생원가에 포함한다.

④ 공사결과를 신뢰성 있게 추정하기 위해 필요한 조건을 충족시키지 못해 진행기준을 적용할 수 없는 예외적인 경우에는 공사수익은 회수시점까지 공사수익을 인식하지 않는다.

⑤ 공사원가가 공사수익을 초과할 가능성이 매우 높은 경우에는 추정공사손실을 공사손실충당부채 전입액으로 하여 즉시 비용으로 인식한다.

15 (주)한국은 20x1년 3월 1일에 서울시로부터 계약금액 5,000,000원인 축구경기장 공사를 수주하였다. 동 공사는 20x3년 3월 1일에 완공되었으며 공사관련 정보는 다음과 같다.

구 분	20x1년	20x2년	20x3년
총공사예정원가	4,500,000원	5,100,000원	4,800,000원
당기공사원가	900,000원	3,180,000원	720,000원
공사대금회수	800,000원	2,500,000원	1,000,000원

공사진행기준을 적용하는 경우 20x2년도와 20x3년도의 공사손익은 각각 얼마인가?

	20x2년	20x3년
①	180,000원 손실	280,000원 이익
②	180,000원 손실	300,000원 이익
③	200,000원 손실	200,000원 이익
④	200,000원 손실	300,000원 이익
⑤	280,000원 손실	480,000원 이익

정답 및 해설

| 기업회계기준 |

01 ⑤	02 ③	03 ③	04 ①	05 ③	06 ⑤	07 ④	08 ①	09 ①	10 ③
11 ②	12 ④	13 ⑤	14 ①	15 ②	16 ④	17 ①	18 ③	19 ⑤	20 ①
21 ①	22 ②	23 ④	24 ①	25 ①	26 ②	27 ④	28 ①	29 ②	

01 ① 현재 우리나라에서 통용되는 회계기준은 한국채택국제회계기준, 일반기업회계기준, 중소기업회계기준 세 가지이다.

② 비상장회사로서 외부감사대상인 경우에는 중소기업회계기준을 적용할 수 없다.

③ 비상장회사로서 외부감사대상인 경우에는 일반기업회계기준 또는 한국채택국제회계기준을 적용할 수 있다.

④ 중소기업회계처리 특례는 일반기업회계기준을 적용하는 경우에 해당될 수 있다.

02 재무상태표, 손익계산서, 현금흐름표, 자본변동표, 주석이 재무제표에 해당된다.

03 ① 유형자산을 역사적원가로 평가하면 일반적으로 검증가능성이 높으므로 측정의 신뢰성은 제고되나 목적적합성은 저하될 수 있다.

② 시장성 없는 유가증권에 대해 역사적원가를 적용하면 자산가액 측정치의 검증가능성은 높으나 유가증권의 실제 가치를 나타내지 못하여 표현의 충실성과 목적적합성이 저하될 수 있다.

④ 유형자산을 역사적원가로 인식하면(즉 원가모형을 적용하면) 일반적으로 검증가능성이 높으므로 측정의 신뢰성은 제고되나 목적적합성은 저하된다.

⑤ 기업실체의 재무상태에 중요한 영향을 미칠 것으로 예상되는 진행 중인 손해배상소송에 대한 정보는 목적적합성 있는 정보일 수 있다. 그러나 소송결과를 확실히 예측할 수 없는 상황에서 손해배상청구액을 재무제표에 인식하는 것은 신뢰성을 저해할 수 있다.

04 ① 직접대응

②, ⑤ 간접대응(또는 기간대응)

③, ④ 체계적 합리적 배분

05 ① 정상적인 영업주기 내에 소멸할 것으로 예상되는 매입채무와 미지급비용 등은 보고기간종료일로부터 1년 이내에 결제되지 않더라도 유동부채로 분류한다. 이 경우 유동부채로 분류한 금액 중 1년 이내에 결제되지 않을 금액을 주석으로 기재한다.

② 장기차입약정을 위반하여 채권자가 즉시 상환을 요구할 수 있는 채무는, 보고기간종료일과 재무제표가 사실상 확정된 날 사이에 상환을 요구하지 않기로 합의하더라도 유동부채로 분류한다.

④ 보고기간종료일로부터 1년 이내에 상환기일이 도래하더라도, 기존의 차입약정에 따라 보고기간종료일로부터 1년을 초과하여 상환할 수 있고 기업이 그러한 의도가 있는 경우에는 비유동부채로 분류한다.

⑤ 장기차입약정을 위반하여 채권자가 즉시 상환을 요구할 수 있는 채무라도, 다음의 조건을 모두 충족하는 경우에는 비유동부채로 분류한다.

   (1) 보고기간종료일 이전에 차입약정의 위반을 해소할 수 있도록 보고기간종료일로부터 1년을 초과하는 유예기간을 제공하기로 합의하였다.

   (2) (1)에서의 유예기간 내에 기업이 차입약정의 위반을 해소할 수 있다.

   (3) (1)에서의 유예기간 동안 채권자가 즉시 상환을 요구할 수 없다.

06 차입원가의 경우 기간비용으로 처리하는 것은 일반기업회계기준의 기본원칙으로 중소기업 회계처리 특례에 해당하지 않는다.

07

4월 10일	(차) 대손충당금	50,000	(대) 매출채권	150,000		
	대손상각비	100,000				
9월 20일	(차) 대손상각비	100,000	(대) 매출채권	100,000		
10월 20일	(차) 현 금	70,000	(대) 대손충당금	70,000		
11월 20일	(차) 현 금	60,000	(대) 대손충당금	60,000		

12월 30일   (차) 대손충당금   50,000   (대) 매출채권   50,000
    [대손충당금 잔액 80,000 = 70,000 + 60,000 - 50,000]
12월 31일   (차) 대손상각비   20,000   (대) 대손충당금   20,000

08 기말재고자산 실사액 50,000 + 미착품 30,000 + 적송품 40,000(미판매분) + 시송품 20,000(고객 판매의사 미표시분) + 재구매조건부판매 40,000 + 저당상품 20,000 + 반품가능판매 35,000 = 235,000
매출원가 = 기초재고자산 100,000 + 당기매입액 500,000 - 기말재고자산 235,000 = 365,000

09 비정상파손은 차변의 (-)로 정상감모손실과 종업원할인은 대변의 (+)로 조정한다.

재고자산(단위 : 천원)

	원 가	매 가		원 가	매 가
기 초	360	560	매출원가	ⓕ 1,547	ⓐ 2,220
당기매입	2,520	3,640	정상감모손실		20
(매입환출)	(150)	(280)	종업원할인		80
(비정상파손)	(35)	(50)			
(매입할인)	(30)	-			
순인상		230	기말	ⓔ 1,118	ⓓ 1,720
(순인하)		(60)			
	ⓑ 2,665	ⓒ 4,040		ⓑ 2,665	ⓒ 4,040

원가율(평균법, 저가법 적용) = 2,665/(4,040 + 60) = 65%
매출총이익 = ⓐ 2,220 - ⓕ 1,547 = 673

10 단기매매증권의 취득 시에 매입수수료는 즉시 비용처리한다.

11 매도가능증권의 취득 시 수수료는 취득가액에 포함되며 처분 시 수수료는 처분손익에 반영한다.
따라서 처분 시 회계처리는 다음과 같다.

(차) 현 금	1,700,000	(대) 매도가능증권	1,500,000
매도가능증권평가이익	500,000	매도가능증권처분이익	700,000

12 $2,000,000 + 2,000,000/1.1 + 2,000,000/1.1^2 + 2,000,000/1.1^3 = 2,000,000 + 2,000,000 \times (1/1.1 + 1/1.1^2 + 1/1.1^3) \fallingdotseq 2,000,000 + 2,000,000 \times 2.48685 = 6,973,700$

13 〈생산량비례법〉
$(6,000,000 - 400,000) \times 62,000$단위$/500,000$단위 $= 694,400$

〈연수합계법〉
20x0년도 $(6,000,000 - 400,000) \times 8/36 \times 9/12$
20x1년도 $(6,000,000 - 400,000) \times (8/36 \times 3/12 + 7/36 \times 9/12) = 1,127,778$

14 평균지출액 : 20x1 $180,000 \times 6/12$
　　　　　　　　20x2 $70,000 \times 6/12$ (합계) 125,000
특정목적차입금 : $50,000 \times 3/12 = 12,500$
특정목적차입금 차입원가 : $50,000 \times 3/12 \times 12\% = 1,500$
일반목적차입금 : 〈B〉 $60,000 \times 12/12$
　　　　　　　　　〈C〉 $80,000 \times 12/12$ (합계) 140,000
일반목적차입금 차입원가 : 〈B〉 $60,000 \times 12/12 \times 8\%$
　　　　　　　　　　　　　〈C〉 $80,000 \times 12/12 \times 11.5\%$ (합계) 14,000
$14,000/140,000 = 10\%$
(평균지출액 125,000 - 특정목적차입금 12,500) $\times 10\% = 11,250$(한도초과가 아니므로 11,250이 차입원가가 된다)
따라서 자산의 취득가액은 $180,000 + 70,000 + 19,000$(20x1년 자본화원가) $+ 12,750(= 1,500 + 11,250)$ $= 281,750$

15

〈부분재무상태표〉
20x1년 1월 1일

기계장치	150,000	
정부보조금	(100,000)	50,000

〈부분재무상태표〉
20x1년 12월 31일

기계장치	150,000	
정부보조금	(80,000)	
감가상각누계액	(30,000)	40,000

〈회계처리〉

20x1년 1월 1일	(차) 기계장치	150,000	(대) 현 금	150,000
	(차) 현 금	100,000	(대) 정부보조금	100,000
20x1년 12월 31일	(차) 감가상각비	30,000	(대) 감가상각누계액	30,000
	(차) 정부보조금	20,000	(대) 감가상각비	20,000

결국 감가상각비는 10,000이며 기계장치의 장부가액은 40,000이 된다.

16 무형자산의 내용연수는 경제적 요인과 법적 요인의 영향을 받는다. 경제적 요인은 자산의 미래 경제적 효익이 획득되는 기간을 결정하고, 법적 요인은 기업이 그 효익에 대한 제3자의 접근을 통제할 수 있는 기간을 제한한다. 내용연수는 이러한 요인에 의해 결정된 기간 중 짧은 기간으로 한다.

17 퇴직급여충당부채는 비유동부채에 속한다.

18

$$1,000/1.08 + 1,000/1.08^2 + 1,000/1.08^3 + 10,000/1.08^3$$
$$= 1,000 \times (1/1.08 + 1/1.08^2 + 1/1.08^3) + 10,000 \times 1/1.08^3$$
$$\fallingdotseq (문제에 제시된 현가계수 사용) \ 1,000 \times 2.5771 + 10,000 \times 0.7938 = 10,515$$

19 사채의 장부금액 1,000,000 − 100,000 = 900,000
사채의 상환가액 1,200,000
장부가액보다 더 많이 지급하여 상환했으므로 차이만큼은 사채상환손실

20 $80,000/1.1 + 80,000/1.1^2 + 80,000/1.1^3 + \dfrac{1,000,000}{1.1^3} = 950,263$

전환사채의 일반사채로서의 가치는 950,263이다. 그런데 해당 전환사채의 발행가액은 980,000이므로 발행가액과 일반사채로서의 가치(950,263)의 차이가 전환권대가가 된다.
980,000 − 950,263 = 29,737

21 조정된 채권채무의 현재가치 = 8,000,000 × 0.7513 + 8,000,000 × 8% × 2.4869 = 7,602,016
채무자의 채무조정이익 = (10,000,000 + 600,000) − 7,602,016 = 2,997,984
채권자의 기타의대손상각비 = 2,997,984 − 860,000 = 2,137,984

22 20x1년 12월 31일

①	(차) 퇴직급여	100,000	(대) 확정급여채무	100,000
②	(차) 확정급여채무	150,000	(대) 사외적립자산	150,000
③	(차) 사외적립자산	400,000	(대) 현 금	400,000
④	(차) 퇴직급여(이자비용)	120,000	(대) 확정급여채무	120,000
⑤	(차) 사외적립자산	108,000	(대) 퇴직급여(이자수익)	108,000

퇴직급여 112,000

평가 전 확정급여채무 기초 1,000,000 + ① 100,000 − ② 150,000 + 120,000 = 1,070,000 공정가치는 1,300,000이므로 보험수리적손실(기타포괄손실 230,000)

평가전 사외적립자산 기초 900,000 − ② 150,000 + ③ 400,000 + ⑤ 108,000 = 1,258,000 공정가치는 1,350,000이므로 재측정요소(기타포괄손익)는 +92,000이다.

따라서 기타포괄손익은 230,000 − 92,000 = 138,000 손실

23 20x2년의 회계처리

(차) 현 금	150,000	(대) 자기주식	90,000
		자기주식처분이익	60,000

※ 주의 : 자기주식취득은 20x1년의 거래였으며 문제에서 요구한 것은 20x2년의 자본총계에 미치는 영향을 묻고 있음

24 현금이 지출되면서 자본이 감소하였으므로 유상감자에 해당한다.

25 냉장고 판매 대리점에서 재화를 판매한 후 설치까지 할 경우 재화와 용역이 동시에 제공되었지만 거래의 주목적에 따라 재화의 매출로 인식한다.

26
1/1	12,000	= 10,000 × 1.2 × 12/12
10/1	−500	= −2,000 × 3/12
(합 계)	11,500	

주당이익 = (125,000,000 − 10,000,000)/11,500 = 10,000

27 20x1년 감가상각비 (1,200,000 − 200,000)/5 = 200,000
따라서 20x1년 말 기계장치의 장부가액은 1,000,000이다.
(1,000,000 − 100,000) × 4/10 = 360,000

28 오류사항을 수정하면 다음과 같다. 결국 오류로 인해 20x2년의 이익이 감소하게 되며, 오류를 수정하면 다음과 같이 이익이 증가한다.

오류사항	20x1년	20x2년	20x3년	20x4년	20x5년
수익적지출의 자본적지출로의 처리	−100,000				
감가상각비 계상	+20,000	+20,000	+20,000	+20,000	+20,000
합 계	−80,000	+20,000	+20,000	+20,000	+20,000

29 한정의견은 감사보고서에 '~를 제외하고는 적정'이라고 표현한다.

01 ①	02 ①	03 ⑤	04 ④	05 ③	06 ④	07 ④	08 ②	09 ②	10 ①
11 ⑤	12 ④	13 ③	14 ⑤	15 ②					

01 종전에는 '직전 사업연도 말의 자산총액, 부채총액 및 종업원수가 외감법 시행령의 외부감사 대상기준에 미달하는 회사 중 주권상장법인이 아닌 회사'는 연결대상 제외법인에 해당했으나 외감법 시행령 개정에 따라 향후 연결대상에 포함된다.

02 지배기업은 다음의 조건을 모두 충족하는 경우 연결재무제표를 작성하지 아니할 수 있다.
(1) 지배기업 자체가 종속기업이다.
(2) 지배기업의 최상위 지배기업(또는 중간 지배기업)이 한국채택국제회계기준이나 일반기업회계기준을 적용하여 일반목적으로 이용가능한 연결재무제표를 작성한다. 다만, 주식회사의 외부감사에 관한 법률 및 동법 시행령에서 연결재무제표 작성기업을 규정한 경우에는 그 법령에 따른다.

03 (1단계)

(차) 자본금	1,000	(대) 비지배지분	500 (= 2,500 × 20%)
자본잉여금	300	투자주식	3,000
이익잉여금	1,200		
제거차액	1,000 plug		

(2단계)
순자산의 공정가치(2,900원)가 장부가액(2,500원)을 초과하는 금액만큼 자산으로 계상한다. 이때 비지배지분에 해당하는 금액만큼은 비지배지분으로 계상한다.

(차) 토지	400	(대) 비지배지분	80 (= 400 × 20%)
		제거차액	320 plug

(3단계)
나머지 제거차액(차변)은 영업권으로 대체한다.

(차) 영업권	680 plug	(대) 제거차액	680

04 비지배지분 = 500 + 80 = 580
자본총계 = 지배기업 자본총계 5,000 + 비지배지분 580 = 5,580

05 (1단계)

(차) 자본금	500,000	(대) 투자주식	950,000
자본잉여금	300,000	비지배지분	400,000
이익잉여금	200,000		
제거차액	350,000 plug		

(2단계)

(차) 토 지   100,000   (대) 비지배지분   40,000 (= 100,000 × 40%)
                                                    제거차액   60,000

(3단계)

(차) 영업권   290,000   (대) 제거차액   290,000

지분법이익 = 400,000 × 60% − 290,000/5 = 182,000
비지배지분이익 = 400,000 × 40% = 160,000
비지배지분 기말가액 = 400,000 + 40,000 + 160,000 = 600,000

※ 다음과 같이 풀이할 수도 있다.
  (자본금 500,000 + 자본잉여금 300,000 + 이익잉여금 200,000 + 토지 100,000 + 당기순이익 400,000)
  × 40% = 600,000

06 주식의 취득가액 350,000 − 피투자회사 순자산의 공정가치 1,000,000 × 지분율 30% = 50,000
영업권 50,000
당기순이익 125,000 × 30% − 50,000/10 = 32,500

07 당기순이익   (차) 지분법적용투자주식   32,500   (대) 지분법이익   32,500
배 당   (차) 현 금   12,000   (대) 지분법적용투자주식   12,000

350,000 + 32,500 − 12,000 = 370,500

08 300,000 − 1,000,000 × 30% = 0이므로 영업권이나 염가매수차익은 없다.
지분법이익은 당기순이익 100,000 × 30% = 30,000이 된다.
(차) 지분법적용투자주식   30,000   (대) 지분법이익   30,000
(차) 지분법적용투자주식   15,000   (대) 지분법자본변동   15,000
(차) 현 금   9,000   (대) 지분법적용투자주식   9,000

300,000 + 30,000 + 15,000 − 9,000 = 336,000

09 〈회계처리〉
취득 시   (차) 지분법적용투자주식   50,000   (대) 현 금   50,000
(50,000 − 250,000 × 20% = 0 이므로 영업권은 없다)
배당 시   (차) 현 금   600   (대) 지분법적용투자주식   600
당기순이익   (차) 지분법적용투자주식   2,000   (대) 지분법이익   2,000
기타포괄이익 (차) 지분법적용투자주식   1,000   (대) 지분법자본변동   1,000

기말 투자주식 50,000 − 600 + 2,000 + 1,000 = 52,400

10 80,000 − (80,000 + 20,000) × 60% = 20,000 (영업권)

지분법이익 = (30,000 − 4,000 − 6,000/5) × 60% − 20,000/20 = 13,880

(주)서울의 당기순이익 = 120,000 + 13,880 = 133,880

연결손익계산서 당기순이익 = 지배기업 당기순이익 + 비지배지분 순이익

비지배지분 순이익 = (30,000 − 4,000 − 6,000/5) × 40% = 9,920

따라서 133,880 + 9,920 = 143,800

11 기초 비지배지분 (80,000 + 20,000) × 40% = 40,000

당기증가분 (30,000 − 4,000 − 6,000/5) × 40% = 9,920

따라서 기말 비지배지분은 49,920이 된다.

(주)강남의 기말순자산을 이용하여 다음과 같이 계산할 수도 있다.

(80,000 + 10,000(토지) + 6,000 × 4/5(건물) + 30,000(당기순이익)) × 40% = 49,920

12 종속기업이 지배기업에 매각하였으므로 상향판매에 해당한다.

미실현이익은 2,000,000 − 2,000,000/5 = 1,600,000이다.

13 상향판매미실현이익은 비지배지분에 배분해야 한다.

비지배지분 순이익 = (종속기업당기순이익 − 상향판매미실현이익) × 비지배지분율

→ (5,000,000 − 1,600,000) × 40% = 1,360,000

14

(차) 순자산	250,000	(대) 자본금	150,000	
		주식발행초과금	90,000	
		부 채	4,000	
		염가매수차익	6,000	plug
(차) 지급수수료	2,000	(대) 현 금	3,000	
주식발행초과금	1,000			

15 물적분할에 해당하므로 인수한 자산과 부채를 장부금액으로 계상한다.

(차) 순자산	6,000	(대) 자본금	5,000	
		주식발행초과금	1,000	plug

01 ②	02 ③	03 ③	04 ②	05 ③	06 ②	07 ②	08 ③	09 ③	10 ④
11 ②	12 ④	13 ④	14 ④	15 ④					

01 내용연수의 75% 기준을 충족해야 한다. 따라서 금융리스로 분류될 수 있는 예시에 해당되지 않는다.

02 최소리스료의 현재가치 1,000,000 × 3.1670 + 100,000 × 0.6830 = 3,235,300
금융리스부채 = min(최소리스료의 현재가치, 리스자산의 공정가치)
→ min(3,235,300, 3,248,960) = 3,235,300
(1) 이자비용 3,235,300 × 10% = 323,530
(2) 감가상각비 (3,235,300 − 100,000)/4 = 783,825
(1) + (2) = 1,107,355

03 리스이용자가 추정잔존가치 중 얼마를 보증하였는지는 정기리스료 산정에 영향을 미치지 않는다.
5,000,000 = 정기리스료 × 5.6502 + 1,000,000 × 0.3220
따라서 정기리스료는 827,935이다.

04 당좌자산 중 선급금이나 단기매매증권의 경우에는 비화폐성자산에 해당한다. 퇴직급여충당부채는 화폐성부채이다. 자본금은 비화폐성항목에 속한다.

05 화폐성항목은 현행환율로 비화폐성항목은 역사적 환율을 적용한다.
순자산가액 : 50,000(현금및현금성자산) + 290,000(매출채권) + 50,000(선급비용) − 110,000(미지급비용)
− 140,000(사채) + 220,000(영업권) + 190,000(기계장치) = 550,000

06 20x5년 중 대금결제가 이루어졌으므로 외환차손익을 다음과 같이 인식한다.
US$1,000 × (₩1,100 − ₩900) = 200,000(외환차손)

07 (1) 미수액 : US$100 × ₩1,210(통화선도환율) = 121,000
(2) 미지급액 : US$100 × ₩1,200(약정통화선도환율) = 120,000
(1) − (2) = 1,000(통화선도평가이익)

08 〈20x6년 12월 31일〉

(차) 외화환산손실	6,000 (= US$200 × (₩1,210 − ₩1,180))	(대) 매입채무	6,000
(차) 통화선도	5,000	(대) 통화선도평가이익 (당기손익)	5,000

09 접대비 한도초과는 세법상 손금불산입 후 추후에도 세무상 손비로 인정되지 않으므로 일시적 차이에 해당하지 않는다.

10 20x3년 말 일시적 차이만 파악하면 되므로 단기매매증권평가손실은 고려할 필요가 없다.

구 분	20x2년 말 일시적 차이	20x3년 말 일시적 차이
단기매매증권평가손실	40,000	–
미수이자	(20,000)	(10,000)

(10,000) × 20% = (2,000)

11 세전이익 1,000,000 + 재고자산평가손실(일시적 차이) 10,000 + 접대비 한도초과(일시적 차이 이외의 차이) 30,000 = 1,040,000
법인세부담액 1,040,000 × 30% = 312,000
매도가능증권평가이익(손실)은 법인세비용에 미치는 영향이 없다. 왜냐하면, '(차) 이연법인세자산 50,000 / (대) 매도가능증권평가손실 50,000'의 회계처리가 필요하지만, 이연법인세자산의 상대계정이 법인세비용이 아니라 매도가능증권평가손실의 차감으로 표시되므로 법인세비용에 미치는 영향은 없다.
미래 차감할 일시적 차이는 10,000에 대해 세율 20%가 적용되므로 이연법인세자산 2,000이 계상된다.

(차) 이연법인세자산	2,000	(대) 당기법인세부채	312,000
법인세비용	310,000		

12 이월결손금에 대한 이연법인세자산을 계상하여 이익을 부풀린 경우이다.

13 ④ 외주가공비의 비중이 일반 제조업에 비해 높은 경우가 일반적이다.

14 공사결과를 신뢰성 있게 추정하기 위해 필요한 조건을 충족시키지 못해 진행기준을 적용할 수 없는 예외적인 경우에는 공사수익은 회수가능성이 매우 높은 발생원가의 범위 내에서만 인식하고 공사원가는 발생된 회계기간의 비용으로 인식한다.

15

구 분	20x1년	20x2년	20x3년
공사원가누적액	900,000	4,080,000	4,800,000
총공사예정원가	4,500,000	5,100,000	4,800,000
진행률	20%	80%	100%
공사수익	1,000,000	3,000,000	1,000,000
공사원가	900,000	3,180,000	720,000
공사손실조정		(20,000) plug	20,000
공사이익	100,000	*(200,000)	300,000

*공사손익누적액이 손실 ₩100,000이어야 하는데 전기에 이익 ₩100,000을 인식했으므로

신용분석사 1부 한권으로 끝내기 + 무료동영상

개정10판1쇄 발행	2025년 02월 05일 (인쇄 2025년 01월 14일)
초 판 발 행	2015년 02월 05일 (인쇄 2014년 12월 30일)
발 행 인	박영일
책 임 편 집	이해욱
편 저	장흥석
편 집 진 행	김준일 · 백한강 · 권민협
표지디자인	하연주
편집디자인	김기화 · 임창규
발 행 처	(주)시대고시기획
출 판 등 록	제10-1521호
주 소	서울시 마포구 큰우물로 75 [도화동 538 성지 B/D] 9F
전 화	1600-3600
팩 스	02-701-8823
홈 페 이 지	www.sdedu.co.kr

I S B N	979-11-383-8673-9 (14320)
	979-11-383-8672-2 (세트)
정 가	24,000원

시대에듀 금융자격증 시리즈

시대에듀 금융자격증 도서 시리즈는 짧은 시간 안에 넓은 시험범위를 가장 효율적으로
학습할 수 있도록 구성하여 시험장을 나올 그 순간까지 독자님들의 합격을 도와드립니다.

투자자산운용사

한권으로 끝내기 &
실제유형 모의고사 + 특별부록 PASSCODE

펀드투자권유자문인력

한권으로 끝내기 &
실제유형 모의고사 PASSCODE

매경TEST & TESAT

단기완성 & 한권으로 끝내기

매회 최신시험 출제경향을 완벽하게
반영한 종합본과 모의고사!

단기합격을 위한 이론부터 실전까지
완벽하게 끝내는 종합본과 모의고사!

단순 암기보다는 기본에 충실하자!
자기주도 학습형 종합서!